MEIN LEBEN IN SEIFE

Kira Licht

MEIN LEBEN IN SEIFE

ROMAN

INHALT

Wir lieben uns.« Irgendwo im Haus knallte eine Tür zu. Der Wind trug die Geräusche der Straße durch das weit geöffnete Küchenfenster, blähte die Vorhänge und raschelte durch das gestapelte Altpapier. Aus dem undichten Wasserhahn tropfte es so monoton, dass es fast klang wie das Ticken einer Uhr. Zwei strahlende Gesichter sahen mich an und irgendwo drehte jemand das Radio lauter.

»Louise?«

»Ja?«

Meine verbale Rückmeldung war eher ein zittriges Hauchen als entschlossenes Sprechen, doch es war mir egal. Ich hatte ein Recht darauf, fassungslos zu sein.

»Stefan hat dieses Engagement bekommen, in Berlin, weißt du. Das ist eine Riesenchance für ihn. Und ich werde mit ihm gehen.«

»Ach wirklich?«, flüsterte ich in Stefans Richtung. »Das freut mich für dich.«

Stefan lächelte über den Küchentisch zu mir herüber.

»Ich freu mich auch total. Der Job im Callcenter hat mich schon lange genervt. Und es sollte ja sowieso nur 'ne Übergangslösung sein.«

»Und ihr beide … ?«, begann ich ungläubig.

»Ja!«, strahlte Stefan. »Es ist einfach so passiert. Wir wollten es dir eigentlich schon seit Längerem erzählen, aber du weißt ja, wie schnell die Zeit vergeht!«

Mit diesen Worten legte er den Arm um Felix, lehnte sich zu ihm hinüber und küsste ihn zärtlich aufs Ohr.

1. KAPITEL

AUFKLÄRUNG *live*

Weißt du«, sagte ich zu Jerôme, »manchmal habe ich das Gefühl, ich bekomme nicht so viel mit wie andere. Vielleicht fehlt mir da ein Stückchen Gehirn oder so. Glaubst du, irgendjemand anderem außer mir wäre nicht aufgefallen, dass seine beiden Mitbewohner erstens schwul und zweitens plötzlich ein Pärchen sind? Ich wette mit dir: niemandem!« Ich sah in Jerômes braune Augen und schüttelte traurig den Kopf. »Du würdest mir nie so etwas vormachen, das weiß ich.«

Mit diesen Worten stand ich auf und küsste ihn kurz. Das kalte Glas des Monitors berührte meine Lippen und schnell wandte ich mich ab. Bildschirme zu küssen ist nicht so freakig, wie es sich anhören mag. Erstens: Es ist sehr hygienisch, es gibt keine fiesen Bakterien, kein Herpes, keine kratzenden Bartstoppeln. Zweitens: Man kann es machen, sooft man will und egal wann man es will. Drittens: Das betreffende Hintergrundbild sieht immer gleichbleibend gut aus, hinterlässt keine Haare im Waschbecken oder geht lieber Fußball gucken, anstatt mit dir zu kuscheln. Ich warf einen letzten liebevollen Blick auf Jerômes Foto und ging dann in die Küche, um mir einen Tee zu kochen. Was für ein Mann!

Jerôme hieß mit vollem Namen Jerôme Matzcinzky und war Schauspieler. Er war nie auf einer richtigen Schauspielschule gewesen, aber seine Biografie im Internet besagte, dass er ganz viel Privatunterricht bei Leuten mit ziemlich wohlklingenden Namen gehabt hatte. Außerdem hatte er mal in Köln einen Workshop zum Thema »Camera-Acting« besucht und war dort vom Fleck weg engagiert worden. Wahrscheinlich war er einfach schon zu gut für die Schauspielschulen gewesen. Seitdem spielte er bei *Sturmherzen* – einer Daily Soap um ein Hotel auf Sylt – den Juniorchef Konstantin von Hewordt.

Schon in der ersten Folge war ich ihm mit Haut und Haaren verfallen. Und somit gab es für mich an jedem Werktag einen festen Termin, nämlich dann, wenn im Fernsehen *Sturmherzen* lief. Glücklicherweise besuchte ich weder einen Sportclub noch hatte ich andere zeitraubende Hobbys oder Aktivitäten auf meinem Wochenplan. Ich studierte leidenschaftlich und mit sehr viel Disziplin. Außerdem hatte ich einen Nebenjob im Buchladen meiner Tante. Ich besuchte regelmäßig meine Eltern und meine leicht verrückte Oma, doch die Abende verbrachte ich mit Jerôme. An den Wochenenden arbeitete ich an Referaten oder bereitete meine Vorlesungsnotizen auf.

Stefan und Felix hatten zwar so manches Mal die Köpfe über mich geschüttelt und mich liebevoll als »Langweiler« bezeichnet, doch das hatte mich nicht wirklich gestört. Mein ruhiges Leben gefiel mir genau so, wie es war. Ich dachte fast stündlich an Jerôme und fühlte mich sicher, denn er würde jeden Abend pünktlich »erscheinen«. So übersah ich komplett, dass mein ganzes Leben nur noch aus der Schwärmerei für den Protagonisten einer Vorabendserie bestand.

*

Als der Tee endlich fertig war, setzte ich mich an den Küchentisch, auf dem immer noch ein leeres Blatt Papier und ein Kuli lagen, und starrte durch das Fenster auf die gegenüberliegende Häuserzeile. So langsam musste ich dringend mal einen Plan machen. Stefan und Felix waren Hals über Kopf ausgezogen, bezahlten die Miete für diesen Monat allerdings noch. Und bis zum nächsten musste ich neue Mitbewohner gefunden haben, wenn ich die Miete nicht komplett alleine zahlen wollte.

Ärgerlich tippte ich mit den Fingern auf der Holzplatte herum. Ich hasste nichts mehr als überflüssige Aufregung. Und dabei hatte ich doch Arbeit genug mit diesen vier Hausarbeiten! Es half nichts, ich würde handeln müssen. Ich nahm meinen Tee, zog um an meinen Rechner und gab Anzeigen bei diversen Studenten- und WG-Portalen auf.

Da ich erst mal keine Lust auf Männer hatte, kreuzte ich an: »nur Frauen«. Das schien allerdings niemand zu lesen, denn innerhalb der nächsten drei Tage bekam ich nur Antworten von männlichen

Bewerbern. Weil ich Panik hatte, niemanden für die Zimmer zu finden und am Ende des Monats die komplette Miete selbst berappen zu dürfen, lud ich fünf von ihnen ein. Drei der Typen kamen erst gar nicht. Einer erschien eine Stunde zu früh, als ich gerade *Sturmherzen* schaute – ein Umstand, der meine Laune nicht unbedingt verbesserte. Und als sich auch noch herausstellte, dass er ziemlich bekifft war, warf ich ihn schnell wieder zur Tür hinaus. Der andere war pünktlich und eigentlich war auch gar nichts an ihm auszusetzen, doch irgendwie sprang der Funke zwischen uns nicht über. Im Gegenteil: Je länger ich mit ihm redete, desto mehr war ich von seiner bloßen Anwesenheit genervt. In der nächsten Woche löschte ich die Zuschriften von männlichen Bewerbern direkt.

Sechs Anfragen waren von Frauen und zwei davon sortierte ich gleich aus. Die eine schrieb, sie sei Studentin, würde aber nebenbei als Tabledancerin arbeiten, und fragte, ob ich damit ein Problem hätte. Die andere klang ganz passabel – bis zu dem Abschnitt, in dem sie erwähnte, dass sie militante Veganerin war und auch nur mit ihren zwei behinderten Katzen einziehen würde. Übrig blieben also eine Sandy, eine Nina, eine Vivien und eine Isabelle, die eigentlich ganz sympathisch klangen.

Nina sagte ihren Besichtigungstermin fünf Minuten vorher ab, weil sie sich für ein anderes Zimmer entschieden hatte. Vivien kam am Mittwoch vorbei, doch sie wollte das Zimmer erst in einem halben Jahr mieten. So erledigte sich auch diese Option, denn ich brauchte so schnell wie möglich neue Mieter. Sandy rief während Viviens Besuch an und hatte noch am nächsten Tag Zeit, also lud ich sie zu einer kleinen Besichtigung ein. Isabelle hatte sich nach der Adresse und meiner Handynummer erkundigt, aber noch keinen festen Termin ausgemacht.

*

Als es um Punkt 12 Uhr klingelte, riss ich neugierig die Wohnungstür auf, während ich den Öffner für die Haustür drückte.

Unten im Hausflur hörte ich es rascheln, dann ratterte jemand in einem Affenzahn die Treppe hoch. Ich dachte noch: Meine Güte, die ist aber schnell, da sprang mich schon ein kleiner, drahtiger Hund an, wedelte und hüpfte dann wie ein Flummi auf und ab.

»Huch!«, rief ich erschrocken, als das Tier direkt auf meinen Arm sprang.

Ich konnte es gerade noch auffangen und zum Dank leckte es mir quer übers Gesicht. Iiiihhh! Hundebazillen!! Hatte mal jemand ein Glas Toilettenreiniger zum Gurgeln?

Der Hund sprang von meinem Arm und schoss die halbe Treppe wieder hinunter. Dann endlich erschien eine menschliche Gestalt, dicht gefolgt von dem felligen Flummi mit Sabberzunge.

»Hi! Ich bin Sandy!«, sagte die große Blonde und streckte mir lächelnd eine Hand entgegen. Ihr Händedruck war kräftig, ihr Lächeln echt und sehr sympathisch und um ihre langen Haare beneidete ich sie sofort.

»Freut mich! Ich bin Louise«, sagte ich etwas atemlos, obwohl ich ja nicht einmal die Treppen hochgelaufen war.

»Und das ist Hektor!«, sagte Sandy und zeigte auf den struppigen Hund, der sich soeben auf der Fußmatte niedergelassen hatte.

»Hektor? Wie der Heerführer Trojas im Trojanischen Krieg?«

»Wer?«

»Der Sohn von Priamos und Hekabe.«

»Nie gehört. Ich dachte immer, der Name sei schwedisch, weil er so ähnlich klingt wie der Name eines Sessels, den ich von Ikea habe.«

»Ähm, nein, eigentlich stammt er aus Homers *Ilias*.«

»Trainierst du für *Wer wird Millionär?* oder … ?«

»Nein … Ich studiere Geschichte.«

Sandy sah mich kurz an und nickte dann, als würde diese Info so einiges erklären. Ich verstand ihren Blick jedenfalls nicht so ganz.

»Hättest du etwas gegen Hektor?«

»Hm?«

»Meinen Hund? Weil, wenn du sowieso keine Tiere in der WG willst, dann muss ich mir die Wohnung ja gar nicht anschauen.«

Ich sah hinunter zu dem kleinen Hund, der mich mit seinen dunkelbraunen Augen aufmerksam beobachtete.

»Er ist absolut stubenrein, sehr intelligent und sogar ein Wachhund.«

»Wirklich?«, fragte ich mit einem Blick auf Hektors zierliche Gestalt.

»Ja, in ihm steckt der Mut eines Löwen.«

»So wie in Hektor auch«, murmelte ich versonnen.

»Ich rede doch von Hektor!«

»Nein, ich meine Homers Hektor. Er hatte auch den Mut eines Löwen, er führte eine ganze Armee an.«

»Ah ja«, erwiderte Sandy und guckte schon wieder so komisch. »Können wir trotzdem reinkommen?«

»Ach so, klar! Und ich habe auch nichts gegen Tiere. Solange er stubenrein ist und nicht die Teppiche frisst …«

»Das würde er niemals tun.«

»Na dann!« Ich trat mit einer einladenden Geste zur Seite und sofort stürmte Hektor durch bis in den Flur. »Kommt doch rein!«

Ich führte Sandy zuerst ins Bad, während Hektor sich wie an einem unsichtbaren Leitstrahl entlang direkt bis in die Küche schnüffelte. Dort trafen wir wenig später wieder mit ihm zusammen, als er gerade dabei war, seine lange Zunge in den Spalt zwischen Küchenzeile und Laminat zu schieben, um vermutlich nach Krümeln zu suchen. Sandy tat das Ganze mit einem Kopfschütteln ab, ich lächelte etwas überfordert.

Dann zeigte ich ihr beide Zimmer, weil sie recht unterschiedlich waren und Sandy als erste Bewerberin noch die volle Auswahl hatte. Sie tendierte sofort zu dem sehr viel kleineren, das auch keinen Balkon hatte. Es war deshalb deutlich billiger als meines und das andere freie.

»Reichen dir denn zehn Quadratmeter?«, fragte ich. Bei einem Mann hätte ich mir nicht so viele Gedanken gemacht, aber hatten Frauen nicht immer gerne viel Platz?

»Mir gefällt das Zimmer«, erwiderte Sandy. »Und es ist nicht so teuer. Außerdem liegt es direkt an der Wohnungstür und das Badezimmer ist genau gegenüber. Das heißt, wenn ich zum Sport gehe und abends mal spät wiederkomme, störe ich euch kaum, weil eure Zimmer nach hinten raus liegen und dazwischen noch der Flur und die Küche sind. Ich bin ziemlich viel unterwegs«, erklärte sie lächelnd. »Aber ich habe so eine selbst gebaute Uhr. Statt Ziffern steht dort zum Beispiel: »Bin zu Hause«, »Bin beim Sport«, »Bin zur Uni«, »Bitte nicht stören« und so weiter. Die hänge ich dann an meine Zimmertür, so wisst ihr immer Bescheid.«

»Wie praktisch! Du hast erwähnt, dass du Sport studierst – das finde ich bewundernswert! Ich bin total unsportlich.«

»Ja, ich bin über die DLRG zum Sportstudium gekommen. Ich habe schon während der Schulzeit meine Rettungsschwimmer-Abzeichen gemacht und war auch sonst immer sehr sportbegeistert. Und so bot sich das dann irgendwie an. Die Aufnahmeprüfung war zum Glück gar kein Problem für mich und jetzt bin ich total happy damit, hab meinen Nebenjob bei der DLRG und es läuft alles super.«

»Darf ich fragen, warum du aus deiner anderen WG ausziehst? Oder hast du noch zu Hause gewohnt?«

»Ich habe mit meinem Freund zusammengewohnt. Er hat mich mit meiner besten Freundin betrogen, auf einer Party. Ich habe sie in flagranti erwischt.«

»Oh, das tut mir leid«, sagte ich.

Sandys Gesichtsausdruck war plötzlich seltsam starr.

»Schon gut. Jetzt ziehe ich ja einen Schlussstrich. Deshalb brauche ich das Zimmer auch sofort, am besten ab heute. Geht das?«

»Von mir aus geht das klar. Du müsstest dann nur noch zu unserem Vermieter wegen des Vertrags, aber er ist wirklich sehr nett, da wird es keine Probleme geben. Das kannst du auch machen, wenn du deine Sachen hergeholt hast.«

»Wäre es in Ordnung, wenn ich heute schon die ersten Kisten hole? Mein Vater hat mir seinen Kombi geliehen.«

»Nein, kein Problem.«

»Wenn du mir die Bankverbindung gibst, überweise ich auch morgen gleich die Zimmermiete.«

Ich fand ihren Vorschlag sehr gut, denn so könnte ich Felix und Stefan, die beide nur wenig Geld hatten, zumindest einen Teil der Monatsmiete zurücküberweisen. Überhaupt fand ich Sandy total sympathisch. Sie wirkte so aufrichtig und offen und ihre unkomplizierte Art ließ mich sofort Vertrauen zu ihr fassen.

»Die Bankverbindung schreibe ich dir nachher auf, okay?«

»Super, danke dir! Könnte ich Hektor für den Moment hierlassen?«

Ich schaute hinunter zu dem kleinen Hund, der sich in einer Ecke des Flurs zusammengerollt hatte. Er wirkte friedlich und umgänglich; ich hatte nicht das Gefühl, dass er zu einem dreiköpfigen Höllenhund mutieren würde, kaum dass sein Frauchen das Haus verließ.

»Ja sicher«, erwiderte ich also.

»Danke!«

Sandy rauschte zur Tür hinaus. Ich hörte ihre Schritte auf der Treppe, da klingelte mein Handy.

»Hi! Hier ist Isabelle, wir hatten wegen des WG-Zimmers telefoniert.«

»Hi Isabelle!«

»Sag mal, könnte ich die Zimmer heute besichtigen? Ich bin zufällig in der Gegend; es wäre super, wenn es klappen würde.«

»Das eine Zimmer habe ich gerade schon vermietet, es ist also nur noch ein Zimmer frei.«

Für einen kurzen Moment war es still in der Leitung.

»Und welches Zimmer ist nun weg? Das größere oder das kleinere?«, kam es schließlich.

»Das kleinere.«

»Ach, dann ist doch alles gut!«, lachte Isabelle. »Ich bin in einer Viertelstunde da. Bye-bye!«

»Ciao«, sagte ich gerade noch, da klickte es schon in der Leitung.

So sehr ich auch versuchte, mir Isabelle vorzustellen, ich schaffte es nicht.

*

Zehn Minuten später klingelte es. Ich prellte mir das Knie am Küchentisch, als ich aufsprang, und im Flur gab Hektor ein leises Knurren von sich.

»Schon gut, Hektor«, sagte ich im Vorbeihumpeln und drückte dann den Türöffner.

Als ich die Wohnungstür öffnete, knurrte Hektor schon wieder.

»Pscht!«, machte ich und drehte mich tadelnd zu ihm um. Auf der Treppe hörte ich Schritte.

»Hallo!«, trällerte jemand und ich drehte mich wieder zurück.

Das Mädel mir gegenüber hatte meine Größe. Aber auch nur wegen der schwindelerregend hohen geflochtenen Plateausandaletten, wie ich auf den zweiten Blick bemerkte. Sie hatte schulterlange braune Haare und lange Ponyfransen fielen ihr bis auf die Nase. Ihre schlanken Beine steckten in Röhrenjeans, dazu trug sie eine weiße Tunika und ziemlich große Ohrringe. An ihrem Ausschnitt hing eine überdimensional große Sonnenbrille.

»Ich bin Isabelle.«

»Hi, ich bin Louise.«

»Schön, dich kennenzulernen!« Sie umarmte mich stürmisch und ich bekam eine Wolke ihres blumigen Parfüms zu riechen. Hektor sprang begeistert an ihr hoch und sie lachte. »Du hast einen Hund, das ist ja super!«

»Er ist Sandys Hund.«

»Ach, egal!«, lachte sie.

»Sandy ist die, die das kleinere Zimmer gemietet hat«, erklärte ich. »Sie holt gerade ein paar ihrer Sachen aus der alten Wohnung.«

»Ich bin ja so gespannt auf das Zimmer!«, sagte Isabelle und strahlte mich an.

»Komm mit, ich zeige es dir!«, sagte ich lächelnd.

Isabelle war von dem Zimmer sehr angetan. Sie war entzückt von dem kleinen Balkon, der nach hinten auf den Hof hinausging, und auch von dem großen Einbauschrank war sie sichtlich begeistert.

»Tolles Zimmer!«, sagte sie anerkennend. »Ich war gerade noch in zwei anderen Wohnungen, aber das ging so gar nicht …« Sie zog angewidert die Nase kraus.

Ich zeigte ihr noch die anderen Zimmer und sie schien immer noch begeistert. Als ich ihr den nicht gerade günstigen Mietpreis nannte, zuckte sie nicht mit der Wimper.

»Mein Vater zahlt die Miete«, erklärte sie. »Brauchst du eine Anzahlung als Reservierung?«

Bevor ich verneinen konnte, hatte sie ihr ziemlich großes Portemonnaie gezückt und mir zwei nagelneue Hunderter in die Hand gedrückt.

»Das ist nicht nötig«, sagte ich.

»Ich bekomme es von meinem Vater wieder«, meinte sie abwehrend. »Er hat permanent ein schlechtes Gewissen. Seine neue Freundin ist nur zwei Jahre älter als ich. Meine Mutter ist fast ausgeflippt, als sie das gehört hat.«

»Deine Eltern sind getrennt?«

»Genau. Meine Mutter ist Hautärztin, mein Vater Orthopäde. Er leitet eine private orthopädische Klinik. Hat Geld zum Umfallen.«

»Na dann«, erwiderte ich vage.

»Lass uns nicht mehr drüber sprechen!«, sagte Isabelle und strahlte schon wieder.

»Und was studierst du?«

»Modemanagement. Ich habe vorher Design studiert, aber dann haben mir die wenigen BWL-Kurse so gut gefallen, dass ich jetzt gewechselt habe. Und du?«

»Geschichte.«

»Hm. In Geschichte war ich immer schlecht. Im Abi hatte ich eine Vier.«

Ich schmunzelte. Isabelle war wirklich interessant. Mir gefielen ihr Temperament und ihre Begeisterungsfähigkeit. Außerdem fand ich es klasse, dass sie Hektor mochte, und sicherlich würde sie auch gut mit Sandy auskommen.

»Ich hatte im Abi auch nur 'ne Drei. Aber an der Uni ist Geschichte tausendmal interessanter.«

Wir wollten uns gerade in der Küche niederlassen, um noch einen Tee beziehungsweise Kaffee zu trinken, da klingelte es erneut.

»Das wird Sandy sein«, sagte ich. »Das ist ja praktisch, dann lernst du sie gleich mal kennen.«

»Super!«, strahlte Isabelle.

Ich öffnete Sandy die Tür und stellte die beiden einander vor. Sie schienen sich auf Anhieb super zu verstehen. Isabelle bot sofort an, Sandy beim Kistenschleppen zu helfen, doch die lehnte dankend ab, da sie gleich noch eine Fuhre holen wollte. Ich hatte das gute Gefühl, eine ganz brauchbare WG gefunden zu haben.

Isabelle verabschiedete sich und gab uns beiden ihre Handynummer. Da sie die Uni gewechselt hatte und neu in Bochum war, hatte Sandy ihr angeboten, sie partytechnisch ein wenig einzuweisen. Wir verabredeten, dass sie sich wegen des Umzugs telefonisch bei mir melden würde.

Als sie weg war, nickte Sandy zustimmend.

»Ich glaube, sie ist nett.«

»Das glaube ich auch.«

»Etwas überdreht, aber nett.«

Ich lachte.

»Na gut, dafür bin ich nicht so temperamentvoll, so gleicht sich das wieder aus.«

»Stimmt!«

Dann schaute ich auf meine Uhr.

»Ich wollte gleich meine Oma besuchen. Kommst du allein klar?«

»Hättest du vielleicht einen zweiten Schlüssel? Dann könnte ich noch ein paar Sachen holen.«

»Ach, richtig!«

Ich ging in mein Zimmer und holte ihr Stefans Schlüssel. Dann machte ich mich per Bahn auf den Weg zu Oma. Kurz vor meiner Zielhaltestelle klingelte mein Handy. Es war Rebecca.

»Ich bin nur noch am Arbeiten! Ich weiß gar nicht, wie ich das alles schaffen soll«, stöhnte sie.

Rebecca und ich kannten uns seit der Schulzeit. Sie war eine kapriziöse Rothaarige, die in Heidelberg Medizin studierte und auf Männer stand, die mindestens doppelt so alt waren wie sie. Ich weiß nicht, warum sie damals in der Neunten entschieden hatte, dass ausgerechnet ich ihre Freundin werden sollte. Ich weiß nur, dass ich mich geschmeichelt gefühlt hatte. Zu der Zeit machte sie ihre erste Famulatur und glaubte man ihren Ausführungen, dann leitete sie die Kardiologie bereits ganz allein.

»Ich muss alle Anamnesen machen!«

»Machen das die Ärzte nicht immer?«, fragte ich.

»Ja, aber außer mir kriegt das ja wieder keiner hin. Die komischen PJler sind so unfähig!«

»Und was macht man da?«

»Einen Fragebogen durchgehen.«

Aha. Wenn ich das richtig verstand, las sie Fragen vor und schrieb dann die Antworten der Patienten in die entsprechenden Felder.

»Und das ist so kompliziert?«

»Ach Louise, das verstehst du doch nicht!«, erwiderte Rebecca nachsichtig. »Ihr Geschichtler sitzt in euren staubigen Bibliotheken und verbringt den Tag damit, von der Vergangenheit zu träumen. Hier im Krankenhaus, hier tobt das Leben! Hier ist man jede Minute gefragt und muss voll da sein! Entscheidungen treffen! Und das innerhalb von Sekunden!«

Ich fragte mich ernsthaft, was für Aufgaben die Assistenz- und Chefärzte hatten, wenn schon die Famulanten die ganze Verantwortung trugen.

»Wir lesen nicht nur«, sagte ich.

»Ja, du weißt doch, wie ich das meine. Und wie läufts bei dir?« Ihre Stimme klang bereits wieder ungeduldig.

»Gut«, sagte ich deshalb. Das sagte ich meistens, weil sie sowieso am liebsten über sich redete.

»Mein Chef ist so süß«, erwiderte sie prompt. »Und er ist noch total gut in Form. Ich habe ihn mal im Unterhemd gesehen, als er sich ein frisches Oberhemd angezogen hat und ich in sein Büro reingeplatzt bin.« Sie kicherte. »Er hat früher Rugby gespielt und war in England im Internat.«

»Verheiratet?«, fragte ich routiniert, weil ich über ihr Beuteschema natürlich bestens im Bilde war.

»Ja klar«, antwortete sie, und das ohne jeden Skrupel. »Aber schon ewig.«

Sie wusste, was ich von ihrer Einstellung hielt, deshalb brauchte ich dazu nichts zu sagen.

»Wir haben aber nix miteinander.«

Die Bahn ruckelte und an der nächsten Haltestelle musste ich raus. Ich stand auf und lief durch den schaukelnden Waggon bis zur nächsten Tür.

»Aber du würdest wollen, wenn er wollte?«

»Ich weiß nicht. So unter Kollegen, auf derselben Station, was da die Schwestern wieder tratschen …«

Rebecca tat so, als würde sie sich zieren, so wie immer. Doch ich war mir sicher, dass sie ihre Netze bereits ausgeworfen hatte.

»Ich muss wieder rein. Melde dich mal, okay!«, zwitscherte sie.

»Mach ich! Bis dann«, erwiderte ich, doch sie hatte schon aufgelegt.

*

Omas Wohnung war eine Mischung aus Gruselkabinett und Kitschpalast. In jeder Ecke stand ein aufdringlich lächelndes Figürchen, alles passte farblich nicht hundertprozentig zusammen und unter jeder Vase, jedem Konfektschälchen und jedem Kerzenleuchter lag ein selbst gehäkeltes Spitzendeckchen. Trotzdem besuchte ich sie gern, weil sie ein bisschen verrückt, aber auch sehr liebenswert war. Sie war klein und rund und hatte eine ziemlich grelle Haarfarbe. Sie sagte, ihre Haare seien grau; ihr Friseur nannte es »silbergrau«; ich sagte, sie waren lila. Das fand Oma nicht so toll, denn erstens war Lila eine vulgäre Farbe und zweitens deutete es auf Depressionen hin. Beide Weisheiten hatte sie aus einem ihrer Revolverblättchen, die allwöchentlich die pikantesten News aus den Adelshäusern abdruckten.

Eigentlich traute man es Oma so gar nicht zu, dass sie der Kopf einer innerhäuslich agierenden Mineralwasser-Mafia war. Nachdem Opa gestorben war, hatte sich plötzlich das Problem ergeben, dass Oma nicht mehr wusste, wie sie das lebensnotwendige Nass in ihre Wohnung bekommen sollte. Also wurde ich beauftragt, ihr, wann immer sie wollte, Wasser zu liefern. Zuerst hatte ich gedacht, sie trinke einfach sehr viel. Doch irgendwann war es mir komisch vorgekommen. Intensive Recherchen meinerseits hatten schließlich ans Licht gebracht, dass Oma das Mineralwasser innerhalb des Hauses an andere Parteien im Rentenalter zu saftigen Preisen weiterverkauft hatte. Ich hatte daraufhin den Dienst verweigert und Oma musste seitdem einen Getränkehandel bemühen, der auch nach Hause lieferte. Natürlich hatten wir uns deswegen ein bisschen gestritten, uns aber auch relativ schnell wieder vertragen.

Als ich an diesem Tag vor ihrer Tür stand, kam mir von drinnen schon der verlockende Duft frisch gebackenen Kuchens entgegen.

»Diese neuen Tabletten bringen wirklich gar nichts«, sagte Oma, als sie mir öffnete, und schüttelte bekräftigend den Kopf. »Frau Doktor Schöller hat mir eine halbe täglich verordnet. Mittlerweile nehme ich zwei Stück und merke immer noch nichts.«

»Du nimmst einfach die vierfache Dosis?«

»Bringt ja nichts!«, sagte sie und schaute mich an, als sei ich geistig nicht ganz auf der Höhe.

»Und was sind das für Tabletten?«

»Gegen Bluthochdruck.«

Aha. Ich nickte verständnisvoll.

»Na, komm mal her, mein Kind, und sag mir richtig Hallo!« Sie zog mich in ihre Arme und drückte mich. »Geht es dir gut?«

»Mir geht es gut. Und dir?«

»Ach, der Blutdruck …«, erwiderte sie, zog mich in die Küche und riss einen großen Schrank auf.

Oma besaß eine Tablettensammlung, die jedes Provinz-Krankenhaus neidisch machen könnte. Jeden Morgen, jeden Mittag und jeden Abend suchte sie sich eine bunte Mischung kleiner Pillen zusammen, die sie wie eine Handvoll Liebesperlen auf ihrem Platzdeckchen drapierte und dann einnahm – »Immer zum Essen, das ist besser für den Magen«.

»Da«, sagte sie und hielt mir die Tablettenschachtel hin, als könnte ich damit etwas anfangen. »Die sehen doch komisch aus, oder? Schau mal nach, ob die noch gut sind. Irgendetwas stimmt damit nicht.«

Ich drehte die Packung suchend in meinen Händen.

»Hier steht, dass sie noch bis 2015 haltbar sind.«

»Was für ein Quatsch, das erlebe ich doch sowieso nicht mehr.«

»Oma!« – »Hm?« – »So etwas will ich nicht hören.«

Sie machte eine abwehrende Handbewegung und brummte: »Stimmt doch«, allerdings sehr leise. Ich tat, als hätte ich nichts gehört.

»Schluss damit«, lächelte sie dann und hob ein Küchentuch hoch, unter dem ein sehr appetitlich aussehender Marmorkuchen stand. »Jetzt trinken wir erst mal Kaffee und essen ein Stückchen hiervon. Ich habe im Wohnzimmer schon den Tisch gedeckt. Nimmst du bitte die Thermoskanne mit dem Kaffee mit?«

»Klar!«

Ich folgte ihr durch den Flur und vermied bewusst einen Blick ins Schlafzimmer. Oma hatte für sehr viel Wirbel gesorgt, als sie kurz nach Opas Tod bei einem Homeshopping-Sender eine komplett neue Schlafzimmereinrichtung in grellem Pink gekauft hatte. Neben einem Himmelbett mit Spitzengardine war auch die Bettwäsche mit inbegriffen. Meine Mutter hatte fast keine Luft mehr bekommen, als sie bemerkt hatte, dass jede Kante mit einer kitschigen Rüsche gesäumt war.

»Mutter, was soll das?«, hatte sie gekeucht. »Das Zimmer sieht ja schlimmer aus als … Es sieht schlimmer aus als jedes …«

»Lupanar?«, hatte ich soufliert.

»Richtig. Wo auch immer das liegt.«

»Ein Lupanar war ein gewöhnliches Bordell im alten Rom, wobei sich der Begriff von ›Lupa‹, lateinisch für ›Wölfin‹, ableitet.«

»Bist du dir sicher, dass die schon pink lackierte Nachttischchen hatten?«, hatte mein Vater kritisch eingeworfen und einen ziemlich giftigen Blick von meiner Mutter kassiert.

Oma hingegen hatte jegliche Kritik mit einem trotzigen Blick an sich abprallen lassen und stattdessen mit einem heimlichen Lächeln eine imaginäre Falte auf der glänzenden Bettdecke aus Polyester glatt gestrichen.

»Ich fühle mich gar nicht gut«, sagte Oma, während ich noch in Erinnerungen schwelgte, und nahm sich zwei Stückchen Kuchen.

Ich goss ihr Kaffee ein und sie kippte einen halben Liter Sahne hinterher.

»Morgen habe ich endlich den Termin beim Neurologen. Darauf habe ich nur 13 Tage lang gewartet!«

Hierzu musste man wissen, dass Omas Freundeskreis sich in einem ständigen Wettbewerb befand, wer am schnellsten einen Termin bei einem Facharzt bekam. Sie trafen sich einmal in der Woche in ihrem Stamm-Café und bevor sie sich begrüßten, sagte einer: »Drei Wochen für den Nephrologen.«

Und ein anderer: »Termin beim Kardiologen. 16 Tage musste ich warten.«

Und schließlich: »Dermatologe, neun Tage!«

Dann seufzten alle anderen und der Gewinner durfte sich den besten Platz aussuchen.

Oma rührte klappernd in ihrer Kaffeetasse herum und ich strich gedankenverloren über eines der vielen Zierkissen. Opa hatte zeitlebens mit viel Leidenschaft Kaninchen gezüchtet. Dementsprechend groß war wohl auch der Überfluss an Fellen gewesen, denn jedes der vielen selbst genähten Zierkissen auf Omas Sofas hatte auf der Rückseite Kaninchenfell. Manch einer mochte sich da komisch fühlen, für mich war es völlig normal.

»Louise, streichle nicht den toten Hasen, nimm dir Kuchen!«

»Entschuldige.« Ich nahm ebenfalls zwei Stückchen.

»Hat dein Vater nicht bald Geburtstag?«

»Ja, am 16.«

»Gehen wir wieder gemeinsam essen?«

»Das weiß ich noch nicht. Hast du schon mit Mama telefoniert?«

»Mich ruft ja so selten jemand an, wahrscheinlich erfahre ich es wieder als Letzte.«

»Ich sage dir einfach Bescheid, sobald ich Genaueres weiß, okay?«

Oma nickte hoheitsvoll. Schweigsam kauten wir eine Weile unseren Kuchen und ich dachte dabei ein klein wenig an Jérôme. Er würde Oma auch mögen, da war ich mir sicher.

»Wärst du böse, wenn ich dich nach dem Kaffeetrinken wieder nach Hause schicke? Ich möchte noch baden und um 18 Uhr beginnt schon meine Serie.«

Ich dachte sofort daran, dass ich dann Sandy noch beim Umzug helfen konnte, und nickte zustimmend.

»Kein Problem!«

*

Als ich kurz nach 17 Uhr meine Wohnungstür aufschloss, fiel drinnen gerade etwas laut polternd um.

Vorsichtig machte ich einen Schritt nach vorn und sah Hektor, der verdrießlich guckend im Flur lag. Er wedelte kurz, als er mich sah. Dann hörte ich auch schon Sandys erboste Stimme aus ihrem Zimmer.

»Du bist so ein mieser Lügner!«

»Baby, es tut mir leid, okay?«

Wieder fiel etwas um, gerade als ich die Tür hinter mir schloss.

»Verschwinde, ich lege keinen Wert darauf, dass du mir beim Ausräumen hilfst.«

»Aber ich bin doch eh hier, da kann ich doch mit anpacken.«

»Mit anpacken?« Sandys Stimme hatte einen schrillen Tonfall angenommen. »Ja, das kannst du gut, schließlich hast du meine ehemals beste Freundin auch angepackt!«

»Baby, so war das nicht. Ich war betrunken und sie war scharf auf mich. Mir hat es nichts bedeutet!«

»Ach, hör doch mit der Jammerlappen-Nummer auf! Das glaubt dir sowieso niemand.«

»Haben wir uns nicht schon genug gestritten?«

»Nein!«

»Gut, wie du willst!«

»Ach, jetzt bin ich schuld?«, keifte Sandy.

Ich schlich etwas näher. Die Tür war einen Spaltbreit geöffnet. Überall standen Kartons herum, auf einem halb aufgebauten Schreibtisch hing eine Tagesdecke, das Bett war unbezogen und mit Klamotten beladen. Rechts sah ich Sandy, links einen gut aussehenden Typen Marke »Rettungsschwimmer bei *Baywatch*«: breites Kreuz, rotes Shirt, kräftige Waden, die aus Khaki-Bermudas herausschauten. Dazu trug er etwas ausgelatschte Flip-Flops. Seine lockigen blonden Haare hatte er mit einem elastischen Band am Kopf fixiert.

»Hast du mal überlegt, wie du mir damit wehtust?!«, brüllte der Typ gerade.

»Ich tue dir weh? Habe ich mit deinem besten Freund geschlafen oder war es andersherum?«

»Ich bin dir ja nie gut genug – das Gefühl gibst du mir immer. Ich mache dies falsch, ich mache das falsch. Ich räume meine Socken nicht in den Wäschekorb, ich spiele zu viel Computer, ich mache nie die Zahnpasta zu! So etwas zerrt am Ego!«

»Ach, und da musste dein Ego mal kurz 'ne andere Frau flachlegen?«

Darauf schien der Typ nichts mehr erwidern zu können.

»Verschwinde«, zischte Sandy. »Den Rest hole ich morgen. Sei also zu Hause.«

»Baby, nein …« Er griff nach ihrem Arm.

»Lass mich los«, erwiderte sie und versuchte halbherzig, sich loszureißen.

Aber er zog sie nur noch näher an sich heran. Ich sah, wie Sandy sich wehren wollte, doch dann änderte sich etwas an ihrer Körpersprache. Der Typ drückte sein Becken vor und legte seinen Arm um ihren Rücken. Sie keuchte und sah ihn aus glühenden Augen an. Ich war mir nicht sicher, ob es tatsächlich Wut war.

»Hau ab, du Mistkerl!«, sagte sie und kratzte seinen rechten Arm hinunter.

Seine Knöchel traten weiß hervor, als er sie noch enger an sich presste. Ob sie Hilfe brauchte? Belästigte er sie? Unentschlossen schaute ich von einem zum anderen, immer auf dem Sprung, mich selbstlos dazwischen zu werfen, um die Streithähne zu trennen.

»Mistkerl!«, zischte Sandy erneut. Dann zog sie seinen Kopf zu sich und küsste ihn leidenschaftlich.

Ich kam nicht mehr ganz mit. Er hatte sie betrogen, sie hatte die gemeinsame Wohnung verlassen und nun küsste sie ihn. Ich sah hinab zu Hektor, der so unbeeindruckt guckte, als sei er dieses Schauspiel bereits gewohnt. In diesem Moment stöhnte der Typ und ich schaute zurück ins Zimmer. Sandy hatte ihm sein Shirt ausgezogen und zerrte nun an seiner Hose.

»Du elender Scheißkerl«, knurrte sie, als er nur noch in Shorts dastand.

Mir wurde schlagartig klar, worauf das hinauslief. Eigentlich hätte ich mich dringend verziehen sollen – eine Runde um den Block spazieren und dann mit lautem Gepolter wiederkommen. Doch ich blieb mit klopfendem Herzen stehen und beobachtete die beiden weiter.

Gerade schob der Typ beide Hände unter Sandys Sommerkleid. Sie küsste ihn erneut, während er ihre Pobacken knetete. Dann zog er an etwas und ein Hauch von Nichts, der wohl Sandys Höschen sein sollte, rutschte auf ihre Füße. Sie hob die Arme, er zog ihr das Kleid über den Kopf und öffnete mit gekonntem Griff ihren BH. Der schmale Streifen Schambehaarung war so goldig hell wie die Haare auf ihrem Kopf. Ihre Brüste waren klein und fest, sodass sie eigentlich keinen BH benötigte.

Der Typ zog sie erneut an sich und unter dem dünnen Stoff seiner Shorts zeichnete sich etwas sehr deutlich ab. Ich senkte verschämt den Blick, doch als Sandy ihm die Shorts auszog, sah ich wieder hin. Er war komplett rasiert. Sein bestes Stück stand im rechten Winkel von seinem Unterkörper ab und Sandy griff nicht unbedingt zärtlich danach. Er stöhnte, dann fegte er mit der freien Hand die Klamotten vom Bett und drängte sie an den Rand. Sie ließ sich fallen und spreizte die Beine. Ich stand direkt davor. Natürlich hatte ich mich selbst schon im Spiegel betrachtet, doch bei einer anderen Frau hatte ich diesen Ausblick noch nicht gehabt.

Sandys Ex ließ sich zwischen ihren Beinen nieder und senkte den Kopf. Ich hörte, wie er sie leckte, während er mir seinen nackten Hintern entgegenstreckte. Dann verschwand ich hinter der Tür, weil er sich plötzlich aufrichtete. Plötzlich hörte ich das Bett quietschen. Als ich wieder hinsah, kniete Sandy mit gespreizten Beinen über ihm. Die Spitze seiner Eichel berührte sie und sie kreiste genießerisch darauf. Er stöhnte auf; sein Gesicht war hinter ihrem gebräunten Rücken verschwunden. Dann ließ sie sich tiefer sinken. Ich sah, wie sein Schwanz in ihr verschwand. Nun stöhnten sie beide. Er legte seine Hände auf ihre Hüften, um sie noch enger auf sich zu pressen, doch sie schob sie weg. Dann begann sie sich zu bewegen: zwei Mal halb rein, ein Mal ganz rein und dann wieder von vorn in diesem Rhythmus. Der Typ krallte sich in die unbezogene Matratze.

»Baby ...«, flüsterte er.

Sandy behielt ihren Rhythmus bei und legte eine Hand auf ihren Unterleib. Ich sah an ihrem Ellbogen, dass sie die Hand dort bewegte. Die andere hatte sie auf seiner Seite abgestützt. Als sie schneller wurde, begann das Bett zu quietschen. Immer noch beobachtete ich, wie sein Schwanz rhythmisch zwischen ihren Beinen auftauchte. Ich musste mich zwingen wegzuschauen.

Entschlossen zog ich mich von der Tür zurück. Hektor lag in einer Ecke des Flurs und schien zu dösen. Vorsichtig ging ich die zwei Schritte zurück zur Wohnungstür und drückte langsam die Klinke herunter. Das Geräusch des quietschenden Bettgestells drang bis in den Hausflur. Ich zählte im Takt mit, zog beim nächsten Quietschen die Tür zu und lief die Treppe hinunter.

Draußen auf dem Gehweg hielt ich etwas desorientiert an. Was nun? Wieder hatte ich die Bilder vor Augen. Irrte ich mich oder hatte ich gerade einem Pärchen live beim Sex zugeschaut? Etwas in mir kribbelte. Ich dachte an den Schwanz des Typen und wie es ausgesehen hatte, als Sandy sich auf ihn gesetzt hatte. Gleichzeitig schämte ich mich ein wenig. Wäre es nicht angemessen gewesen, so früh wie möglich zu verschwinden? Stattdessen hatte ich die beiden beobachtet wie ein Spanner. Und das Schlimmste war: Obwohl der Typ überhaupt nicht mein Geschmack war, hatte ich mir vorgestellt, wie es wäre, wenn ich auf ihm sitzen würde.

Mit glühenden Wangen stürzte ich in den nächstbesten Supermarkt und irrte ein wenig orientierungslos herum. Als mein Handy mahnend piepste, fiel mir auf, dass ich soeben dabei war, meine allabendliche Folge von *Sturmherzen* zu verpassen. Na super! In meiner Wohnung vernaschte meine neue Mitbewohnerin ihren Ex, ich hatte ihr dabei zugeschaut und nun schlug ich die Zeit in einem Supermarkt tot und verpasste dabei meine Lieblings-Soap. Missmutig griff ich mir ein paar Puddings aus dem Kühlregal.

Als ich eine halbe Stunde später in die Wohnung zurückkehrte, machte ich schon auf der Treppe Krach wie eine Horde Wildpferde. Sandys Zimmertür stand weit offen, Musik dröhnte aus den Lautsprechern ihres Rechners und sie war wieder vollständig bekleidet. Von dem Typen war nichts zu sehen.

»Hallöli!«, flötete sie und schien außerordentlich guter Laune zu sein.

Bedeutete das nun, dass sie sich mit ihrem Ex versöhnt hatte und ich mir schneller als erwartet wieder eine neue Mitbewohnerin suchen musste?

»Na, alles klar?«, fragte ich deshalb. »Kommst du gut voran? Soll ich dir vielleicht ein bisschen helfen?«

»Nein, nicht nötig. Aber lieb, dass du fragst. Ich bin fast fertig.«

»Fast fertig« erschien mir in Anbetracht des Karton-Hügels in ihrer Zimmermitte etwas übertrieben, doch sie schien definitiv nicht ausziehen zu wollen, und das reichte mir schon als Info. Ich räumte meine Puddings in den Kühlschrank und ließ mich in meinem Zimmer aufs Bett fallen. *Sturmherzen* war fünf Minuten zuvor zu Ende gegangen und ich hatte nun keine Lust mehr, den Fernseher einzuschalten, nur um wahllos irgendetwas zu schauen. Draußen war es immer noch sehr warm und schwül, obwohl es bereits kurz vor 19 Uhr war.

Wenig später klopfte Sandy an den Türrahmen.

»Isabelle und ich gehen noch auf eine Party – hast du Lust mitzukommen?«

»Nein danke«, sagte ich, ohne zu überlegen.

Ich war kein Mensch für Partys. Zu viele fremde Leute, zu viel Trubel, zu viel Alkohol. Und Männer, die Jerôme sowieso nicht das Wasser reichen konnten, was sie allerdings nicht davon abhielt, einen ungefragt anzugraben. Nein danke! Stattdessen beschloss ich, mich weiter in die Themen meiner Hausarbeiten einzulesen.

»Was machst du denn?«, hakte Sandy nach. »Bist du noch verabredet?«

»Ich werde was für die Uni tun«, erwiderte ich.

»Bei diesem Wetter?«, fragte sie und zeigte Richtung Fenster.

»Ja klar.«

Sandy schaute zuerst ungläubig, dann wandte sie sich zum Gehen.

»Wie du willst«, sagte sie und schüttelte den Kopf.

Wenig später hörte ich sie telefonieren und kichern, dann schaute sie kurz bei mir vorbei, um sich zu verabschieden. Das blaue Kleid, das sie trug, stand ihr ausgezeichnet. Goldene Armreifen baumelten um ihre Handgelenke und passten hervorragend zu ihrer gebräunten Haut.

»Ich gehe jetzt noch eine Runde mit Hektor und dann bin ich weg«, sagte sie.

»In Ordnung.« Ich saß bereits am Schreibtisch und hatte meine Vorlesungsnotizen vor mir ausgebreitet. »Viel Spaß!«

»Danke.« Sie musterte mich und meine Jogginghose kurz, dann verschwand sie.

Als sie später Hektor wieder in die Wohnung ließ, war ich schon sehr gut vorangekommen. Deshalb kam mir auch gar nicht der Gedanke, es schade zu finden, dass meine beiden Mitbewohnerinnen sich vermutlich gut amüsierten, während ich in Schlabberklamotten zu Hause saß.

Irgendwann in den frühen Morgenstunden bekam ich mit, wie jemand die Tür aufschloss. Als ich Sandy kichern hörte, ahnte ich nichts Gutes. Wenig später begann das Bett erneut zu quietschen. Ich presste mir ein Kissen auf die Ohren und schloss energisch die Augen.

2. KAPITEL

TANTE GISELAS

Laden

Tante Gisela könnte man als letzten Hippie der Stadt bezeichnen. Sie war die Schwester meines Vaters und deshalb war auch sofort klar gewesen, dass ich bei ihr arbeiten würde, sollte ich zum Studium nach Bochum ziehen.

»Damit das Geld in der Familie bleibt«, hatte mein Vater damals gesagt und dann über seinen eigenen Witz gekichert.

Gisela trug wallende Röcke und selbst gehäkelte Oberteile, und das ohne jeden Skrupel. Sie hatte längere Zeit auf Ibiza gelebt – damals, als es dort noch keinen Strom gegeben hatte. Ihr Laden war ein als Buchhandlung getarnter Esoterik-Tempel. Öffnete man die Eingangstür, empfing einen der süßliche Geruch von Räucherwerk, es war immer ein wenig zu dunkel, um wirklich lesen zu können, und die Wände zierten bunte Batiktücher. Zwischen den Regalen standen Tische mit Tarotkarten, Mondrhythmus-Taschenkalendern oder Körbchen mit Halbedelsteinen jeglicher Größe. Titel wie *Vegan als Esoteriker*, *Moderner Schamanismus* oder *Erkenne die Kraft der Steine*, die meine Tante gerne als »Top-Titel« auf einem wackligen Sideboard aus Holz mitten im Laden ausstellte, sprachen für sich.

Unwissende Neukunden bremste meist schon die Räucherwolke am Eingang aus, doch der spirituelle Teil der Bevölkerung schien etwas härter im Nehmen zu sein. Ich hatte in der ersten Woche permanent gehustet, danach brannten mir nur noch die Augen ein wenig. Mittlerweile fand ich alles im Laden, allerdings nur, weil ich auch wusste, wo es stand.

An dem Tag trug meine Tante einen bodenlangen gestuften Rock aus gekreppter Baumwolle, dessen Farbverlauf von Orange zu Violett nur deshalb nicht blind machte, weil es im Laden so schummrig war. An einem Lederband um ihren Hals hing ein monströs großer Bergkristall, mit dem sie vermutlich keine zu hastigen Bewegungen machen konnte, da er ihr schon allein durch sein Gewicht ein paar Rippen brechen würde.

»Louiiiiiiiiise«, rief sie, als das Glöckchen an der Tür verriet, dass jemand den Laden betreten hatte. Das sagte sie immer so.

Ich hatte versucht, sie zu korrigieren, doch leider ohne Erfolg. Sie blieb an dem »i« hängen wie eine CD mit Sprung.

»Hi Gisi«, antwortete ich, obwohl sie diese Koseform nicht mochte.

Als sie mir zu Beginn unserer Zusammenarbeit hatte klarmachen wollen, dass sie sich im Laden »Giselle« statt »Gisela« nannte, hatte ich mich geweigert und wir hatten uns auf »Gisi« geeinigt. Die Bezeichnung »Tante« sollte ebenfalls tabu sein, doch meist hielt ich mich nicht daran.

»Bodo muss mal!«, sagte Gisi mit der für sie typischen Dramatik.

Ich wollte spontan wieder umdrehen und nach Hause verschwinden. Bodo war Tante Gisis Hund. Und er war nicht irgendein Hund, sondern ein riesengroßer Boxer mit senfgelbem Fell, dem Gemüt eines Kälbchens und dem Aussehen eines Höllenhunds. Seine Markenzeichen waren sein Dickkopf und die langen Sabberfäden, die ihm den ganzen Tag über von seinen Lefzen hingen. Bodo war Tante Gisi zugelaufen – so erzählte sie es zumindest ihren sensiblen Kunden, die meist ein wenig irritiert auf seine martialische Präsenz reagierten. In Wahrheit war er das Einzige, was einer ihrer verflossenen Liebhaber zurückgelassen hatte, nachdem er mit ihrem Ersparten und einem Großteil der Möbel aus ihrer Wohnung verschwunden war.

»Sternchen, die Leine hängt an der Tür. Und bring uns doch ein paar Kastaniencreme-Kekse mit!« Tante Gisi schwebte heran und drückte mir einen Zehneuroschein in die Hand. »Na los, Sternchen, Bodo wartet nicht gern.«

»Sternchen« war mein Spitzname, da Gisi darauf bestanden hatte, mir ebenfalls ein Kosewort anzuhängen, nachdem ich mich bei »Giselle« so hartnäckig geweigert hatte. Hätte ich vorher gewusst, worauf ich mich in Sachen »Hundebetreuung« eingelassen hatte, wären wir vermutlich gar nicht erst bis zu dem Problem der Spitznamen gekommen.

»Bodolein«, flötete Gisi.

Als Antwort erklang ein Schmatzen und dann bebte der Boden ein bisschen, als Bodo gemächlichen Schrittes auf uns zutrottete.

»Ja schau mal, wer da ist!«

Bodo guckte kurz hoch zu mir, seine kupierte Rute wedelte ein Mal, ich nickte ihm zu, und das war es schon mit der Begrüßung. Wir waren beide nicht die Temperamentvollsten – ganz im Gegensatz zu Gisi, die uns schwungvoll zur Tür hinausschob. Ich schaffte es gerade noch, die Hundeleine mitzunehmen.

Draußen auf dem Gehweg seufzte ich und Bodo schnaufte zustimmend. Dann schob ich den Zehner in meine Hosentasche.

»Auf gehts«, murmelte ich und legte dem Hund die Leine an.

Zum Bäcker würde ich erst am Ende der Runde kommen, da nicht ich mit Bodo spazieren ging, sondern er mit mir. Wie zur Bestätigung hängte er sich in die Leine und los ging es. Ich ließ mich von ihm ziehen, denn ich wusste sowieso, wohin er wollte.

Bodo liebte Enten. Nicht im Hundefutter und auch nicht als Spielzeug, sondern als Objekt stiller Bewunderung. So sah es zumindest aus, wenn er in gebührendem Abstand und mit andächtigem Blick wie zu einer Statue erstarrt dem quakenden Federvieh beim Putzen und Baden zuschaute. Schon so manch misstrauischer Spaziergänger hatte sich zu einer spitzen Bemerkung hinreißen lassen, besorgt um das Wohl der Enten in Anbetracht von Bodos muskulösem Körper und seinem starren Blick, den Unwissende leicht als »lauernd« einstuften. Doch Bodo hätte den Enten nie etwas getan, geschweige denn Jagd auf sie gemacht.

Einmal hatte ein offensichtlich toter Enterich am Seerand gelegen. Bodo hatte ihn eine ganze Weile beobachtet und mich dann entschlossen hinter sich hergezogen, hinab zum Seeufer, dicht heran an den verdrehten, leblosen Körper. Er hatte ihn angesehen und dann mit seinen kleinen, blutunterlaufenen Augen zu mir hochgeschaut.

»Tut mir leid«, hatte ich geflüstert, weil er so niedergeschlagen geguckt hatte. Die darauffolgenden zwei Tage hatte Bodo kaum etwas gefressen.

Als wir an dem Tag im Stadtpark ankamen, waren zum Glück alle Enten munter und wohlauf. Bodo zerrte mich auf seinen gewohnten Beobachtungsposten. Die Enten nahmen von ihm Notiz, ohne beunruhigt zu wirken. Ich stand wie üblich neben ihm und langweilte mich. Nachdem er genug hatte, drehte er sich um und zog mich zurück auf den Kiesweg, um seine Runde fortzusetzen.

Als wir den Park verließen, wirkte Bodo so zufrieden, dass ich es wagte, die Führung zu übernehmen. Vor dem Bioladen war bereits ein Vertreter seiner Art angebunden, allerdings eine Miniausgabe. Der kleine Pekinese musterte Bodo mit einem herablassenden Blick, dann zeigte er drohend seine gelbbraunen Stummelzähne. Bodo wich pikiert zurück und guckte so beleidigt, wie es eben nur ging.

»Ich bin doch gleich wieder da!«, sagte ich und tätschelte seinen großen Kopf.

Bodo schielte auf den wilden Pekinesen und drückte sich an mein Knie.

»Er tut dir nichts. Schau nur, wie klein er ist!«

Bodo schnaufte missbilligend und der Fellball spielte sich immer noch so albern auf.

»So, jetzt ist es aber mal gut!«, sagte ich streng.

Der Pekinese sah erschrocken zu mir hoch, seine übergroßen Augen quollen noch ein Stückchen aus dem Kopf hervor und er machte brav Platz.

»So ist es fein«, lobte ich, band den widerstrebenden Bodo neben ihm an und betrachtete dann das ungleiche Duo. »Schön lieb sein!«, sagte ich zu den beiden.

Als die Lage stabil schien, betrat ich den Laden. So ein Bioladen war ja ein Mikrokosmos für sich. Da trafen Hardcore-Ökos mit schicken Jungmüttern zusammen, nur da gab es Obst, das seltsam verbeult, aber dafür drei Mal so teuer wie auf dem Markt war, und wer in der Backecke Waren aus weißem Mehl verlangte, hätte auch ebenso gut Hamster verschlucken und sich offen zum Satanismus bekennen können. Über den Kosmetikregalen hingen unsichtbare Schilder mit Slogans wie »Umverpackung ist teuflisch« oder »Nur weil es Kosmetik ist, muss es noch lange nicht hübsch aussehen«. Das Regal mit den Brotaufstrichen war so groß wie andernorts das mit den Dosensuppen und es wurde alles püriert und kombiniert, was die ökologische Landwirtschaft so hergab. Die Sorte »Aubergine-Walnuss-Avocado« führte meiner Meinung nach die Hitparade an, dicht gefolgt von »Bärlauch-Karotte-Dinkel« und »Cranberry-Sanddorn-Fenchel«. In den Kühlregalen standen Joghurts aus Ziegenmilch, die vom Preis her problemlos mit Gold aufgewogen werden konnten, und wer an der Kasse nach einer Tüte fragte, bekam stattdessen einen »Das nächste Mal hast du Hausverbot«-Blick, der einen sofort zum Schweigen brachte.

Ich lief direkt durch bis zum Backeck, um Gisi die Kekse zu besorgen. Dort war es zum Glück leer, sodass ich sofort drankam. Ich steckte das Wechselgeld in meine Hosentasche und eilte zurück nach draußen. Irgendwie traute ich diesem kleinen Randalierer am Fahrradständer nicht so ganz. Und richtig: Er hatte Bodo in die äußerste Ecke gedrängt und sich dann so platziert, dass Bodos Leine permanent auf Spannung war und er sich kaum rühren konnte. Ich löste die Leine vom Halsband, damit er wieder mehr Luft bekam. Bodo schnaufte erleichtert und der Pekinese blinzelte unschuldig, als ich ihn böse ansah.

Kaum hatte ich Bodo wieder angeleint, begann er zu ziehen wie ein Wilder. Ich stolperte hinter ihm her, bis wir endlich wieder vor der Ladentür angekommen waren.

»Na, habt ihr euch gut amüsiert, ihr zwei Hübschen?«, flötete Gisi.

»Total!«, erwiderte ich atemlos und gab ihr die Kekse und das Wechselgeld. Bodo verschwand in seiner Ecke.

»Was hat er denn?«

»Ein Pekinese hat ihn geärgert.«

»Ach herrje. Und dabei ist er so sensibel.«

»Das Vieh war aber auch frech!«

»Ja, ja, die Kleinen«, murmelte Gisi und schob sich einen Kastaniencreme-Keks in den Mund. »Das sind die Schlimmsten.«

Ich nickte mitfühlend.

*

Am Nachmittag begann Tante Gisi plötzlich, hektisch in ihrem Terminkalender zu blättern.

»Oh, nein …«, hörte ich sie murmeln. Dann strich sie sich die wilden Locken hinters Ohr und schmiss das schmale Büchlein zurück in die Schublade unter der Kasse. »Sternchen, ich muss gleich noch mal los.«

»Wohin?«

»Ich hätte fast meinen Vorsorgetermin verschnarcht. Was für ein Glück, dass ich nachgeschaut habe! Um 15 Uhr muss ich da sein.«

Ich schielte auf meine Uhr.

»Das ist in einer Viertelstunde.«

»Ja, ich weiß!«, erwiderte Gisi, schaute so dramatisch wie eine Opernsängerin beim hohen C und tauchte dann hinter der Theke ab.

Ich hörte sie rumoren und als sie wieder hochkam, hatte sie sich ihre Tasche über die Schulter gehängt und ihr Lieblingsseidentuch umgeschlungen.

»Weißt du was?«, begann sie voller Tatendrang.

Ich nickte vorsichtig. Bei so viel Elan ahnte ich nichts Gutes.

»Die Regale müssen dringend mal wieder komplett ausgeräumt und die Fächer gewischt werden. Du fängst am besten links neben dem Eingang zum Lager an und wenn ich wiederkomme, helfe ich dir. Zu zweit geht alles leichter!«

Wieder brachte ich nur ein Nicken zustande. Ich hatte Gisi bis dahin höchstens mal mit einem Staubwedel gesehen und sogar den kleinen roten Staubsauger benutzte sie nur unwillig.

»Eimer und Wischtuch müssten irgendwo im Lager sein. Sollten wir kein Putzmittel mehr haben, schick mir eine SMS, ich bringe dann welches mit.«

Überlegte man, wie selten im Laden gewischt wurde, war wohl eher anzunehmen, dass vorhandene Putzmittel in ihren Flaschen zu zähen Klumpen vergärt waren, als dass sie mal aufgebraucht sein würden. Da ich jedoch diesen Umstand mit meiner aufgedrehten Tante nicht weiter diskutieren wollte, nickte ich ein drittes Mal.

»Gut!« Gisi schien mit ihren Gedanken bereits wieder woanders zu sein. »Dann bis nachher!«

Als sie weg war, begab ich mich auf Putzmittel-Expedition ins Lager und wurde tatsächlich fündig: Eine unscheinbare Flasche Allzweckreiniger stand direkt neben einem Eimer, der die besten Zeiten schon hinter sich hatte und auf dessen Boden ein Putztuch steinhart wie Zement angetrocknet war. Ich ging in die Hocke, zupfte daran und es knisterte wie Papier. Igitt! Erst in dem Moment sah ich, dass sich zwischen Henkel und Eimerrand eine Spinne ihr Netz gesponnen hatte. Als ich es berührte, schoss die braune Eigentümerin wie ein Blitz auf ihren acht Beinen unter dem gebogenen Rand hervor. Ich kreischte, kippte nach hinten über und knallte mit dem Kopf gegen gestapelte Kartons. Etwas benommen hörte ich Bodo aus weiter Ferne bellen und erst als mir eine feuchte Zunge über den Arm leckte, war ich wieder in der Wirklichkeit angekommen.

»Autsch«, stöhnte ich und rieb mir den schmerzenden Kopf.

Bodo hatte sich auf die Hinterläufe gesetzt und hielt fragend den Kopf schief. An seiner linken Lefze schwang sanft ein langer Sabberfaden hin und her. Als keine Blitze mehr vor meinen Augen tanzten, schielte ich unauffällig nach der braunen Spinne. Offensichtlich war sie wieder unter dem Rand verschwunden. Gut, ich brauchte eine Lösung, denn allein würde ich dieses Vieh ganz bestimmt nicht verscheuchen können. In dem Moment fiel mein Blick wieder auf Bodo, der mich immer noch neugierig fixierte.

»Bodo«, sagte ich ernst, »ich brauche deine Hilfe.«

Er legte den Kopf noch etwas schiefer und stellte die Ohren auf. Vielleicht war es nicht politisch korrekt, einen Hund zur Ungezieferjagd zu missbrauchen, aber dieses braune Krabbeltier musste weg, und zwar sofort.

Vorsichtig näherte ich mich dem Eimer, während ich Bodo wie einen Geheimagenten lautlos heranwinkte. Dann zupfte ich erneut an dem Netz. Die Spinne sauste hervor, ich brüllte: »Bodo, fass!«, und machte die Augen zu. Ich hörte, wie der Eimer umfiel, etwas schmatzte und schluckte und dann war es ruhig. Vorsichtig schielte ich unter halb geschlossenen Augenlidern hervor und hoffte, dass das achtbeinige Untier nicht entkommen war. Doch Bodo leckte sich die Lefzen und sah sehr zufrieden aus.

»Ist sie weg?«, flüsterte ich.

Bodo schnaufte, drehte sich um und trottete aus dem Lager. Ich hoffte, dass das »Ja« bedeutete.

Nachdem ich den Eimer angestupst und sich nichts bewegt hatte, griff ich danach und nahm auch das Putzmittel mit. In dem kleinen Bad stellte ich den Eimer ins Waschbecken und ließ ihn randvoll mit Wasser laufen. Das Putzmittel war fast so zäh wie erwartet. Als ich die Flasche kippte, passierte zunächst einmal gar nichts. Erst als ich darauf drückte, platschte ein großer gelber Klumpen ins Wasser. Eine Wagenladung explodierter Zitronen hätte nicht intensiver riechen können.

Wieder zurück im Laden begann ich, das erste Regal auszuräumen. Für die oberen Fächer musste ich mich strecken, weil ich zu faul war, die Trittleiter hinter der Theke hervorzuholen. Es ging genau drei Sekunden lang gut. Dann musste ich wegen des umherflirrenden Staubs niesen und ein Buch rutschte mir aus der Hand. Es schlug auf meinem Kopf auf und bohrte sich dann mit einer Ecke in meinen linken Fuß, der wegen meiner minimalistischen Riemchensandalen nur unzureichend geschützt war. Ich kreischte erneut, Bodo begann wieder zu bellen und ich konnte ihn nur im letzten Moment davon abhalten, mich noch einmal abzulecken.

»Aua, verdammt!«

Dieses blöde Buch! Ich hob es auf. Die Ecke, die meinen Fuß getroffen hatte, war ein klein wenig umgebogen. Mist! Während ich über den Knick strich, schaute ich mir das Cover genauer an. Eine wohlproportionierte Frau mit langem, wallendem roten Haar und ziemlich großem Busen, der aus ihrem tiefen Dekolleté quoll, schmiegte sich an die halb entblößte, überdurchschnittlich breite Brust eines dunkelhaarigen Schönlings mit markantem Kinn. Sie schaute ein wenig, als habe sie Schmerzen, sein Blick ging entschlossen in die Ferne. In pinkfarbener, verschnörkelter Schrift stand über ihnen: *Im Bann des Schamanen.*

Ich ignorierte meinen pochenden Fuß und die Kopfschmerzen und blätterte interessiert durch die Seiten. Ich hätte nie gedacht, dass es sogar Esoterik-Liebesromane gab! Meine Augen blieben auf einer Seite hängen, weil ich die Worte »Spalte« und »Gemächt« las. Du meine Güte, Ersteres klang nach Heimwerken, Letzteres nach Veterinärjargon. Trotzdem siegte meine Neugier und ich begann zu lesen.

*

Jessamine wehrte sich, doch Rikardo hielt sie unerbittlich fest.

»Lass mich«, keuchte sie.

Je mehr sie sich wehrte, desto weiter verrutschte ihr Brusttuch und entblößte die zarte Haut.

»Du weißt genau, was du tust, Jessa. Wie lange erwartest du von mir, dass ich den Edelmann spiele?«

»Ich liebe dich!«, flüsterte sie.

Rikardo ließ sie los. Sein Blick ruhte auf den weichen Rundungen, die das verrutschte Kleid nur noch notdürftig bedeckte.

»Ich bin kein vermögender Lord so wie dein anderer Verehrer. Ich habe nichts, nur die Kraft meiner Vorfahren. Ich brauche eine Frau mit Geld und kein mittelloses Fräulein von verarmtem Adel.«

»Ich liebe ihn nicht. Vater hat es so bestimmt.«

Die Worte trieben ihr Tränen in die Augen, ihr voller Mund wurde noch sinnlicher und ihre Augen glänzten wie Sterne. Rikardo presste die Kiefer so fest aufeinander, dass sie knackten. Es war ihre Unschuld, die ihm immer wieder den Atem raubte. Sie war so rein, so sinnlich und sich ihrer Ausstrahlung gar nicht bewusst.

»Liebe mich«, flüsterte sie. »Es ist gleich, was morgen ist. Ich will es jetzt, mit dir, mein erstes Mal.«

Sie hob die Hand und strich über die Haut, die aus dem Ausschnitt seines Hemdes hervorblitzte.

»Jessa … ich …«, stöhnte er heiser.

»Nein, sprich nicht.«

»Nun gut«, knurrte er. »Du hast es so gewollt.«

Er umfasste ihr Gesicht und presste seine Lippen auf ihre. Unbarmherzig zwängte er seine Zunge in ihren Mund. Jessamine erstarrte. Seine Zunge war in ihrem Mund! Ein Schauer jagte über ihren Körper, als er sie immer weiter eroberte. Seine raue Hand umgriff ihre prallen Backen, mit der anderen riss er an dem dünnen Stoff ihres Kleides. Gemeinsam sanken sie auf das weiche Moos.

»Oh Jessa, ich kann nicht …«, seufzte er.

Dann zerrte er an seiner Hose und als sie endlich sein Gemächt in ganzer Pracht vor sich sah, stockte ihr der Atem. Es war so groß! Und es pulsierte!

»Fass mich an«, sagte er heiser. Neugierig legte sie die Hand um das, was sich ihr so fordernd entgegenstreckte. Rikardo zeigte ihr, wie sie ihre Hand auf und ab bewegen sollte.

»Ist es so richtig?«, fragte sie besorgt, weil er zischend die Luft in seine Lungen gesogen und gequält das Gesicht verzogen hatte.

Zuerst antwortete er nicht, dann hielt er ihre Hand mit der seinen fest.

»Genug«, keuchte er. »Du bist ein Naturtalent.«

Er beugte sich über sie, nestelte an ihrem Brusttuch und der feine Stoff zerriss unter seinen ungeduldigen Fingern. Prall und rund lagen ihre Brüste endlich vor ihm und er liebkoste sie ausgiebig. Wieder hielt Jessamine den Atem an. Er saugte an ihren Brustwarzen wie ein Baby! Es löste ein Feuer in ihr aus, ihr Körper loderte und sie sehnte sich nach etwas, das sie nicht genau beschreiben konnte. Nachdem Rikardo von ihren Brüsten abgelassen hatte, wanderte er tiefer, küsste ihren makellosen, flachen Bauch und die milchweiße Haut ihrer Schenkel. Als er sie berührte, erschrak Jessamine kurz, doch dann schob er einen Finger in ihre Spalte. Bald nahm er zwei Finger und schließlich waren es drei. Jessamine wand sich unter seiner Berührung und bog sich ihm entgegen.

»Ich halte es nicht mehr aus«, flüsterte er.

Jessamine sah auf sein riesiges Gemächt. Die Eichel war zum Platzen geschwollen und glänzte im Licht des Mondes. Nein, er war zu groß … Er könnte nicht … Nein!

»Warte!«, schrie sie.

»Jessa, ich kann nicht …«, stöhnte er. »Vertrau mir. Es wird ein bisschen wehtun, aber danach wird es sofort besser.«

Seine besänftigenden Worte beruhigten ihr Gemüt ein wenig und doch konnte sie nicht verhindern, dass sie zitterte. Ob aus Erwartung oder Angst, das vermochte sie nicht zu sagen. Sie fühlte, wie er näher kam und etwas sie berührte. Rikardo senkte den Kopf und sein Gesicht tauchte zwischen ihre großen Brüste. Ihre Spalte begann zu pochen, als er weiter vorwärtsdrängte. Er dehnte sie, stieß gegen den Widerstand und Jessamine keuchte. Da hob er den Kopf und sah sie mit lustverhangenem Blick an.

»Gleich ist es vorbei, dann tut es nicht mehr weh.«

Wieder drängte er vorwärts und Jessamine fühlte, wie etwas in ihr zerriss.

»Au«, hauchte sie und im selben Moment schob Rikardo sein Becken vor. »Aaaaahhhhh … Ooooohhhh«, stöhnte sie, als der Schmerz purer Lust wich.

»Du bist so eng …«

»Ist das gut?«

»Ja, sehr gut.«

Rikardo winkelte ihre Beine an, um sie noch weiter auszufüllen. In Jessamines Körper loderte ein Feuer, sie spürte ihn tief in sich, es brannte, pulsierte ... schlabberte ...

*

Schlabberte? Abrupt ließ ich das Buch sinken und schaute in die Richtung, aus der ich das Geräusch vernommen hatte. Ich sah gerade noch, wie Bodo einen weiteren großen Schluck von dem giftig gelb gefärbten Putzwasser nahm und dann unschuldig zu mir hochschaute.

»Pfui, Bodo! Aus!«

Trotz meiner roten Ohren versuchte ich, einen strengen Blick aufzusetzen. In dem Moment ging die Ladentür auf und die Glocke begann ihr schrilles Gezeter. Bodo schlich beleidigt in seine Ecke und durch den Nebel der Räucherstäbchen erkannte ich eine männliche Gestalt, die scheinbar orientierungslos im Eingangsbereich stehen blieb.

»Guten Tag!«, sagte ich. »Kann ich etwas für Sie tun?«

Insgeheim hoffte ich, dass er direkt wieder gehen würde, weil er sich im Laden geirrt hatte. Meine Ohren fühlten sich immer noch ganz heiß an, meine Wangen glühten und obwohl die Geschichte an Kitsch kaum zu überbieten war, hatte sie mich irgendwie angemacht. Ich zupfte am Bund meines Höschens, weil das plötzlich zwickte.

»Hi!«, antwortete eine männliche Stimme und die Gestalt kam näher. »Ich wollte mich nur mal umschauen.«

»Alles klar. Wenn Sie Hilfe brauchen, sagen Sie einfach Bescheid!«

»Danke!«

Erst dann fiel mir auf, dass ich immer noch diesen Kitschroman in den Händen hielt. Schnell legte ich ihn auf die Bücher, die ich zuvor auf dem Fußboden gestapelt hatte. Während der Typ zwischen den Regalen herumspazierte, tat ich so, als hätte ich hinter der Theke zu tun, und beobachtete ihn unauffällig, während er immer näher kam. Er hatte dunkle Haare, war circa 1,80 Meter groß, vielleicht Mitte zwanzig. Unter seinem Arm klemmte ein Wirtschaftsmagazin. Bestimmt war er BWL-Student, obwohl seine Haare fast etwas zu lang dafür waren und auch der goldglänzende Piratenohrring in seinem rechten Ohr nicht unbedingt dafür sprach. Ein Typ voller Gegensätze, interessant! Als er an der Theke ankam, fiel mir sein hübsches Gesicht auf. Dunkle Haare und blaue Augen, was für eine Kombination! Unter dem linken Ärmel seines Polohemds blitzte eine Tätowierung hervor. Interessant!

Ich strahlte ihn an. Er war der erste einigermaßen attraktive Kunde, der den Laden betreten hatte, seit ich dort arbeitete. Meine Wangen glühten immer noch und auch das Prickeln in meinem Unterleib hatte nicht ganz aufgehört. Er lächelte zurück. Das machte ihn noch attraktiver und ich merkte, wie mein Körper auf ihn reagierte. Ob es ihm genauso ging?

Während ich noch überlegte, begann Bodo zu würgen. Sein großer Körper krümmte sich ein paar Mal, dann machte er ein schreckliches Geräusch und schließlich kotzte er ein wenig hellgelben Schaum auf den Holzboden. Dann rülpste er laut und ein paar kleine Seifenblasen zerplatzten vor seiner Nase.

»Ach du meine Güte«, flüsterte ich.

Der Typ machte drei große Schritte auf Bodo zu, ging vor ihm in die Hocke und schob eine von Bodos langen Lefzen zur Seite. Ich schaute atemlos zu. Er drückte auf das Zahnfleisch, bis es weiß wurde, dann ließ er los und wartete die Reaktion ab. Danach fühlte er Bodos Nase und schließlich fasste er ihm mit dem Zeigefinger prüfend ins Ohr. Ich schwankte zwischen Bewunderung und Abscheu. Der Typ wischte sich den schmalzigen Finger an der Hose ab und kam dann wieder hoch.

»Könnte eine leichte Vergiftung sein«, sagte er nüchtern.

»Er hat von dem Wasser da getrunken«, erwiderte ich und zeigte auf den Eimer.

Der Typ warf einen Blick auf die grellgelbe Brühe und nickte.

»Das könnte hinkommen.«

»Wird er sterben?«, hauchte ich.

»Nein«, sagte er lächelnd. »Du solltest nur darauf achten, dass er heute und morgen genug trinkt und sich sein Zustand nicht verschlechtert.«

»Was waren das für Tricks, die du da angewandt hast? Kennst du dich mit Hunden aus?«

»Ich studiere Veterinärmedizin«, sagte er verschmitzt. »In Kiel. Aber meine Eltern haben ein Haus in Stiepel und deswegen verbringe ich die Semesterferien immer hier.«

»Ärzte sind so praktisch«, sagte ich mehr zu mir selbst als zu ihm.

»So etwas kommt allerdings selten vor«, lachte er.

»Bedank dich bitte«, sagte ich zu Bodo, der den zupackenden Fremden immer noch kritisch beäugte.

»Nicht nötig, ich ...«, wehrte dieser gerade ab, da klingelte sein Handy. Er machte eine entschuldigende Geste und verschwand nach draußen, um zu telefonieren. Seine Zeitschrift hatte er auf der Theke liegen gelassen.

Ich schaute hinüber zu Bodo, der immer noch ein wenig grün um die Nase aussah. Plötzlich wurde mir ganz heiß, als mir die Vorkommnisse im Lager wieder einfielen. Ob vielleicht die Spinne schuld war? Vielleicht war sie giftig gewesen und nun war Bodo dem Tode geweiht, nur weil ich so ein Angsthase war! In dem Moment kam der Typ wieder rein.

»Er hat eine Spinne gefressen«, beichtete ich.

Der Typ zuckte die Schultern.

»Das machen viele Hunde, es liegt an ihrem Jagdtrieb.«

»Vielleicht war sie giftig.«

»Hier in Deutschland? Nein, höchst unwahrscheinlich. Außerdem werden die meisten Tiergifte durch die Magensäure unschädlich gemacht. Wenn sie ihn also nicht in die Zunge gebissen hat und das Gift so in seinen Blutkreislauf gelangt ist, besteht kaum

Gefahr.« Er griff nach seiner Zeitschrift. »Ich muss los, ich komme ein anderes Mal wieder. Und keine Sorge, deinem Hund geht es bald wieder gut.«

Er lächelte noch einmal charmant, nickte Bodo kurz zu und weg war er. Irgendwie erinnerte er mich ein bisschen an Jerôme.

*

Eine gute Stunde später war Gisi wieder da.

»Gehen Sie gesund zum Arzt, kommen Sie tot wieder!«, schnaufte sie zur Begrüßung.

»So schlimm?«, fragte ich mitleidig.

»Schlimmer. Drei Leute waren erkältet, zwei sahen so aus, als müssten sie sich gleich übergeben, und einer hat dem ganzen Wartezimmer von seinem Magen-Darm-Virus erzählt, während er immer wieder seinen Zeigefinger anleckte, um damit die Seiten einer Patientenzeitschrift umzublättern.«

»Ihh …«

»Genau. Und bei dir?«

»Och …« Sollte ich sagen: »Zuerst habe ich Bodo eine Spinne fressen lassen, dann habe ich gelesen, anstatt zu putzen, dann habe ich Bodo fast mit dem Wischwasser umgebracht und den Rest der Zeit habe ich damit verbracht, den Boden zu wischen, Bodo Wasser einzuflößen und an diesen attraktiven Typen zu denken, von dem ich nicht weiß, was er in diesem Laden verloren hatte.«

Bodo rettete mich, indem er auf Gisi zutrottete und sie ans Bein stupste.

»Bodolein!« Meine Tante tätschelte seinen großen Kopf und schnupperte dann in seine Richtung. »Oh, er riecht so … zitronig.«

»Ach, so riecht es hier überall. Das liegt an dem Putzmittel«, sagte ich schnell. Das schien Gisi Erklärung genug zu sein.

»Nein, was hast du schon viel geschafft!«, strahlte sie, als sie sich umsah, und meinte wohl den glänzenden Boden.

»Och …«, erwiderte ich ein zweites Mal vage.

»Weißt du was? Jetzt nehmen wir noch alle Tücher ab und ich nehme sie dann später mit nach Hause und wasche sie alle mal durch. Bist du mit den Regalen schon fertig?«

Ich schüttelte den Kopf und Gisi stemmte unternehmungslustig die Hände in die Hüften.

»Gut, dann machst du die jetzt fertig und ich wische mal in den Schaufenstern Staub.«

Ich fragte mich ernsthaft, wo der plötzliche Elan meiner Tante wohl herrührte. Kaum war sie mit den Auslagen fertig, dekorierte sie spontan alles um und putzte auch noch die zwei großen Fenster der Ladenfront von innen und außen. Als ich um 17 Uhr entlassen war, wirkte sie immer noch voller Tatendrang.

»Ich glaube, ich fahre nachher noch eine Runde Fahrrad«, sagte sie. »Es ist so ein herrliches Wetter heute!«

»Ja, das ist eine gute Idee, mach das doch!«

Bodo zu ihrer Rechten gähnte, während meine Tante begeistert nickte.

»Man muss auch was für sich tun – damit man in Form bleibt.«

Ich wollte sie noch darauf hinweisen, vor dem Fahrradausflug unbedingt den langen Rock gegen eine Hose zu tauschen, da hatte sie mich schon schmatzend auf die Wange geküsst und zur Tür hinausgeschoben.

3. KAPITEL

UNTERNEHMEN
» *Banane* «

Als ich kurz vor 18 Uhr nach Hause kam, war Sandy offensichtlich nicht da. Die Uhr war auf »Bin beim Sport« gestellt und in ihrem Zimmer brannte auch kein Licht. Durch die geschlossene Tür hörte ich Hektor schnarchen. So viel zum Thema »Wachhund«.

Ich schaute kurz auf meine Uhr und stellte entsetzt fest, dass *Sturmherzen* in zwei Minuten beginnen würde. Hastig hängte ich meine Jacke auf, stürzte in mein Zimmer und schaltete den Fernseher ein. Eigentlich hatte ich mir zuerst etwas zu essen machen wollen, doch *Sturmherzen* hatte eindeutig Priorität. Gerade ging der Vorspann zu Ende und die Szene, die mir immer einen kleinen Stich der Eifersucht versetzte, flimmerte über den Bildschirm: Marie, das Zimmermädchen, schüttelte ein hübsch bezogenes Bett auf, dann schwenkte die Kamera und man sah durch ein geöffnetes Fenster hinaus aufs blaue Meer. Diese intrigante Person! Wann würde Konstantin endlich herausfinden, dass Marie in Wahrheit die Geliebte seines Onkels war, der sie nur benutzte, um den Hewordts das Hotel wegzunehmen?

Ich schälte mir die Sandalen von den Füßen und machte es mir auf dem Bett gemütlich. In der letzten Folge hatte Konstantin erfahren, dass er eine Halbschwester hatte. Es würde also spannend bleiben. Als er dann auf dem Bildschirm auftauchte, begann mein Herz wie wild zu klopfen.

Gerade zog er seine Mutter tröstend in die Arme, weil diese, völlig verzweifelt wegen der Affäre ihres Gatten, zusammenzubrechen drohte.

»Warum tut er mir das an«, stöhnte sie.

»Mutter, wir stehen das durch«, flüsterte er und strich ihr beruhigend über das perfekt frisierte Haar.

Ich stellte mir vor, dass ich es wäre, die er in seinen Armen hielt. Natürlich war ich die Geliebte und nicht die Mutter. Ich war mir sicher, dass es herrlich sein würde. Er war einfach der perfekte Mann. Und bei dem Fan-Treffen würde er feststellen, dass ich die perfekte Frau für ihn war. Wir würden uns ansehen und es würde knistern, dann würde er mich scheinbar gehen lassen, nur um kurz darauf unter einem Vorwand von der Autogrammstunde zu verschwinden und mich auf meinem Weg nach draußen wieder einzuholen. Er würde meine Hand nehmen und mich fragen, ob er mich wiedersehen dürfe. Und all die vielen anderen Fans würden ihm egal sein.

Als der erste Werbeblock begann, schmiss ich mir ein Nudelgericht in die Mikrowelle. Es dauerte knapp zwei Minuten, da begann es appetitlich zu riechen, was nicht nur mir aufzufallen schien: An Sandys Zimmertür kratzte es energisch. Ich schlich den Flur hinunter und horchte. Es kratzte erneut und dann begann etwas zu fiepen. Hektor! Ich öffnete Sandys Tür, weil er mir leidtat, und der Hund wuselte an mir vorbei Richtung Küche, wo die Mikrowelle gerade per Glöckchen verkündete, dass die Nudeln fertig waren.

Hektor sprang wie ein Flummi auf und ab. Aus meinem Zimmer hörte ich, dass *Sturmherzen* weiterging. Ich griff nach der bereitgelegten Gabel und rannte zurück, der Hund blieb mir dicht auf den Fersen. Konstantin stritt sich mittlerweile mit seinem untreuen Vater und Hektor versuchte offenbar, mich zu überreden, mein Essen mit ihm zu teilen. Ich warf ihm eine Nudel herunter, ohne zu bedenken, dass sie sehr heiß war. Er fing sie noch im Flug, schluckte und begann dann zu husten. Dabei drehte er sich im Kreis und schnappte nach seiner eigenen Rute. Mein schlechtes Gewissen war so groß, dass ich *Sturmherzen* vernachlässigte, um ihm eine Schale kühles Wasser zu holen. Während er trank und ich ihn beruhigend kraulte, tauchte die bis dahin unbekannte Stiefschwester auf, die Konstantin auf Anhieb sympathisch zu sein schien. Sie war blond und ziemlich dünn. Ich war nicht erfreut.

Sturmherzen endete an dem Tag damit, dass die Mutter in ihrem Porsche davonraste, ohne zu ahnen, dass die Straße nach der Kurve durch einen umgestürzten Baum versperrt war. Ich fieberte dem nächsten Abend entgegen.

*

55

Wenig später kam Sandy vom Sport zurück und Hektor stürzte ihr begeistert entgegen. Sie steckte kurz den Kopf in mein Zimmer, doch ich saß schon wieder über meinen Büchern und sammelte Inhalte für die erste Hausarbeit. Als ich um 22 Uhr die Schreibtischlampe ausknipste, war ich zufrieden mit mir. Ich hatte viel geschafft und nun war ich müde.

Sandys Tür war schon zu, als ich zum Zähneputzen ins Bad ging. Ich bemühte mich, leise zu sein. Wenig später kroch ich in mein Bett und löschte das Licht.

Wieder einmal dachte ich vor dem Einschlafen an Jerôme – daran, wie es mit ihm sein würde und wie unglaublich groß die Anziehungskraft zwischen uns sein würde. Es war ein schönes Gefühl und mir wurde wie immer ganz warm im Bauch, wenn ich nur daran dachte. Ich wurde müder und müder und irgendwann begann mein Kopf, die Ereignisse des Tages mit meinen Gedanken an Jerôme zu vermischen. Ich sah mich in einem tief ausgeschnittenen Kleid und ihn in schmucken, eng sitzenden Reithosen und einem altmodisch geschnittenen Hemd. Er beugte sich über mich, während ich im tauglitzernden Moos saß und ihn schon erwartete. Dann war er über mir. Ich wollte ihn küssen, ihn streicheln und einfach nur daliegen, doch er schob meine langen Röcke hoch und hatte seine Hose bereits heruntergezogen. Ich spürte ihn an meinen nackten Oberschenkeln, sein Gewicht auf mir ließ mich nur schwer atmen.

Erschrocken schnappte ich nach Luft und saß vor Schreck kerzengerade im Bett. Was war nur geschehen? Zwischen meinen Beinen spürte ich Wärme. Ich zwängte eine Hand in meine Schlafanzughose und fühlte. Als ich sie wieder hervorzog, waren meine Finger feucht.

Bis dahin waren meine Träume von Jerôme anders gewesen: Er war auf einer Geschäftsreise und ich begleitete ihn stolz. Wir machten Urlaub auf einer romantischen Insel, kuschelten und sahen uns den Sonnenuntergang an. Gemeinsam gaben wir Freunden unsere Verlobung bekannt und er küsste mich liebevoll. Natürlich hatte ich auch an Sex gedacht. Aber es war anders gewesen: zwischen schweren Betttüchern aus ägyptischer Baumwolle, etwas Intimes, Respektvolles und vor allem nicht so Nacktes! Ich hatte immer nur seinen Kopf und den Ansatz seiner gebräunten Schultern gesehen, weil sie eben aus den Laken hervorgeschaut hatten, als er auf mir gelegen hatte. Nie hatte ich mir vorgestellt, wie er wohl gebaut war!

Als ich daran dachte, wurde mir erneut ganz heiß. Ich ließ mich zurück in die Kissen sinken und schob meine Hand wieder zwischen meine Beine. Dort war es immer noch feucht. Ich bewegte die Finger, so wie ich es schon oft getan hatte, doch dieses Mal fehlte etwas. Ich drehte mich auf den Bauch und klemmte ein Stück Bettdecke zwischen meine Beine. Als ich mich daran rieb, fühlte es sich auch gut an, doch noch immer fehlte etwas. Ich drehte mich zurück auf den Rücken und schob meinen Zeigefinger in mich rein. Nun kam ich dem, was mir vorher gefehlt hatte, etwas näher, doch der Finger verhinderte, dass ich mich weiter streicheln konnte. Mist!

Enttäuscht setzte ich mich auf. So kannte ich mich gar nicht. Sollte ich mich nicht einfach unter der Decke zusammenrollen und versuchen zu schlafen? Stattdessen sprang ich auf und lief lauernd wie ein Tiger in meinem Zimmer herum. Was ich eigentlich suchte, war mir nicht klar, doch ich war mir sicher, dass ich es wüsste, wenn ich es gefunden hatte. Schließlich landete ich in der Küche und als ich zwei Bananen im hellen Mondlicht entdeckte, griff ich zu. Ich wusch die gerade gewachsene der beiden mit heißem Wasser ab, entfernte den harten Strunk und schlich wie eine Getriebene zurück unter meine Decke. Dann riss ich mir die Hose herunter und wollte nicht an das denken, was ich da gerade tat.

Die Banane war immer noch warm von dem Wasser. Ich zuckte, als sie meine Schamlippen berührte. Wieder dachte ich an Jerôme und wie er und diese Gestalt aus dem Kitschroman in meinem Traum zu einer Gestalt verschmolzen waren. Er würde nackt auf mir liegen und wir würden es tun. Er würde meine Brüste kneten, so wie die Männer im Fernsehen es immer taten, wenn sie Frauen verführten. Langsam schob ich die Banane in mich hinein. Das war es, was mir gefehlt hatte. Ich bewegte sie raus und wieder rein, dann drehte ich mich auf den Bauch und stellte mir vor, dass Jerôme auf mir lag und mich in die Kissen drückte. Mein Kopfkino erreichte nie da gewesene Dimensionen und die Banane tat ihr Übriges. Als ich kam, biss ich in mein Kopfkissen, um keine verräterischen Laute von mir zu geben. Dann drehte ich mich erschöpft wieder auf den Rücken.

Die Banane hatte ziemlich gelitten. Sie schien innen nur noch aus Mus zu bestehen. Ich verzog das Gesicht, stand auf und vergrub sie ganz unten im Müll. Nachdem ich mir die Hände gewaschen hatte, ging ich zurück ins Bett. Ich muss zugeben, dass ich selten so zufrieden eingeschlafen bin.

Am nächsten Abend, nach einer nervenaufreibenden Folge *Sturmherzen* und einem krampfhaft auf lustig getrimmten deutschen Liebesfilm mit dem Titel *Himmlischer Einsatz: Liebesbotin mit Engelsflügeln,* lag ich in meinem dunklen Zimmer und dachte an Jerôme und den Ersatz für sein bestes Stück: die verbliebene Banane im Obstkörbchen auf unserem Küchentisch. Sie war weitaus gebogener als ihre Vorgängerin. Ob mich das stören würde?

Entschlossen stand ich auf und tappte auf leisen Sohlen in die Küche. Ich musste erst ein zweites Mal hinschauen, bevor mein Hirn das Gesehene verarbeitet hatte: Die Obstschale war leer. Das Leben war echt gemein. Kaum lief es gut, kam irgendwas dazwischen. In diesem Falle wohl der Hunger einer meiner Mitbewohnerinnen. Mist! Und nun? Ich wollte es wieder! Wer hatte einfach diese verdammte Banane gegessen?!

Frustriert ging ich in mein Zimmer zurück und schaltete meinen PC an. Die Idee des Penis-Ersatzes war uralt, ich müsste also nur an den richtigen Stellen suchen. Auf der Seite eines Internetshops konnte man mir sage und schreibe 267 verschiedene Exemplare vorstellen, inklusive Angaben der Länge und des Durchmessers. Woher aber sollte ich wissen, welche Größe mir gefiel?

Die Banane war perfekt gewesen. Wenn ich die Dinger also vor mir sehen würde, könnte ich abschätzen, ob es größentechnisch ungefähr hinkam. Aber reine Maßangaben würden mich nicht weiterbringen. Außerdem konnte ich doch unmöglich ein Paket bestellen, auf dem dann riesengroß »Sexyshop24 – Ihr Spezialist für Dildos und Vibratoren« stand. Einerseits würde ich sterben, wenn ich es vom Paketboten annehmen müsste, andererseits würde ich sterben, wenn eines der Mädels es für mich annehmen würde. Entschlossen machte ich die Seite wieder zu. Eine andere Lösung musste her. Ich beschloss, eine Nacht darüber zu schlafen.

*

Am nächsten Morgen dachte ich schon wieder an diese verdammte Banane. Was hatte sie nur mit mir gemacht?!

Ich erzählte Sandy, ich würde zur Uni fahren, um nach Büchern zu suchen. In Wahrheit aber fuhr ich in die City. Im Bahnhofsviertel schlich ich mich wie eine Guerillera in den erstbesten Sexshop und stand dann mit hochrotem Gesicht und schnappatmend wie ein Fisch auf dem Trockenen im Eingangsbereich. Drinnen war es schummrig und hinter der niedrigen Glastheke stand eine Kaugummi kauende Verkäuferin in einem schlecht sitzenden Lackoutfit. Sie musterte mich kurz, dann blätterte sie weiter in einem Frisurenmagazin. Ich dachte an Jerôme und an das, was ich mit ihm in meinen Träumen zukünftig erleben würde, und begann, mich umzusehen.

Zu meiner Rechten stand ein großes Zeitschriftenregal. Grell geschminkte Blondinen, die einen Finger in den Mund gesteckt und die andere Hand neckisch in ihren klitzekleinen Höschen verborgen hatten, waren noch das Harmloseste. Auf einem Cover saß breitbeinig eine Frau, deren Schambehaarung etwa in Bauchnabelhöhe begann und kurz vor dem Knie aufhörte. Ich las etwas wie *Haarige Zeiten* und blickte dann schnell weg. Auf einem anderen Cover stand eine komplett in Latex gehüllte Gestalt mit Gasmaske, die mit Schläuchen gefesselt zu sein schien. Das letzte Titelbild, das mir ins Auge fiel, bevor ich an dem Regal vorbeigegangen war, zeigte einen erwachsenen Mann in Matrosenuniform, der über den Knien einer Frau lag, die wie eine Lehrerin aus dem 18. Jahrhundert gekleidet war. Die kurze Hose des Mannes war auf seine Knie gerutscht und sie hatte die Hand drohend erhoben. Sein rot leuchtender, behaarter Hintern sprach eine deutliche Sprache.

Am Regal mit den DVDs wurde es nicht besser: Das erstbeste Cover zeigte eine nackte Frau mit weißen, blau geäderten Hängebrüsten, deren Füße in einer großen Plastikschüssel mit Hackfleisch steckten. Über ihrem Kopf prangte in Neongelb der fragwürdige Titel *Fleischorgie*. Ihr Gesicht war zu der typischen Maske verzogen, mit der Frauen Männern explodierende Lust vorspielten: geöffneter Mund und halb geschlossene Augen. Zwischen ihren gespreizten Zehen quoll das Hackfleisch hervor. Ich ging schnell weiter.

Das Angebot an Dildos und Vibratoren hielt sich leider in Grenzen. Ein hautfarbener gefiel mir ganz gut, aber leider roch er, als hätten sämtliche Chemiefabrikanten Chinas sich an der Produktion beteiligt. Als dann auch noch ein Rentner auftauchte, dem es offensichtlich sehr viel Freude bereitete, mir dabei zuzuschauen, wie ich die unterschiedlichsten Dildos untersuchte, verließ ich fluchtartig den Laden.

Etwas desillusioniert lief ich ein ganzes Stück die Straße hinunter, als mir ein komplett in Pink gestaltetes Schaufenster auffiel. »Bella & Eve« prangte darüber und als ich näher kam, las ich ein Schild, das erklärte, dass dies ein Sexshop nur für Frauen war. In den Auslagen waren hübsche Dessous drapiert. Ich entschied, einen zweiten Versuch zu wagen, und betrat den Laden.

Im Hintergrund ertönten französische Chansons und es roch weder nach altem Teppichboden noch nach diversen künstlichen Raumdüften. Eine Verkäuferin in Jeans und rosa Polohemd grüßte mich, während sie ein paar bunte Kartons einsortierte. Der helle Laminatboden und die weißen Holzregale gaben dem Laden eine fast gemütliche Atmosphäre. In einer Ecke sah ich zwei Frauen in den Dessous wühlen. Ich suchte das Regal mit den Dildos und wurde prompt fündig. Da gab es Modelle mit Glitzer, lustige Würmchen mit großen Rillen und täuschend echt aussehende Exemplare mit beeindruckend großen Eicheln und Adern. Ich hatte gerade nach einem gegriffen, da stand die Verkäuferin neben mir.

»Kann ich dir helfen?«

»Oh … Ich … suche …«, stammelte ich und meine Wangen begannen zu glühen.

»Du suchst ein Spielzeug«, lächelte sie. »Ist es dein erstes?«

Ich nickte.

»Kennst du den Unterschied zwischen Dildos und Vibratoren?«

Wieder nickte ich.

»Und? Soll es brummen oder nicht?«

Ihr Blick war so neutral, als redete sie über unterschiedliche Apfelsorten. Ich schüttelte den Kopf.

»Also ein Dildo?«

Ich nickte.

»Soll er echt aussehen oder darf er auch bunt sein?«

Ich zuckte die Schultern.

»Viele Frauen mögen ja diesen hier«, sagte sie, griff nach einem Paket und hielt es mir hin.

Hinter der durchsichtigen Plastikfront lächelte mir ein violetter Delfin entgegen. Ich dachte sofort an meine zweckentfremdete Banane und wurde dunkelrot. Die Verkäuferin schien die kontinuierlich dramatischer werdende Änderung meiner Gesichtsfarbe zu bemerken, denn sie stellte den Karton zurück und lächelte mich ermutigend an.

»Schau dich am besten erst mal alleine um und wenn du eine Frage hast, dann heb einfach die Hand und ich komme wieder, okay?«

»Danke«, hauchte ich.

Als sie weg war, musste ich erst einmal tief Luft holen. Mein Blick blieb an einem ziemlich großen Maiskolben hängen und wanderte weiter über eine Salatgurke, eine Aubergine, eine Karotte bis zu einer deutlich kleineren Gewürzgurke. Und dann sah ich etwas, was mein Herz aufgehen ließ! Eine Etage tiefer befand sich wohl das »Obstregal« und das Allererste in der Reihe war eine entzückende goldgelbe Banane! Wie in Trance griff ich danach. Sie war perfekt! Ich fühlte durch das Plastik der Verpackung und war noch mehr entzückt. Genau so hatte ich sie mir vorgestellt. Als ich jedoch auf das pinkfarbene Preisschild schaute, schluckte ich: ein stolzer Preis für ein paar Gramm buntes Silikon. Und es blieb auch noch die Hürde, an die Kasse zu gehen und zu bezahlen. Ich sah mir den gerade gefundenen Schatz noch einmal an und dann war ich mir sicher: Ich würde ihn kaufen.

An der Kasse war es weitaus harmloser als erwartet. Die Verkäuferin tippte den Preis ein und ich bezahlte die 48 Euro, als würde ich ständig so viel Geld für künstliches Obst oder Gemüse hinblättern. Ich bekam eine blickdichte Tüte ohne Aufschrift und den Gratis-Katalog dazu. Trotzdem war ich auf dem gesamten Rückweg supernervös und bewachte die Tasche, als würde ich statt eines harmlosen Dildos waffenfähiges Plutonium transportieren.

*

Als ich zu Hause eher zufällig auf mein Handy blickte, sah ich, dass Isabelle mehrfach versucht hatte, mich anzurufen. Leicht ertappt, rief ich sie sofort zurück.

»Entschuldige, ich war in der Bibliothek und hatte mein Handy im Spind gelassen.«

»Kein Problem«, erwiderte Isabelle. Sie klang abgehetzt. »Ich wollte nur fragen, ob es okay ist, wenn ich meine Sachen heute ins Zimmer bringe. Ein Freund hat spontan angeboten, mit seinem Bulli vorbeizukommen und mir zu helfen. Und er kann nur heute, weil er morgen zum Surfen nach Frankreich fährt.«

»Ja klar! Ich bin ab jetzt zu Hause und kann euch auch noch Kisten tragen helfen.«

»Ah, das ist superlieb! Dann bis gleich!«

»Ja, bis gleich!«

Ich holte die Banane aus ihrem Karton, wusch sie im Waschbecken gründlich ab und legte sie dann in meine Nachttischschublade. Die Tüte stopfte ich ins Altpapier und den Katalog versteckte ich in einem alten Stadtmagazin, das auf meinem Schreibtisch herumlag. Egal wie der Tag noch werden würde, ich freute mich auf die Nacht mit Jerôme und der Banane.

*

Eine gute Stunde später klingelte Isabelle. Ich half ihr, Kisten zu schleppen, und gemeinsam mit ihrem wortkargen Bekannten trugen wir ihre Möbel die Treppe hoch. Zum Glück war das meiste, was sie an Einrichtung besaß, zum Selberzusammenbauen und dementsprechend leicht auch wieder auseinanderzunehmen gewesen. Nachdem wir unzählige Bretter, Platten und eine scheußlich schwere Matratze nach oben getragen hatten, begannen wir, alle Möbel wieder zusammenzubauen.

Es wurde bereits dunkel, als wir fertig waren. Wir schoben noch das Bett an seinen Platz an der Wand, da tauchte auch Sandy wieder auf. Sie schlug vor, mich abzulösen, und ich nahm dankbar an, denn *Sturmherzen* begann bald. Isabelle hatte angeboten, für uns alle Pizza zu bestellen, doch ihr Bekannter wollte los und verabschiedete sich kurz darauf. Also lud sie nur Sandy und mich ein. Ich entschied mich für Salami, Sandy nahm Schinken und Pilze und Isabelle Parmaschinken und Rucola.

Während ich Jerôme dabei zusah, wie er als Konstantin das Zimmermädchen in einer Besenkammer küsste, hörte ich die beiden im Nebenzimmer rumoren. Ich schielte zur Nachttischschublade und konnte nicht verhindern, dass ein Lächeln über mein Gesicht huschte.

Dann kam endlich die Pizza. Isabelle schien völlig verrückt danach zu sein, denn sie hatte ihre bereits vor uns verdrückt und schielte dann auf meinen Rest. Ich fragte mich, wie sie das mit ihrer zierlichen Figur vereinbarte. Hektor veranstaltete diverse akrobatische Kunststücke, um auch etwas abzubekommen. Ich überließ Isabelle mein letztes Viertel und Sandy gab Hektor zwei große Randstücke, die er lautstark zerkaute.

»Lasst uns noch irgendwo ein Bier trinken gehen, das Wetter ist so herrlich! Ich lade euch ein, weil ihr mir geholfen habt!«

»Super Idee«, sagte Sandy.

Ich dachte an meine Banane.

»Ich kann leider nicht.«

»Was hast du denn vor? Vielleicht können wir da ja einfach mitkommen?«

»Ich muss an meinen Hausarbeiten schreiben.«

»Schon wieder?«

»Immer noch.«

»Du bist voll die Spaßbremse!«, lachte Isabelle. »Wir haben alle in den Semesterferien für die Uni was zu tun, aber da wird doch mal ein Abend rausspringen, an dem du dir Zeit für deine neuen Mitbewohnerinnen nehmen kannst.«

»Ja natürlich, aber …«

Die beiden sahen mich fragend an.

»Nicht heute.«

»Wann denn dann?«

Mir gefiel es nicht, dass sie mich zum Ausgehen drängen wollten. Ich war am liebsten zu Hause. Und am allerliebsten träumte ich von Jerôme. Außerdem: Wer wusste nicht, dass man in Bars und Biergärten nur von Männern angesprochen wurde, die auf der Suche nach einem schnellen Abenteuer waren. Wofür brauchte ich die, wenn ich Jerôme und im Nachttisch mein fruchtiges Geheimnis hatte!

»Ich recherchiere nach Literatur, das ist wichtig. Da muss ich erst mal Land sehen, danach können wir mal schauen.«

»Es ist doch bloß Uni-Kram«, sagte Sandy.

»Ich nehme das nun mal ernst!«, verteidigte ich mich.

»Okay, von mir aus. Dann sag uns, wann du mal Zeit hast, damit wir dich etwas besser kennenlernen können.«

»Genau!«, jauchzte Isabelle. »Und dann machen wir richtig einen drauf!«

»Muss es denn immer gleich abends sein?«

»Hast du etwa Angst im Dunkeln?«

»Nein, aber tagsüber ist es doch viel angenehmer und sicherer und …«

»Hallo?«, unterbrach Sandy mich. »Jemand zu Hause? Du willst wie 'ne Oma mit uns nachmittags ein Stückchen Kuchen essen gehen, oder was?«

»Was hast du gegen Kuchen?«

»Aber da sind doch dann gar keine Typen da!«, warf Isabelle ein.

Ich zuckte nichtssagend mit den Schultern, während Sandy mich scharf musterte.

»Egal«, sagte sie dann. »Wann also?«

Ich seufzte ausweichend.

»Wann?«, wiederholte sie.

»Ich schaue in meinen Terminkalender und sage dir dann Bescheid«, schlug ich vor, weil ich dieses Gespräch dringend beenden wollte.

Isabelle strahlte, aber Sandy guckte immer noch skeptisch.

»Ich seh nach, okay?«, wiederholte ich.

»Das wird super! Dann gehen wir zusammen weg und lernen uns mal richtig kennen. Jede erzählt was über sich und was sie bisher so gemacht hat und dann haben wir jede Menge Spaß«, sagte Isabelle und legte einen Arm um mich. »Oder, Sandy? Das wird total lustig!«

»Abwarten«, erwiderte Sandy.

Ich schaute auf den Boden.

4. KAPITEL

DIE CAMPUS-
Party

Ist das dein Lover?«, fragte Isabelle, die sich ungefragt auf meinem Bett niedergelassen hatte und an einem Stück Pizza kaute.

Mittlerweile war eine Woche vergangen. Auf meinem Nachttisch lag meine lieb gewonnene Banane, halb verdeckt von einem Schlafshirt. Glücklicherweise schien Isabelle sie nicht zu bemerken. Ich folgte ihrem Blick in Richtung meines PC-Bildschirms.

»Ähm …«, begann ich zögerlich.

Sandy, die ebenfalls hingesehen hatte, kam interessiert ein paar Schritte näher.

»Oh, nicht schlecht. Etwas glatt gebügelt, aber nicht schlecht.«

»Irgendwoher kenne ich den«, sagte Isabelle und wedelte mit dem Stück Pizza herum.

»Das glaubst du doch jedes Mal, wenn du jemanden siehst«, meinte Sandy.

»Nee, gar nicht. Aber der da … Hm …« Mit der freien Hand drehte sie sich nachdenklich eine Haarsträhne um den Finger und kaute dabei angestrengt weiter. »Ich kenn den, ich kenn den, ich kenn den …«, murmelte sie mit vollem Mund.

»Er heißt Jerôme und …«, begann ich.

»Jerôme?«, gackerte Sandy. »Wie tuntig ist das denn bitte?« Dann sah sie wohl mein schockiertes Gesicht, denn sofort änderte sie ihre Meinung. »Also, versteh mich nicht falsch, er sieht ja lecker aus und wenn ihr ein Paar seid, ist ja eh alles klar.«

In diesem Moment spazierte Hektor ins Zimmer, hielt seine schwarze Nase in die Luft wie ein Radargerät und ließ sich dann mit einem auffordernden Niesen vor dem Bett nieder, um Isabelle um ihre Pizza anzubetteln.

»Nein, wir sind nicht …«, begann ich zum zweiten Mal, doch wieder erfolglos.

»Jerôme Matczinsky?!«, kreischte Isabelle.

»Wer?«, fragte Sandy.

»Jerôme Matczinsky!«, wiederholte Isabelle. »*Das* ist *dein* Freund?«

»Wer ist der Kerl? Kann mich mal jemand einweihen?«, brummte Sandy.

Hektor nieste erneut und legte seinen Kopf auf der niedrigen Bettkante ab, nur um Isabelle dann herzerweichend anzuschauen.

»Der spielt bei *Sturmherzen* mit! Wo hast du den kennengelernt? Und wie? Und … Wow, das ist ja … Ich meine, das hätte ich nie gedacht, dass du …!«

Mir riss nun endgültig der Geduldsfaden.

»Wir sind nicht zusammen!«, sagte ich energisch. »Noch nicht …«, fügte ich dann hinzu.

»Wie, ›noch nicht‹? Kennst du ihn? Datest du ihn? Erzähl mal, das klingt schrecklich aufregend!«

»Nein, ich kenne ihn nicht … Nicht so wirklich. Aber bald treffen wir uns.«

»Wow, ein Date mit einem Schauspieler!«

»Ts«, machte Sandy. »Süß ist er ja. Aber ob ich so 'nen Soap-Darsteller haben wollte …«

»Du hast ja keine Ahnung«, sagte Isabelle. »Der nimmt dich dann auf die richtigen Partys mit und ruck, zuck kennst du ganz viele berühmte Leute.«

»Super, mein Lebensziel: berühmte Leute kennenlernen.«

»Dir fehlt einfach der Sinn dafür. Und wann triffst du diesen Jerôme, seid ihr verabredet?«, fragte Isabelle.

»Nein«, erwiderte ich kleinlaut.

»Aber es hörte sich doch gerade so an, als ob …«

»Wir … Wir passen gut zusammen, das weiß ich! Und wenn ich ihn bei der Autogrammstunde treffe, dann sieht er mich und wir unterhalten uns vielleicht ein bisschen und dann wird er auch merken, dass wir total viele Gemeinsamkeiten haben.«

»Klar, du drehst zum Beispiel auch jeden Tag 'ne Soap«, bemerkte Sandy trocken.

»Moment mal eben«, sagte Isabelle und gab Hektor den Rand ihrer Pizza. »Sehe ich das richtig, dass du keinen Kerl anguckst, weil du dich für diesen Jerôme bereithältst? Kommst du deshalb nicht mit, wenn wir ausgehen? Weil es ja so angenehm und unverbindlich ist und du nicht mit echten Menschen reden musst?«

»Nein ...«, antwortete ich halbherzig.

»Schätzchen, du hast ein ernsthaftes Problem.«

»Ja, ich muss noch vier Hausarbeiten schreiben«, erwiderte ich patzig.

»So geht das nicht weiter.«

»Lass sie doch!«, sagte Sandy. »Wenn es mit dem gebügelten Heini nichts wird, geht sie ins Kloster und wir haben ein Zimmer mehr.«

»Hey!«

»Ja, was denn? Das wäre doch der nächste logische Schritt. Da bist du dann wirklich sicher vor dem großen, bösen Leben da draußen mit den vielen garstigen, haarigen Männern, die alle nur an dein keusches Höschen wollen.«

Isabelle brach auf dem Bett in wieherndes Gelächter aus, was Hektor dazu veranlasste, ihr direkt auf den Schoß zu hüpfen. Doch ich hatte in dem Moment dringendere Probleme als einen vermutlich haarenden Hund in meinem ordentlichen Bett.

»Sandy, ich finde, du bist unhöflich«, sagte ich und war stolz darauf, nicht ausfallend geworden zu sein.

»Erst habe ich ja gedacht, du bist ganz normal, aber jetzt glaube ich, du bist doch ein Freak. Kennst du *Monk*, die amerikanische Fernsehserie? Ich finde, du zeigst gewisse charakterliche Parallelen«, kicherte Isabelle und kraulte Hektors struppigen Bauch.

»Ich glaube, ich möchte eine Weile allein in meinem Zimmer sein«, sagte ich beleidigt.

Sandy verschränkte mit einer entschlossenen Geste die Arme vor der Brust.

»Ich gehe erst, wenn du zusagst, das nächste Mal mitzukommen, wenn eine von uns ausgeht, auf 'ne Party eingeladen ist oder Cocktails trinken geht.«

»Ich auch!«, sagte Isabelle.

»Das ist Erpressung.«

»Ja«, erwiderte Sandy. »Und es klappt immer wieder hervorragend.«

Als Hektor dann auch noch von Isabelles Schoß krabbelte und begann, sich auf meiner Bettdecke zu wälzen, war ich bereit, allem zuzustimmen, nur damit das Ganze ein Ende fand.

»Na gut.«

»Schwöre es!«

»Ich schwöre es …«

»Prima!«

Sandy sah sehr zufrieden aus. Isabelle drapierte ein Zierkissen auf dem empörten Hektor und ich wünschte mir ganz dringend eine ansteckende Krankheit, die mich für längere Zeit ans Bett fesseln würde. Dann hätte ich auch gleichzeitig das Problem mit den Hausarbeiten gelöst – das wäre doch was!

*

Als meine beiden Mitbewohnerinnen eine knappe Woche später mit sehr entschlossenen Gesichtsausdrücken mein Zimmer betraten, ahnte ich, was auf mich zukommen würde. Und ich sollte recht behalten.

»Heute Abend«, sagte Sandy. »Entweder du gehst mit oder ich melde dich im Kloster an.«

»Heute ist es ganz schlecht …«, sagte ich und zeigte auf den Bücherstapel auf meinem Schreibtisch.

»Die liegen doch immer da.«

»Sie liegen so lange da, bis ich mit meinen Hausarbeiten fertig bin.«

»Egal. Heute ist auf dem Campus eine Party und da gehen wir hin.«

»Aber …«

»Nein, heute zieht kein Aber mehr.«

Ich hatte überhaupt keine Lust – weder auf laute Musik noch auf laute Leute. Und erst recht nicht auf eine Horde überdrehter Studenten in Feierlaune.

»Weißt du schon, was du anziehst?«, fragte Sandy unerbittlich.

»Ich ziehe einfach irgendwas an«, brummte ich.

»Wie bitte?«, kreischte Isabelle und riss empört die Augen auf. »Was soll das heißen?«

»Na, ich gehe zum Schrank, suche mir etwas raus und tausche meine Jogginghose gegen etwas anderes.«

»So einfach ist das nicht.«

»Doch.«

»Nein! Du musst gut aussehen, das Outfit muss perfekt sein und du musst dich darin wohlfühlen!«

»Wenn du meinst …«, gab ich desinteressiert zurück.

»Mode ist ein sehr wichtiges Thema«, dozierte Isabelle und riss meinen Kleiderschrank auf. »Oh«, machte sie dann und klappte die Türen entschlossen wieder zu. »Ich fürchte, wir werden auf meine Klamotten zurückgreifen müssen. Oder kannst du ihr etwas leihen? Sie hat ungefähr deine Größe und ich bin leider etwas kurz geraten«, sagte sie dann in Sandys Richtung. Die zuckte mit den Schultern.

»Und was stimmt nicht mit meinen Sachen?«, fragte ich beleidigt.

»Nun … Es sind halt einfach nur Sachen, wie du schon sagtest«, erklärte Isabelle.

Sandy zeigte ihr einen Vogel, allerdings in meine Richtung, sodass sie es nicht sah. Ich grinste zurück.

»Ich erkläre es dir«, meinte Isabelle gutmütig. Sie riss meinen Schrank wieder auf und zog einen Stapel T-Shirts hervor. »*Das* sind Sachen. Okay?«

Ich nickte. Sie legte den Stapel auf meinem Bett ab, galoppierte in ihr Zimmer und kam kurz darauf ziemlich beladen wieder.

»Und *das* sind Klamotten!«

Sie ließ alles von ihren Armen gleiten und breitete dann einige Stücke auf meinem Bett aus: ein helles Kleid mit zartem Druck, eine mit Perlen bestickte Tunika, ein Tanktop mit Spitzenrand und einen engen Jeansrock mit hoher Taille.

»Hübsch«, sagte ich.

Isabelle nickte so begeistert, als hätte ich soeben den Sinn des Lebens erkannt.

»Genau!«

»Aber das ist dein Stil und nicht meiner.«

Man konnte zuschauen, wie ihr die Gesichtszüge entglitten, als sie begriff, was ich da eben gesagt hatte. Sandy lachte hinter vorgehaltener Hand.

»Dein Stil?«, hauchte Isabelle schließlich. »Welcher Stil?«

Nun war ich wirklich beleidigt.

»Leute«, sagte Sandy energisch. »Bevor ihr nun anfangt, euch zu streiten, würde ich Folgendes vorschlagen: Ich nehme Louise mit in mein Zimmer und sie kann sich da meine Klamotten angucken. Wenn sie etwas findet, was sie sich für heute Abend ausleihen will, dann kann sie das gerne tun. Wenn ihr alles nicht gefällt, geht sie in ihren eigenen Klamotten. Es ist ja schließlich bloß 'ne Party und kein Kostümball.«

Ich nickte besänftigt und Isabelle hob resignierend die Hände.

In Sandys Zimmer schaute ich mir ihre Klamotten an. Ein verwaschener Jeansrock gefiel mir sofort.

»Aber der ist so kurz!«, sagte ich und warf ihm einen sehnsüchtigen Blick zu.

»Ja, und?«, fragte Sandy. »Das ist 'ne Party und keine Kommunionsfeier.«

»Ich weiß nicht.«

»Probier ihn doch einfach mal an!«

»Okay …«

Ich schlüpfte aus meiner Hose und zog den Rock an. Er passte perfekt. Ich drehte mich vor Sandys Spiegel und schaute bewundernd auf das Stückchen Stoff, während Hektor sich prompt auf meiner Hose zusammenrollte und dabei zufrieden schnaufte.

»Sieht doch super aus«, meinte Sandy. »Jetzt brauchst du nur noch ein Oberteil.«

»Der Hund schläft auf meiner Hose.«

»Ja, das macht er immer«, rief Sandy aus den Tiefen ihres Kleiderschranks. »Hier, wie wäre das?« Sie zog ein graues Shirt mit spitzem V-Ausschnitt hervor, auf das seitlich eine kleine Blumenranke in verwaschenen Pastelltönen gedruckt war, die sich dann neckisch bis hoch zum Schulterblatt wand.

»Ahhh, Hektor, wie süß!«, lachte Isabelle, die in diesem Moment im Türrahmen erschien.

»Ja, total«, sagte ich lahm und griff nach dem Shirt, das Sandy mir hinhielt.

»Der Rock steht dir gut!«, sagte Isabelle und Sandy nickte.

Nachdem ich mein Oberteil gewechselt hatte, sah ich erneut in den Spiegel.

»Klasse!«

Isabelle stellte sich neben mich. Ohne ihre hohen Absätze ging sie mir gerade bis zur Schulter.

»Ich kann nichts dafür, meine Mutter ist auch nur 1,60 Meter!«, lachte sie, als sie meinen Blick bemerkte.

Ich grinste etwas verlegen zurück.

»Dafür hast du nie das Problem, dass die Hälfte der Männer kleiner ist als du«, seufzte Sandy.

»Und was für Schuhe dazu?«, fragte ich.

»Peeptoes mit Plateau, das ist diesen Sommer Pflicht!«

»Isa, worüber haben wir gerade geredet? Mit Plateaus ist sie über 1,80 Meter.«

»Ach ja, stimmt.«

»Ballerinas«, schlug ich vor.

»Zu brav.«

»Flip-Flops?«

»Auf der Uniparty? Willst du, dass man aus deinen nackten Füßen Hackfleisch macht? Nachher liegen da überall kaputte Glasflaschen rum …«

»Oh!«

»Warte mal …« Sandy stürzte zu einer Kiste und begann, darin zu wühlen.

Der dösende Hektor hob interessiert den Kopf.

»Hier! Wie findest du die?« Sie hielt mir ein Paar mittelblaue Schuhe entgegen, die aussahen wie Ballerinas mit einem kleinen Keilabsatz. Der Ton passte hervorragend zum Stoff des Jeansrocks.

»Och, die wollte ich auch haben!«, sagte Isabelle. »Aber in Nude, nicht in Blau. Leider waren sie überall ausverkauft.«

Ich schlüpfte hinein. Sie waren ein wenig zu groß, aber nicht so sehr, dass ich damit nicht laufen konnte.

»Mach vorne ein Stück Kosmetikwatte rein, dann passen sie und du kriegst keine Blasen«, schlug Isabelle vor.

Ich nickte begeistert. Die Schuhe waren wirklich der Hit.

»Danke, dass du mir das alles leihst«, sagte ich zu Sandy.

»Kein Problem, das mache ich doch gerne.«

»Wie sieht es mit Schminken aus? Und die Haare?«, fragte Isabelle.

»Schminken und Haare?«

»Ja, wie machst du dir die Haare und wie schminkst du dich?«

»So wie immer?«

Isabelle musterte mich eine Weile kritisch, dann kratzte sie sich wenig damenhaft am Hinterkopf.

»Also gar nicht.«

»Ich bin halt nicht so der angemalte Typ.«

»Aber du könntest viel mehr aus dir machen!«

»Das nervt mich. Jetzt gehe ich schon mit, ziehe mir kurze Röckchen an und soll mich dann auch noch anmalen wie ein Zirkuspferd? Da bleibe ich doch lieber zu Hause!«

Isabelle wollte gerade Luft holen, als Sandy ihr die Hand auf die schmale Schulter legte.

»Vielleicht ist es fürs erste Mal doch etwas viel. Lass sie sich fertig machen, das richtige Outfit hat sie ja jetzt. Und dann machen wir uns einfach einen netten Abend, okay? Louise weiß dein Engagement sicherlich zu schätzen und auch, dass du es nur nett meinst.«

Sie sah mich auffordernd an und ich nickte nur noch ein klein wenig bockig. In diesem Moment klingelte es zum Glück an der Haustür.

»Los, geh du und teste die Wirkung deines Outfits!«, sagte Sandy und schob mich auffordernd zur Tür.

»Wer soll das schon sein«, wehrte ich ab.

»Na los doch!«

Ich gab nach und trottete zur Tür, drückte den Türöffner und spähte dann neugierig in den Hausflur. Es war ein Paketbote, der die alten Holzstufen erklomm.

»Morgen Schätzchen«, sagte er.

Ich schielte auf meine Armbanduhr. Es war kurz vor 18 Uhr.

»Guten Tag«, erwiderte ich diplomatisch.

»Paket für eine Isabelle Riesler?«

Ich nickte, während ich ihm zuschaute, wie er beim Sprechen kunstvoll einen Zahnstocher im Mund jonglierte.

»Es sind Schuhe«, sagte er.

»Ach ja?«, gab ich beeindruckt zurück.

Als er sich zu mir herüberbeugte, erschlug mich fast seine Alkoholfahne.

»Hier!« Er zeigte mit einem eingerissenen Fingernagel auf den Absender. »Das ist ein Online-Schuhhaus. Ich kenne mich aus!« Er zwinkerte mir zu, während ich immer noch die Luft anhielt.

»Danke!«, japste ich, weil mir so langsam der Sauerstoff ausging.

»Man sieht sich.« Er tippte sich an die Mütze und wandte sich zum Gehen. Ich schnappte nach Luft.

»Und?«, fragte Sandy, als ich wieder ins Zimmer kam.

»Er war betrunken und es sind Schuhe.«

»Hä?«, machte Isabelle.

»Paket für dich«, sagte ich. »Der Postbote sagt, es sind Schuhe.«

»Oh, toll!«, jauchzte sie und riss mir den Karton aus der Hand. »Dann kann ich die heute Abend gleich anziehen. Das ging ja schnell!«

Sie nestelte an dem Paket, bis ein kleinerer Karton zum Vorschein kam, den sie erwartungsvoll aufklappte. Schließlich zog sie ein paar unglaublich hohe Plateausandaletten hervor, deren Lederriemchen in zartem Rosa wirklich allerliebst aussahen.

»Auf so etwas kannst du laufen?«

»Übung macht den Meister!«

»Und wer war jetzt betrunken?«

»Ach, der Postbote. Er hatte eine Fahne von hier bis ans Mittelmeer! Unglaublich.«

»Ein Wunder, dass meine Schuhe überhaupt angekommen sind!« Isabelle warf einen sorgenvollen Blick auf ihre neuen Sandaletten, so als ob diese sich immer noch spontan in Luft auflösen könnten.

»Und wie kam dein Outfit an?«, fragte Sandy nun schon zum zweiten Mal.

»Ich glaube, das hat ihn nicht so interessiert«, erwiderte ich vage.

»Komischer Typ.«

Isabelle zog die Nase kraus, schlüpfte dann in ihre neuen Schuhe und begann, sich selbstverliebt vor dem Spiegel zu drehen. Als im Nebenzimmer mein Handy piepte, wurde ich nervös. Das war mein *Sturmherzen*-Alarm.

»Ich geh dann mal rüber«, sagte ich.

»Beeil dich, Jerôme wartet nicht gern«, grinste Sandy.

»Wer?«, fragte Isabelle abwesend und posierte immer noch wie ein Schuhmodel.

»Na, Louises …«

»Mein was?«, unterbrach ich sie. Sollte sie sich über Jerôme lustig machen, würde ich zu Hause bleiben. Da könnte sie machen, was sie wollte.

»Egal«, gab Sandy klein bei. »Bis nachher dann.«

»Schuhe, Schuhe, Schuhbiduuu«, summte Isabelle. Ihr Blick klebte immer noch an ihrem Spiegelbild und sie hatte uns gar nicht zugehört.

*

Als ich den Fernseher einschaltete, dudelte mir bereits die Titelmusik von *Sturmherzen* entgegen. In dieser Folge würde es spannend werden. Jerôme alias Konstantin von Hewordt würde seine schwer verletzte Mutter im Krankenhaus besuchen und später vermutlich herausfinden, dass jemand den Baum absichtlich gefällt hatte, um den Autounfall zu verursachen. Ich hatte ja den fiesen Onkel in Verdacht, aber auch der neu dazugekommenen Stiefschwester war nicht ganz zu trauen.

Die Kamera zeigte die grün bewachsenen Dünen von Sylt und schwenkte dann weiter auf ein hübsches, weiß gestrichenes Anwesen mit moosbewachsenem Reetdach. Auf den Parkplätzen davor standen ein paar glänzende Limousinen. Die Kamera fuhr näher ans Haus heran und heraus traten lächelnd die Hewordts. Sie drehten sich halb mit, als die Kamera die gemütliche Lobby zeigte, in der die Stiefschwester in einem der Korbstühle saß und ein wenig undurchsichtig über ihrem Modemagazin lächelte. An der Rezeption stand der intrigante Onkel mit Frau und schaute betont böse. Die Kamera wanderte die mit Teppich bezogenen Stufen hinauf bis in eines der in Blau und Weiß gehaltenen Zimmer hinein, zeigte das Zimmermädchen Marie, wie sie die Betten aufschüttelte, und schwenkte zum Schluss durch eines der geöffneten Fenster. Es folgte der schwungvolle Titelschriftzug, im Hintergrund das Meer mit ein paar kreisenden Möwen. Dann begann auch schon der kurze Rückblick, in dem man sah, wie die Mutter verunglückte und erst in einem Krankenhaus wieder aufwachte.

»Ich konnte nichts sehen, der Regen war so stark«, krächzte sie gerade.

78

Trotz ihrer vielen Schrammen und Verbände war sie makellos frisiert. An ihrem Krankenbett standen mehrere große Blumensträuße und diverse Grußkarten.

»Mutter«, sagte Konstantin ernst, »das Wichtigste ist, dass du wieder ganz gesund wirst.« Er nahm ihre Hand, in der eine große Kanüle steckte. »Mach dir keine Gedanken. Dich trifft keine Schuld. Ein Baum war auf die Straße gefallen. Du warst außer dir wegen des Streits, es war dunkel und es hat gestürmt.«

»Kümmer dich um das Hotel«, flüsterte die Mutter.

Er drückte vorsichtig ihre Hand.

»Natürlich.«

»Und richte deinem Vater aus, dass ich ihn nicht sehen will.«

»Mutter!«

»Nein, so leicht verzeihe ich ihm diese Affäre nicht. Dieses Mal nicht. Er soll sich ja nicht erlauben, hier als reuiger Sünder an meinem Bett zu stehen. Ich werde ihn nicht empfangen.«

Konstantin nickte betroffen.

»Ich werde es ihm ausrichten.«

»Wie konnte er nur. Diese Person! Sie ist nicht einmal halb so alt wie ich! Sie hat es doch nur auf sein Geld abgesehen. Wie konnte er mich nur so erniedrigen.«

Die Kamera schwenkte zu einem der vielen Monitore, auf dem ein rotes Licht zu blitzen begann. Ein schrilles Signal ertönte, als der Puls von Frau von Hewordt bedrohlich in die Höhe schoss.

»Mutter!«, sagte Konstantin alarmiert und sprang auf.

Sofort stürzten Ärzte und Schwestern ins Zimmer und drängten ihn zur Seite. Jemand nahm ihn am Arm und führte ihn hinaus auf den Krankenhausflur. Mir krampfte sich das Herz zusammen. Wie gerne hätte ich ihn tröstend in die Arme genommen, ihn zärtlich geküsst und ihm beigestanden.

Der Rest der Folge blieb ähnlich dramatisch. Die Mutter wurde in ein künstliches Koma versetzt, während die Feuerwehr nachwies, dass der Baum auf gar keinen Fall durch natürliche Umstände umgestürzt war. Die Episode endete damit, dass die ominöse Stiefschwester im Krankenhaus auftauchte und sich dort an den Geräten, die Frau von Hewordts Vitalwerte überwachten, zu schaffen machte.

Nach einem kurzen Ausblick auf die nächste Folge verschwand ich in Richtung Küche, um mir ein paar Brote zu machen. Dann setzte ich mich wieder vor den Fernseher und guckte das Ende einer Reportage über die Herstellung von Taschenmessern. Als der abendliche Spielfilm bereits eine halbe Stunde lang lief, ging die Tür zu meinem Zimmer auf.

»Fertig machen zum Fertigmachen!«, posaunte Sandy und reichte mir ein Glas Sekt.

»Oh, danke«, sagte ich überrumpelt. »Gibt es etwas zu feiern?«

»Auf den tollen Abend, den wir haben werden!« Sie stieß ihr Glas gegen meines und zwinkerte verschwörerisch. »Also, wir wollen hier so gegen 22 Uhr los. Wie lange brauchst du ungefähr?«

»Etwa eine halbe Stunde? Obwohl, vielleicht gehe ich vorher noch duschen …«

»Gut, am besten gehst du jetzt ins Bad und ich laufe noch eine Runde mit Hektor. Dann bist du fertig mit Duschen, wenn ich wiederkomme, und ich kann ins Bad.«

»Und Isabelle?«

»Die ist jetzt hoffentlich gleich fertig mit Duschen.«

»Perfekte Organisation!«, sagte ich anerkennend.

»Tja …« Sandy zog Beifall heischend die Schultern hoch. »Wenn man mit drei Geschwistern aufwächst, lernt man so was.«

Sie lächelte mir noch einmal zu, dann verschwand sie wieder und ich hörte sie im Flur nach Hektor rufen. Ich wartete noch, bis Isabelle ziemlich schief singend das Bad freigegeben hatte, schloss die Tür hinter mir zu und drehte das Wasser auf.

Weil es draußen immer noch sehr warm war, drehte ich das heiße Wasser so gut wie aus. Obwohl ich beim Fernsehen ein wenig müde geworden war, fühlte ich mich nun erfrischt und unternehmungslustig. Während ich mir die Haare föhnte, dachte ich an Jerôme und stellte mir vor, dass wir zusammen ausgehen würden. Ich lächelte mein Spiegelbild an. Die zufallende Wohnungstür brachte mich in die Realität zurück. Ich wickelte mir das Handtuch etwas straffer, griff nach meinen Sachen und verließ das Bad.

»Ich habe dein Glas noch mal vollgemacht«, sagte Sandy, als sie nur mit Unterwäsche bekleidet an mir vorbeiging.

»Danke!«

Ich war keinen Alkohol gewohnt, bereits das erste Glas zeigte seine Wirkung. Isabelle hüpfte in mein Zimmer, um ebenfalls mit mir anzustoßen, und bevor ich michs versah, hatte ich auch das zweite Glas geleert. Als ich mich schminkte, wurde mein Glas erneut wie von Zauberhand gefüllt.

»Wo kommt der ganze Alkohol her!«, rief ich und kicherte.

»Den habe ich aus Papas Weinkeller mitgehen lassen«, lachte Isabelle und tanzte wie eine Elfe mit wehenden Haaren und weißem Sommerkleid durch mein Zimmer. Ohne ihre hohen Schuhe war sie wirklich winzig. Selbst Hektor wirkte groß neben ihr.

»So einen Papa will ich auch!«, rief Sandy durch die geöffnete Badezimmertür. »Wie viel Uhr ist es?«

»Halb zeheeen!«, sang Isabelle und nahm einen beherzten Schluck aus der Sektflasche.

»Da ist aber viel drin!«, bemerkte ich.

Isabelle lachte und sprang um Hektor herum.

»Du bist vielleicht ein Herzchen … Das ist schon die zweite!«

»Oh.«

»Hier, nimm noch was!« Sie goss mir schwungvoll ein und das Glas schäumte über.

»Ich vertrage nicht so viel …«

»Dann lernst du es jetzt!«

Ich schaffte es, mich zu schminken, und Isabelle drehte mir meine Haare auf heiße Wickler.

»Das ist so warm!«, meckerte ich, doch sie machte einfach weiter.

Kurz vor 22 Uhr waren tatsächlich alle startklar. Sandy trug mikrokurze Shorts mit hohem Bund und dazu ein Top im 8oer-Jahre-Stil. Isabelle war bei dem weißen Kleid geblieben und hatte dank ihrer neuen Plateausandaletten wieder eine normale Größe. Ich trug den Jeansrock, das Top und die Schuhe, die Sandy mir geliehen hatte.

Wir fuhren mit dem Bus bis zur Uni und folgten dann der donnernden Musik und dem Strom von Leuten, die in ihre Richtung liefen. Die Party schien zwar drinnen stattzufinden, doch auch draußen tummelten sich jede Menge junge Menschen.

»Cocktails!«, kreischte Isabelle und zog Sandy und mich hinter sich her.

»Noch mehr Alkohol?«, warf ich ein.

»Keine Diskussion«, sagte sie und wedelte mit einem Fünfzigeuroschein.

»Druckst du das Geld eigentlich irgendwo im Keller?«, fragte Sandy.

»Wer nimmt was? Ich nehme einen Swimmingpool.«

»Cocktails auf 'ner Studentenparty sind ja schon ziemlich abgefahren«, sagte ich.

»Gibts auch nicht immer. Deshalb müssen wir das ausnutzen. Also, was nehmt ihr?«

»Dann nehm ich 'nen Caipi!«, sagte Sandy. »Und die nächste Runde bezahle ich.«

»Quatsch, die nächste Runde lassen wir uns einladen!«

Isabelle kicherte, wedelte mit ihrem Geldschein und drehte sich tänzerisch um sich selbst. Sofort reckten ein paar Typen interessiert die Köpfe.

»Was nimmst du, Lou?« Sie stockte und kicherte dann glöckchenhell. »Hört mal, das reimt sich!«

»Lou? Das klingt nach Dragqueen«, sagte Sandy.

»Ich nehme auch 'nen Caipi.«

»Okay, Lou.«

»Isabelle?«

»Ja?«

»Sag bitte nicht ›Lou‹!«

»Nur wenn du mir versprichst, heute mal etwas lockerer zu sein und dich ordentlich zu amüsieren, okay?«

Ich nickte und Isabelle lächelte zufrieden. Wir sahen ihr zu, wie sie sich an der Theke gekonnt vordrängelte. In rekordverdächtig kurzer Zeit stand sie mit den Cocktails wieder vor uns. Hinter ihr bildete sich eine stetig größer werdende Gruppe von Verehrern, die sich allerdings noch scheu im Hintergrund hielten. Wir kicherten und tranken aus unseren bunten Bechern, bis einer sich traute und Isabelle ansprach. Da er sie fragte, ob sie noch etwas trinken wolle, wurde er gleich losgeschickt, um uns eine neue Runde zu organisieren.

Nach dem zweiten Caipirinha war ich mehr als angetrunken. Isabelle hatte den ersten Verehrer bereits abgewimmelt und nun wurde ein weiterer Kandidat zum Cocktailsholen geschickt. Beim dritten Caipi begann sich alles um mich herum zu drehen. Ein Typ sprach mich an und ich ließ mich von ihm volltexten, obwohl er einen halben Kopf kleiner war als ich und ich ihn wegen seines hessischen Dialekts auch kaum verstand. Er gab mir, ohne zu fragen, einen Prosecco aus, kaum dass ich meinen Caipibecher geleert hatte. Ich nippte daran, weil ich nicht unhöflich sein wollte. Kurz darauf meldete sich meine Blase. Ich ließ den Typen stehen und ging zu Isabelle und Sandy, die gerade über ein paar Leute lachten, die extrem affig tanzten.

»Ich geh mal aufs Klo!«, sagte ich und schwankte.

»Kommst du klar oder soll ich mitgehen?«, fragte Sandy und schien nicht im Mindesten angetrunken.

»Nee, geht schon«, murmelte ich und ließ die beiden stehen.

Ich bahnte mir meinen Weg durchs Gedränge, am Rand der Tanzfläche entlang und bis zur nächsten Wand. Grübelnd blieb ich davor stehen. Waren da nicht immer Toiletten gewesen? Ich drehte mich leicht schwankend um und fand sie schließlich.

Danach stürzte ich mich zurück ins Gewühl. Eine Gruppe von Leuten versperrte mir den Weg und als ich mich zur Seite drehte, prallte ich versehentlich gegen eine Hand, die unglücklicherweise einen gut gefüllten Becher hielt. Mein Gegenüber duschte kurz in dem Kaltgetränk seiner Wahl, bevor er sich mir verdutzt zuwandte.

»Oh, Entschuldigung«, sagte ich erschrocken zu dem Typen, als der Fleck auf seinem Hemd sich kontinuierlich vergrößerte. »Was war das in deinem Becher? Ich kaufe es dir neu!«

»Eistee«, antwortete er ziemlich angenervt.

»Ja, ja, ja!«, kicherte ich. »Trinkt man auf Long Island. Der Witz ist uralt!«

Der Typ betrachtete mich von oben bis unten, dann grinste er plötzlich.

»Das hier ist tatsächlich nur Eistee, aber wenn du unbedingt nach Long Island willst, um dort mit mir Tee zu trinken, hätte ich auch nichts dagegen.«

»Kein Alkohol drin?«, fragte ich sicherheitshalber nach.

Er schüttelte den Kopf.

»Aber bei dir wohl umso mehr, hm?«

»Das ist eine großartige Party!«, sagte ich.

»Könnte sein«, antwortete er lächelnd. »Weißt du was, ich hole uns einfach noch was zu trinken. Mir einen alkoholfreien Eistee und dir … ?« Er sah mich fragend an.

»Das Gleiche«, sagte ich, weil ich nicht wie die letzte Schnapsdrossel dastehen wollte.

Er schaute überrascht.

»Wirklich?«

»Wieso nicht?«, fragte ich empört.

Er winkte beschwichtigend ab und verschwand in der Menge. Während ich wartete, merkte ich, dass ich ein klein wenig schwankte. Als er wiederkam, fiel mir auf, dass er gar nicht schlecht aussah. Seine dunklen Haare waren modisch kurz, er hatte ein gut geschnittenes, männliches Gesicht und er sah sportlich aus. Seine Augen waren dunkelbraun und der Ansatz eines Dreitagebarts machte ihn noch männlicher. Er war ein absoluter »Jerôme-Typ« und das machte mich irgendwie nervös.

»Du siehst ja gar nicht schlecht aus«, dachte ich laut und ziemlich enthemmt, als er endlich wieder vor mir stand.

»Und du bist ganz schön betrunken«, erwiderte er und grinste. »Prost!«

Ich knallte meinen Eistee gegen seinen und hätte ihn fast wieder damit begossen. Dann wackelte ich ein wenig im Takt der dröhnenden Musik herum und bemerkte, wie er mich eingehend musterte.

»Bist du mit deinem Freund hier?«

Ich schüttelte den Kopf. Er stellte seinen Eistee ab, griff nach meiner Hand und zog mich auf die Tanzfläche zwischen all die schwitzenden Menschen. Als er einen Arm um meine Taille legte, schloss ich die Augen. Die Geräusche um mich herum verschwammen zu einem monotonen Summen und in meinem Kopf breitete sich ein Gefühl der Schwerelosigkeit aus. Alles schien so weit weg zu sein: meine Hausarbeiten, die Uni – alles nur noch nebensächlich.

»Wie heißt du denn?« Sein Gesicht war nah an meinem Hals und er leckte an meiner Haut, während er sprach.

»Louise. Und du?«

»Ich bin Max und du bist echt heiß, Louise.«

Wir bewegten uns im Takt und Max schob einen Oberschenkel zwischen meine Beine. Er griff nach meinen Hüften und drückte mich darauf, sodass ich mich an dem rauen Stoff seiner Jeans rieb, während er an meinem Hals knabberte. Plötzlich schwankte ich. Zum Glück hielt er mich fest, sonst hätte ich vermutlich das Gleichgewicht verloren.

»Alles klar?«, fragte er und ich nickte wie in Trance.

Ich wollte nicht, dass er aufhörte. Er zog mich wieder an sich und ich legte meine Arme um seinen Hals, weil mir immer noch schwindelig war. Als er eine Hand unter meinen Rock schob und dann über meinen quasi nackten Hintern strich, jagte eine Gänsehaut über meinen Rücken. Unsere Gesichter waren sich so nah, ich schaute auf seinen Mund und schon küsste er mich. Eine Sekunde lang glaubte ich, es wäre Jerôme, der seine Lippen auf meine legte. Doch dann erinnerte ich mich an Max und es war mir egal. In dem Moment, in dem er seine Zunge in meinen Mund schob, zog er meinen String zur Seite und legte seine ganze Hand auf meine Muschi. Er bewegte sie ein wenig vor und wieder zurück – es fühlte sich weicher und wärmer an als der grobe Stoff seiner Jeans. Schließlich winkelte er einen Finger an und schob ihn langsam in mich rein. Ich seufzte in seinen Mund und presste mich auf seine Hand. Der Alkohol machte mich hemmungsloser, aber es war mir egal, solange er nicht aufhörte.

»Du böses Mädchen«, hörte ich ihn zwischen zwei Küssen murmeln. Er nahm mir den Eistee ab und zog die andere Hand unter meinem Rock hervor. »Komm mit!«

Benommen und ziemlich scharfgemacht ließ ich mich mitziehen. Mein String klebte feucht an meiner Haut. Draußen war es immer noch angenehm warm. Max hakte mich bei sich unter und führte mich weg von dem Gebäude in Richtung Campuswiesen. Bei einer Baumgruppe zog er mich in deren Mitte und lehnte mich an einen der hohen Stämme.

Ich streckte die Arme nach ihm aus und er küsste mich erneut, während ich mit den Händen die warme Haut unter seinem Hemd streichelte. Wieder griff er unter meinen Rock, dann zog er an meinem String. Ich ließ ihn machen, berauscht vom Alkohol und dem, was er da mit mir tat. Er ging vor mir in die Hocke und seine warme Zunge berührte meinen Oberschenkel. Als sie den Weg zwischen meine Beine fand, musste ich mich in den Stamm krallen. Seine Zunge umkreiste meine Klitoris und seine Lippen waren so herrlich warm. Wieder spielte er mit einem Finger an mir herum, bis er ihn schließlich in mich hineinschob. Ich presste mich auf ihn. Dann nahm er zwei Finger. Ich seufzte wieder und bog mich ihm entgegen. Ich hörte, wie er leise lachte, dann spürte ich drei Finger, die ebenfalls problemlos ihren Weg fanden. Endlich widmete sich sein Mund wieder meiner Muschi. Zusammen mit den rhythmischen Bewegungen seiner Finger entfachte er ein Feuer in mir, das ich kaum zu kontrollieren vermochte.

»Weitermachen!«, jammerte ich, als er sich scheinbar zurückziehen wollte.

Und er machte weiter. Alles in mir wurde ganz heiß, mein Becken kreiste hemmungslos und ich hatte ihn völlig vergessen. Als ich kam, krallte ich meine Nägel so fest in die Rinde, dass zwei von ihnen splitterten. Es war mir egal.

»Du böses Mädchen!«, hörte ich ihn flüstern.

Ich keuchte und kicherte zugleich. Als er an seiner Hose herumfingerte und schließlich seinen steinharten Penis hervorholte, sah ich ihn fragend an. Er holte ein Gummi aus seiner Tasche, zog es über und beendete jeden Widerstand meinerseits mit einem Kuss.

»Auf zu Runde zwei«, murmelte er dann, griff unter meinen linken Oberschenkel und winkelte mein Bein an.

»Aber ich bin …«, murmelte ich, da drang er schon in mich ein.

»Oh, geil«, flüsterte er. »Du bist so feucht.«

»Aber …«

»Kannst ruhig noch mal kommen«, sagte er.

Ich kicherte schon wieder. Er hielt mich fest und sein Unterleib prallte in schnellem Takt gegen meinen. Dann legte er eine Hand vorne auf meine Muschi. Ich hatte das Gefühl, als würde ich neben mir stehen. Ich sah mich selbst mit hochgeschobenem Rock und einem Typen vor mir, den ich eine halbe Stunde zuvor kennengelernt hatte.

»Oh ja …«, stöhnte Max.

Er wurde schneller und vergaß, was er vorher mit seiner Hand getan hatte. Stattdessen stieß er nur noch hemmungslos zu. Ein verbliebener unalkoholisierter Teil meines Gehirns wollte, dass ich mich schämte. Es war der Teil, der von niedlichen kleinen Kindern, dem perfekten Ehemann und schöner Bettwäsche in einem schmucken Reihenhaus träumte – der Teil, der behauptete, dass Frauen, die einfach so mit Männern schliefen, Schlampen waren, die die Rechnung für ihren losen Lebenswandel sicherlich irgendwann bekommen würden.

In diesem Moment legte Max seine Hand wieder auf meinen Unterleib und begann, mit meiner Perle zu spielen. Der weitaus größere Teil meines Gehirns goss einen Becher Long-Island-Eistee über den wesentlich kleineren kritischen Teil, um ihn endlich zum Schweigen zu bringen.

Es begann wieder, sich gut anzufühlen. Etwas taub, aber gut. Plötzlich stöhnte Max laut auf, zuckte und stieß noch zwei Mal grob in mich hinein.

»Der Hammer …«, keuchte er und schaute bewundernd auf seinen immer noch pochenden Schwanz, den er soeben aus mir herausgezogen hatte.

Achtlos ließ er mein angewinkeltes Bein los und in meiner Hüfte knackte es laut. Ich hielt mich immer noch am Stamm fest. Max zog das Gummi ab, schmiss es in die Dunkelheit und packte sein bestes Stück wieder ein.

»Sollen wir wieder reingehen?«

»Klar«, erwiderte ich.

Er ging voraus und ich hinterher, bis ich schwankte und er mir seinen Arm anbot. Drinnen führte er mich zu der Stelle, an der ich ihn mit Eistee begossen hatte, und grinste.

»Dann machs mal gut.« Er hauchte mir einen schnellen Kuss auf die Wange und verschwand in der Menge.

Ich starrte ihm nach und erst da fiel mir ein, dass ich meinen String draußen vergessen hatte.

»Wo warst du?«, schrie mir plötzlich von hinten jemand ins Ohr. Ich drehte mich um und vor mir stand Sandy mit hochrotem Kopf und ziemlich bösem Blick. »Ich habe dich tausendmal angerufen! Du wolltest doch nur mal eben aufs Klo!«

»Hab euch nicht mehr gefunden«, sagte ich wie aus der Pistole geschossen.

Sandy starrte mich wortlos an. In diesem Moment stürzte Isabelle heran.

»Wo warst du? Wir haben dich tausendmal angerufen!«

»Sie hat uns nicht mehr gefunden.«

Isabelle griff nach meinen Haaren und schob sie ein Stück zur Seite.

»Sag mal, ist das ein Knutschfleck?«

»Lass mal sehen!« Sandy beugte sich ebenfalls vor und untersuchte meinen Hals. »Das ist ein Knutschfleck.«

»Woher hat sie einen Knutschfleck?«

»Ja, keine Ahnung, vom Klo jedenfalls nicht.«

»Woher hast du den Knutschfleck, Louise?«

Ich zuckte mit den Schultern, da ich nicht bereit war, ihnen zu erzählen, was passiert war.

»Oh mein Gott!«, schluchzte Isabelle und raufte sich die Haare. »Es ist alles unsere Schuld! Jemand hat sie vergewaltigt und sie hat es nicht einmal mitgekriegt! Womöglich ist sie jetzt schwanger!«

»Oh bitte …« Sandy verdrehte die Augen. »Da ist die Wahrscheinlichkeit einer unbefleckten Empfängnis bei ihr noch um einiges höher.«

»Aber hier!« Isabelle riss wieder meine Haare zur Seite und zeigte auf meinen Hals. »Das ist ein Knutschfleck!«

»Vielleicht hat sie sich nur irgendwo gestoßen.«

Bei dem Wort »stoßen« fing ich an zu kichern und konnte einfach nicht mehr aufhören.

»Da!«, schrie Isabelle. »Jetzt hat sie auch noch 'nen Schaden!«

»Bist du sicher, dass der neu ist?«

»Mir ist schlecht«, sagte ich.

Sandy schaute auf ihre neon-orangefarbene Armbanduhr.

»Ich bin dafür, dass wir abhauen. Ist sowieso nur noch Schrott da.«

Isabelle nickte und hakte sich bei mir unter.

In der Bahn schlief ich ein und wurde erst wieder etwas wacher, als wir ausstiegen. Isabelle und Sandy nahmen mich in ihre Mitte und in unserer Wohnung ließen sie es sich nicht nehmen, mich bettfertig zu machen.

»Oh«, sagten beide synchron, als sie mir meinen Rock auszogen.

»Sie hat keine Unterhose an«, flüsterte Isabelle.

»Das sehe ich auch.«

»Aber sie würde doch niemals …«

»Ich weiß.«

»Und jetzt?«

»Hat sie irgendwo blaue Flecken?«

»Außer dem Knutschfleck?«

»Guck einfach nach, okay?«

»Ich sehe keine …«

»Ich auch nicht.«Sandy richtete mich energisch auf. »Louise, ich muss es jetzt wissen.«

»Pscht!«, machte Isabelle und wedelte aufgeregt mit den Händen herum.

»Isa! Ich wollte sie gerade fragen, ob …«

»Sie hat Baumzeugs in den Haaren!«

»Baumzeugs?«

»Da! Ein kleiner Zweig. Und das hier könnte … Rinde sein?«

»Du hast recht. Such nach weiteren Indizien!«

Ich fühlte mich wie eine lebende Leiche bei ihrer eigenen Obduktion und wollte die beiden von mir wegschieben, da ich einfach nur noch schlafen wollte.

»Stillhalten, das ist wichtig!«, zischte Sandy.

»Schau hier, ihre Nägel! Da ist auch so grünes Zeug drunter.«

»Interessant!«

Bevor sie mich weiter untersuchen konnten, schob ich sie beide energisch von mir.

»Geht weg!«

»Aber du …«

»Er hieß Max und es geht euch nix an! Und hört auf, mich anzufassen!«

Nackt wie ich war, drängte ich mich an den beiden vorbei, kroch ins Bett und zog mir die Decke über die Ohren. Ich hörte sie aufgeregt tuscheln, doch es war mir egal. Irgendwann waren sie weg und als mein Bett endlich aufhörte, sich zu drehen, konnte ich auch schlafen.

5. KAPITEL

PAPAS

Geburtstag

Am nächsten Morgen war die Welt ein graugrünes Inferno aus brennender Übelkeit und hämmernden Kopfschmerzen. Ich gab irgendeinen Laut von mir und schon stürzte Isabelle ins Zimmer.

»Du musst etwas trinken«, sagte sie streng.

»Nie wieder«, murmelte ich.

»Nicht Alkohol. Wasser!«

Ich brummelte etwas Unverständliches und wenig später kam sie mit einem großen Glas Wasser zurück. Daneben hatte sie zwei Kopfschmerztabletten gelegt. Ich nahm beides dankbar an und schlief ich wieder ein.

Am Nachmittag weckte mich der Geruch von Fisch. Ich öffnete ein Auge und sah drei graue Rollmöpse. Daneben standen ein Brot mit Nutella und ein Glas Tomatensaft. Die Kombination war geruchstechnisch eine absolute Zumutung.

Ich richtete mich langsam auf. Die Übelkeit war einem leichten Taubheitsgefühl im Kopf gewichen. Als ich sah, dass meine Tür halb offen stand, wollte ich aufstehen, um sie zuzumachen. Schließlich wollte ich meine Privatsphäre so wie andere auch, wenn sie mal unpässlich waren. Das Ganze stellte sich als keine so gute Idee heraus. Zuerst wurde mir schwindelig, dann schwarz vor den Augen und schließlich fiel ich wie ein Stein zurück ins Bett. Es dauerte nicht lange und Isabelle und Sandy standen an meiner Seite.

»Sie ist ohnmächtig geworden!«

»Mir gehts gut!«, murmelte ich.

Isabelle fühlte meine Stirn.

»Also Fieber hat sie nicht.«

»Fieber?«, fragte Sandy skeptisch.

»Mir wurde nur kurz schwarz vor den Augen.«

»Du musst jetzt mal etwas essen.«

Isabelle griff nach dem Tablett, das auf meinem Nachttisch stand, und stellte es neben mich aufs Bett. Der saure Fischgeruch brannte mir in der Nase.

»Niemals!«

»Das ist ein Kater-Frühstück.«

»Fisch und Haselnusscreme?«

»Meine eigene Zusammenstellung!«, strahlte Isabelle.

»Fisch ist gut«, meinte Sandy fachmännisch. »Das gleicht deinen Mineralienhaushalt wieder aus.«

»Genau, zuerst den Fisch, dann den Tomatensaft und zum Schluss etwas Süßes.«

»Davon wird mir doch bloß schlecht.«

»Nein.« Isabelle hob zwei Finger zum Schwur in die Höhe. »Großes Indianer-Ehrenwort.«

»Na gut«, gab ich nach und spießte den ersten Rollmops auf.

Er schmeckte scheußlich, der zweite auch, aber beim dritten wurde es plötzlich besser. Der Tomatensaft war fruchtig und leicht mit Salz gewürzt. Das Nutella-Brot wurde mit einem Kamillentee komplettiert, den Sandy mir freundlicherweise zubereitet hatte. Obwohl ich fest damit gerechnet hatte, wurde mir nicht übel. Stattdessen schlief ich wieder ein und wachte erst am frühen Abend auf.

Dieses Mal war ich glücklicherweise beschwerdefrei. Das Einzige, was mir ernsthaft zu denken gab, war das monotone Schnarchen, das vom Fußende des Bettes ertönte. Ich schielte in besagte Richtung und erkannte ein struppiges braunes Fell, das ich zweifelsfrei als Hektors identifizierte.

»Hektor, pfui!«, schimpfte ich.

Er hob den Kopf, gähnte mich ausgiebig an und verschwand dann wieder zwischen den Falten der Decke.

»Mach hoppi!«, imitierte ich Sandys Sprechweise.

Hektor hob wieder den Kopf, sprang dann auf und kämpfte sich über den weichen Untergrund in meine Richtung.

»Nein, aus!«

Er ließ sich nicht beirren. Schließlich krabbelte er auf mich drauf, rollte sich auf meinem Bauch zusammen und klappte zufrieden die Augen wieder zu.

»Hilfe …«, rief ich erschöpft.

Nichts rührte sich.

»Hallo?«

Wieder keine Antwort, niemand schien zu Hause zu sein. Also blieb ich liegen. Hektor begann total dreist, wieder zu schnarchen. Schließlich drehte ich mich zur Seite und er purzelte mit einem empörten Schnaufen von mir herunter. Ich schlich ins Bad, weil meine Blase zu platzen drohte, und als ich wiederkam, war er verschwunden. Ich schüttelte die Decke aus und machte den Fernseher an. Es liefen die typischen Vorabend-Dokus; ich schaute gar nicht richtig hin.

Wenig später klingelte mein Handy. Ich griff danach, ohne mich allzu viel zu bewegen.

»Hallo Louise«, sagte meine Mutter. »Es bleibt dabei, wir gehen morgen Mittag mit Oma essen und abends feiert Papa seinen Geburtstag mit ein paar Freunden. Ich habe ein kleines Buffet bestellt. Möchtest du da auch kommen?«

Es dauerte ein wenig, bis ich meine Gehirnzellen sortiert hatte.

»Louise?«

»Äh … Ja, Mama, der Empfang war gerade schlecht. Zum Mittagessen gehe ich gerne mit, aber abends … Nee, da bin ich ja überflüssig.«

»Du bist nie überflüssig, Louise!«

»Ja, okay. Das ist total lieb, aber ich glaube trotzdem, dass ich abends nicht vorbeikomme.«

»Wie du willst. Dann holen wir dich morgen Mittag so gegen 12:30 Uhr ab, nachdem wir Oma eingesammelt haben, und fahren zu Salvatore.«

»Super!« Italienisches Essen war echt der Hit.

»Dann bis morgen, Louise!«

»Bis morgen, Mama!«

Ich ließ mich zurück in die Kissen fallen und schaute auf den flimmernden Fernseher. Als es dunkel wurde und immer noch niemand da war, kochte ich mir eine Tütensuppe und toastete mir dazu zwei Scheiben Körnerbrot. Kaum hatte ich aufgegessen, rumpelte es laut im Hausflur und wenig später drehte sich ein Schlüssel im Türschloss.

»Na, du kleine Aufreißerin!«, grinste Sandy. Sie trug ein großes Paket unter dem Arm.

»Wo wart ihr denn?«, maulte ich. »Ich war ganz alleine.«

Nun erschien auch Isabelle.

»Louise«, sagte sie ernst. »Weißt du noch, was passiert ist? Hat er dich vergewaltigt? Habt ihr ein Gummi benutzt?«

»Frau Doktor Sommer, bitte tragen Sie doch erst mal Ihre Möbel in Ihr Refugium. Die *Bravo*-Beratung muss so lange warten«, sagte Sandy und schob Isabelle vor sich her.

Ich hörte sie tuscheln und es rumpelte noch mal, dann kamen sie beide zurück in mein Zimmer und sahen mich neugierig an.

»Was?«, fragte ich.

»Erzähl uns alles.«

In Isabelles Zimmer begann es zu knallen. Wir erstarrten und lauschten gebannt dem seltsamen Geräusch.

»Was kann das sein? Es sind doch bloß zwei kleine Regale«, flüsterte Isabelle.

Sandy stand auf und ging mutigen Schrittes aus dem Zimmer. Isabelle und ich hielten gespannt die Luft an. Als Sandy wiederkam, hatte sie Hektor unter dem Arm, dem ein großes Stück Luftpolsterfolie wie eine Trophäe zwischen den Zähnen klemmte.

»Oh Hektor! Was für ein mutiger Hund!«, lachte Isabelle und Hektor wedelte begeistert.

»Du hast immer noch nichts erzählt«, sagte Sandy und setzte Hektor auf dem Boden ab. Sofort zerbiss er knurrend und wedelnd zugleich die Folie.

»Ihr wisst es doch schon«, wehrte ich ab.

»Nö, nur dass er Max hieß.«

»Ja, viel mehr war auch nicht.«

»Und woher kam dann das grüne Zeugs in deinen Haaren?«

»Wir waren draußen.«

»Und wo ist dein Höschen geblieben?«

»Draußen.«

Sandy ließ sich entnervt nach hinten auf mein Bett kippen.

»So wird das nix. Kannst du eigentlich auch in ganzen Sätzen sprechen?«

»Ja, bitte!«, sagte Isabelle und guckte herzerweichend lieb. »Biiittteeeee!«

»Na gut«, brummte ich. »Er hieß Max, wir haben uns kennengelernt, weil ich ihm seinen Eistee übers Shirt gekippt habe, dann haben wir geknutscht und getanzt und dann sind wir nach draußen gegangen. Und dann … Na, den Rest könnt ihr euch denken. Da habe ich auch mein Höschen vergessen.«

»Krass«, hauchte Isabelle.

»Stille Wasser sind tief, sag ich doch«, meinte Sandy.

»Ich war betrunken.«

»Und, war er gut?«

»Ähm … Ja.«

»Hast du seine Handynummer?«

»Nein.«

»Würdest du ihn denn wiedersehen wollen?«

»Ich denke nicht.«

»Voll krass«, sagte Isabelle erneut. »Jetzt geht es dir aber wieder etwas besser, oder?«

Ich nickte.

»Danke, dass ihr euch um mich gekümmert habt.«

»Kein Thema. Und heute, ruhiger Abend?«

»Ja, unbedingt. Morgen hat mein Vater Geburtstag und wir gehen mittags essen.«

»Gut, braucht jemand etwas vom Supermarkt? Ich gehe gleich noch einkaufen.«

»Ich nicht.«

»Ich auch nicht, ich hab schon gegessen.«

»Okay.« Sandy erhob sich von meinem Bett und hob Hektor hoch, der hechelnd auf der besiegten Folie lag.

»Warte, ich nehm schon«, sagte Isabelle und griff nach dem zerfetzten Plastik.

»Bis nachher dann!«

»Bis nachher!«

Nachdem sie meine Zimmertür zugemacht hatten, griff ich erneut nach der Fernbedienung. Im Zweiten sollte ein Krimi kommen, der sich ganz interessant anhörte, sich dann aber leider als ziemlich vorhersehbar entpuppte. Als der Hauptverdächtige der leitenden Kommissarin die Klamotten vom Leib riss, dachte ich wieder an den vorherigen Abend. Ich hatte keinen Blackout gehabt und erinnerte mich sehr genau an Max und das, was wir dort draußen gemacht hatten. Die beiden im Fernsehen liebten sich unter der Dusche. Durch das beschlagene Glas sah man die Konturen ihrer Brüste, während er hinter ihr durch die feuchte Luft der Duschkabine nur schemenhaft zu erkennen war. Die Bewegungen ihrer Körper jedoch waren eindeutig. Ich starrte auf den Bildschirm.

Die Kommissarin warf den Kopf zurück, dann wurde die Szene ausgeblendet. Ich wollte an Jerôme denken, mir vorstellen, wie wir uns unter der Dusche liebten, das heiße Wasser überall und seine Hände, die mich zärtlich berührten. Mein Kopf würde sich an die beschlagene Duschwand lehnen, fast fühlte ich die Kühle des Glases an meiner Wange. Seine nackte Haut rieb sich an meiner und ich schloss die Augen. Ich stellte mir vor, wie er meine Hüften umfasste, immer näher kam und seinen Körper an mich presste.

Meine Hand wanderte zwischen meine Beine. Immer noch meinte ich zu fühlen, wie meine Haut die Duschkabine berührte. Jerôme küsste mich in den Nacken und seine Hände tasteten nach meinen Brüsten. Er streichelte sie vorsichtig, dann plötzlich griff er richtig zu. Ich hatte es mir nicht wirklich vorgestellt, meine Fantasie hatte sich verselbstständigt. Trotzdem ließ ich mich weiter auf diesem Gedanken treiben. Jerôme knabberte an meinem Hals, er biss mich und knetete dabei meine Brüste. Etwas Wildes und Animalisches ging von ihm aus, es war nicht zärtlich und trotzdem war ich erregter als zuvor. Er griff in meine Haare, drehte meinen Kopf zur Seite und presste mich an die Wand. Mit der anderen Hand griff er zwischen meine Beine. Plötzlich wollte ich nicht mehr, es war genug. Ich stieß ihn zurück, drehte mich um und erschrak: Ich hatte Jerôme sehen wollen, stattdessen war es Max' grinsendes Gesicht.

Keuchend lag ich im Halbdunkel meines Zimmers. Der Fernseher flirrte immer noch und zwischen meinen Beinen tanzte ein Feuerwerk. Wieso hatte ich das Gesicht von Max gesehen? Er bedeutete mir nichts! Ich wollte ihn am liebsten nie wiedersehen. Und schon gar nicht wollte ich an ihn denken. Trotzdem – sobald ich es tat, war ich erregt. Wenn ich an unseren One-Night-Stand dachte, fühlte ich wieder, was unsere Körper getan hatten. Und das erregte mich aufs Neue. Ungeduldig tastete ich mit den Fingern zwischen meinen Beinen. Ich wollte, dass es schnell ging und ohne dass ich an jemanden dachte. Ich wollte kommen und dann meine Ruhe haben. Mit geschlossenen Augen führte ich fort, was ich in meiner Fantasie begonnen hatte. Danach fühlte ich mich besser. Und das, obwohl ich nicht ein einziges Mal an Jerôme gedacht hatte. Irgendetwas hatte sich seit dem Intermezzo mit Max verändert.

*

Das Klingeln meines Handys weckte mich.

»Hallo Louise, wir sind gleich da. Kommst du runter?«

Verstört griff ich nach meiner Armbanduhr, die auf meinem Nachttisch lag.

»Louise? Hast du etwa noch geschlafen?«

»Nein«, murmelte ich. »Natürlich nicht!«

»Gut, dann bis gleich. Komm schon mal zur Straße runter, ja?«

»Klar!«

»Bis gleich!«

»Ja, bis …« Da klickte es schon in der Leitung und meine Mutter hatte aufgelegt.

Verdammt! Wie konnte ich nur meinen Wecker überhören? Erst da fiel mir ein, dass ich den Wecker ausgemacht hatte und dann wohl wieder eingeschlafen war. Wie von der Tarantel gestochen sprang ich auf, zog mir irgendetwas an, fuhr mir mit den Fingern durch die Haare und rannte rüber ins Bad, um mir wenigstens die Zähne zu putzen. Ich füllte gerade meinen Zahnputzbecher mit Wasser, da hörte ich es draußen hupen. Mist! Ich spuckte die Zahnpasta aus, spülte mir den Mund aus und machte kurz das Waschbecken sauber. Dann schlüpfte ich in meine Flip-Flops, die im Flur herumlagen, und stürmte die Treppe hinunter. Am Auto riss ich die Tür auf und ließ mich auf die Rückbank fallen.

»Hallo zusammen! Herzlichen Glückwunsch, Papa! Ich gratuliere dir nachher noch richtig!«

In dem Moment fiel mir ein, dass ich die Tüte mit dem Geschenk in meinem Zimmer stehen lassen hatte.

»Oh nein, ich habe etwas vergessen. Bin sofort wieder da!«

Mit diesen Worten sprang ich aus dem Auto, ignorierte meine protestierenden Eltern, schloss die Haustür auf und rannte wieder hoch. Zielsicher griff ich nach der Tüte und jagte die Treppe wieder hinunter.

»Meine Güte, Kind, sei doch nicht so hektisch«, sagte Oma, als ich mich wieder neben sie auf die Rückbank fallen ließ.

»Das hier ist Papas Geschenk, das hatte ich oben liegen lassen!«, erwiderte ich und wedelte mit der Tüte vor ihrer Nase herum.

»Ja, ja, ist ja gut, aber dafür muss man sich doch nicht so abhetzen.«

»Louise, schnall dich an, wir fahren los!«, unterbrach Mama unser Geplänkel.

*

Bei Salvatore bekamen wir einen schönen Tisch im frisch ausgebauten Wintergarten. Um dessen Charme noch mehr zu betonen, hatte man auf den niedrigen Fensterbänken große Töpfe mit Pflanzen dekoriert, die sich offenbar so wohlfühlten, dass sie ihre Blätter bis auf die adrett gedeckten Tische streckten. Mir pikste eine Zimmerpalme in den Arm und Oma wurde halb verdeckt von einem Gummibaum. Mama und Papa hatten sich schlauerweise sofort für die Randplätze entschieden und wurden so von der aufdringlichen Flora verschont.

Papa und Salvatore waren alte Bekannte. Also bekamen wir sofort einen Prosecco ausgegeben und es wurde – typisch italienisch – laut und überschwänglich gratuliert. Wir konnten gerade noch verhindern, dass Salvatore das ganze Restaurant dazu aufforderte, Papa ein Geburtstagsliedchen zu singen.

Nachdem ich meine Palme in ihre Schranken verwiesen hatte, half ich Oma mit dem dreisten Gummibaum. Als wir auch das geschafft hatten, zupfte sie sich pikiert an ihrem pinkfarbenen Twinset und ordnete sich die lilafarbene Föhnfrisur. Überhaupt sah sie mal wieder spektakulär aus: Auf den Augendeckeln leuchtete rosafarbener Lidschatten mit Perlglanz, die Lippen schmückte hellrosa Lipgloss und ihre Wangen waren mit rosa Rouge betont. Dazu trug sie ihr pinkfarbenes Twinset und einen rosafarbenen Rock, eine hautfarbene Strumpfhose und pinkfarbene Pumps. Selbst ihre Fingernägel waren in grellem Pink lackiert. Und all dies biss sich so überhaupt nicht mit ihren lilafarbenen Haaren. Sie sah aus wie eine in die Jahre gekommene Barbie. Ich lächelte sie an und sie schaute fragend zurück.

»Oma, du siehst aus wie eine Malibu-Barbie für Senioren.«

»Bitte?«

»Hast du mal überlegt, nach Florida zu ziehen?«

»Wie bitte?«

»Ja, da würdest du gar nicht auffallen! Du müsstest nur noch Golf spielen lernen.«

»Kindchen, ich falle hier doch auch nicht auf.«

Das war so schlecht gelogen, dass es selbst um Papas Mundwinkel verdächtig zuckte. Oma trank ihr Glas Prosecco auf ex und stellte es dann mit trotzigem Blick auf der gestärkten Tischdecke ab. Salvatores Frau schwebte herbei und füllte ihr Glas mit einem »Prego, Signora« gleich wieder nach. Oma nickte zum Dank hoheitsvoll.

Als man uns die Speisekarten reichte, fiel mir ein, dass ich meinem Vater immer noch nicht gratuliert hatte. Ich stand auf, umarmte ihn und er wurde prompt ein klein wenig verlegen, so wie immer.

»Und hier ist dein Geschenk!« Ich reichte ihm die Tüte.

Er wollte sie zur Seite stellen und später reinschauen.

»Aufmachen«, sagte Oma.

»Mutter!« Mama warf ihr einen deutlichen Blick zu.

»Ja, soll er es doch bitte auspacken, dann haben wir alle etwas davon.«

»Das soll er doch entscheiden.«

Papa ließ die Schultern hängen und schaute fragend zu mir.

»Mach, wie du magst.«

»Aufmachen«, sagte Oma noch mal und ihr Proseccoglas war schon wieder leer.

»Ich schaue gleich rein«, sagte Papa und bedeutete der Kellnerin, dass wir bestellen wollten.

Während wir auf das Essen warteten, erzählte Mama, dass sie Papa ein Abo seiner Lieblings-Computerzeitschrift und zwei neue Polohemden geschenkt hatte. Dann packte Papa auch mein Geschenk aus und schien sich wirklich sehr über die Kinogutscheine für Mama und ihn zu freuen. Ich war froh, dass es ihm gefiel. Er umarmte mich zum Dank und drückte mich. Oma kramte in ihrer winzigen Handtasche herum und schob dann einen etwas verknitterten Umschlag zu Papa hinüber.

»Für den nächsten Urlaub«, flüsterte sie.

Für Oma gab es kein unschicklicheres Thema, als über Geld zu reden. Als Papa sich bedanken wollte, winkte sie ab.

»Schon gut, du ruinierst nur wieder meine Frisur. Ich will nachher noch zum Tanztee in die Verbotene Stadt, da muss ich gut aussehen.«

Es hätte nicht viel gefehlt und Mama hätte ihren Weißwein über den ganzen Tisch geprustet.

»Bitte wohin?«

»Na, in die Verbotene Stadt«, sagte Oma erneut und dachte gar nicht daran, uns mit weiteren Häppchen an brandheißen Informationen zu füttern.

»Ist das eine Disco?«, fragte ich deshalb.

»Unsinn«, winkte sie ab. »Solche Etablissements betrete ich nicht.«

»Was ist es dann?«

»Na, das Kota Radja! Dieses große chinesische Restaurant. ›Kota Radja‹ bedeutet ›Verbotene Stadt‹, das ist Chinesisch. Die haben einen kleinen Veranstaltungssaal, da gibt es jeden zweiten Samstagnachmittag einen Tanztee mit Livemusik.«

»Und dort lässt du dich dann von irgendwelchen Rentnern zu *Tulpen aus Amsterdam* übers Parkett schieben?«, fragte Mama.

»Das ist alles sehr anständig dort. Es gibt deutschen Kaffee und deutschen Kuchen. Und diese kleinen Chinesenmädchen sind sehr nett.«

»Oma!«

»Was ist denn?«

»Man sagt nicht ›deutschen Kaffee‹ und ›Chinesenmädchen‹!«

Oma guckt mich mit einer Mischung aus Ratlosigkeit und vorprogrammierter Ignoranz an.

»Wieso?«

»Erstens kann es kein ›deutscher Kaffee‹ sein, weil in Deutschland einfach kein Kaffee angebaut wird, und zweitens sagt man nicht ›Chinesenmädchen‹, sondern ›Chinesinnen‹ oder noch besser ›Mitbürger chinesischer Abstammung‹. Alles andere ist rassistisch.«

»Du bist ja noch päpstlicher als der Papst, Louise«, sagte Oma und rümpfte die gepuderte Nase. »Also von mir hast du das nicht.«

»Recht hat sie trotzdem«, warf Mama ein und Papa nickte. Dann kam zum Glück das Mittagessen.

*

Erst nachdem wir uns an diversen Nudelspezialitäten kugelrund gefuttert hatten, Oma das dritte Glas Rosé vernichtet hatte und Papa noch ein Tiramisu bestellte, fiel Mama mein etwas zerzaustes Aussehen auf.

»Wie siehst du eigentlich aus, Louise? Du bist ja noch nicht mal geschminkt.«

»Sie ist eben nicht so frühreif«, ergriff Oma prompt für mich Partei.

»Frühreif? Sie ist fast 22.«

»Du warst ja sehr frühreif«, redete Oma unbeirrt weiter.

»Mutter!«

»Ja, doch, doch. Ich erinnere mich sehr gut daran.«

»Mutter!« Mamas Tonfall hatte einen durchaus drohenden Klang bekommen, was Oma nicht im Geringsten zu beeindrucken schien.

»Es gibt da diese Geschichte aus dem Siegerland.« Oma lehnte sich vertrauensvoll zu mir herüber. »Dorthin haben wir deine Mutter manchmal in den Sommerferien zu meiner Cousine geschickt, damit sie als Städterkind mal ein wenig Landluft schnuppern konnte. Sie war ja immer so blass.«

»Und dann?«, fragte ich und ignorierte Mama, die kurz davor war zu platzen.

»Dort hatten sie diese Bestellkataloge, so wie es sie heute noch gibt. Es gab ja auf dem Land nicht so viele Modegeschäfte. Und an einem Abend hat deine Mutter alle durchgeblättert und sich dann eine Schere geholt.«

Oma machte eine dramatische Pause und selbst Papa schaute nun interessiert. Mama hatte wütend die Hände in ihre Stoffserviette gekrallt.

»Und dann?«, flüsterte ich. Die Spannung war unerträglich.

»Was meinst du, wie ich geguckt habe, als meine Cousine mich anrief und mir das erzählte! Weißt du, was sie gemacht hat?«

Papa und ich schüttelten synchron die Köpfe.

»Sie hat die männlichen Modelle ausgeschnitten.«

»Nein, wirklich?«, lachte ich.

»Jawohl«, sagte Oma und setzte noch einen drauf: »Und zwar nur die, die die Unterhosen vorführten. Und nur die Dunkelhaarigen!« Sie nickte bedeutungsschwer. »Und weißt du, wie alt sie war?«

»So um die 14?«, riet ich.

»Sie war gerade neun geworden.«

»Boah, Mama!«, lachte ich. »Das war echt frühreif.«

»Wenigstens ist sie ihrem Typ treu geblieben«, grinste Papa und strich sich durch die dunklen Haare.

»Ich rede kein Wort mehr mit euch«, sagte Mama. »Ihr macht euch alle über mich lustig.«

»Ach, nicht doch.« Papa griff versöhnlich nach ihrer Hand. »Das ist doch wirklich eine niedliche Geschichte.«

»Und was hast du dann gemacht mit all den leicht bekleideten Typen?«, fragte ich lachend.

Mama schob trotzig das kleine Kinn vor.

»Die Hübschesten habe ich in das hinterste Fach meines Portemonnaies geschoben und sie mir hin und wieder angeguckt.«

»Meine Frau!«, grinste Papa und küsste ihre Hand. »So eine wie dich gibt es nur ein Mal auf der Welt!«

»Ja, ich hatte es nicht leicht mit ihr«, sagte Oma.

»Bitte keine weiteren Geschichten mehr, Mutter«, erwiderte Mama.

Als Papas Tiramisu kam, schielte ich gierig darauf. Irgendwie hatte ich die Bestellung des Nachtischs verpasst.

»Möchtest du auch noch eins?«, fragte er, als er meinen sehnsüchtigen Blick sah. Ich nickte.

»Signori!« Salvatore kam mit wiegenden Hüften auf unseren Tisch zu. »Wie war das Essen? Alles okay?«

Wir überschlugen uns mit Komplimenten für seine Kochkünste. Er strahlte.

»Und nun? Noch ein kleiner Grappa, Ramazotti oder Limoncello aufs Haus?«

»Für mich nicht, danke«, sagte Papa und auch Mama winkte dankend ab. Nur Oma schien zu überlegen.

»Also, Grappa mag ich nicht und Kräuterschnäpse sind etwas für Männer. Aber dieses Zitronenschnäpschen … Hm.« Sie sah zu mir. »Nimmst du auch einen, dann probieren wir das mal?«

»Och …«, erwiderte ich unschlüssig.

»Gut, dann zwei Mal dieses Zitronenwässerchen!«, bestellte Oma.

»Prego!« Salvatore verschwand und kam kurz darauf mit zwei Gläschen zurück, die mit einer gelben Flüssigkeit gefüllt waren. »Signora, Signorina.« Er stellte die Gläschen auf unsere Plätze und eilte wieder davon.

Oma hob ihres an und schnüffelte.

»Es riecht ein bisschen wie mein Allzweckreiniger.« Sie nippte vorsichtig daran und verzog das Gesicht. »Und es schmeckt nicht viel besser.«

»Du hast schon mal von deinem Allzweckreiniger getrunken?«

»Unsinn, aber so stelle ich mir vor, dass er schmeckt. Probier du mal!«

Ich nahm einen kleinen Schluck. Die Flüssigkeit brannte in meinem Mund und schmeckte schrecklich künstlich nach Zitrone und Limette.

»Uh. Nicht lecker.«

»Sag ich doch.«

»Ihr müsst das austrinken«, sagte Mama ungerührt.

Schadenfreude blitzte in ihren Augen. »Ein Geschenk darf man nicht zurückgehen lassen.«

»Ihhh«, machte ich. »Oma hat mich gar nicht gefragt. Ich kann das nicht trinken.«

»Gib her«, sagte Oma und zog mein Glas zu sich. Dann schielte sie ziemlich deutlich auf den Gummibaum zu ihrer Rechten.

»Mutter!«, sagte Mama lauernd.

»Ich schütte es doch bloß auf die Blume.«

»Nein, mach das nicht«, flüsterte ich eindringlich. »Damit bringst du sie um!«

»Unsinn, Pflanzen sind zähe Biester, das weiß ich«, erwiderte Oma und kippte beherzt den Inhalt des ersten Glases auf den Gummibaum. Die gelbe Flüssigkeit versickerte in der dunklen Erde.

»Nicht noch mehr!«, sagte ich.

»Soll ich dir mal was erzählen, Kindchen«, begann Oma und griff nach dem zweiten Glas. »Meine Nachbarin, Frau Preuß, hatte mal die wunderbare Idee, einen großen Fliederbusch in unseren gemeinsamen Vorgarten zu pflanzen; ihr Sohn hat eine Gärtnerei. Direkt unter meinem Schlafzimmerfenster!«

»Er hat die Gärtnerei direkt unter deinem Fenster?«

»Jetzt werd mal nicht albern, Louise. Sie pflanzte den Strauch direkt dorthin. Als er zu blühen begann, konnte ich keine Nacht mehr schlafen! Mir tränten die Augen, ich musste husten und morgens hatte ich ein ganz geschwollenes Gesicht, so allergisch war ich gegen dieses Gestrüpp. Ich bat Frau Preuß, den Busch wieder zu entfernen, weil er mich eines Tages sicherlich umbringen würde, und weißt du, was sie erwiderte? ›Aber er sieht doch so hübsch aus!‹ Da wusste ich, dass mit ihr nicht zu reden war. Und weißt du, was ich gemacht habe?« Sie sah mich Beifall heischend an.

Mama verdrehte die Augen.

»Sag!«

»Jeden Morgen um 5 Uhr bin ich aufgestanden, habe einen Eimer heißes Wasser gemacht und zwei ordentliche Kellen Salz darin aufgelöst. Dann bin ich in den Vorgarten hinunter und habe das Salzwasser über diesem elenden Busch ausgekippt. Und weißt du, wie lange es gedauert hat, bis das Gestrüpp endlich eingegangen ist? Zwei Monate! Also glaub mir, ich weiß genau, wie zäh so ein Grünzeugs sein kann!« Mit diesen Worten kippte sie auch noch das zweite Gläschen über der armen Pflanze aus. »So, Problem gelöst.«

»Die Rechnung, bitte!«, sagte Papa und winkte der Kellnerin.

6. KAPITEL

SOMMER-*hitze*

Die ganze Woche über war es unerträglich heiß gewesen. Gisi war dazu übergegangen, den Laden etwas früher aufzumachen und dafür eher zu schließen, da die meisten Leute die Kühle des Morgens nutzten, um ihre Besorgungen zu machen, die Mittagshitze mieden und den Rest des Tages in ihren klimatisierten Büros oder im Freibad verbrachten.

Meine Tante war gerade mit Bodo unterwegs, als die Türglocke bimmelte. Ich hing wenig motiviert über der kühlen Holztheke und blätterte in einem Astromagazin, das Gisi in einem der Fächer unter der Kasse liegen lassen hatte. Normalerweise sorgten zumindest die lustigen Kontaktanzeigen für ein Lächeln auf meinem Gesicht, doch an dem Tag war es selbst dafür zu heiß.

»Hey, wie gehts?«

Überrascht sah ich hoch und freute mich, als ich erkannte, um wen es sich handelte. Es war der angehende Tierarzt, der Bodo so fachmännisch untersucht hatte. Dieses Mal trug er Cargo-Bermudas und ein kurzärmliges Hemd. Eine Sonnenbrille hing an seinem Kragen und er hatte eine etwas ausgebeulte Stoffumhängetasche dabei.

»Oh, hi!«, sagte ich. »Mir gehts gut, es ist bloß ein bisschen heiß. Und bei dir?«

»Alles gut. Wie geht es deinem Hund?«

»Ach, Bodo, mit dem ist alles wieder in Ordnung. Er ist der Hund meiner Tante, ihr gehört der Laden.«

»Sehr schön.« Er lächelte mich an und strich sich die Haare nach hinten. »Ich wollte ja beim letzten Mal eigentlich ein Geschenk für meine Mutter kaufen. Sie hat sich Tarotkarten gewünscht.«

»Oh«, rutschte es mir betroffen heraus.

Er lachte.

»Ja genau, das habe ich auch gedacht. Aber seit sie im Fernsehen so eine Dokumentation gesehen hat, will sie unbedingt welche haben. Du hättest das schockierte Gesicht meines Vaters sehen müssen! Habt ihr so etwas da?«

»Klar!« Ich kam hinter der Theke hervor und führte ihn zu dem richtigen Fach.

»Und was ist das?«, fragte er interessiert und hob einen kleinen grauen Beutel hoch, der im Fach darüber gelegen hatte.

»Da sind Runen-Steine drin.«

»Runen?«

»Ja.«

»Abgefahren«, murmelte er.

Ich schaute auf die Tätowierung, die aus dem Ärmel seines Hemds hervorblitzte.

»Stimmt«, sagte ich und betrachtete immer noch die zwei schillernden Kois, die sich auf seiner Haut umeinander wanden.

»Kann man gravierend etwas falsch machen, wenn man einfach eins der Sets kauft? So als Unwissender?«

»Ich denke nicht. Es geht eher um den persönlichen Geschmack, was Farben, Größe oder Design angeht. Meine Tante würde sogar sagen, dass man das Set kaufen sollte, das einen sofort am meisten anzieht. So von wegen Intuition und so …«

»Aber wäre es dann nicht besser, wenn meine Mutter es sich selbst aussuchen würde?«

Ich zuckte mit den Schultern .

»Wahrscheinlich schon. Aber vielleicht fragst du da besser meine Tante, so gut kenne ich mich leider nicht aus. Sie ist nur gerade mit Bodo unterwegs.«

»Hm …« Er beugte sich an mir vorbei und griff nach einem der Sets.

Ich atmete den Duft seines Parfums ein, zitronig-frisch mit einer herben Note.

Dann schloss ich kurz die Augen. Da war noch mehr. Er roch … richtig. Aufregend und vertraut zugleich. Ich machte die Augen wieder auf.

Er drehte den Karton in seiner Hand.

»Ich glaube, das mache ich«, sagte er dann. Ich sah ihn fragend an. »Deine Tante fragen, das ist 'ne gute Idee. Nicht, dass meine

Mutter noch wegen meines miesen Karmas immer die falschen Karten zieht.«

Als er den Karton wieder zurückstellte, hätte ich fast noch mal an ihm geschnuppert, konnte mich aber gerade noch bremsen. Er würde mich womöglich für ein wenig wunderlich halten und nie wieder den Laden betreten.

»Meine Tante ist so in einer Viertelstunde wieder da.«

Er zückte sein Handy und schaute darauf.

»Ich komme noch mal wieder, ich bin gleich verabredet.«

Meine Schultern sanken enttäuscht nach unten. Er sollte noch bleiben. Mir gefiel seine ruhige Art und dass er so voller Gegensätze schien: Oberhemd und Tätowierung. Und nicht zu vergessen, der Piratenohrring. Faszinierend! Und er schien gut mit seinen Eltern auszukommen. Würde er sich sonst so eine Mühe mit dem Geschenk für seine Mutter machen? Bestimmt traf er sich gleich mit seiner Freundin. Deshalb musste er sofort weg, weil er zu höflich war, um sie warten zu lassen.

»Danke für deine Mühe!«

»Gerne«, sagte ich ein wenig traurig.

Er hielt in seiner Bewegung inne und sah mich eine ganze Weile an. Ich wand mich unter seinem Blick, doch weggehen konnte ich auch nicht. Also schaute ich einfach zurück in sein Gesicht. Das Blau seiner Augen war auffallend dunkel und die Iris schwarz umrahmt. Der Schwung seiner vollen Oberlippe war sehr sinnlich: ein Mund wie gemacht, um jede Minute des Lebens geküsst zu werden. Er legte den Kopf leicht schief und betrachtete mich eingehend. Für eine Minute, die mir wie eine Ewigkeit erschien, suchten wir im Gesicht des anderen nach etwas, was wir nicht genau benennen konnten. Ich sah, dass er etwas sagen wollte und offenbar nicht gleich die richtigen Worte fand. Dann benetzte er die Lippen, bevor er sprach.

»Das sieht so blöd aus, immer muss ich plötzlich gehen. Ich treffe mich nur gleich mit meinem Vater. Wir fahren zusammen zu einer Weinhandlung, um die Getränke für den Geburtstag meiner Mutter auszusuchen.« Er schaute ein wenig leidend. »Er ist der Meinung, ich sollte dringend etwas über Wein lernen.«

Ich wollte gerade etwas erwidern, da bimmelte es an der Tür und ich hörte Bodo hecheln.

»Bin wieder da, Sternchen!«, rief Gisi quer durch den Laden, weil sie uns wohl in der Ecke übersehen hatte und mich im Lager wähnte.

Bodo spazierte gemächlich auf uns zu und erst dann sah meine Tante uns auch.

»Ach, da bist du ja!«

»Hier ist ein Kunde mit einer Expertenfrage zu den Tarotkarten«, sagte ich. »Kommst du mal zu uns, dein Fachwissen ist gefragt!«

»Aber sicher doch!«, flötete Gisi.

»Nein, ist schon gut«, sagte mein Gegenüber und legte seine Hand kurz auf meinen Oberarm. »Ich komme noch mal wieder, ich muss jetzt los.« Er lächelte noch mal, dann wandte er sich zum Gehen. »Ich danke Ihnen«, sagte er höflich zu meiner Tante. »Ich bin etwas in Eile, komme aber ein anderes Mal wieder.«

»Gerne!«, strahlte Gisi.

Nachdem er gegangen war, drehte sie sich zu mir.

»Was für ein höflicher junger Mann«, kicherte sie. »Kennt ihr euch?«

»Leider nicht, ich meine, ich weiß es nicht. Es kommt mir vor, als würde ich ihn kennen, aber ...«, sagte ich ganz gedankenverloren.

Sobald er weg war, bildete ich mir ein, es würde etwas fehlen. Ob der Einfluss dieses Hexenladens mich auch schon zu einer mondsüchtigen Spinnerin hatte mutieren lassen?

»Das weißt du nicht?«, fragte Gisi, die plötzlich neben mir stand.

»Ach, keine Ahnung«, wehrte ich ab und verzog mich schnell wieder hinter die Theke.

»Es gibt ja Seelen, die finden sich über Jahrhunderte immer wieder als Paar zusammen. Da kann es sein, dass man jemanden trifft und man nicht weiß, warum er einem so perfekt und so vertraut vorkommt.«

Ich verdrehte die Augen. Das war selbst mir als Romantikerin zu viel.

Gisi kam zu mir hinter die Theke. Dann nahm sie meine Hand.

»Es mag sich wie Spinnerei anhören«, sagte sie. »Aber ist es nicht irgendwie eine schöne und tröstliche Vorstellung?«

»Vielleicht«, murmelte ich und starrte auf die Holztheke vor mir.

»In deinem Alter war ich auch nicht für so etwas«, meinte sie nachsichtig und ließ meine Hand zurück auf das kühle Holz der Theke gleiten. »Wann wollte er denn wiederkommen?«

Ich zuckte mit den Schultern.

»Die Liebe ist wie ein Fluss, sie findet ihren Weg«, sagte Gisi und ging dann an mir vorbei ins Lager.

Ich wollte protestieren und diesen Kitsch von mir weisen. Doch mein Mund war wie mit Watte gefüllt, mein Gehirn ganz breiig und meine Lungen wie mit Beton ausgegossen. Es war die Hitze, ganz bestimmt. Das Wetter machte einen träge, kaputt und langsam.

Im Lager sang Gisi ein altes Liebeslied.

*

Obwohl mein Fenster weit offen stand, schwitzte ich. Und dabei hatte ich nur noch Shorts und einen Bikini an. Ich bewunderte Sandy, die bei diesem Wetter im Freien arbeitete. Zwar konnte ich mir vorstellen, dass sie in ihrem roten DLRG-Badeanzug eine gute Figur machte, aber würde sie nicht nach spätestens zwei Stunden in der prallen Sonne mit einem Hitzeschock zusammenbrechen?

Fast als wollte sie mir intuitiv das Gegenteil beweisen, klopfte sie am späten Nachmittag schwungvoll an den Rahmen meiner Tür. Hektor sprang um ihre Beine herum und versuchte, den Saum ihres Minirocks zu schnappen.

»Kommst du mit? Heute spielen drei Bands an der Uni. Das Ganze sollte erst im Kulturcafé stattfinden, wurde dann aber wegen des fabelhaften Wetters nach draußen auf den Vorplatz verlegt.«

Ich sah sie an und konnte nicht glauben, wie man nach so einem Knochenjob noch so voller Tatendrang sein konnte.

»Es ist immer noch total heiß«, erwiderte ich.

»Du sollst ja auch kein Instrument spielen, sondern einfach nur zuhören. Komm, gib dir einen Ruck, es geht auch erst um 19 Uhr richtig los. Bis dahin hat es sich bestimmt schon etwas abgekühlt.«

»Und wie lange geht es?«

»Keine Ahnung. Solange es lustig ist, bleiben wir da. Wenn es langweilig wird, gehen wir.«

»Bist du nicht müde vom Arbeiten?«

Sandy lachte und warf sich die langen Haare über die Schulter.

»Ich bin nicht müde, weil ich die Bands sehen will.«

»Interessant«, erwiderte ich ernst.

Sandy grinste bis über beide Ohren.

»Louise, du bist der Prototyp eines Stubenhockers.«

»Ich bin nicht faul!«

»Ein Stubenhocker zu sein heißt doch nicht, faul zu sein! Du gehst arbeiten genau wie ich und in jeder freien Minute machst du etwas für die Uni.«

»Ja.«

»Nur bleibst du am liebsten in deinen vier Wänden.«

»Was ist daran falsch?«

»Es ist nicht falsch. Aber das Leben zieht an dir vorbei, ist dir das schon mal aufgefallen?«

»Mein Leben ist ganz okay so, wie es ist.«

Sandy schnaufte resignierend.

»Kommst du trotzdem mit?«

Ich zögerte immer noch. Was sollte ich da? Musik hören, die mich eh nicht interessierte? Mich herumschubsen lassen vor einer Bühne? Von Mücken zerstochen werden und lauwarme Cola trinken?

»Ich leihe dir auch was zum Anziehen.«

Etwas skeptisch schaute ich sie an.

»Das war jetzt nett gemeint!«

»Na gut«, sagte ich. »Aber wir bleiben nicht wieder bis spät in die Nacht. Kommt Isabelle auch mit?«

Sandy nickte.

»Sie müsste gleich wieder da sein, sie hat heute ihre Mutter besucht. Willst du mit rüberkommen und dir ein Kleid aussuchen?«

»Okay.«

Als ich aufstand, kam Hektor auf mich zugetrippelt und streckte sich dann bettelnd an mir hoch. Ich nahm ihn auf den Arm und folgte Sandy in ihr Zimmer.

»Hier, schau mal!« Sie griff nach einem Bügel und zog ein Kleid aus ihrem großen Schrank. »Die Farbe würde super zu deinen Augen passen, es ist fast das gleiche Blau.«

»Meinst du?« Ich setzte Hektor auf dem Boden ab und trat einen Schritt näher.

»Ja doch!«

Sandy hängte mir die Kleid-Bügel-Kombination um den Hals und ich sah mich kritisch im Spiegel an. Die Farbe war wirklich toll. Auch der A-förmige Schnitt des Kleids gefiel mir gut und dass es knapp bis zum Knie ging. Es hatte zu kleinen Kordeln gedrehte Spaghettiträger, einen geraden Ausschnitt und die mittelblaue Baumwolle war sommerlich leicht gewebt. Mit Flip-Flops würde es perfekt sein!

»Ich würde es mir wirklich gern mal ausleihen!«, sagte ich lächelnd.

»Gerne!«

Im Flur knallte die Wohnungstür und Hektor stürmte wedelnd aus dem Zimmer.

»Mutti ist wieder da!«, trällerte Isabelle und beugte sich dann durch die halb geöffnete Tür. »Na, was machen meine Kleinen?«

»Wenn hier eine klein ist, dann höchstens du!«, grinste Sandy.

»Oh, Louise, du gehst mit, das find ich super!«, strahlte Isabelle und ließ diverse Plastiktaschen aus ihren Händen gleiten. »Probier es mal an, ich bin so neugierig!«

»Jetzt?«

»Nein, morgen. Wenn wir schon längst da waren.«

Ich schnaufte und Isabelle guckte noch bettelnder. Sie und Hektor schienen nicht nur die winzige Körpergröße gemein zu haben, auch ihr Talent zum Betteln war ähnlich groß.

»Na gut.« Ich schlüpfte aus den Shorts und zog das Kleid über. »Und?«

»Sehr gut!«, nickte Sandy. »Genau so hatte ich es mir vorgestellt.«

»Du bist einfach ein Kleid-Typ! Du solltest viel öfter ein Kleid tragen!«, bestätigte auch Isabelle.

»Ich finde es echt superschön«, sagte ich gerade, als es an der Tür klingelte.

»Geh du und teste dein Outfit!«

»Schon wieder? Das hat doch schon beim letzten Mal nicht funktioniert.«

»Ein zweiter Versuch! Vielleicht ist es ja auch gar nicht die Post.«

»Also gut, wenn ihr darauf besteht.«

Ich ging zur Tür, drückte den Türöffner und schielte dann in den Hausflur. Ein alter Bekannter polterte die Treppe herauf. Dieses Mal trug er einen Cowboyhut statt der Kappe mit dem Logo des Paketunternehmens, aber seine Fahne war unverändert heftig.

»Morgen Schätzchen!«, grüßte er wieder lässig.

Ich schielte auf mein Handgelenk. Es war 17:05 Uhr.

»Tag!«, sagte ich also.

»Wieder ein Paket für die Isabelle. Die wohnt aber hier, oder?«

»Sie ist eine meiner Mitbewohnerinnen.«

»Alles klar, ich frage nur mal zur Sicherheit nach.«

»Unsere Namen stehen auch alle auf dem Klingelschild.«

»Ja, ja, da kann ja viel stehen. Hab einen Kunden, der bestellt immer so Plastikwaffenzeugs, und auf seiner Klingel steht: ›His Infernal Highness Sir Uwe Rolf Kravitzki‹. Ein Wunder überhaupt, dass er das alles auf das schmale Schildchen bekommen hat.«

Ich war überrascht, wie flüssig und scheinbar mühelos er Englisch sprach.

»Ist aber ein netter Typ. Bisschen verdreht, aber ganz nett.«

»Sind Sie Amerikaner?«, fragte ich neugierig.

»Nee, nicht wirklich. Aber mein Dad war GI und hier stationiert. Ich habe viele Ferien in Texas verbracht; mein Onkel züchtet dort Rinder. Was für ein Land!«

Deshalb wohl auch der Cowboyhut und der Zahnstocher letztes Mal.

»Hier!« Er hielt mir das Paket entgegen. »Könnten Schuhe, aber auch etwas anderes sein.« Er zeigte auf den Absender. »Das ist ein Onlineshop, der Schuhe, aber auch Kleidung für Frauen verkauft. Viele schwedische Designer, Newcomer aus der Szene und ein paar angesagte Berlin-Labels.« Er schüttelte den Karton vorsichtig. »Dem Gewicht nach zu urteilen aber doch eher Schuhe.«

»Sie kennen sich aber gut aus«, sagte ich beeindruckt, doch er winkte ab.

»Das bringt der Job so mit sich.« Er hielt mir den Karton entgegen. »Bitte sehr, viel Freude damit.«

»Danke!«

Er tippte sich an den speckigen Cowboyhut.

»Howdy Schätzchen.«

Dann polterte er die Treppe wieder hinunter und erst da fiel mir auf, dass er sogar Cowboystiefel zu seiner Uniform trug. Ich schüttelte den Kopf. Was für ein Typ!

»Und? Und? Und?«, fragte Isabelle, als ich wieder ins Zimmer spazierte.

»Ein texanischer Aushilfscowboy mit westfälischen Wurzeln und einem Hang zu Alkohol und Onlineshops. Er sagt, es sind schon wieder Schuhe.«

»Aaaaaaaahhh! Meine Peeptoes!«

»Hast du eine Schuhflatrate? Oder müssen wir uns Sorgen machen?«, fragte Sandy.

»Wieso?« Isabelle machte Kulleraugen und riss gleichzeitig an dem Paket herum.

»Schon wieder Schuhe?«

»Nicht nur!« Sie klappte den Karton auf und zog eine Tüte hervor. »Das hier ist zum Beispiel eine Bluse!«

»Wovon bezahlst du das alles? Du verdienst doch gar kein Geld.«

»Natürlich! Mit meinem Blog.«

»Wie soll das gehen?«

»Werbung!«, erwiderte Isabelle und grinste bis über beide Ohren. »Firmen bezahlen mich dafür, dass sie auf meinem Blog Werbung schalten dürfen. Und ich bekomme manchmal Kleidungsstücke von Designern oder andere Produktproben zugeschickt. Wenn ich die nicht behalten will, verkaufe ich sie weiter. Nächste Woche gibt es zum Beispiel einen Flohmarkt in der Innenstadt, da werde ich einen Stand haben. Wenn ihr auch was zu verkaufen habt, dann müsst ihr mitkommen! Und abends feiern wir dann eine Party hier bei uns. Was haltet ihr davon?«

Sie drehte das Paket um und ein fliederfarbener Schuhkarton fiel heraus. Der Deckel löste sich und ein paar puderfarbene Peeptoes purzelten auf das helle Laminat.

»Sind sie nicht megasüß!«, jauchzte Isabelle, hob die Schuhe auf und drückte sie an ihr Herz.

»Ich finde ja, du übertreibst ein klitzekleines bisschen«, sagte Sandy.

»Mode muss man nicht verstehen, man muss sie fühlen.« Isabelle schien nicht bereit, weiter darüber zu diskutieren. Sie stellte die Schuhe zurück auf den Boden und schlüpfte hinein. »Oh ja …«, seufzte sie und drehte sich mal wieder verliebt vor dem Spiegel.

Sandy und ich warfen uns bedeutungsschwere Blicke zu.

»Und wann ist Abfahrt?«

»18 Uhr würde ich sagen. So gegen 18:30 Uhr soll es losgehen und um 19 Uhr spielt die erste Band.«

»Was? Nein!«, sagte ich erschrocken. Um 18 Uhr begann *Sturmherzen*, da konnte ich nicht weg.

»Kannst du deine Serie nicht ein Mal ausfallen lassen?«

»Nein, das geht nicht! Bald ist das Treffen, da muss ich doch auf dem aktuellen Stand sein.«

»Okay, wer übertreibt hier ein klitzekleines bisschen?«, fragte Isabelle und sah Sandy an.

»Du triffst dich also mit ihm. Meinst du nicht, dass er gerne über etwas anderes reden würde als nur über seinen Job?« Sandy hatte die Hände in die Seiten gestemmt und musterte mich wie ein überdrehtes Kind.

»Wie ist es überhaupt zu der Verabredung gekommen?«, wollte Isabelle wissen.

»Es ist eine Autogrammstunde, die sein Fanklub organisiert hat. Da bin ich Mitglied.«

»Ach ja, die Autogrammstunde, stimmt.« Isabelle ordnete ihr langes Haar und zupfte dann an ihren Augenbrauen herum. »Hatte ich total vergessen.«

»Willst du da wirklich hin?«, fragte Sandy. »Lauter kreischende Teenies mit zu wenig an und Muttis in mittleren Jahren mit peinlichen Strähnchenfrisuren. Da passt du doch gar nicht rein.«

»Ich muss aber …«, sagte ich leise.

Sandy sah mich lange an, dann nickte sie.

»Gut, dann guck deine Serie. Fahren wir eben eine Stunde später los. Ist das für dich auch okay?«

Isabelle nickte gedankenverloren und zupfte immer noch ihre Augenbrauen.

»Okay, dann Abfahrt um 19 Uhr. Der Bus kommt um neun nach, also seid pünktlich.«

*

Punkt 18 Uhr saß ich vor dem Fernseher. Ich hatte kurz geduscht und trug das von Sandy geliehene Kleid mit einem Bikini darunter. Isabelle hatte mir die Haare zu einem toupierten seitlichen Zopf geflochten und mir ein paar große bronzefarbene Ohrringe verpasst, deren Ziersteinchen etwa den Ton des Kleides hatten. Sie hatte mir irgendetwas von einem Bohemian-Summer-Stil erzählt und dann zufrieden ihr Werk im Spiegel betrachtet.

Als ich Jerôme auf dem Bildschirm sah, beschleunigte sich mein Puls mal wieder. Die Folge würde unterhaltsam werden: Jerôme alias Konstantin von Hewordt musste das Hotel nun ganz alleine leiten, da der Vater, getroffen von dem Scheidungswunsch seiner Gattin, sich kaum noch um die Geschäfte kümmerte. Die ominöse Halbschwester, bei der es zuerst so ausgesehen hatte, als wolle sie Frau von Hewordt Böses tun, hatte sich als examinierte Krankenschwester entpuppt, die sich nur darum hatte kümmern wollen, dass die Verletzte auch optimal versorgt wurde. Konstantin hatte sich mit ihr wieder vertragen, was Marie gar nicht gefiel.

Ich verknotete meine Finger ineinander und lauschte dem Klang seiner Stimme. Nach wie vor fühlte ich sie, diese Verbindung, die ich nicht wirklich erklären konnte. Meine Augen wanderten über sein makelloses Gesicht. Er war einfach so verdammt schön.

7. KAPITEL

HANNES,
der Unwiderstehliche

Um 19 Uhr stand ich an der Wohnungstür. Sandy hatte die Kopfhörer ihres MP3-Players in den Ohren und schlüpfte in ihre Ballerinas, nur Isabelle fehlte noch.

»Frollein!«, rief Sandy. »Die Limo ist jetzt da!«

»Ja, Moment noch! Mein Glätteisen klemmt!«

»Was brennt?«, fragte Sandy in meine Richtung und zog sich die Knöpfe aus den Ohren.

»Ihr Glätteisen klemmt«, wiederholte ich.

»Wie schafft sie so etwas nur immer? Hat sie sich nicht letztens auch eine Heftklammer in den Finger gebohrt?«

»Ja. Und vorgestern hätte sie sich mit ihrer Augenbrauen-Pinzette fast ein Auge ausgestochen.«

»Ich sage es ja immer wieder: Messer, Gabel, Schere, Licht sind für kleine Kinder …«

»Kann mir mal jemand helfen?«, erscholl es aus Isabelles Zimmer.

»Wir kommen!«, rief ich und Sandy verdrehte die Augen.

Im Zimmer roch es bereits nach verbrannten Haaren.

»Es hängt fest«, sagte Isabelle hilflos und drückte immer wieder den Griff, der zu klemmen schien.

»Lass mich mal!« Sandy griff danach.

Ich sah, wie die Muskeln an ihrem schlanken Oberarm hervortraten, doch es bewegte sich gar nichts. In Isabelles großen Augen standen Tränen.

»Es macht meine Haare kaputt!«, jammerte sie.

»Irrtum, die sind schon kaputt. Sei froh, dass sie nicht Feuer gefangen haben«, sagte Sandy in ihrer bekannt direkten Art.

Isabelle begann, laut zu schluchzen. Aus ihren kajalumrahmten Augen kullerten dicke Tränen.

»Sollten wir nicht vielleicht zuerst den Stecker rausziehen?«, fragte ich.

»Gute Idee«, meinte Sandy und riss am Kabel. Der Stecker sprang mit einem »Plopp« aus der Steckdose und knallte dann an mein nacktes Bein.

»Autsch!«

»Meins ist schlimmer!«, heulte Isabelle und wollte nach der angekokelten Strähne tasten.

»Finger weg, das ist immer noch total heiß!«

»Klemmt es noch?«

»Ja, nix zu machen.«

»Zieh mal dran!«

»Nein!«, jammerte Isabelle. »Ihr reißt mir nicht meine Haare raus!«

»Okay, dann schneiden wir sie ab«, sagte Sandy und guckte suchend in Isabelles Frisierkörbchen.

»Niemals!«

»Dann solltest du dich besser schnell daran gewöhnen, dieses Glätteisen tagtäglich als Accessoire in deinem Haar herumzutragen.«

»Wir müssen die Strähne wahrscheinlich wirklich abschneiden«, sagte ich.

Isabelle schluchzte und wischte sich die Tränen von der Wange.

»Na gut, dann tut, was ihr tun müsst.«

»Schere«, sagte Sandy und hielt mir ihre offene Hand vor die Nase.

Ich griff nach dem Werkzeug und legte es auf ihre Handfläche.

»Bist du bereit?«

Isabelle schluchzte und nickte. Es gab ein hässliches Geräusch, als sich die Klingen durch die Strähne fraßen, und aus Isabelles Augen tropften erneut Tränen. Ich streichelte beruhigend ihren Arm. Dann endlich war es vorbei. Sandy legte das Glätteisen samt Strähne zur Seite und wir alle atmeten erleichtert auf. Isabelle griff nach dem kurzen Haarbüschel, das ihr etwas schief seitlich vom Kopf abstand.

»Sieht aus, als wärst du ein Eichhörnchen. Die haben doch auch so lustige Haarpinsel über den Ohren«, grinste Sandy und obwohl Isabelle immer noch schluchzte, mischte sich ein Lachen hinein.

»Sehe ich sehr bescheuert aus?«

»Na, eben wie ein Eichhörnchen mit nur einem Ohr«, meinte Sandy.

»Eichhörnchen sind doch süß, oder?«

Wir nickten beide.

»Dann sei es so.« Isabelle warf einen bösen Blick auf das Glätteisen, dann griff sie nach ihrem Toupierkamm. »Mal sehen, was an Schadensbegrenzung zu machen ist.«

Sie zog einen Seitenscheitel und kämmte die breitere Partie Haare zu einer Seite. Dann toupierte sie sie stufenweise durch und verdeckte so das sehr viel kürzere Haarbüschel. Zum Schluss band sie sich noch ein geflochtenes Lederbändchen um die Stirn. Von dem Haarpinsel war nichts mehr zu sehen.

»So, dafür mache ich heute so richtig einen drauf«, versprach sie ihrem Spiegelbild, dann drehte sie sich zu uns um. »Fertig!«

Sandy sah auf ihr Handy.

»Der nächste Bus kommt in einer Viertelstunde.«

»Den kriegen wir dieses Mal, versprochen!«, sagte Isabelle und schlüpfte in ihre Peeptoes.

Sandy kratzte sich scheinbar grübelnd am Kinn.

»Dürfen Eichhörnchen überhaupt Bus fahren?«

*

Weil wir wegen mir später aufgebrochen waren und Isabelles Glätteisen-Malheur uns zeitlich noch weiter zurückgeworfen hatte, spielte die erste Band natürlich schon, als wir auf dem Campus ankamen. Wir holten uns etwas zu trinken und Sandy traf ein paar Bekannte von der DLRG. Auch ihr Exfreund Tom war mit von der Partie. Ich erkannte ihn sofort wieder, musste allerdings so tun, als hätte ich keine Ahnung, wer er war, als sie ihn uns vorstellte. Man merkte sofort, dass Sandy noch in ihn verliebt war und er auch in sie.

Isabelle stupste mich in die Seite und deutete mit dem Kopf auf die beiden, als sie gerade über etwas lachten.

»Sie steht immer noch auf ihn.«

»Und er auf sie.«

»Trotzdem unmöglich, dass er sie betrogen hat.«

»Ich könnte ihm danach nicht mehr vertrauen.«

Isabelles Blick ruhte nachdenklich auf Toms breitem Kreuz.

»Ich glaube, ich auch nicht«, sagte sie dann.

»Warum hast du eigentlich keinen Freund?«, fragte ich.

»Eichhörnchen haben keinen Freund, wir sind immer anständig!«, lachte sie. »Ach, keine Ahnung. Der Passende war einfach noch nicht dabei. Ich sehe das locker. Und du?«

»Ich?«

»Ja. Du hast mich gefragt, jetzt frage ich dich.«

»Ach … schwer zu sagen«, druckste ich herum.

»Ist es tatsächlich wegen Jerôme? Ich war ja der Meinung, Sandy hätte sich einfach etwas zu sehr in das Thema verbissen, aber … ?« Sie sah mich fragend an.

»Ich mag ihn eben«, sagte ich.

»Aber du kennst ihn doch gar nicht. Du kennst nur die Figur, die er spielt. Vielleicht ist er in echt total unausstehlich.«

»Das glaube ich nicht.«

»Willst du deshalb niemanden kennenlernen?«

»Wozu denn?«

»Um jemanden jenseits der Flimmerkiste zu haben. Jemanden, der einen in den Arm nimmt, der einen zum Lachen bringt, ein realer Mensch eben.«

»Mir fehlt nichts.«

Isabelle sah mir direkt in die Augen, dann kam ihr Gesicht ganz nah an meines heran.

»Lügnerin«, flüsterte sie.

Ich wollte gerade protestieren, da schien Sandy es geschafft zu haben, sich von ihrem Ex zu lösen, und sie stellte sich wieder zu uns.

»Na, Mädels? Wie siehts aus?« Sie strahlte förmlich von innen heraus und ihre Wangen hatten einen rosa Schimmer.

»Hat der große böse Exfreund deine Laune so sehr verbessert?«, fragte Isabelle grinsend.

»Er ist halt ein verdammt gut aussehender großer böser Exfreund«, antwortete Sandy und warf einen glühenden Blick in seine Richtung.

Wir standen ein bisschen herum und lauschten der Musik. Die Band gab wirklich alles und das Publikum honorierte das mit viel Applaus. Gerade kündigte die Sängerin das letzte Lied an, da lächelte Isabelle plötzlich jemanden an, der wohl hinter meinem Rücken stand. Ich trat zur Seite, weil sie direkt auf mich zukam, und schaute ihr dann interessiert nach.

»Na, Großer, wie gehts?« Sie umarmte einen Typen und verschwand dabei fast komplett unter seinem Arm. »Mädels, das ist Hannes. Wir sind zusammen zur Schule gegangen«, stellte sie ihn uns vor. »Und das sind Louise und Sandy, meine Mitbewohnerinnen!«

Er lächelte uns zu.

»Freut mich.«

»Was machst du hier?«, wollte Isabelle wissen. »Mit dir hätte ich ja so gar nicht gerechnet. Studierst du hier?«

»Ja, Politik und Literaturwissenschaften. Und du? Bist du noch auf der Modeschule?«

»Jein«, lachte Isabelle. »Ich habe die Schule gewechselt und studiere jetzt Modemanagement statt Design. Das hat mehr Perspektiven.«

»Klingt gut. Und seid ihr nur so hier oder kennt ihr eine der Bands?«

»Nein, nur so. Und du?«

»Ein guter Freund spielt Bass in der zweiten Combo.«

»Ach, das ist ja toll!«

Der Typ nickte und sein Blick wanderte wieder zu mir. Als er lächelte, lächelte ich zurück, ohne nachzudenken. Seine dunkelblonden Haare waren von der Sonne an den Spitzen aufgehellt und fielen ihm etwas ungeordnet ins Gesicht. Seine Augen waren groß, dunkelgrün und von einem dichten, dunklen Wimpernkranz umrahmt. Aus dem modisch ausgeleierten V-Ausschnitt seines Shirts blitzten ein paar helle Brusthaare hervor. Mir gefielen weder seine verwaschenen Röhrenjeans noch das absichtlich auf etwas kaputt getrimmte T-Shirt. Auch seine Chucks waren schon deutlich über dem Verfallsdatum und seine dunkelgraue Nerd-Brille war eine Zumutung. Er war überhaupt nicht mein Typ. Trotzdem konnte ich irgendwie nicht mehr wegsehen.

Als Sandy kurz mit Isabelle tuschelte, guckte er wieder zu mir. Dieses Mal lächelte ich nicht. Er kam auf mich zu und schaute mich fragend unter seinen langen Ponyfransen an.

»Und? Gefällt es dir hier?«

»Wir sind vorhin erst angekommen, so genau kann ich das noch nicht sagen.«

Ich wollte ihn eigentlich nicht mehr so intensiv angucken, aber als er so nah vor mir stand, konnte ich nicht anders. Ich hatte noch nie einen Mann mit so makelloser Haut gesehen. Schnell schaute ich weg, da ich befürchtete, er könne bemerken, wie dreist ich ihn musterte. Ich mochte keine hellen Haare und normalerweise auch keine grünen Augen, ich mochte keine Brusthaare und erst recht nicht solche unmöglichen Klamotten. Mir gefielen Männer in Polohemden und in Jeans, die nicht an den Knöcheln kniffen. Außerdem stand ich auf schwarze Haare, allerhöchstens dunkelbraune. Und auf dunkle Augen, vielleicht einen dezenten Dreitagebart. Ob Hannes überhaupt jemals Bartwuchs hatte?

»Die Farbe steht dir ausgezeichnet«, sagte er in diesem Moment.

Wieder sah ich in seine großen Augen. Mein Bauch krampfte sich zusammen und mein Zwerchfell begann zu flattern. Blut perlte durch meine trägen Adern und prickelte wie Brause in meinen Fingerspitzen. Etwas in mir fand etwas an ihm unwiderstehlich.

»Danke«, erwiderte ich, als ich mich von dem Blick erholt hatte. »Es ist aber nicht mein Kleid, ich habe es mir von Sandy ausgeliehen.«

»Egal!«, lachte er.

Ich schimpfte mich innerlich eine Idiotin, weil ich so dummes Zeug von mir gab. Wie schaffte er das bloß?

»Und, Louise, was machst du so in deinem Leben?«

»Wie? Was mache ich so … ?«, fragte ich.

»Studierst du auch?«

Ich nickte. Warum konnte ich nicht mehr richtig sprechen? Ich sah erneut auf die dunkelblonden Haare, die über den Rand seines ausgeleierten Shirts blitzten. Brusthaare, aber kein Bartwuchs, interessant!

»Und was?«, fragte Hannes und folgte meinem Blick hinab zu seinem Ausschnitt. »Sag nicht, ich hab irgendwo ’nen peinlichen Fleck …«

»Was? Nein. Geschichte.«

Du meine Güte. Mein Auftritt war an Peinlichkeit kaum zu überbieten. Er musste mich für absolut minderbemittelt halten. Ob meine kleinen grauen Zellen im Urlaub waren? Oder spontan auf Stand-by?

»Guck mal, wie süß sie zusammen aussehen!«, hörte ich Isabelle sagen.

Ich drehte mich um und hoffte, dass sie nicht Hannes und mich gemeint hatte. Sie zückte gerade eine kleine Digitalkamera und wedelte dann aufgeregt mit der freien Hand herum.

»Euer Styling sieht aus, als hättet ihr euch aufeinander abgestimmt. Stellt euch mal näher zusammen. Und Louise, guck mal etwas freundlicher, die Leute auf meinem Blog sollen sich nicht erschrecken.«

Hannes lachte und rückte ein Stück näher an mich heran. Ich konnte nur wie erstarrt neben ihm stehen, in meinem Kopf war ein großes Vakuum.

»Louise! Wo sind die kleinen weißen Beißerchen?«

»Hä?«, fragte ich.

»Deine Zähne«, raunte Hannes.

»Du sollst lachen!«, rief Isabelle.

»Das sieht bei mir immer so künstlich aus«, murmelte ich.

»Warte mal eben!«, rief Hannes zu Isabelle. »Nur einen Moment!«

Sie machte eine ungeduldige Geste und stellte dann irgendwas an ihrer Kamera ein.

»Okay …«, murmelte er. »Mir fällt gleich was ein … Hm …«

Er legte den gekrümmten Zeigefinger nachdenklich auf den Mund. Ich schielte in seine Richtung. Mein Herz hämmerte an die Innenseite meiner Rippen, es wollte aus mir herausspringen und zusammen mit den Schmetterlingen aus meinem Bauch wild auf dem platt getretenen Gras vor mir herumtanzen.

»Wir sind so weit!«, rief Hannes und gab Isabelle ein Zeichen.

Sie hob die Kamera. Ich hatte keine Ahnung, was da gerade passierte.

»Gehen zwei Mäusekinder durch den Wald«, begann Hannes und stellte sich wieder nah neben mich. »Über ihnen fliegt eine Fledermaus. Da sagt das eine Mäusekind zum anderen: ›Oh, guck mal, ein Engel!‹«

Ich musste lächeln, Hannes lehnte seinen Kopf an meinen und Isabelle drückte ab. Dann ließ sie die Kamera wieder sinken und Hannes machte einen höflichen Schritt zur Seite.

»Ganz allerliebst!«, strahlte Isabelle, als sie die Fotos auf dem Display betrachtete.

»Oh«, sagte ich, wenn auch etwas verspätet.

»Von dem Witz gibt es noch eine zweite Version. Da gehen die Mäusekinder auch durch den Wald und sehen über sich die Fledermaus und dann sagt die eine Maus zur anderen: ›Wenn ich groß bin, gehe ich auch zur Luftwaffe.‹ Bei uns im Kindergarten waren die damals der absolute Hit.« Hannes lächelte schief.

»Das war ein guter Trick«, gab ich zu.

»Und du studierst also Geschichte?«

»Ja.«

»Das hatte ich als drittes Abifach. Fand ich immer ganz spannend, aber Politik interessierte mich dann doch mehr.«

»Du findest es spannend?«, fragte ich ungläubig.

Er nickte und nahm einen Schluck von seinem Wasser.

»Warum nicht?«

»Die meisten Leute finden das Fach trocken, altmodisch und zu detailverliebt.«

»Die meisten Leute finden auch ein Politikstudium ziemlich langweilig.«

»Ich nicht.«

Hannes legte den Kopf schief und sah mir einen Moment zu lange in die Augen. Dann riss er sich los und schaute auf den Boden. Mein Magen gab ein lautes, ziemlich peinliches Geräusch von sich und ich drückte eine Hand auf meinen Bauch, um ihn zum Schweigen zu bringen.

»Ich hab auch Hunger«, sagte Hannes, noch bevor ich in hilfloses Stammeln ausbrechen konnte. »Sollen wir mal schauen, was die Buden dort drüben so hergeben?«

»Ja«, flüsterte ich.

»Wir holen uns mal eben etwas zu essen«, rief Hannes zu meinen Mädels.

Die beiden nickten und begannen prompt zu tuscheln. Ich hielt den Kopf gesenkt, da ich keinen Wert auf irgendwelche ermutigenden Gesten legte.

Hannes und ich liefen über die Wiese bis zu dem asphaltierten Weg.

»Du hast die Wahl zwischen Bratwurst, Döner, chinesischen Nudeln und Hotdogs.«

»Lecker«, sagte ich und rümpfte die Nase wegen des Gestanks. Es roch nach altem Fett und Holzkohle.

»Festival-Essen«, seufzte Hannes und schielte nach dem Rost mit den Bratwürsten.

»Ich hätte mal wieder total Lust auf etwas Richtiges! So was Deftiges, Selbstgekochtes, ohne Glutamat und den sonstigen Müll. Eine selbst gemachte Soße, frisches Gemüse, Fleisch vom Metzger, das man dann so würzt, wie man es mag …«

»Kannst du denn nicht kochen?«

Ich schüttelte den Kopf.

»Nicht wirklich. Irgendwie ging es immer schief, wenn ich etwas selber machen wollte. Es ist aber auch kompliziert. Und man kann so viel falsch machen.«

Hannes lächelte verschmitzt und schob sich eine lange Ponysträhne hinters Ohr.

»Sag jetzt nicht, dass du kochen kannst.«

»Ein bisschen schon.«

»Du bist also heimlich Koch?«

»Nein. Aber mein Vater hat bei uns immer ziemlich viel gekocht, das macht er heute noch. Und da habe ich mir so einiges abgeschaut.«

»Bei uns kann keiner kochen«, gestand ich. »Wir sind die Tütensuppen-, Fertiggericht-, ›Komm, wir holen etwas vom Italiener‹-Familie.«

»Worauf hast du denn mal so richtig Appetit?«

Ich brauchte genau drei Sekunden, dann war ich mir sicher: »Gulasch!«

»Gulasch?«, lachte Hannes und die lange Strähne fiel zurück auf seine Nase. »Bei diesem Wetter?«

»Das Wetter ist mir ganz egal«, sagte ich.

»Gut, dann kochen wir das morgen.«

Ich sah ihn überrascht an.

»Morgen?«

Er zog sein Handy hervor und schaute darauf.

»Ja, heute klappt das nicht mehr. Die Geschäfte machen gleich zu.«

»Aber, du …«, begann ich.

»Du kaufst das Fleisch, ich besorge den Rest. Bei dir oder bei mir?«

»Was?«

»Kochen wir bei dir oder bei mir?«

»Ich weiß nicht«, murmelte ich überrumpelt.

Ich wusste noch gar nicht, ob ich überhaupt mit Hannes kochen wollte.

»Gut, dann bin ich morgen Abend um 18 Uhr bei dir. Gib mir mal deine Adresse, bitte.«

»Nein!«, platzte es aus mir heraus. Um 18 Uhr begann *Sturmherzen*, da konnte er nicht vorbeikommen.

»Ohne Adresse wird das schwierig«, grinste Hannes.

»Nein, ich meinte die Zeit. Könnten wir auch um 19 Uhr anfangen?«

»Klar.«

Ich war erleichtert, zumindest dieses Problem gelöst zu haben.

»Dann gib mir doch einfach deine Handynummer. Ich simse dir und du schickst mir deine Adresse.«

Ich nickte und diktierte ihm meine Nummer. War das jetzt etwa ein Date? Dann erstand ich einen holländischen Hamburger an der Hotdog-Bude. Hannes entschied sich für »einen halben Meter Bratwurst«, wie das gelbe Schild an der Bude werbetechnisch wertvoll kundtat. Die langen Enden hingen wippend wie Gummischläuche aus dem Brötchen heraus. Noch bevor ich zwei Mal in meinen Burger gebissen hatte, war Hannes mit dem halben Meter Fleischpaste im Kunstdarm schon fertig. Danach hatte er offenbar nichts Besseres zu tun, als mir zuzuschauen, wie ich mir beim Abbeißen von meinem Burger Ketchup und Remoulade mehr oder weniger gleichmäßig über die Wangen verteilte.

»Steht jetzt nicht dein Freund oben auf der Bühne?«, fragte ich, um ihn abzulenken. Leider funktionierte es überhaupt nicht.

»Das hier ist viel interessanter«, erwiderte er gelassen. »Wenn du fertig bist, spiele ich ›Tintenkleckse deuten‹ auf deinen Wangen, nur eben mit Ketchup und Mayo. Was das alles über mein Inneres preisgeben wird ...«

»Das ist nicht einfach Mayo, das ist Remoulade. Die macht es doch erst holländisch.«

»Dann wird es bestimmt noch spannender«, erwiderte Hannes ganz ernst.

Wir stellten uns wieder zu Isabelle und Sandy, die immer noch mit ihrem Ex flirtete.

»Louise!«, zischte Isabelle und deutete auf mein Gesicht.

»Ich weiß«, sagte ich mit vollem Mund und Hannes grinste.

Isabelle kramte ein Papiertaschentuch hervor und hielt es Hannes hin, weil ich beide Hände brauchte, um meinen Burger zusammenzuhalten.

»Hauptsache, es schmeckt ihr«, sagte Tom.

»Haben die auch Pizza?«, wollte Isabelle mit gierigem Blick wissen.

»Oh nein«, lachte Sandy. »Da kommt sie wieder durch, die Pizza-Sucht!«

»Leider nicht. Nur Bratwurst, die ich nicht unbedingt empfehlen möchte, dann noch chinesische Nudeln, Hotdogs und Burger«, zählte Hannes auf.

»Und Döner«, ergänzte ich, nachdem ich einen großen Bissen Fleisch mit Brötchen und Soße heruntergeschluckt hatte.

»Genau.«

»Wie blöd!« Isabelle zog einen Flunsch und zückte dann wieder die Kamera. »Gut, dann werde ich mich durch Arbeit ablenken. Ich gehe noch ein paar coole Leute fotografieren.« Sie hob zum Abschied kurz die Hand, dann spazierte sie davon.

»Warum fotografiert Isabelle fremde Leute?«, fragte Tom.

»Sie hat einen Modeblog«, erklärte Sandy. »Mit dem Schwerpunkt Street-Style.«

»Ach so«, sagte Tom.

Ich hatte das Gefühl, dass er nicht viel schlauer war als vorher.

»Baby, sollen wir uns auch etwas zu essen holen?«, fragte er Sandy. »Ich glaube, ich hätte Lust auf ein paar von den fiesen Hotdogs.«

Sandy nickte scheinbar gelassen, doch ich sah, wie sehr sie ihn anhimmelte, wenn sie meinte, er bemerke es nicht. Die beiden zogen also los, Hannes und ich blieben zurück. Ich kämpfte noch eine Weile mit meinem Burger, während Hannes von einer

Gruppe Kommilitoninnen in ein Gespräch verwickelt wurde. Sie äugten alle vier zu mir herüber, wohl um einzuschätzen, in welchem Verhältnis ich zu Hannes stand. Er hatte mich lediglich mit »Und das ist Louise« vorgestellt. Die eine wollte unbedingt ihre Seminararbeit mit ihm zusammen schreiben, was sie etwas lauter als nötig erzählte und dabei beobachtete, wie ich reagierte. Ich kaute weiter an meinem Burger. Als sie wieder abzogen, war ich endlich mit meinem Abendessen fertig.

»Und? Wie war das Gulasch?«, grinste Hannes.

»Super!«

Ich leckte mir über die Lippen und Hannes zückte das Taschentuch. Als ich danach greifen wollte, wich er mir geschickt aus.

»So, da hat sich die kleine Louise aber ganz schön eingesaut«, sagte er und wischte mir vorsichtig über eine Wange.

Kaum, dass er wieder so nah vor mir stand, setzte mein Sprachzentrum weitestgehend aus. Ich gab einen leisen Laut des Protests von mir. Er nahm sich die andere Wange vor. Als er fertig war, konnte ich plötzlich wieder sprechen.

»Ich bin gar nicht so klein, du bist höchstens sechs Zentimeter größer als ich.«

»Reicht doch«, sagte er.

»Isabelle ist klein.«

»Nein, Isabelle ist nicht klein. Sie ist winzig.«

»Stimmt auch wieder.«

»Der Hannes!«, sagte plötzlich eine Stimme neben uns. »Wieder mal nur am Flirten.«

Wir drehten beide die Köpfe. Neben uns stand ein Pärchen. Ich erkannte den Typen als einen der Musiker von der zweiten Band. Vermutlich handelte es sich um den Freund, den Hannes zuvor erwähnt hatte.

»Wie? Ihr seid schon fertig?«, fragte dieser überrascht.

»Ja. Die Zeit vergeht wie im Flug, wenn man sich amüsiert, nicht wahr!«

Mit diesen Worten lächelte er zu mir herüber. Ich lächelte zurück, denn er war schon viel mehr mein Typ: dunkle Haare, dunkle Augen, leicht gebräunte Haut, dazu gut sitzende Jeans und ein dunkelgrünes Polohemd. Seine Freundin passte optisch sehr gut zu ihm mit ihren weißblonden Haaren, den sandfarbenen Bermudas und der hellblauen Bluse mit kleinen Puffärmeln.

»Louise, das sind Steffi und Andreas. Steffi und Andi, das ist Louise.«

»Freut mich sehr«, sagte Andreas und Steffi nickte.

Hannes beobachtete sehr genau, wie ich Andreas anstrahlte.

»Hübsches Kleid«, sagte dieser.

Das fand ich ein wenig uncharmant, da seine Freundin direkt daneben stand. Doch sie schien es nicht zu stören. Also bedankte ich mich und lächelte dabei immer noch so begeistert. Ich sollte mir dringend ein paar solche Kleider kaufen! Hannes guckte zwischen uns beiden hin und her, während Steffi etwas in ihr Handy tippte.

»Wir wollen gleich noch in meine WG, kommt ihr mit?«, fragte Andreas.

Hannes winkte ab.

»Ich habe morgen früh um 5:30 Uhr Redaktionssitzung.«

»Hannes, der rasende Reporter«, grinste Andreas, dann sah er zu mir. »Willst du noch mitkommen? Ich habe zwei sehr nette Mitbewohner.«

»Ich?«, fragte ich überrascht.

Hannes durchbohrte mich mit Blicken, doch das war überflüssig. So gut Andreas auch aussah, erstens hatte er eine Freundin und zweitens würde ich nicht mit fremden Typen in ihre WG gehen.

»Danke für die Einladung, aber ich muss morgen noch für die Uni arbeiten.«

»Sehr löblich«, sagte Andreas. »Bist du auch so ein kleiner Streber wie Hannes?«

Obwohl es lustig klang, so wie er es sagte, sah ich doch in seinen Augen, dass es nicht unbedingt nett gemeint war. Offenbar nahm er es persönlich, dass ich seine Einladung abgelehnt hatte. Hannes lehnte sich an meine Schulter und fast glaubte ich, er wolle einen Arm um mich legen.

»Streber stehen eben auf Streber«, grinste er, doch sein Blick war eisig.

»Ich wünschte mir, Andi wäre hin und wieder auch ein bisschen mehr ein Streber, dann wäre er nämlich bereits fertig mit seinem Bachelor«, sagte Steffi, während sie ungerührt weiter auf ihr Handy eintippte.

»Schatz, das gehört nicht hierher«, zischte Andreas.

»Ja, ja, das Damoklesschwert der Bachelorarbeit«, sagte Hannes. »Es schwebt über einem mit drohender Klinge, immer bereit, den Kopf vom Hals zu trennen und die vielen schlauen Gedanken in alle Winde zu verstreuen.«

Ich sah fasziniert zu ihm hoch. Was konnte er nur für schöne Sätze sagen!

»Bist du nicht schon fertig damit?«, fragte Steffi.

Hannes zuckte unbekümmert mit den Schultern.

»Ja, aber ich erinnere mich noch sehr gut daran, wie es war.«

»Wir müssen jetzt los«, sagte Andreas und zog an Steffis Arm. »Viel Spaß noch euch beiden.«

»Bis dann!« Steffi konnte gerade noch winken, bevor Andreas sie von uns wegzerrte.

»Was war das denn?«, rutschte es mir heraus, als die beiden weit genug von uns weg waren.

»Vergiss es einfach, das ist typisch Andi. Er hat einen etwas eigenwilligen Humor.«

»Und du musst morgen früh also zu einer Redaktionssitzung?«, fragte ich neugierig.

»Ja. Ich mache zurzeit mal wieder ein Praktikum bei einer Tageszeitung. Ich würde später gerne als Journalist arbeiten.«

»Ist ja cool. Ich habe noch nicht wirklich eine Idee, was ich später machen will. Vielleicht bleibe ich an der Uni und promoviere. Oder ich werde doch noch Lehrerin.«

»Lehrer zu sein ist kein einfacher Job«, sagte Hannes.

Ich zuckte mit den Schultern und lächelte. Er lächelte zurück. Dann erstarb unser Gespräch. Als auch die dritte Band ihren Auftritt hinter sich gebracht hatte, zog er sein Handy aus der Hosentasche.

»Wärst du sehr brüskiert, wenn ich mich jetzt verabschieden würde?«

»Nein, überhaupt nicht. Du musst doch morgen früh raus.«

»Gut, dann ...« Er umarmte mich und drückte mich etwas zu lange dafür, dass wir uns gerade erst kennengelernt hatten. »Dann sehen wir uns morgen Abend!«

Ich brauchte einen Moment, um mich zu sortieren. Immer wenn er mir so nah kam, konnte ich nicht mehr sprechen. Das war doch wirklich wie verhext!

»Ähhh ... Genau. Komm gut nach Hause!«

»Du auch, später.« Er hob kurz die Hand, als er davonging.

Ich stand eine Weile herum, weil meine beiden Mitbewohnerinnen nirgendwo zu sehen waren. Mittlerweile war es dunkel geworden und die Laternen waren angegangen. Um ihren Lichtkranz schwirrten Motten und kleine Fliegen krabbelten auf den gläsernen Lampen herum. Ich war ganz versunken in dieses Schauspiel, da hakte sich jemand von hinten schwungvoll bei mir ein.

»OhmeinGotteristsosüß!« Es war Isabelle, die diesen Satz atemlos in mein Ohr geflüstert hatte.

»Wer ist süß?«

»Er ist so süß!«, flüsterte sie erneut eindringlich und ihre Augen waren ganz glasig.

»Bist du betrunken?«

»Von drei Colas?«

»Vielleicht ein Zuckerschock?«

»Nein! Er ist der Hammer!«

»Wer denn?«, fragte ich bereits etwas ungeduldig.

»Komm mit!« Sie zog mich in die Nähe der nun dunklen Bühne.

Ich sah zwei Typen, die ich nicht kannte. Der eine war groß, dunkelhaarig und eher sehnig als kräftig. Der andere dagegen war sehr klein, hellblond und muskulös wie ein Leistungssportler. Sie waren ein ziemlich ungleiches Duo.

»Da ist er! Er heißt Martii«, raunte Isabelle mir zu, während sie unauffällig auf die Typen deutete.

Natürlich nahm ich an, dass sie den großen Dunkelhaarigen meinte. Er sah viel besser aus als der Blonde, der leider ziemlich klein war. Wir gingen zu ihnen hinüber und Isabelle stellte sie mir als Jona aus Amerika und Martii aus Finnland vor. Ich war zunächst ziemlich überrascht: Entweder hatte sie die beiden verwechselt oder ich sollte mich mit meiner Vermutung ziemlich getäuscht haben. Als ich jedoch sah, wie sie den kleinen Blonden mit glänzenden Augen betrachtete, war ich mir sicher, dass sie sich nicht vertan hatte.

»Sie sind beide für ein Auslandsjahr hier und wohnen in einer Zweier-WG im Wohnheim«, erzählte sie stolz.

Martii lächelte sie an und selbst ein Blinder hätte bemerkt, wie sehr er ihr bereits verfallen war.

»Und, gefällt es euch?«, fragte ich höflich.

»Oh yeah«, sagte Jona mit niedlichem Akzent. »Die Leute sind ganz cool hier. Ich komme aus Wisconsin und da glauben alle, die Deutschen tragen Lederhosen und Dirndl.«

Seine Aussprache war ganz gut, er scheiterte nur am letzten Wort, das etwa wie »Dörnäl« klang.

»Und alle trinken den ganzen Tag über Bier«, ergänzte ich.

»Richtig!«

»Ich habe ein Dirndl!«, sagte Isabelle. »Es ist hellblau und hat eine rosafarbene Rüsche am Ausschnitt.«

Martii schmolz förmlich dahin.

»So süß«, hauchte er.

Isabelle grinste wie elektrisiert zurück.

»Leute«, sagte Jona. »Es ist ziemlich auffällig.«

»Was denn?«, fragte Isabelle.

Jona und ich lächelten uns verschwörerisch an. Ich hatte ihn sofort sympathisch gefunden. Sein weißes Shirt leuchtete in der Dunkelheit, seine Zähne waren gebleacht und die dunklen Haare hatten ein paar lustige Wellen. Insgesamt sah er aus wie ein frisch gewaschener, großer Hundewelpe. Vielleicht sollte er mal überlegen, Werbung für Waschmittel zu machen.

»Du musst mir noch mal beibringen, wie man deinen Namen sagt«, wechselte er das Thema. »Löisä oder Luäsö oder mache ich es ganz falsch?«

»Lou-i-se«, sagte ich lächelnd.

»Low-ei-si«, wiederholte er.

»Schon ganz gut, aber das ›e‹ am Ende nicht wie ›i‹ aussprechen!«

Jona zog angestrengt die Stirn kraus, während Isabelle ihrem Martii eine imaginäre Fluse von der Schulter zupfte.

»Low-ei-sä«, holperte er und machte dann ein resigniertes Gesicht. »Hast du auch einen Nickname?«

»Leider nicht«, sagte ich schnell, weil ich nicht bereit war, mich überall nur noch »Sternchen« rufen zu lassen.

»Denk dir einen für sie aus!«, kicherte Isabelle.

»Ah, no«, sagte Jona gutmütig. »Ich übe einfach noch ein bisschen.«

»Sollen wir nicht nach Hause?«, quengelte Isabelle.

»Klar«, sagte ich. »Von mir aus. Wo ist eigentlich Sandy abgeblieben?«

»Na, rate mal.«

»Ist sie mit Tom mitgegangen?«

»Genau.«

»Gut, dann sind wir eben zu zweit. Sollen wir zur Bahn gehen?«

Plötzlich schien Isabelle zu zögern. Sie lehnte sich zu mir und ihr Mund berührte fast mein Ohr, als sie sprach.

»Er ist so süß, ich will ihn haben.«

»Frag doch mal seine Eltern, ob du ihn adoptieren darfst«, erwiderte ich lahm, da ich ahnte, worauf das hinauslief. Und natürlich gefiel es mir nicht.

»Sei doch kein Frosch. Sie kommen noch ein bisschen mit zu uns und das wars.«

»Und ich soll Kindermädchen für Jona spielen, damit du weiter an Martii rumbaggern kannst? Ich will ins Bett. Ich muss morgen wieder arbeiten!«

»Bitte! Nur eine Stunde …«

Natürlich konnte ich es ihr nicht abschlagen. Niemand konnte Isabelle etwas abschlagen. Also kamen Martii und Jona noch mit zu uns.

Es wurde genau so, wie ich es mir vorgestellt hatte: Martii und Isabelle turtelten herum, Jona versuchte, ein bisschen mit mir zu flirten, wohl weil er nett sein wollte, und ich machte mit, weil er ganz süß war. Aber eigentlich war ich müde. Nach eineinhalb Stunden stand ich entschieden auf.

»Ich muss jetzt leider schlafen«, sagte ich. »Ich muss morgen früh raus.«

Jona schaute etwas überrascht von der Couch hoch. Martii und Isabelle saßen bereits auf der Bettkante.

»Okay dear, gute Nacht!« Jona stand auf und wir umarmten uns kurz. Er roch genauso sauber, wie er aussah. »Sollen wir auch gleich los?«, fragte er dann zu Martii hinüber.

Isabelle schien nicht so begeistert, doch Martii nickte.

»Ich bin noch gar nicht müde!«, rief sie. »Ihr könnt ruhig bleiben.«

Da mich ihre Diskussion nicht weiter interessierte, winkte ich noch mal kurz in die Runde und verschwand dann in meinem Zimmer. Als ich endlich unter meiner Decke lag, hörte ich sie aus dem Nebenzimmer lachen.

Ich dachte an Hannes, an den netten Unbekannten – und an Jerôme. Bald würde das Fan-Treffen stattfinden, ich zählte bereits die Tage. Ob er vielleicht mein Gegenstück war, so wie Gisi es erzählt hatte?

Durch die Wand drangen Gesprächsfetzen. Sie redeten über einen Kinofilm, der eine ziemlich schlechte Kritik bekommen hatte. Irgendwann schlief ich ein und endlich verstummten ihre Stimmen.

*

Mitten in der Nacht weckte mich das mechanische Klicken der Wohnungstür. Ich lauschte in die Dunkelheit und hielt gespannt die Luft an. Wer außer Sandy konnte das sein? Aber wollte sie nicht die Nacht mit Tom verbringen?

Ich schwang die Beine über die Bettkante, öffnete vorsichtig die Tür und schlich in den Flur. Isabelles Tür war nur angelehnt. Ich spähte in ihr Zimmer. Sie schlief – nackt, aber allein. Erleichtert zog ich mich zurück. Als ich ein leises Schluchzen hörte, drehte ich mich um und ging den Flur hinunter.

In Sandys Zimmer brannte eine kleine Nachttischlampe. Ich sah mich um und konnte zuerst nichts erkennen. Das Schluchzen hatte nicht aufgehört und so betrat ich das Zimmer. Dann sah ich Sandy: Sie war neben ihrem Kleiderschrank in der Ecke auf den Boden gerutscht, hatte die Knie angewinkelt und den Kopf darauf gelegt. Neben ihr saß der aufgeregte Hektor. Er hechelte nervös und sie kraulte sein struppiges Fell.

»Sandy«, flüsterte ich und ging neben ihr in die Hocke. »Was ist los?«

Hektor wedelte und leckte über meinen Arm, als wolle er mich um Hilfe bitten. Sandy hob den Kopf. Sie hatte Tränen in den Augen, ihre Wimperntusche war verlaufen und hatte dunkle Spuren auf ihre Wangen hinterlassen.

»Er ist so ein verdammt blödes Arschloch!«, schluchzte sie.

»Tom?«, fragte ich.

»Ja, genau. Weißt du, was er gemacht hat? Er hat mich mit zu sich genommen, wir haben miteinander geschlafen und dann hat er mir gesagt, dass es super mit mir ist. Und was mache ich dummes Huhn? Rate, was ich gemacht habe!«

»Weiß nicht …«, flüsterte ich hilflos.

Was hatte sie denn bloß gemacht? Ihr Anblick beunruhigte mich. Die ruhige, ausgeglichene Sandy so zu sehen, war fast ein Schock. Sie schien völlig außer sich zu sein. Das verlaufene Make-up hatte ihr Gesicht zu einer Maske werden lassen. Wenn sie sprach, bewegten sich die schwarzen Rinnsale auf ihren Wangen. Es war richtig unheimlich. Ich erschrak, als sie laut aufschluchzte und dann mit der rechten Faust gegen ihren Oberschenkel schlug – immer und immer wieder und mit einer stummen Verbissenheit, die mir eine Gänsehaut über den Körper jagte.

»Hör auf«, sagte ich. »Bitte.«

Sie sah mich nicht an. Und sie hörte auch nicht auf damit.

»Hör endlich auf!«, schrie ich.

Hektor flüchtete und ich griff über sie hinweg nach ihrem Handgelenk. Sie war stärker, als ich gedacht hatte. Sie riss mich mit sich und ich kippte gegen ihren Körper. Wir prallten aneinander, unsere Köpfe schlugen zusammen und im nächsten Moment hatte Sandy schluchzend wie ein Kind ihre Arme um meinen Hals geschlungen. Ihr nasses Gesicht lag in meiner Halsbeuge. Sie weinte so heftig, dass sie kaum Luft bekam. Zusammen kauerten wir auf dem Fußboden. Ich streichelte über ihre Haare, hilflos und immer noch schockiert. Eine ganze Weile hielt ich sie nur fest und es schien, als wolle sie sich gar nicht mehr beruhigen. Doch schließlich wurde das Beben in ihrem Körper weniger und das Schluchzen leiser.

»Was hast du gemacht, Sandy?«, flüsterte ich. »Willst du es mir erzählen?«

Sie löste sich von mir und sank zurück an die Wand.

»Ich bin so ein dummes Huhn. Man sollte mir den Kopf abschlagen, dann würde ich wenigstens noch ein prima Frikassee abgeben.«

»Was für ein Unsinn! Also, was hast du gemacht?«

Sandy knibbelte ausweichend an ihrem Knie herum. Dann hob sie den Kopf und starrte ins Leere. Ihr Blick schien durch die Wand ins Unendliche zu gehen. Schließlich drehte sie sich zu mir und wischte sich übers Gesicht, was ihr Aussehen aber nicht verbesserte, sondern es eher noch schlimmer machte.

»Er war so wie früher, so wie immer. Und dann habe ich gemerkt, dass ich ihn immer noch liebe. Ich habe ihm vorgeschlagen, dass wir es noch mal miteinander versuchen sollten.« Tränen stiegen erneut in ihren Augen hoch.

»Aber wenn du immer noch so fühlst, was ist daran so schlimm, ihm diesen Vorschlag zu machen?«, fragte ich leise.

»Das ist es ja!«, schluchzte sie. »Ich hätte es wissen müssen! Ich hätte es ahnen müssen! Ich bin so doof!«

»Ich verstehe dich nicht, obwohl ich es wirklich gern würde, Sandy.«

»Er hat gesagt, es wäre doch prima, so wie es ist!«, zischte sie und zeigte die Zähne beim Sprechen wie ein wütendes Tier. »So ohne Verpflichtungen! Wir müssten ja nicht unbedingt fest zusammen sein. Könnten ja auch so ›was zusammen unternehmen‹. Dass ich nicht lache! Es ging ihm immer nur um Sex. Und außerdem hat er auch noch 'ne andere kennengelernt vor zwei Tagen. Da wollte er überlegen, ob er von ihr was will. Kommt man sich da nicht komplett verarscht vor? Er betrügt mich und ich verzeihe ihm, will neu mit ihm anfangen und er lehnt dankend ab. Wie erniedrigend ist das denn bitte? Ich hasse ihn, diesen Idioten! Widerling! Dieser saublöde, schwanzgesteuerte, hirnlose …«

»Sandy, es reicht.«

Sie sah mich an, dann zitterte ihre Oberlippe und die Tränen liefen ihr wieder übers Gesicht.

»Kann ich bei dir schlafen?«, flüsterte sie.

»Ja«, sagte ich vage.

Was stellte sie sich vor? Sie und ich in einem Bett und ich müsste sie die ganze Nacht lang trösten? Ich schaute auf die Uhr, die an der Kopfwand des Zimmers hing: 3:30 Uhr. Dreieinhalb Stunden später musste ich aufstehen.

Sandy krabbelte auf die Füße, lief hinüber zu ihrem Bett und begann, sich auszuziehen. Dann griff sie nach einem kurzen

Nachthemd, das unter ihrem Kopfkissen lag. Ich saß immer noch auf dem Boden. Endlich traute sich auch Hektor wieder ins Zimmer. Er trippelte zu Sandy und wollte auf ihren Arm. Sie nahm ihn hoch und schien dann fertig zu sein.

»Dein Gesicht«, sagte ich. »Du solltest mal im Bad vorbeischauen, es ist ein wenig … das Make-up verlaufen.«

»Ach du meine Güte«, murmelte sie und schon war sie weg.

Ich lief voraus in mein Zimmer und hörte, wie im Bad das Wasser lief. Dann war auch Sandy fertig. Sie schlüpfte zu mir ins Bett und es dauerte genau zwei Sekunden, da hüpfte Hektor hinterher und machte sich am Fußende breit.

Natürlich lag ich den Rest der Nacht wach. Hektor schnarchte, als wolle er ganz Kanada abholzen. Sandy legte irgendwann den Arm um meine Seite und ließ sich einfach nicht wegschieben. Punkt 7 Uhr piepte mein Handy. Ich hatte dank meiner verkrampften Schlaflage Muskelverspannungen vom Nacken bis zum kleinen Zeh. Als ich mich aus dem Bett rollte, erzählte Sandy etwas im Traum und Hektor hob nur müde ein Augenlid.

Wie in Trance schlich ich unter die Dusche. Das ganze Bad war voller gebrauchter Kosmetiktücher. Ich sammelte sie auf und warf sie in den Müll. Dann drehte ich das Wasser auf. Eine Dreiviertelstunde später würde ich den Laden aufmachen. Zum ersten Mal, seit ich dort arbeitete, war ich versucht, mich bei Gisi krankzumelden. Die nächtlichen Eskapaden hatten mir ganz schön zugesetzt. Sandy tat mir leid. Das hatte sie nicht verdient. Aber Gisi hatte es genauso wenig verdient, dass ich sie hängen ließ und der Laden wegen mir erst später öffnen würde. Also straffte ich die Schultern, seufzte leise und stieg unter die prasselnde Dusche.

8. KAPITEL

GULASCH

Abends saß ich todmüde und mit zwiespältigen Gefühlen vor meinem Fernseher. Hannes hatte mir eine SMS geschickt und ich hatte 300 Gramm Rindergulasch beim Metzger um die Ecke erstanden. Das Fleisch lagerte nun gut verpackt in unserem Kühlschrank. Danach hatte ich mich ein Stündchen hinlegen wollen, doch unser netter Nachbar hatte ausgerechnet an diesem Nachmittag beschlossen, im Garten seine Bäume zu stutzen. Das Geräusch der Motorsäge drang bis in mein Zimmer. An Schlaf war also wieder mal nicht zu denken. Als er eine kurze Pause machte, schloss ich erleichtert die Augen und kuschelte mich auf meine kühle Bettdecke.

Das ging genau fünf Minuten lang gut, dann klingelte mein Handy. Es war Rebecca. Prompt fiel mir ein, dass ich sie komplett vergessen hatte. Früher hatte ich sie fast täglich angerufen, um mir die Geschichten aus ihrem spannenden Jetset-Leben im verträumten Heidelberg anzuhören.

»Hi!«

»Sag mal, gibt es dich noch?«, fragte sie vorwurfsvoll, anstatt zurückzugrüßen.

Ich beschloss, mich dumm zu stellen. Was sollte ich auch als Entschuldigung vorbringen?

»Ja, klar gibt es mich noch!«, sagte ich deshalb betont munter. Rebecca seufzte theatralisch.

»Ach Louise, du klingst immer so entspannt. Ist ja auch kein Wunder bei deinem Studium, da wäre ich wohl auch so sorglos. Bei mir geht es immer noch drunter und drüber. Schrecklich!«

»Und? Hast du deinen Chef schon flachgelegt?«

Ich konnte förmlich hören, wie Rebecca am anderen Ende der Leitung stutzte.

»Hallo?«, fragte sie schließlich etwas verunsichert.

»Ja?«

»Louise, warst du das gerade oder habe ich mir das eingebildet?«

»Nein, das war ich.«

Sie schien sich wieder gefangen zu haben.

»Was auch immer. Ja, ein Mal. Es war aber … Ach, das interessiert doch sowieso nicht. Ich sage nur: Man merkt, dass er schon länger verheiratet ist.«

»Gibt er sich keine Mühe?«

Sie lachte schrill und zum ersten Mal hatte ich das Gefühl, dass sie verlegen war.

»Was fragst du denn plötzlich für Sachen?«

»Es interessiert mich eben«, sagte ich.

»Aber so etwas … Also wirklich.« Sie kicherte schon wieder so komisch.

Ich kam nicht mehr ganz mit. War sie es nicht, die immer mit ihren Männergeschichten geprahlt hatte? Und wenn man dann unerwartet nach Details fragte, wurde sie verlegen? Ob sie vielleicht doch nicht die war, die sie so lange vorgegeben hatte zu sein?

»Und was machst du so?«, fragte sie standardmäßig und wohl auch, um von sich abzulenken.

»Ich bekomme heute Abend Besuch. Wir kochen zusammen.«

»Ach, mit Freundinnen zu kochen ist so lustig, ich mache so etwas auch viel zu selten!«

»Er ist keine Freundin, er heißt Hannes und will Journalist werden.«

»Ach wirklich?«, fragte Rebecca nach einer kurzen Pause. Offenbar hatte ich sie schon wieder verblüfft.

»Ja. Es gibt Gulasch. Er kann gut kochen und bringt außer dem Fleisch alle Zutaten mit.«

»Wo hast du ihn kennengelernt?«

»Eine meiner Mitbewohnerinnen hat uns vorgestellt. Sie sind zusammen zur Schule gegangen.«

»So was!« Rebeccas Lachen klang künstlich. »Seit deine neuen Mitbewohnerinnen eingezogen sind, erlebst du ja richtig was!«

»Ja.«

An diesem Punkt hatte sie wohl keine Lust mehr, weiter mit mir zu telefonieren. Sie verabschiedete sich unter dem Vorwand, dass sie ganz schrecklich unter Zeitdruck stünde und ja auch nur mal hatte hören wollen, ob ich noch lebe. Nachdem sie aufgelegt hatte, ließ ich das Telefon nachdenklich sinken. Sie hatte recht: Mein Leben hatte sich verändert, seit Isabelle und Sandy bei mir wohnten. Sie hatten nicht nur mein Leben verändert, sie hatten auch mich verändert. Und ich hatte es nicht gemerkt, bis Rebecca es so leicht ironisch kommentiert hatte.

Draußen war es immer noch still. Ich streckte mich auf der Decke aus und schloss die Augen.

»Herrlich«, flüsterte ich und meine nackten Zehen bohrten sich in die kühle Baumwolle des Oberbetts.

In diesem Moment schaltete Herr Hensen von nebenan seine geliebte Motorsäge wieder an.

*

Um 18:10 Uhr klingelte es. Ich ging ärgerlich zur Tür, weil außer mir mal wieder niemand zu Hause war. Isabelle war immer noch mit Martii unterwegs und von Sandy hatte ich nichts mehr gehört. Allerdings hatte ich mein Bett frisch bezogen und liebevoll gemacht vorgefunden. Vielleicht war sie zu ihren Eltern gefahren und hatte Hektor mitgenommen.

Ich rechnete fest damit, wieder eine Schuhlieferung für Isabelle von unserem westfälischen Aushilfscowboy annehmen zu dürfen. Doch ich hatte mich geirrt: Es war Hannes, der federnden Schrittes die Treppenstufen heraufkam. Dieses Mal trug er keine Nerd-Brille, dafür aber eine ziemlich große Plastiktüte.

»Verflixt, ich bin total zu früh! Ich dachte, man braucht länger bis hierher«, sagte er und lächelte schon wieder so unverschämt charmant.

»Kein Problem«, hörte ich mich sagen und trat zur Seite, um ihn in die Wohnung zu lassen.

Als er meinen Körper streifte, wurde mir ein wenig schwindelig. Einen Moment später rief ich mich entschieden zur Ordnung.

Was auch immer passierte, ich konnte es nicht erklären, aber ich würde es auch nicht zulassen. Er war nicht mein Typ und Ende! Und kochen konnte man ja schließlich mit jedem: seinem besten Freund, seinem Opa, seinem Bruder. Es war also nichts Verfängliches.

»Die Küche ist hinten links«, sagte ich mit belegter Stimme.

»Alles klar! Sollen wir direkt anfangen?«

Als er ein Stück von mir weg war, kam ich in die Realität zurück – und dachte an *Sturmherzen* beziehungsweise an Jerôme. Ich hörte Hannes den Kühlschrank öffnen und ein paar Sachen einräumen. Was nun? Sollte ich sagen, dass ich *Sturmherzen* unbedingt zu Ende gucken wollte? Aber was sollte er solange machen? Sich neben mich setzen? Schon mal mit dem Kochen anfangen? Noch mal eine Runde um den Block spazieren?

»Zeigst du mir dein Zimmer?«, rief Hannes aus der Küche.

Ich stand immer noch unschlüssig im Flur herum. Warum wollte er mein Zimmer sehen? Was ging ihn mein Zimmer an? Das war etwas sehr Persönliches. Wollte ich, dass er es sah?

»Es ist bestimmt das mit der offenen Tür, wo der Fernseher läuft!« Er ging die zwei Schritte von der Küche hinüber in mein Zimmer.

Ich galoppierte hinterher.

»Gemütlich«, sagte er.

»Danke.«

Unauffällig guckte ich in Richtung meines Nachttischs. Doch nein, die Banane war sicher verstaut in der Schublade. Hannes schaute auf den Fernseher.

»Machst du auch immer die Glotze an, wenn du allein in der Wohnung bist, damit es nicht so still ist?«

Er schaute eine Weile zu, wie Jerôme mit dem Zimmermädchen Marie turtelte. Ich beobachtete ihn dabei. Hannes zog die Nase kraus, dann verzog er angewidert das Gesicht.

»Was für ein Kitsch. Die typische Ersatzbefriedigung für dicke, unglückliche Mädchen.«

Mir blieb die Luft weg. Was hatte er da gerade gesagt? Das konnte er nicht ernst gemeint haben. Ich hoffte, dass er gleich anfangen würde zu lächeln, dass alles nur ein Scherz gewesen war. Doch nein, er schaute immer noch so verächtlich auf den Bildschirm.

»Wie meinst du das?«, hauchte ich schließlich.

Er sah mich nicht mal an, so beschäftigt war er mit *Sturmherzen*.

»Dieser schleimige Typ da, ich habe mal ein Interview mit ihm gesehen. Er hält sich für ein Geschenk an die Frauenwelt und ist dabei so kreuzblöde, dass es schon fast wehtut. Kennst du den? Jerôme irgendwas heißt er, glaube ich.«

Ich schluckte und konnte nur nicken. Das tat weh.

»Allein sein Vorname ist schon ein Witz.« Endlich wandte sich Hannes zu mir. »Egal, jetzt wird Gulasch gekocht!« Als er meinen Gesichtsausdruck sah, schien er einen Moment lang verunsichert. »Geht es dir gut? Du bist plötzlich so blass.«

»Nein, alles gut«, würgte ich hervor.

Es war ein Fehler gewesen. Ich hätte nie zustimmen dürfen, dass Hannes mich besuchte. Dann wäre das alles nicht passiert. Ich schimpfte mich selbst einen Loser, weil ich Jerôme nicht verteidigt hatte. Er selbst konnte es ja nicht. Wie sollte er auch, so aus dem Fernseher heraus. Ich hatte zugelassen, dass Hannes so hässlich über ihn redete. Ich war ein Feigling. Warum hatte ich nicht einfach gesagt: »Du, das ist meine Lieblingsserie und die würde ich jetzt gerne zu Ende gucken. Geh doch noch eine Runde um den Block und komm am besten gar nicht wieder! Tschüss.«

Hannes war schon wieder Richtung Küche unterwegs.

»Zuerst braten wir das Fleisch an! In der Zwischenzeit schneiden wir die Paprika und die Gemüsezwiebel klein.«

»Sind Zwiebeln nicht immer Gemüse?«, fragte ich mürrisch. Gulasch hin oder her, ich hatte keine Lust mehr.

Hannes lächelte und hielt mir eine extrem große Zwiebel unter die Nase.

»Schau, das ist eine sogenannte Gemüsezwiebel. Sie sind viel größer als die normalen, aber dafür milder im Geschmack.«

Ich kam mir vor wie im Kindergarten.

»Schon mal 'ne Zwiebel geschnitten?«

»Ja.« Zwar noch nie so eine große, aber ich hoffte, dass der Unterschied nicht allzu gravierend sein würde.

»Gut. Dann übernehme ich die Paprika.«

Ich ärgerte mich immer noch. Hannes schaltete eine Herdplatte ein und platzierte eine Pfanne darauf. Dann goss er etwas Öl hinein und wandte sich den Paprikaschoten zu. Als das Öl offenbar heiß genug war, teilte er das Fleisch in zwei Portionen und verteilte den ersten Schwung gleichmäßig in der Pfanne. Sofort roch es appetitlich nach angebratenem Fleisch. Ich kämpfte mit der Zwiebel. Hannes war mit den Paprikaschoten fast fertig und in der Pfanne brutzelte bereits die zweite Portion Fleisch, als auch ich endlich das Messer zur Seite legen konnte. Kochen war überhaupt nicht meine Welt. Ich war regelrecht ungeschickt. Hannes hingegen hantierte mit Messern und Pfannen, als hätte er nie im Leben etwas anderes gemacht. Das Fleisch kam nun zusammen mit den Zwiebel- und Paprikastückchen in einen Topf und wurde kurz angedünstet. Dann löschte Hannes alles mit Brühe und Rotwein ab und streute diverse Gewürze hinein.

»Das braucht jetzt ein bisschen«, sagte er und legte den Deckel auf den Topf. Dann regulierte er die Temperatur etwas nach unten und sah mich erwartungsvoll an.

»Interessant«, sagte ich wertungsfrei. Erstens hatte ich schon ziemlichen Hunger und wollte nicht mehr warten. Zweitens war mir erneut klar geworden, dass ich immer eine Niete in der Küche bleiben würde. Und drittens war ich immer noch beleidigt wegen dem, was er über Jerôme gesagt hatte.

»Also Spaß sieht anders aus, da bin ich mir ziemlich sicher«, meinte Hannes und betrachtete mich kritisch. »Wie wäre es, wenn wir uns auf leeren Magen die verbliebene Flasche Rotwein teilen würden?«

Ich wusste nicht, was es da zu grinsen gab, deshalb zuckte ich nur mit den Schultern.

»Okay.«

Ich suchte Gläser heraus und Hannes goss uns ein.

»Sollen wir in mein Zimmer gehen?«

»Klar. Ist alles in Ordnung?«

»Ja.«

Hannes setzte sich auf den Schreibtischstuhl, da es als Alternative nur noch das Bett gab. Ich besaß leider keine Couch. Er sah sich meine Bücher auf dem Schreibtisch an, griff nach einigen und klappte sie auf. Spätestens da hätte ich schalten müssen, doch in meinem Oberstübchen blieb alles auf Stand-by. Ich hielt die Fernbedienung in der einen und das Glas Rotwein in der anderen Hand. Im Fernsehen dudelte der Jingle einer Zahnpastareklame und ich war mit der Gesamtsituation unzufrieden.

»Oh, ein Interview mit My Chemical Romance!«, sagte Hannes und griff nach dem nicht mehr ganz aktuellen Stadtmagazin.

»Mit wem?«, fragte ich noch verpeilt, da war es bereits passiert.

Mit einem leisen Rascheln hatte sich ein zweites Heft aus der Mitte gelöst und glitt nun in einem steilen Sturzflug in Richtung Laminat. Der pinkfarbene Schriftzug leuchtete und mir wurde schlagartig klar, worum es sich dabei handelte. Ich hatte das verdammte Ding wegwerfen wollen, es dann aber komplett vergessen. Und nun war es zu spät.

Hannes bückte sich und hob es auf. An diesem Punkt war ich mir sicher, dass es nicht schlimmer hätte kommen können. Ich war bereit zu sterben – in dem Moment, in meinem Zimmer, einfach so. Und bitte noch bevor Hannes etwas zu dem Heft sagen konnte.

»Bella & Eve«, las er laut vor.

»Leg es weg«, flüsterte ich.

Hannes war anscheinend gerade beim Untertitel angekommen, denn seine Augen weiteten sich wie bei einem Kind, das zum ersten Mal allein in einem Süßwarenladen stand.

»Ui«, murmelte er. »Coole Sache.«

»Leg es weg!«, forderte ich erneut.

»Ooooch, bitte, nur ein Mal durchblättern!«, quengelte er prompt und schenkte mir einen Blick, mit dem er vermutlich auch Steine hätte erweichen können.

In meinem Kopf ratterte es unaufhörlich. Ein Königreich für eine Ausrede! Meine kleinen grauen Zellen trugen alles an Info zusammen und ich rekapitulierte: Auf meinem Tisch befanden sich hauptsächlich Unterlagen für meine Hausarbeiten. Was lag also näher, als dass auch dieser Katalog dazugehörte? Nun musste ich mir nur noch ein plausibles Thema ausdenken, das rechtfertigte, wieso ich einen Dildo-Katalog als Quelle nutzte. Ich hatte das Gefühl, dass das schwierig werden könnte.

»Sieht aus wie Barbie-Spielzeug für erwachsene Mädchen.« Hannes blätterte unbekümmert durch die Seiten und schien nicht wirklich peinlich berührt. »Hast du einen von denen?«

Überfordert brach ich in Gekicher aus und nahm einen großen Schluck von meinem Rotwein.

»Also, wenn ich ein Mädchen wäre, würde ich mir so einen Delfin aussuchen.« Er zeigte auf eine lustig-bunte Parade der in Silikon gegossenen Meeressäuger.

Ich dachte an die nette Verkäuferin bei Bella & Eve, die Hannes' Geschmack teilte.

»Die lächeln sogar, das finde ich sympathisch.«

Ich ließ das Ganze unkommentiert und trank noch einen großen Schluck. Hannes blätterte weiter, bis er zu dem Gemüse- und Obstsortiment kam.

»Also mit einem Maiskolben zu vögeln, ich weiß ja nicht«, sagte er grüblerisch. »Verliert man da nicht den Sinn für Realität?«

»Aber violettfarbene Delfine, ja?«, konterte ich, ohne groß nachzudenken.

Hannes ließ den Katalog sinken und lächelte mich breit an.

»Da hast du jetzt aber mal so was von recht.«

Ich lächelte zurück und er betrachtete erneut den ziemlich imposant aussehenden Maiskolben.

»Wahrscheinlich, weil man bei dem Ding hier als Kerl sofort Komplexe bekommt.«

Ich dachte an meine Banane und was Hannes wohl von ihren Ausmaßen halten würde. So groß war sie ja gar nicht.

»Ist das ein richtiger Laden?«, fragte er.

»Ja«, erwiderte ich. »Ich war dort zu Recherchezwecken.«

»Recherchezwecke?«, fragte er und zog eine Augenbraue hoch.

»Für eine meiner Hausarbeiten.«

»Sag mir bitte, wie das Seminar heißt, und ich schreibe mich noch heute dafür ein, egal wie sehr mir das meinen Stundenplan durcheinanderwirft.«

»Es ist nur für Frauen. Vom Frauenseminar. Keine Männer«, stotterte ich.

»Na toll ...«, seufzte Hannes. »Bei den wirklich interessanten Themen müssen wir draußen bleiben. Und du schreibst eine Hausarbeit über ... Sexspielzeug?«

»Über die Geschichte davon, ja«, log ich und leerte mein Rotweinglas.

»Darf ich sie irgendwann mal lesen?«

»Von mir aus ...«, erwiderte ich leichthin und beschloss, ihn einfach für den Rest seines Lebens zu vertrösten.

»Coole Sache«, sagte er anerkennend.

Und obwohl ich weder diese Hausarbeit schrieb noch besonders wild darauf war, dass man mich für so locker hielt, freute ich mich über seine Äußerung. Es hatte ein bisschen bewundernd geklungen. Als ich wieder zu ihm hinübersah, schaute er gerade auf meine nackten Beine.

»Frauenseminar«, sagte er dann plötzlich. »Aber du ... Ich meine, ich will dir ja nicht zu nahe treten und ich müsste mich wirklich ganz schrecklich getäuscht haben, wenn du mich jetzt berichtigen müsstest und so ... Verstehst du?«

Nein, ich verstand ihn nicht.

»Nun schau nicht so fragend.« Er wand sich auf meinem Schreibtischstuhl.

»Ich komme nicht ganz mit.«

Hannes wuschelte sich durch seine Haare, strich sie dann wieder ordentlich glatt und zupfte die langen Spitzen nach vorn über seine Stirn.

»Na, du weißt schon.«

»Ja, bestimmt. Wenn ich wüsste, worum es geht.«

Er drückte den Rücken durch, straffte die Schultern und sah mich sehr gefasst an. Ich schaute etwas irritiert zurück.

»Stehst du auch auf echte Dildos?«, fragte er dann feierlich.

»Echte?«

»Na ja, mit echten Männern daran.«

»Äh, wie bitte?« Der Groschen fiel, noch während ich sprach. »Ach so, du dachtest, ich sei lesbisch.«

»Nein!« Hannes sprang auf und fuchtelte wild mit den Armen herum. »Ich sagte doch, ich müsste mich schon sehr getäuscht haben, wenn du es tatsächlich wärst.«

»Wegen der Hausarbeit?«

»Jaaaaaa. Du weißt doch, wie das bei Männern ist … So Wörter wie ›Frauenseminar‹ – da fängt man an zu grübeln und kommt dann aus der Nummer nicht mehr raus.«

»Würde es dich stören, wenn ich lesbisch wäre?«

»Nein, natürlich nicht!«, sagte er.

Das war so schlecht gelogen, dass es schon fast körperlich wehtat, ihm nur dabei zuzusehen. Ich lächelte ihn an, weil er sich so eine Mühe gab, und er merkte wohl ziemlich genau, was für eine miese Vorstellung er da gerade ablieferte.

»Na ja, vielleicht ein bisschen«, gab er dann zu. »Ich glaube, ich schaue mal nach dem Gulasch.« Mit diesen Worten erhob er sich schnell und ging, ohne mich anzuschauen, an mir vorbei aus dem Zimmer.

Ich guckte ihm nach und meine Laune hatte sich eindeutig gebessert.

Dann folgte ich ihm in die Küche, wo er mit dem Topfdeckel und einem großen Kochlöffel hantierte.

»Und nun?«, fragte ich, als ich neben ihm stand.

Sofort begann mein Körper wieder zu reagieren. Mein Zwerchfell flatterte und ich musste meine Hände kontrollieren, damit sie sich nicht verselbstständigten. Ich schaute auf die goldige Farbe seiner Haut, den blonden Flaum auf seinen Unterarmen und seine schlanken Finger. Er hielt die Luft an und dann drehte er den Kopf zu mir.

»Geduld«, sagte er schließlich. »Ein gutes Gulasch braucht seine Zeit.«

Er konnte mich nicht direkt ansehen, dafür standen wir zu nah nebeneinander. Trotzdem spürte ich seinen Blick, seinen Körper, einfach, dass er da war und dass es ihn ebenfalls nervös machte, wie nah ich neben ihm stand. Er bewegte sich und unsere Arme berührten sich ganz leicht.

»Mehr kommt da nicht hinein?«, fragte ich etwas mühsam.

Wieder war es schwierig zu sprechen. Egal was für ein seltenes Pheromon sein Körper produzierte, ich war ein hilfloses Opfer.

»Doch, Tomatenmark. Es bindet die Soße«, erwiderte Hannes leise.

Gemeinsam schauten wir in den Topf auf das, was dort so appetitlich riechend vor sich hin köchelte. Ich hatte Hunger und doch wieder nicht.

»Wie lange noch?«, fragte ich.

»Bestimmt noch eine halbe Stunde.«

»Oh nein.«

Hannes lachte und kniff mich spielerisch in den Arm.

»Sei nicht so ungeduldig!«

Ich zog einen Schmollmund und er schien sichtlich entzückt.

»Nicht traurig sein«, tröstete er mich. »Hast du ein Spiel da oder so etwas? Da vergeht die Zeit total schnell.«

»Ich glaube, ich habe noch irgendwo ein *Vier gewinnt* herumliegen.«

»Gute Idee, das spielen wir!« Er setzte den Deckel wieder auf den Topf, legte beide Hände um meine Schultern und schob mich aus der Küche.

Die Berührung seiner Finger brannte wie Feuer auf meiner nackten Haut. In meinem Regal musste ich eine Weile suchen, bis ich das Spiel gefunden hatte. Wir setzten uns auf den Flickenteppich vor meinem Fernseher und Hannes versuchte bei jeder Partie zu schummeln. Es endete damit, dass ich ihn zuerst empört mit den Spielsteinchen bewarf und wir uns zum Schluss wie junge Hunde balgten.

Ich hatte ihn ein paar Mal empört geschubst und irgendwann hatte er mich gepackt und zu kitzeln begonnen. Leider war ich ganz schrecklich kitzelig und somit wie gemacht für diese Quälerei. Ich kicherte und kreischte. Er gab mir genau zwei Sekunden, um Luft zu holen, dann machte er weiter. Mein Bauch tat schon weh vom Lachen, als es in seiner Hosentasche zu piepen begann.

»Das Gulasch ist so weit«, keuchte er lachend und bohrte seine Finger erneut in meine Seite.

Ich quietschte, weil es die schlimmste, empfindlichste Stelle war, und bettelte schließlich um Gnade. Hannes schnaufte zufrieden und lockerte seinen Griff ein wenig. Seine Lippen berührten die Haut hinter meinem Ohr und ein wohliger Schauer rieselte über meinen Körper. Mir wurde spontan fünf Grad wärmer. Ich hörte ihn atmen, angespannt und schnell. Seine Hände lagen immer noch um meine Taille. Meine Finger waren noch in sein Shirt gekrallt, bereit, ihn abzuwehren, sollte er erneut mit dem Kitzeln anfangen.

»Das Gulasch«, sagte ich mit letzter Kraft. »Es wird verbrennen.«

»Es kann nicht verbrennen«, erwiderte er an meinem Hals. »Dafür ist viel zu viel Flüssigkeit im Topf.«

Ich gab auf, was gab es noch für einen plausiblen Grund, sich von ihm zu lösen und aufzustehen? Jerôme? So high wie ich in dem Moment war, konnte ich nicht mal an ihn denken. Adrenalin und Endorphine drehten wilde Pirouetten in mir, sie vernebelten meinen Verstand, der sowieso nicht mehr richtig funktionierte. Meine Hände ließen sein Shirt los und legten sich auf seinen Rücken. Es fühlte sich gut an. Wie lange schon nicht mehr, außer im Traum, hatte ich jemanden so zärtlich berührt?

Hannes zog mich näher und seine Lippen wanderten meinen Hals entlang. In der Küche begann es zu klappern.

»Mist!«, sagte er gequält und nahm nur höchst widerwillig die Hände von meiner Taille. »Jetzt ist es wohl doch zu heiß geworden.«

Benommen sprangen wir auf und eilten in die Küche. Der Deckel klapperte, weil der Dampf einen Weg aus dem Topf nach draußen suchte. Hannes drehte die Hitze noch etwas herunter und zauberte eine Tube Tomatenmark aus seiner Plastiktüte hervor.

»Weißt du, wie man Kartoffeln schält?«

»Ja, das kann ich! Wir haben sogar einen Sparschäler.«

»Prima, dann fang schon mal damit an. Ich rühre noch das Tomatenmark unter und dann helfe ich dir.«

Er reichte mir ein kleines Netz mit Kartoffeln und tat betont normal. In meinem Körper brodelte es immer noch – genau wie das Gulasch auf dem Herd.

*

Eine weitere halbe Stunde später waren wir beide wieder etwas abgekühlt. Dafür war das Gulasch endlich fertig und umso heißer. Wir beluden uns die Teller und setzten uns zurück auf den Flickenteppich. Mittlerweile war es kurz nach 21 Uhr, im Fernsehen hatte schon alles angefangen, doch das war uns eigentlich auch egal. Das Gulasch war ganz ausgezeichnet. Ich lobte Hannes in Grund und Boden und er hauchte mir zum Dank einen Kuss auf die Wange. Danach konnte ich kaum noch essen. Gegen 21:30 Uhr schaute Hannes auf sein Handy und guckte ein wenig unglücklich.

»Redaktionssitzung?«, riet ich.

»Richtig.« Er schaute auf seinen leeren Teller.

Da wir während des Kochens alles sofort wieder weggeräumt und saubergemacht hatten, blieb in der Küche nicht viel zu tun.

»Lass den Teller einfach auf dem Boden stehen, wenn du jetzt los musst. Ich räume ihn gleich weg.«

Hannes lächelte und stand auf. Er reckte und streckte sich und entblößte dabei einen flachen Bauch.

»Ich finde das Praktikum echt super, aber heute ist es das erste Mal, dass ich keine Lust auf morgen habe«, sagte er.

Ich stapelte die Teller und er hielt mir galant eine Hand hin, um mir aufzuhelfen.

»Isa hat bei Facebook gepostet, dass ihr Samstag zum Flohmarkt in die City wollt und am Abend noch eine Party schmeißt.«

»Ja, genau!«

»Und? Hast du viel zu verkaufen?«

»Es geht«, antwortete ich vage. »Ich habe gar nicht so den Überblick, was ich überhaupt alles besitze.«

»Vielleicht schaue ich mal vorbei«, sagte er und beobachtete sehr genau, wie ich reagierte.

»Gute Idee!«, erwiderte ich und in seinen großen grünen Augen blitzte es erfreut.

»Ich lasse alles hier bis auf die Gewürze, die brauche ich zu Hause. Aber wir sollten bald mal wieder etwas kochen. Überleg dir einfach, worauf du Lust hast.«

»Ja, das machen wir!«

»Okay!«

Hannes stiefelte in die Küche, schmiss die Gewürzdöschen in die Plastiktüte und war dann startklar. Ich brachte ihn zur Tür, wo eine etwas seltsame Situation entstand, da wir nicht genau wussten, wie wir uns nach diesem Abend verabschieden sollten. Schließlich umarmte er mich einfach und küsste mich kurz auf die Wange.

»War schön.«

»Danke fürs Kochen«, sagte ich.

»Wir haben doch zusammen gekocht.«

»Na ja …«, murmelte ich.

Hannes lachte über mein verdrießliches Gesicht, dann strich er mir einmal kurz über den Arm.

»Wir sehen uns. Spätestes auf dem Flohmarkt.«

Er drückte die Klinke der Wohnungstür hinunter, dann verschwand er im Treppenhaus.

Noch während wir in meinem Zimmer das Gulasch verdrückt hatten, musste Sandy unbemerkt nach Hause gekommen sein. Kaum hatte ich die Tür hinter ihm geschlossen, schaute sie durch ihre halb geöffnete Zimmertür in den Flur.

»Hi! Ich wollte euch nicht stören«, sagte sie.

Hektor schob sich an ihr vorbei und kam dann wedelnd auf mich zugesprungen. Ich kraulte sein borstiges Fell und er drückte seinen Kopf an mein Bein.

»Hast du noch Hunger? Wir haben so viel übrig.«

»Ja, total! Es roch auch schon die ganze Zeit so appetitlich!«

Ich ging vor in die Küche. Sandy nahm sich einen Teller aus dem Schrank und ich schaufelte ihr eine große Portion darauf.

»Danke, danke, das reicht mir!« Nachdem sie den Teller in die Mikrowelle gestellt hatte, lehnte sie sich an die Arbeitsplatte und sah aus dem Fenster.

»Geht es dir wieder etwas besser?«, fragte ich.

Sie drehte den Kopf zu mir und lächelte müde.

»Ich weiß nicht. Im Moment fühle ich mich einfach nur leer. So als hätte mein Körper seinen monatlichen Vorrat an Gefühlen gestern komplett verpulvert.«

»Hat er sich denn noch mal gemeldet?«

Sie schüttelte den Kopf, dann sah sie wieder aus dem Fenster. Ihr Gesicht war wie ein aufgeschlagenes Buch. Sie war nicht gut darin, ihre wahren Gefühle zu verbergen. Vielleicht wollte sie es auch gar nicht. Wahrscheinlich lag ich sogar richtig mit meiner Vermutung, denn es würde gut zu ihrem offenen Wesen und ihrer direkten Art passen. Sie war schnörkellos, manchmal fast etwas zu nüchtern, doch ihr schlichter Stolz vertrug die Verletzlichkeit, die sie nun so offen zeigte, und machte sie nur noch authentischer.

Die Mikrowelle piepte und Sandy öffnete die Tür.

»Ich werde dann mal ein bisschen aufräumen«, sagte ich.

»Warte.« Sandy stellte den dampfenden Teller ab.

»Brauchst du noch etwas?«

»Nein.« Sie sah mich kurz an. »Danke«, sagte sie dann. »Für gestern.«

»Gerne«, erwiderte ich.

Sie lächelte mich an und ich lächelte zurück. Im Schloss der Wohnungstür drehte sich ein Schlüssel.

»Ich bin verliebt, ja, so verliebt!«, trällerte Isabelle und wäre fast an uns vorbeigehüpft, ohne uns in der Küche zu sehen. »Kinder, was ist die Liebe schön!«, sagte sie.

»Schon wieder keine hohen Schuhe?«, fragte Sandy. »Was ist los mit dir? Und seit wann bist du verliebt?«

»Na, seit gestern! Er heißt Martii, ist Finne und kann ganz traurige finnische Lieder singen!«

»Wenn du das traurig findest, ist das da oben Partymusik, glaub mir. Ein Cousin von mir wohnt in Schweden, die sind da ähnliche Spaßkanonen.«

»Ist mir egal. Er ist soooooooooo süß! Wie war denn deine Nacht mit dem heißen Ex? Und wie war dein Kochen mit Hannes, Louise?«

»Frag nicht«, brummte Sandy. »Super-GAU.«

»Bei mir war es ganz okay«, sagte ich.

»Aber wieso? Was hat Tom denn gemacht?«, wollte Isabelle wissen.

Sandy sah aus, als würde sie jeden Moment in Tränen ausbrechen oder einen Wutanfall bekommen, wahrscheinlich beides zugleich. Deshalb beschloss ich, an ihrer statt zu antworten.

»Es endete etwas unschön.«

»Hä?«, stellte Isabelle sich dumm.

Sandy seufzte lange und rührte in ihrem Gulasch herum.

»Willst du die ganze Geschichte hören?«

»Ja klar!«

»Dann komm mit, Louise kennt die Story schon.«

»Ich wollte sowieso aufräumen«, sagte ich und wedelte mit einem Spültuch herum.

Die beiden verzogen sich in Sandys Zimmer und wenig später hörte ich Sandy erneut schluchzen. Ich spülte die beiden dreckigen Teller ab und brachte den Müll raus, dann wischte ich die Arbeitsplatte und den Herd ab und endlich war ich fertig.

Später im Bett, als meine Endorphine endlich Ruhe gaben, hatte ich einen leichten »Jerôme-Kater«. Erst hatte ich Hannes über ihn schimpfen lassen, dann hätte nicht viel gefehlt und wir hätten uns die Klamotten vom Leib gerissen. Hannes war ein biochemisches Phänomen. Er war süß und 'ne Menge Mädels fanden ihn bestimmt heiß, aber ich wurde nur schwach, wenn er so nah neben mir stand, dass wir uns fast berührten. Ich fand ihn gut, keine Frage. Aber eben so ganz anders, als ich Jerôme gut fand.

Meine Gedanken wanderten weiter und landeten schließlich bei dem Typen aus Gisis Laden. Er gefiel mir auch gut, vor allem seine zurückhaltende Art. Er strahlte Ruhe aus und wirkte so ausgeglichen. Er würde bestimmt mal ein toller Tierarzt werden! Wieso schaffte ich es nur nicht, ihn zu fragen: »Sag mal, wie heißt du eigentlich? Und hast du mal Lust, 'nen Kaffee mit mir trinken zu gehen?« Es war viel zu peinlich. Und wahrscheinlich stand er auch gar nicht auf mich, sondern ich hatte seine höfliche Art einfach mit Sympathie verwechselt.

9. KAPITEL

FLOH-
markt!

Morgen ist Flohmarkt! Morgen ist Flohmarkt!« Isabelle tanzte mit Hektor auf dem Arm in mein Zimmer.

Ich drehte mich überrascht von meiner Schreibtischplatte weg. Als Hektor zu würgen begann, setzte sie ihn schnell auf dem Fußboden ab.

»Flohmarkt!«, rief sie und riss die Türen meines Kleiderschranks auf. »Du verkaufst einfach alles und von dem verdienten Geld shoppst du dann alles neu!«

Ich hob die Hand wie in der Schule.

»Entschuldige, wenn ich dich bremse, aber ich würde meine Sachen gern behalten.«

»Aber es sind doch nur …«

»Nur Sachen, keine Klamotten, ich weiß. Trotzdem.«

»Aber du musst mitmachen!«, schmollte sie. »Sandy kommt auch mit.«

»Und verkauft sie auch den gesamten Inhalt ihres Kleiderschranks?«

Isabelle seufzte dramatisch und riss dann wieder den armen Hektor an sich.

»Nein.«

»Gut, ich komme mit, wenn ich die gleichen Rechte habe wie Sandy.«

»Von mir aus«, schmollte Isabelle weiter und wiegte Hektor wie ein Baby auf ihrem Arm hin und her.

Ich fing seinen Hilfe suchenden Blick auf und erhob mich von meinem Schreibtischstuhl.

»Ich schaue mal, was ich verkaufen will. Wenn du magst, kannst du mir ja ein bisschen helfen.«

Sie nickte begeistert. Ich nahm ihr den starren Hektor aus dem Arm, setzte ihn aufs Laminat und stellte mich vor meinen Kleiderschrank.

»Das da«, sagte Isabelle und zeigte auf einen Stapel T-Shirts.

»Sollte man den Stapel nicht erst einmal durchgucken?«, fragte ich skeptisch.

»Nein.«

»Aber ich weiß gar nicht mehr, wie die aussehen.«

»Egal.«

»Ich glaube, so wird das nichts.«

Isabelle drehte sich zu mir.

»Wenn du nicht mal mehr weißt, wie die einzelnen Sachen aussehen, können sie dir ja nicht so wichtig sein. Dann kannst du sie auch verkaufen.«

Die Logik dieses Arguments wollte nicht ganz zu mir durchdringen.

»Gut, dann die da«, sagte sie und zeigte auf einen Stapel Spaghettiträgertops.

»Isabelle?«

»Ja?«

»Ich glaube, ich mache das doch lieber allein.«

Sie sah mich an und ihre Augenbrauen zogen sich finster zusammen.

»Dann sei halt gemein!«, sagte sie und spazierte schmollend aus meinem Zimmer. »Hektor, komm! Louise will uns nicht.«

Der Hund sah unschlüssig zwischen uns beiden hin und her.

»Hektor! Fuß!«

»Isabelle, jetzt sei nicht kindisch. Ich will meine Sachen doch nur einzeln durchgehen und nicht gleich bündelweise aussortieren.«

Hektor setzte sich mit einem Plumps auf meine nackten Füße.

»Dann seid halt beide gemein!«, schnaufte Isabelle, drehte sich um und wenig später knallte ihre Zimmertür.

»Findest du sie auch manchmal schwierig oder bilde ich mir das nur ein?«, fragte ich zu dem Hund hinunter. Dann zog ich einen Stapel Pullover aus dem Schrank und er schaute interessiert nach oben. »Ich muss mal einen Schritt machen und die Sachen auf dem Bett ablegen«, sagte ich zu ihm und wackelte auffordernd mit den Zehen. Er sprang auf die Pfoten und begann zu hecheln.

Nachdem ich fast den gesamten Inhalt meines Kleiderschranks auf dem Bett verteilt hatte, begann ich, die Stapel einzeln durchzugehen und einige der wirklich alten Teile auszusortieren. Hektor sah mir aufmerksam dabei zu. Leider konnte ich nicht viel verkaufen, da ich nicht wirklich viel besaß. Im Gegensatz zu den anderen beiden Mädels war der Inhalt meines Kleiderschranks regelrecht armselig. Vielleicht würde Sandy meinen miesen Schnitt wieder etwas ausgleichen.

Als ich in Isabelles Zimmer hinüberging, tat sie beleidigt.

»Isabelle, es war nichts gegen dich. Nur, was soll ich anziehen, wenn ich alles verkaufe? Und der größte Teil meiner Sachen ist so alt, die will doch sowieso niemand.«

»Getragene Sachen werden trotzdem gern gekauft«, sagte sie. »Die meisten Flohmarktgänger wissen sehr genau, was ihnen gefällt. Sie kaufen nicht nach Marke, sondern nach ihrem Geschmack und das, was sie zu den aktuellen Trends kombinieren können.« Damit schien das Thema für sie beendet.

Da ich auch nichts zu erwidern wusste, verzog ich mich wieder in mein Zimmer. Sollte sie halt schmollen, wenn sie unbedingt wollte.

*

Am frühen Abend kam Sandy vom Arbeiten zurück. Wir trafen uns alle in der Küche zu einer kurzen Lagebesprechung. Sandy hatte angeboten, den Kombi von ihren Eltern auszuleihen, da Isabelle erst recht spät eingefallen war, dass ihr Bekannter, der ihr sonst immer seinen VW Bulli zur Verfügung stellte, immer noch beim Surfen war. Nun parkte das gute Stück bereits vor der Haustür.

»Um wie viel Uhr muss man dort sein?«, fragte Sandy.

»Also spätestens um 6 Uhr«, antwortete Isabelle leichthin.

»Dann müssen wir *da* sein?«

»Ja.«

»Wer geht denn um 6 Uhr morgens einkaufen? Und das an einem Samstag?«

»Das ist nun mal so üblich. Keine Ahnung, wer das erfunden hat.«

»6 Uhr«, wiederholte Sandy erneut. »Dann werde ich meine Verabredung für heute Abend wohl besser mal schleunigst absagen.«

»Dann müssen wir um 5 Uhr aufstehen«, rechnete ich aus.

»Ach du meine Güte«, stöhnte Sandy. »Hätte ich das vorher gewusst.«

»Das ist gar nicht so schlimm«, sagte Isabelle fröhlich. »Wenn man erst mal da ist und die ersten Teile verkauft hat, bekommt man automatisch gute Laune. Und man trifft immer total viele verrückte Leute.«

»Na super«, murmelte Sandy.

»Ich hole gleich den Tapeziertisch und die Klappstühle aus dem Keller und dann packen wir die zuerst ins Auto. Habt ihr eure Sachen schon fertig aussortiert?«

Sandy und ich schüttelten die Köpfe.

»Okay … Aber wir sollten auf jeden Fall das Auto heute noch beladen, weil wir uns morgen früh nicht damit aufhalten wollen. Ich kenne mich noch nicht so gut aus mit dem Flohmarkt hier und man muss früh genug da sein, denn der richtige Stellplatz ist das A und O beim erfolgreichen Verkaufen.«

Nach dieser kleinen Ansprache half ich Isabelle mit dem Tapeziertisch, während Sandy ihre Verabredung absagte und weiter in ihrem Kleiderschrank wühlte.

Punkt 18 Uhr war ich fertig mit dem Aussortieren und machte den Fernseher an, um *Sturmherzen* zu schauen. Das kleine Hotel hatte eine Steuerprüfung am Hals, die der fiese Onkel initiiert hatte, um dem sowieso schon angeschlagenen Ehepaar von Hewordt zu schaden. Jerôme alias Konstantin verhielt sich vorbildlich. Er war souverän im Umgang mit den Beamten und hielt alle Angestellten an, ruhig zu bleiben und die Gäste nicht zu verunsichern. Nur dass er spät in der Nacht Marie leidenschaftlich im hauseigenen Whirlpool liebte, gefiel mir nicht ganz so gut. Doch ich versicherte mir, dass er nun mal Schauspieler war und das zu seinem Job gehörte.

In der übernächsten Woche würde es so weit sein: Ich würde ihn beim Fan-Treffen kennenlernen! Ich freute mich so sehr darauf. Der Vorstand des Fanklubs hatte es organisiert und es würde wirklich toll werden. Wir würden uns alle treffen und mal persönlich kennenlernen und die Stars der Soap würden als Special Guests eine Autogrammstunde geben. Der Klub hatte von allen zehn Euro kassiert, um die Kosten für das Anmieten des Raums und das kleine Buffet zu decken. Selten hatte ich mit mehr Enthusiasmus irgendwohin Geld überwiesen.

Jerôme war echt so toll! Ich betrachtete ihn, wie er auf einer der Dünen stand, die Hand über die Augen legte und versonnen aufs Meer schaute. Sein hellblaues Oberhemd sah wie immer akkurat gebügelt aus und die sandfarbene Hose passte perfekt dazu. Gerne hätte ich mich neben ihn gestellt, meinen Arm um seine Hüfte gelegt und den Kopf an seine Schulter gelehnt. Bei ihm würde ich mich sicher, geborgen und wirklich geliebt fühlen. Er war so souverän, so ruhig und zuverlässig. Mit ihm würde ich überall hingehen und wissen, dass mir nichts passieren könnte. Ich dachte an Hannes und das, was ich am Abend zuvor gefühlt hatte. Das war so anders – anders und beunruhigend. Beunruhigend, weil nicht wirklich kontrollierbar. Und das verunsicherte mich ganz gewaltig.

*

Als am nächsten Morgen um 5 Uhr der Alarm meines Handys losging, war ich mir sicher, es nur zu träumen. Doch leider gab das elende Ding keine Ruhe, bis ich den Arm ausstreckte und irgendwelche Knöpfe drückte. Endlich verstummte es. Dann drehte ich mich noch mal um. Ich hatte gerade die Augen wieder zugemacht, da ertönte der Klingelton erneut. Ich schielte aufs Display: Isabelle rief mich an. Was sollte das denn?

»Ja?«

»Das ist Ihr fröhlicher Weckruf!«, posaunte sie in den Hörer. »Aufstehen, anziehen und ganz viel Geld verdienen!«

»Bin gleich da«, murmelte ich, weil ich sie simultan zu ihrem Anruf in der Küche lärmen hörte.

Wie konnte man um diese Uhrzeit schon so gute Laune haben? Als ich aus meinem Zimmer schlich, befüllte Isabelle gerade unsere Kaffeemaschine und telefonierte wohl mit Sandy. Ich hob grüßend die Hand und verzog mich ins Bad unter die Dusche. Draußen war es noch dunkel und ich musste das Licht anmachen. Was für ein Abenteuer! Mal sehen, was der Tag noch bringen würde.

Als ich im Bad fertig war, hatte Isabelle in der Küche das Radio angemacht und sang laut und schief mit. Sandy saß mit zerzausten Haaren am Küchentisch und hielt sich an ihrem Kaffeebecher fest. Hektor lag auf ihren Füßen und schien nicht wirklich zu verstehen, was da so frühmorgens passierte.

»Hervorragendes Wetter!«, sagte Isabelle. »Ich habe vorhin extra den Wetterbericht gehört.«

»Das Wetter war die ganze Woche über hervorragend, warum sollte es ausgerechnet heute schlecht sein«, brummte Sandy.

»Sie ist ein Morgenmuffel, das wusste ich noch gar nicht«, sagte Isabelle zu mir.

»Bitte keine Gespräche über mich, wenn ich direkt daneben sitze.« Sandy erhob sich mühsam und blinzelte in das helle Licht der Küchenlampe. »Ich geh mal eben duschen.«

Hektor wuselte hinter ihr her und ich hörte, wie sie ihn bezüglich des morgendlichen Gassigehens noch um ein paar Minuten vertröstete.

Um 5:45 Uhr waren wir startklar. Sandy hatte noch ein weiches Körbchen für Hektor eingepackt, damit er den Tag über nicht alleine bleiben musste. 6:05 Uhr kamen wir auf dem Platz in der Bochumer Innenstadt an. Ich war total überrascht, wie viel dort schon los war. Sandy parkte den Wagen am Rand im absoluten Halteverbot und Isabelle erkämpfte uns einen der letzten »lukrativen« Plätze, wie sie es nannte. Da ich das System noch nicht verstanden hatte, verließ ich mich auf ihr Urteil.

Wir bauten den Tapeziertisch auf und begannen, unsere Sachen auf dem Tisch auszulegen. Einige Leute hatten sogar Taschenlampen dabei, mit denen sie die Ware anleuchteten. Die ersten drei Stunden waren allerdings ernüchternd. Es waren nur Männer unterwegs, die alle fragten: »Handys, Elektrogeräte, Schmuck?« Sie wirkten regelrecht beleidigt, wenn man verneinte. Sandy hatte trotz der Dämmerung ihre Sonnenbrille auf und war dazu übergegangen, auf die ihr meist grußlos hingeworfenen Fragen gar nicht mehr zu antworten. Sie zeigte stumm auf unser Sortiment und drehte sich dann genervt weg.

Gegen 9 Uhr tauchten die ersten Frauen auf. Meist waren sie in Grüppchen unterwegs, hatten quengelnde kleine Kinder dabei und erwiderten jede Preisansage mit der monotonen Nachfrage: »Auch für einen Euro?«

»Wenn das so weitergeht, hau ich gleich ab«, sagte Sandy und guckte sehr entschlossen.

Isabelle schien völlig entspannt.

»Das ist immer so, da muss man einfach durch. Ganz frühmorgens sind die professionellen Händler unterwegs, die meinen, sie könnten die Schnäppchen ihres Lebens machen. Danach kommen die, die für alles nichts bezahlen wollen. Die Leute, die Spaß am Kaufen haben und auch tatsächlich Geld ausgeben, kommen erst so zwischen 10 und 11 Uhr.«

»Und warum sitzen wir dann seit 6 Uhr hier?«

»Schau dich doch mal um«, erwiderte Isabelle und zeigte in die Runde. »Jetzt ist es gerade kurz nach 9 Uhr und du würdest nirgendwo mehr einen Platz bekommen. Es ist total voll! Kein Wunder bei dem Wetter …«

Isabelle hatte recht, selbst der kleinste Stellplatz war belegt. Und eine gute Stunde später wurde es tatsächlich angenehmer. Pärchen mit Tüten vom Bäcker spazierten an den Ständen entlang und die ersten ernst zu nehmenden Kundinnen durchwühlten unsere Sachen. Isabelle fachsimpelte mit einer Kommilitonin über die neueste Designer-Kollektion von H&M und Sandys unzählige aussortierte Bikinis fanden reißenden Absatz. Für meine abgetragenen Sachen interessierte sich niemand. Obwohl Isabelle beschlossen hatte, dass wir eine gemeinsame Kasse machen würden, ärgerte ich mich, dass ich so scheinbar gar nichts zu unserem Verdienst beisteuern konnte.

Sandy war mittlerweile zum Verkaufstalent avanciert, was wohl auch an Hektor lag, der sich als kleiner Herzensbrecher und Frauenmagnet erwies. Er wedelte, ließ sich kraulen und lockte ständig Leute an den Stand. Isabelle bekam im Minutentakt Besuch von Freunden und Kommilitonen, die allesamt sehr hip und ziemlich scharf auf ihre abgelegten Klamotten zu sein schienen. Nur ich hatte noch gar nichts verkauft und meine Laune sank kontinuierlich.

Missmutig ließ ich den Blick über die vielen Menschen schweifen, da blieben meine Augen an ein paar ausgeblichenen Ponysträhnen hängen. Groß, schlank, gute Figur. Verwaschene Röhrenjeans, enges Shirt mit tiefem Ausschnitt, Strickjacke und Nerd-Brille. Hannes? Ich kniff gerade die Augen zusammen, als er mich erkannte. Schnell sah ich weg. Und wie sollte ich mich nun verhalten?

»Dein Blick traf mich mitten ins Herz«, sagte er zur Begrüßung. »Ein Wunder, dass ich nicht sofort tot umgefallen bin.«

»Verstehe ich nicht«, antwortete ich.

»Du gucktest, als wolltest du mich umbringen«, grinste er.

»Ich war mir nur nicht sicher, ob du es wirklich bist, deshalb habe ich die Augen so zusammengekniffen.«

»Hallo Hannes!«, rief Isabelle vom anderen Ende des Standes.

»Hi! Wie laufen die Geschäfte?«

»Super!«

Er begrüßte auch Sandy kurz, die Hektor gerade davon abhielt, unseren Tapeziertisch zu markieren. Dann sah er zurück zu mir.

»Und bei dir?«, fragte er, als er meinen neidvollen Blick hinüber zu Isabelle aufschnappte.

»Gar nicht«, sagte ich leise.

»Oh«, meinte er ehrlich betroffen.

»Hannes, du musst was kaufen!«, kreischte Isabelle und ich sah, dass sie schon wieder ein paar Münzen klimpernd in ihren Brustbeutel fallen ließ.

»Okay!«, rief er zurück. »Werde mich mal umschauen.« Er begann, an meinen Stapeln zu zupfen.

»Das sind doch nur Mädchensachen«, sagte ich mutlos.

Er lächelte mich an und wühlte dann einfach weiter. Irgendwann zog er ein beigefarbenes Shirt hervor.

»Das?«, fragte ich fassungslos.

Es war mein uraltes Disney-T-Shirt. Auf der Vorderseite war Bambi in groben Pinselzügen skizziert, wie es, umgeben von lustigen Blumen, auf wackligen Beinen im Grünen stand und mit großen, blitzenden Augen den Betrachter direkt anzuschauen schien.

»*Bambi* ist doch ein toller Film!«, sagte Hannes unbekümmert. »Ich probiere es mal an.«

»Das?«, fragte ich ein zweites Mal.

Doch Hannes war bereits dabei, sich Shirt samt Strickjacke vom Leib zu reißen. Mit nacktem Oberkörper sah er auch nicht schlecht aus. Er zwängte sich in mein Shirt. Natürlich war es hoffnungslos zu klein und viel zu kurz.

»Das geht nicht«, sagte ich, aber Hannes griff bereits wieder nach der Strickjacke.

»Wenn ich die drüberziehe und halb zuknöpfe, sieht man nicht, dass es zu kurz ist.«

»Hannes«, flüsterte ich eindringlich. »Du siehst unmöglich aus!«

»Ich weiß, was du mir damit sagen willst. Ich sehe schwul aus. Na und? Frauen lieben schwule Männer. Und schwule Männer lieben schwule Männer. Nur verklemmte Hetero-Typen haben da ein Ego-Problem. Und ich glaube kaum, dass sie die Zielgruppe für euren Stand heute sind.« Er knöpfte seine Strickjacke so zu, dass Bambi perfekt zu sehen war und man trotzdem nicht erkannte, dass das Shirt mehr als bauchfrei bei ihm war.

»Super Styling!«, rief Isabelle.

»Danke!« Hannes schob sich seine Nerd-Brille zurecht, dann schaute er zu mir. »Siehst du, was hab ich gesagt?«

»Ich weiß, wie es ohne Strickjacke aussieht, ich glaube, daran liegt es«, seufzte ich.

»Sieht schon ein bisschen bescheuert aus«, gab Sandy mir recht und stellte sich neben mich.

»Es ist mein Flohmarkt-Support-Shirt«, meinte er. »Wie viel muss ich dafür blechen?«

»Gar nichts …«

»Kein Wunder, dass du kein Geld einnimmst«, sagte Sandy.

»Soll ich mal für alle einen Kaffee holen?«, fragte Hannes.

Sandy nickte begeistert.

»Aber nicht in dem Shirt«, warf ich schnell ein.

Hannes hatte Hektor entdeckt und lockte ihn zu sich.

»Ist der aber niedlich. Wir hatten früher auch so einen ähnlichen. Wie heißt er?«

»Hektor«, sagte Sandy stolz.

»Ach, auch ein Fan der Troja-Sage?«

Sandy schaute erst mit ungläubigem Blick zu ihm und danach zu mir.

»Ihr beide«, sagte sie dann, »habt mehr gemeinsam, als ihr denkt.«

Hannes guckte ein wenig überfordert, ich hingegen verstand sofort.

»Ich könnte Hektor mitnehmen, dann kann er noch mal ein paar Bäume besuchen«, überging er Sandys Kommentar.

»Das wäre toll!« – »Hannes!« – »Louise?«

»Mach wenigstens die Jacke zu!«

Er seufzte und begann, mit den Knöpfen zu hantieren.

»Von mir aus …«

In der Zwischenzeit hatte Sandy den wedelnden Hektor angeleint und übergab ihn nun Hannes. Als die beiden davonspazierten, schoss Isabelle wie ein geölter Blitz an meine Seite.

»Er steht auf dich, ich sehe das«, flüsterte sie, obwohl Hannes schon lange außer Hörweite war.

»Also, wer das nicht sieht, dem stelle ich noch heute eigenhändig einen Blindenpass aus«, sagte Sandy.

»Das mit dem Shirt, das ist wieder typisch Hannes. Damit will er dich beeindrucken. Wie findest du ihn?«

»Ich … äh«, stotterte ich. »Ich weiß nicht …«

»Ihr habt doch vorgestern zusammen gekocht. Da ist gar nichts passiert? Habt ihr geknutscht?«

»Nein!«, sagte ich empört.

»Wie, nein? Du willst mir sagen, ihr habt nur zusammen in der Küche gestanden und euch angegrinst?«

»Ja«, behauptete ich.

»Sie flunkert bestimmt«, sagte Sandy. »Ich bin, direkt nachdem er weg war, aus meine Zimmer gekommen und da haben ihre Augen geleuchtet wie Sterne.«

»Siehst du! Sogar Sandy hat es gemerkt! Da musst du doch selber auch etwas merken.«

Ich guckte bockig und wollte nicht mehr antworten.

»Würdest du denn nicht sagen, dass er gut aussieht?«

»Er sieht schon gut aus … so allgemein gesehen«, gab ich zu.

»Allgemein gesehen?«, fragte Isabelle nach.

»Vergiss es!«, warf Sandy ein. »Sie meint bestimmt immer noch, sie müsste sich für diesen Heini aus dem Fernsehen aufsparen.«

»Er ist kein Heini!«

»Du hast definitiv ein Problem, ich sage es gerne noch mal.«

»Lass mich doch. Es ist meine Sache und ich tue niemandem damit weh.«

Sandy sah in die Richtung, in die Hannes verschwunden war.

»Fragt sich nur, wie lange noch du niemandem damit wehtust.«

Als Hannes mit Hektor und dem Kaffee wieder da war, beschloss er, meinen Bereich des Tisches etwas attraktiver zu ge-

stalten. Und natürlich hatte er auch die Strickjacke wieder auf-
geknöpft.

»Vielleicht solltest du die Sachen nicht in Stapeln auslegen. Die
Klamotten vorn sind durchwühlt, aber die hinteren Stapel praktisch unberührt. Wenn du die Sachen nebeneinanderlegst, so quer
über die ganze Fläche, sieht man alles besser und kommt auch
überall einfacher ran.«

»Ich hab keine Lust mehr«, sagte ich und ließ mich auf meinen
Klappstuhl fallen.

Da wollte ich einfach sitzen, den Kaffeebecher festhalten und
darauf warten, dass wir wieder nach Hause fahren würden. Hannes hingegen schien voller Energie. Er kam um den Stand herum,
streichelte kurz über meine Haare und begann dann, die Klamotten auf seine Weise zu arrangieren. Es war unglaublich: Kaum,
dass er da stand, kamen die ersten Interessentinnen. Ich hörte
ihm zu, wie er allen erzählte, dass er die Sachen für seine kleine
Schwester verkaufte, die als Au-pair nach England wollte und
dringend noch etwas Geld dazuverdienen musste. Leider wäre sie
gerade krank und er wäre spontan eingesprungen. Er flirtete kon-
sequent mit allen, nannte die unmöglichsten Preise und das Beste
war: Er bekam sie auch. Ich saß ein wenig abseits, hatte Hektor
auf dem Schoß und konnte mich nur wundern.

Gegen 14 Uhr wurde es merklich leerer. Die ersten Verkäufer
hatten begonnen, ihre Stände abzubauen, und bereits zwei Stunden zuvor hatte der Platzwart die saftige Standmiete von 16 Euro
bei uns kassiert. Isabelle sah auf ihre Uhr und dann auf die wenigen Teile, die wir noch übrig hatten.

»Wir hauen auch ab«, sagte sie. »Packt den Rest ein und dann
verziehen wir uns.«

Erleichtert stand ich auf und klappte meine Sitzgelegenheit zusammen. Seit Hannes den Verkauf übernommen hatte, hatte ich
nur noch herumgesessen. Nun drehte er sich zu mir um und sah
mich erwartungsvoll an.

»Danke«, sagte ich. »Du warst echt toll!«

Er lächelte, streckte den Arm aus und zog mich zu sich. Ich schaute auf Bambi, das auf seiner Brust prangte.

»Ich freu mich auf die Party nachher«, sagte er und zog mich noch näher.

Es war wie sonst auch: Kaum, dass er mich berührte, war ich nicht mehr fähig, klar und nüchtern zu reagieren. Sandy und Isabelle taten schwer beschäftigt. Wie von selbst legten sich meine Hände um seine Hüften. Der Stoff seiner Strickjacke war warm geworden von der Sonne. Hannes ließ mich kurz los, zog die Jacke ein kleines Stückchen hoch und meine Finger berührten nun seine nackte Haut. Unbemerkt rutschte der Stoff wieder runter und verdeckte meine Hände. Seine Haut war weich und glatt. Ich bewegte die Finger. Hannes spielte mit meinen Haaren, strich über meinen Nacken und meinen Rücken hinunter. Die Welt um uns herum verschwamm und ich hörte alle Geräusche nur noch wie aus weiter Ferne.

»Sims mir, wann es losgeht oder ob ihr noch Hilfe braucht«, flüsterte er in mein Ohr.

Ich nickte wie in Trance. Seine Haare kitzelten an meinem Gesicht, sie rochen nach Shampoo und seinem Parfum. Ich atmete ein und dann wieder aus. Es klang wie ein leises Seufzen. Hannes' Arme kreuzten sich über meinem Rücken und er küsste mich sanft aufs Ohr.

»Bis nachher ...« Er löste sich von mir und winkte den anderen noch mal zu.

Ich blieb einfach da stehen, wo ich war.

»Louise?« Das war Isabelles Stimme. Wie aus weiter Ferne drang sie in meine Gehörgänge und klopfte energisch bei meinem Gehirn an.

»Ja?« Fahrig drehte ich mich um.

Isabelle und Sandy sahen mich an. Ich guckte zurück. Sie sagten beide kein Wort, doch ihre Blicke sprachen Bände.

10. KAPITEL

ANFASSEN *verboten*

Als wir so gegen 14:30 Uhr wieder zu Hause eintrafen, krochen wir alle müde die Treppe hinauf und verabredeten, uns erst gegen 19 Uhr wieder zu treffen, um ein paar Besorgungen für die Party zu machen. Isabelle schmiss sich noch eine Pizza in den Backofen und Sandy löffelte die letzten Reste des Gulaschs samt Kartoffeln direkt aus dem Topf. Ich hatte keinen Hunger. Hektor gähnte so ausgiebig, dass ich meinte, schon seine Mandeln sehen zu können. In meinem Zimmer zog ich mir meine Sachen vom Körper und schlüpfte in mein Bett. Zum Glück war es noch ein wenig kühl, da erst die Nachmittagssonne durch das Fenster meines Zimmers brennen würde. Es dauerte nur wenige Minuten und ich war eingeschlafen.

Erst als jemand in der Küche mit Geschirr zu klappern begann, wurde ich wieder wach. Es war kurz vor 18 Uhr. Ich streckte mich ausgiebig. Die Ruhe hatte mir gutgetan, ich fühlte mich erfrischt und ausgeruht. Zuerst schaltete ich meinen *Sturmherzen*-Alarm auf dem Handy aus, dann stand ich auf, zog mir einen Bikini und Shorts über und schaute nach, wer in der Küche bereits wieder so fleißig war.

Es war Sandy, die soeben den letzten Topf abtrocknete. Hektor lag unterm Tisch und kaute laut schmatzend auf etwas herum, das mich entfernt an ein Ohr erinnerte.

»Was hat er denn da Feines bekommen?«, fragte ich.

»Ein Schweineohr«, sagte Sandy. »Die liebt er, obwohl ihm manchmal schlecht davon wird.«

»Ein echtes Ohr von einem echten Schwein?«

»Ja.«

Ich schaute auf Hektors kleine Gestalt und sah, wie er mit konzentrierter Miene an diesem Ohr nagte. Für so animalisch hatte ich ihn gar nicht gehalten.

»Da ist ein Paket für dich gekommen«, meinte Sandy dann. Sie zeigte auf eine bunte Versandtasche, die auf dem Küchentisch lag.

»Oh, super, das muss mein neues Kleid sein«, freute ich mich.

Ich hatte es mir auf Isabelles Empfehlung bei einem Onlineshop bestellt. »Ich probiere es gleich mal an.«

Das Kleid war wirklich wunderschön, gar nicht teuer und passte hervorragend. Ich ging in mein Zimmer zurück, um mich im Spiegel zu betrachten. Gerade lief der Vorspann von *Sturmherzen*. Während einer Werbepause blieb ich bei einer Doku über Cäsar hängen und verpasste eine gute Viertelstunde meiner Lieblings-Soap, nur weil ich vergaß, zurückzuzappen.

Kurz nach 19 Uhr tauchte auch Isabelle wieder auf und gemeinsam fuhren wir in einen großen Supermarkt. Wir luden alles, was wir erstanden hatten, in den Kombi, der sich als unsagbar praktisch erwies, da wir auch mehrere Kästen Wasser, Mixgetränke und Bier gekauft hatten. So gegen 20 Uhr begannen wir, uns aufzuhübschen. Ich trug mein neues Kleid und lieh mir von Sandy einen schimmernden Lidschatten.

Kurz vor 21 Uhr trudelten die ersten Gäste ein. Isabelle machte Fladenbrot warm und ich füllte die verschiedenen Dips in Schälchen.

»Eine Schande, dass wir nicht grillen können«, sagte Sandy.

»Ja, echt«, stimmte Isabelle ihr zu. »Einen Garten zu haben wäre toll.«

»Na ja«, sagte ich, »dieses verwilderte Grundstück, das man von Isabelles Fenster aus sehen kann, gehört theoretisch uns.«

»Echt? Das wusste ich ja gar nicht«, meinte Sandy und schob sich eine Handvoll Chips in den Mund.

»Ja, es gehört hier zum Haus. Früher haben es die Mieter aus der Parterrewohnung genutzt, aber seit sie eines Nachts Hals über Kopf aus der Wohnung getürmt sind, liegt es quasi brach.«

»Mietschulden?«, riet Sandy.

»Genau. Und die Wohnung muss wohl auch ganz schlimm aussehen.«

»Aber dann haben wir ja einen Garten!«, rief Isabelle aufgeregt.

»Die Bezeichnung ›Garten‹ ist wohl etwas übertrieben. Ich glaube, ›Schrottplatz‹ trifft es besser.«

»Aber wenn wir den Vermieter fragen und sagen, dass wir dort ein bisschen für Ordnung sorgen wollen, können wir das Grundstück doch bestimmt nutzen!«

»Bestimmt, er ist ja sehr nett. Und wahrscheinlich froh, dass er nicht auch noch jemanden dafür bezahlen muss, dass der Garten wieder in Ordnung kommt.«

»Gut«, sagte Sandy. »Dann werden wir uns in den nächsten Tagen mal diesen Garten vornehmen. Es wäre doch gelacht, wenn wir keinen Platz zum Grillen finden würden.«

»Ich rufe bei Herrn Wissmann an und frage ihn wegen der Gartennutzung. Noch sind ja keine neuen Mieter unten drin und es wird wohl auch noch ein bisschen dauern, so schrecklich, wie die die Wohnung zerlegt haben …«

»Prima! So machen wir es!«

Es klingelte erneut an der Tür und wir hatten plötzlich eine ziemlich volle Hütte. Hannes kam so gegen 22 Uhr, als ich bereits zwei Bier intus hatte. Er begrüßte mich mit einem Küsschen. Ich führte ihn in Isabelles Zimmer, weil die Party hauptsächlich dort stattfinden sollte. Der Raum war einfach der größte der ganzen Wohnung und sie war außerdem die Einzige, die eine Sitzecke besaß.

Die Stunden vergingen wie im Flug und da wir allein im Haus wohnten, konnten wir die Musik auch etwas lauter machen. Isabelle hatte diverse Playlists erstellt, die nun von ihrem PC aus die Wohnung beschallten.

Hannes versuchte, mit mir zu flirten. Manchmal ließ ich es zu, weil es Spaß machte, dann wiederum blockte ich ab, weil ich ihm keine falschen Hoffnungen machen wollte. Er schien mehr und mehr verwirrt, doch ich sah, dass er es sich nicht anmerken lassen wollte.

Kurz vor 2 Uhr wurde es etwas leerer. Ich hatte gerade in der Küche etwas aufgeräumt und als ich zurück in Isabelles Zimmer kam, sah ich, dass neben Hannes ein Platz auf der Couch frei war. Erschöpft ließ ich mich neben ihn fallen und schloss die Augen.

»Bist du angetrunken, Fräulein?«, lachte er.

»Vielleicht«, murmelte ich und legte den Kopf an seine Brust.

Ich war nicht wirklich betrunken, doch ich tat so, weil es mir dadurch leichter fiel, mein Handeln zu rechtfertigen – vor ihm, aber auch vor mir. Hannes zog seinen Arm hinter meinem Rücken hervor und legte ihn stattdessen sanft um meine Schultern. Mein Kopf rutschte noch ein Stückchen tiefer. Ich lauschte dem Rhythmus seines Herzschlags. Um uns herum ging die Party weiter. Ich hörte Isabelle kichern und wie Sandy sich mit ein paar Freunden unterhielt. Hannes' Finger strichen über meine nackte Schulter. Ich spürte, wie er zögerte. Sein Herz begann zu hämmern, laut und dumpf klopfte es an meinem Ohr. Dann hauchte er einen Kuss auf meine Haare. Es war eine zärtliche, vertraute Geste.

Ich legte meinen Arm um seine Mitte und wollte nicht darüber nachdenken, was ich ihm damit für ein Signal gab. Es war mir egal. Ich war ein wenig angetrunken und sehnte mich nach Nähe, ich wollte mich ankuscheln, die Augen schließen – und warten, dass ich wieder nüchterner wurde.

Hannes' Finger begannen, mit meinen Haaren zu spielen. Dann wanderte seine Hand weiter zu meinem Nacken, strich dort über die Haut und die empfindliche Stelle hinter meinem Ohr.

»Kann ich mal deine Haare anfassen?«, fragte ich. Plötzlich hatte ich Lust dazu.

»Meine Haare?«, grinste Hannes.

»Die da!«, sagte ich und tippte auf seine Brust.

»Noch nie 'nen Freund mit so was gehabt?«

Ich schüttelte den Kopf.

»Na dann, bitte.«

Vorsichtig schob ich die Hand unter Hannes' Shirt. Er zuckte und ich sah, wie er die Luft anhielt. Als ich seine Brust erreichte, begann ich zu kichern. Die Haare dort waren ganz weich, nicht so drahtig oder gar borstig, wie ich es erwartet hatte.

»Wenn Louise sich danebenbenimmt, schick sie bitte ins Bett, ja?!«, rief Sandy zu uns rüber und sofort hatten wir die ungeteilte Aufmerksamkeit der gesamten Runde.

»Sie hat so lieb gefragt, da konnte ich nicht Nein sagen«, erwiderte Hannes.

Ich zog schnell die Hand wieder weg und meine Wangen begannen zu glühen. Die anderen lachten.

»Es gibt nichts zu gucken«, sagte ich scheinbar ernst. »Das hier ist reine Feldforschung.«

Die anderen brüllten natürlich vor Lachen, doch als Hannes und ich nicht weiter bereit schienen, uns über das Thema zu unterhalten, wandten sie sich wieder ihren Gesprächspartnern zu.

»'tschuldigung«, murmelte ich, als wir endlich ohne Zuhörer reden konnten.

»War es schlimm?«

»Nein, ganz weich. Gar nicht schlimm.«

»Willst du noch mal?«

Wieder hörte ich, wie sein Herz schneller schlug.

»Ja, wenn ich darf.«

»Nur zu.«

Hannes hob sein Shirt ein wenig an und ich schob erneut meine Hand darunter. Ich strich über seine Brust und es schien ihm zu gefallen. Plötzlich fand ich Brusthaare gar nicht mehr so seltsam. Als ich aufgrund von leichten Koordinationsproblemen mit der Hand etwas tiefer rutschte, hörte ich ihn scharf einatmen. Ich zog mit meinen Fingern ein paar Linien auf der Haut seines Bauchs und über den Nabel hinab bis zu den Seiten. Hannes gab einen Laut von sich und ich hob fragend den Kopf. Er schaute mich an, etwas in seinem Blick hatte sich verändert. Seine Augen glänzten fiebrig und er sah aus, als suche er nach den richtigen Worten.

»Deine Fingerspitzen«, flüsterte er. »Wenn sie so leicht über meine Haut streichen, das fühlt sich total gut an.«

Sein Herz schlug nun so schnell, dass ich es unter seinem Shirt klopfen sah. Wieder einmal fand ich ihn unwiderstehlich und konnte nicht sagen, warum. Trotzdem machte ich nicht weiter, sondern zog meine Hand zurück. Er sah mich überrascht an und ich schaute auf den Boden. Ich wollte ihm keine falschen Hoffnungen machen. Das war gemein und unfair und er hatte es nicht verdient.

Irgendwann zog er den Arm weg, stand auf und verließ wortlos das Zimmer. Ich blieb auf der Couch sitzen, starrte ins Leere und wartete auf ihn – ich würde mit ihm reden und mich entschuldigen. Doch er kam nicht zurück. Also stand ich auch auf und ging ihn suchen. Er lehnte in der Küche am weit geöffneten Fenster und guckte auf die erleuchtete Straße.

»Hannes?«, fragte ich, weil er scheinbar keine Notiz von mir nehmen wollte.

Endlich drehte er sich um.

»Louise«, sagte er tonlos. »Ich wollte jetzt gleich los.«

Langsam ging ich auf ihn zu. Er wandte sich wieder halb zur Straße, drehte mir den Rücken zu und sah mich nicht an. Abwehrender hätte seine Haltung nicht sein können.

»Hannes, ich möchte …«, begann ich.

»Du, mir ist gerade nicht nach Reden.«

»Mach es mir doch nicht so schwer!«

»Wieso, du machst er mir doch auch schwer.« Er sprach immer noch mit dem geöffneten Fenster.

»Hannes!« Entschlossen griff ich nach seinem Arm und zerrte daran, bis er sich mir zuwenden musste. Als er mich ansah, war ich wieder mal nicht darauf gefasst, wie sehr mein Körper auf ihn reagierte. »Ich wollte … wollte …«, stammelte ich.

»Louise, ich gehe jetzt«, sagte er. Dann schob er sich an mir vorbei.

Sein Körper streifte meinen und alles in mir begann zu kribbeln. Ich blieb stehen, bis ich die Wohnungstür hörte. Erst dann realisierte ich, dass er tatsächlich weg war.

»Verdammt«, murmelte ich und rannte zur Tür.

Im Hausflur hörte ich noch Schritte. Er hatte sich nicht mal die Mühe gemacht, das Treppenhauslicht anzuknipsen.

»Hannes!«

Ich sprang die Stufen hinunter und wäre fast gestürzt.

Dann prallte ich gegen eine Gestalt, die nur spärlich vom Licht, das durch das kleine Flurfenster fiel, beleuchtet wurde. Er fing mich auf, griff unter meine Arme und verhinderte so, dass ich die nächste Stufe hinunterfiel.

»Willst du dich umbringen?«, schnauzte er.

»Du bist so gemein!«, schnauzte ich zurück.

»Gemein? Ich?«

»Ja, du!«

Seine Stimme klang ratlos und wütend zugleich.

»Ich habe doch gar nichts gemacht!«

»Du bist einfach gegangen!«

»Nun, das gehört zu meinen persönlichen Freiheitsrechten.«

»Das war gemein!«

»Louise, jetzt werd mal nicht kindisch. Ich hatte keine Lust auf irgendwelche Erklärungen von dir, warum du mich nicht leiden kannst. Vergiss es einfach, okay?!«

»Komm wieder mit hoch!«

»Ganz bestimmt nicht.«

Seine Hände hielten mich immer noch fest und selbst im Dunkeln meinte ich, sein Herz unter seinem Shirt heftig schlagen zu sehen. Ich atmete seinen Duft ein, sein dezentes Parfum und die Erregung, die jede Pore seines Körpers verströmte. Wie von selbst glitt meine Hand erneut unter sein Shirt.

»Lass die Spielchen«, flüsterte er matt.

Ich hätte ihm gerne erklärt, dass ich nicht wusste, warum ich nicht einfach die Finger von ihm lassen konnte. Dass er mich nervös machte, weil er auf eine so unangestrengte Art so unglaublich sexy war, dass ich mich nicht beherrschen konnte. Dass ich, wenn er mir zu nahe kam, nicht mehr richtig denken konnte. Und dass ich mich dafür hasste, weil es aufhörte, sobald er sich von mir entfernte. Aber ich fürchtete, er würde das nicht verstehen. Also machte ich weiter.

Ich hörte ihn in der Dunkelheit atmen. Meine Hand lag auf seiner warmen Haut und mein Körper sehnte sich nach ihm. Sein

Kopf senkte sich, kam näher und seine Haare kitzelten meine Wange. Ich lehnte mich an die Wand und zog ihn mit mir. Seine Hände legten sich um meine Hüften, dann rutschten sie tiefer und seine Fingerspitzen streichelten meine nackte Haut. In diesem Moment vergaß ich all meine vernünftigen Einwände zugunsten eines Vorschlags, der mich vermutlich noch mehr in Schwierigkeiten bringen würde.

»Geh nicht«, flüsterte ich.

»Und dann?«

Als er antwortete, spürte ich, wie nah sein Gesicht an meinem war. Ich hob den Kopf noch mehr und unsere Lippen berührten sich, als ich weitersprach.

»Wir ziehen uns aus und schlafen nebeneinander. Nackt. Mehr nicht.«

»Ich denke nicht, dass das klappen wird.«

»Wieso nicht?«

»Das werde ich nicht schaffen.«

»Ich schaffe es. Dann schaffst du es auch.«

»Kein Anfassen?«

»Nein.«

»Knutschen?«

»Nein.«

»Und bis dahin?«

»Was meinst du?«

Ich spürte an der Bewegung seiner Lippen auf meinem Mund, dass er lächelte.

»Na jetzt, hier … und so.«

»Ich glaube, das wäre kontraproduktiv.«

»Es könnte aber auch ein Anreiz sein, später durchzuhalten.«

»So etwas wie ein Pfand?«

»Zum Beispiel.«

Ich schob mein Becken noch etwas vor und bog den Rücken durch, ohne dass sich unsere Lippen voneinander entfernten. Hannes' Finger fuhren die nackte Haut meines Rückens hoch und schoben sich unter das Band meines Bikinioberteils. Zärtlich begann er, mich zu küssen. Als ich seine Hände auf meiner nackten Haut spürte, wurde mir klar, dass es auch für mich sehr schwer werden würde, mich an unsere Regeln zu halten.

»Lass uns wieder hochgehen«, flüsterte ich, bevor ich mich umentscheiden konnte.

Wir schafften es zurück in die Wohnung und bis in mein dunkles Zimmer. Durch die geschlossenen Jalousien drang das gelbe Licht der Hoflaterne, sodass wir trotzdem etwas sehen konnten, von der Einrichtung allerdings nur schemenhafte Konturen. Aber das war auch nicht wichtig.

»Ausziehen«, flüsterte ich und zog mir das Kleid über den Kopf.

»Ich sehe gar nichts«, behauptete Hannes.

»Du siehst genug«, kicherte ich.

Und richtig: Er grinste ertappt und sah mir dabei direkt in die Augen. Dann zog er sich sein Shirt aus und nestelte am Bund seiner Jeans. Ich sprang ins Bett, zog die Decke hoch und schlüpfte aus meinem Bikini. Hannes kam näher, krabbelte ebenfalls ins Bett und zog seine Shorts aus. Dann drehte er sich zu mir.

»Nackt?«, fragte er und seine Augen funkelten trotz der spärlichen Beleuchtung. Ich nickte und er verdrehte gequält die Augen.

»Oh nein …«

»Was ist?«

»Nichts.«

»Ich fasse jetzt noch mal deine Brusthaare an.«

»Nein, mach das nicht. Du hast gesagt: ›Kein Anfassen.‹ Das wäre jetzt ein Regelbruch und ich müsste mich dann auch nicht mehr an die Regeln halten.«

»Echt?«

Hannes nickte ernst.

»Keine gute Idee.«

»Aber …«

»Nein.«

»Na gut.« Ich drehte mich um und war ein wenig beleidigt.

»Es waren deine Regeln«, sagte Hannes hinter meinem Rücken.

»Ja, ja«, brummte ich.

Hannes hielt sich tatsächlich eisern an unsere Abmachung. Irgendwann wurde seine Atmung immer regelmäßiger, er war wohl eingeschlafen. Ich lag bestimmt noch eine volle Stunde lang wach, bis die Geräusche aus Isabelles Zimmer weniger wurden. Dann schlief auch ich ein.

*

Mitten in der Nacht wurde ich plötzlich wach. Ich drehte mich um, weil ich mich an Hannes erinnerte, und da lag er. Er hatte seinen Teil der Decke von sich geschoben, seine Brust hob und senkte sich in einem regelmäßigen Rhythmus und er war immer noch komplett nackt. Ich betrachtete ihn, wie er so dalag und seltsam verletzlich aussah.

Seine Lippen waren leicht geöffnet und erst in dem Moment sah ich, wie unglaublich lang seine dunklen Wimpern waren. Seine Nasenflügel bebten ein bisschen, vielleicht weil er träumte. Seine Haut schimmerte und das wenige Licht brach sich an den feinen dunkelblonden Härchen an seinen Armen und seiner Brust. Mein Blick wanderte tiefer. Er war nicht komplett rasiert, einen dunkelblonden breiten Streifen hatte er übrig gelassen. Das gefiel mir. Seine Beine waren lang, sehnig und nur spärlich behaart. Und er hatte dunkelgrau lackierte Fußnägel. Verdutzt schaute ich ein zweites Mal hin. Nein, ich hatte mich nicht getäuscht: Jeder Zeh war sorgfältig und ziemlich gekonnt lackiert.

Ich musste lächeln und rutschte ein Stück näher. Noch nie hatte ich einen Typen wie Hannes kennengelernt. Auf seine leicht verrückte Art war er etwas ganz Besonderes. Ich hob die Hand und berührte seinen nackten Bauch. Es war wie verhext, sobald ich ihm näher kam, musste ich ihn anfassen. Da war nicht dieses verliebte

Gefühl wie bei Jerôme, diese perfekte rosarote Wolke, die mich einhüllte, wenn ich an ihn dachte, diese Sehnsucht nach der ganz großen Liebe und dem ewigen Glück zweier Seelenverwandter, die sich endlich gefunden hatten. Das Gefühl bei Hannes war anders – nicht so perfekt, nicht so ernst, nicht so endgültig. Wenn er bei mir war, fühlte ich mich leicht und dachte nicht an morgen, vergaß meine Pflichten und tat Sachen, auf die ich sonst nie gekommen wäre. Und das konnte doch kein Gefühl für die Ewigkeit sein.

Meine Finger wanderten hinauf zu seinen Schultern, umkreisten sein Schlüsselbein und berührten dann sanft seine Brustwarzen. Er schnaufte und murmelte etwas. Wieder musste ich lächeln. Ich strich ihm den langen Pony aus der Stirn, fuhr über seine Augenbrauen, seine Wangen und hinab zu seinem hübschen Mund. Etwas begann sich zu regen. Ich sah an ihm hinunter und bemerkte, wie sein Penis langsam größer wurde. Er zuckte und ich konnte zuschauen, wie er immer härter wurde. Ich hätte aufhören sollen, meine Hand wegnehmen und weiterschlafen. Als ich zurück in Hannes' Gesicht schaute, hatte er die Augen geöffnet und sah mich direkt an.

»Oh … Äh …«, stotterte ich.

»Das war ein Regelbruch«, murmelte er. »Ich hab es genau gemerkt.«

»Tut mir leid«, sagte ich und wollte mich schnell wegdrehen.

»Hiergeblieben!« Er griff um meine Taille und zog mich zu sich, die Decke schob er achtlos zur Seite. Erst als ich völlig entblößt neben ihm lag, schien er zufrieden. »Gleiches Recht für alle.«

Ich lächelte ein wenig überfordert.

»Wir sollten nicht …«, begann ich erneut.

»Du hast angefangen«, sagte er und schaute interessiert auf meine Brüste.

»Nicht anfassen!«, rief ich.

»Okay«, meinte er lächelnd, senkte den Kopf und begann, eine meiner Brustwarzen mit seiner Zunge zu bearbeiten.

»Hannes!«

»Du hast nur gesagt: ›Nicht anfassen!‹«, nuschelte er und machte dann einfach weiter.

Da ich nicht endgültig nachgeben wollte, griff ich in seine Haare und zog energisch daran. Hannes ließ von meiner Brustwarze ab. Sie war gerötet und stand wie eine Eins.

»Also ihr gefällts«, meinte er und grinste verschmitzt.

Gemeinsam schauten wir auf die kleine Verräterin.

»Könntest du meine Haare loslassen?«

»Nein.«

»Du ziehst aber daran.«

»Genau.«

»Ach, ich verstehe. Ich soll höher rutschen, damit du mich erst mal ausgiebig küssen kannst. Kein Problem.« Mit diesen Worten schob er sich komplett auf mich drauf.

Ich ließ überrumpelt seine Haare los und schaute auf seinen Mund, der plötzlich so nah war. Sein harter Schwanz lag zwischen meinen Oberschenkeln. Hannes sah mich an und hörte auf, so verschmitzt zu lächeln. Stattdessen strich er mit dem Zeigefinger sanft meine Wange hinab.

»Ich mache es nur, wenn du es sagst«, flüsterte er heiser.

»Was soll ich sagen?«, murmelte ich.

»Ich küsse dich nur, wenn du selber sagst, dass ich dich küssen soll.«

Ich schaute wieder auf seinen verführerischen Mund. Sein Schwanz pochte, ich fühlte es genau. Dann bewegte ich mein Becken ein wenig – er sollte höher rutschen, mich berühren. Ich sah, wie er schluckte, seine Unterlippe ein Stück zwischen die Zähne zog und kurz die Augen schloss. Dann schob auch er sein Becken etwas vor. Ich rutschte noch ein wenig tiefer und meine Lippen trafen seinen Mund im gleichen Moment, als mich die Spitze seiner Eichel berührte. Hannes stöhnte leise. Ich öffnete leicht den Mund und strich mit der Zunge über seine Unterlippe. Wieder schob ich mein Becken ein Stückchen vor. Ich wollte mehr von ihm spüren, er war so herrlich warm und hart. Als unsere Zungen sich berührten, spreizte ich meine Beine noch etwas weiter. Wieder rutschte ich ihm ein Stückchen entgegen. Sein Schwanz drückte gegen meine Muschi, er lag perfekt und ich spürte, wie feucht ich schon war. Ich bewegte mein Becken und wie von selbst teilte sich mein Fleisch. Hannes seufzte erneut, seine Zunge war tief in meinem Mund. Ich drehte meine Hüften ein wenig und seine Spitze lag nun dort, wo sie hinsollte. Eine weitere kleine Bewegung und er würde in mich eindringen.

»Oh Gott ...«, flüsterte er.

Ich blieb einfach liegen. Es fühlte sich so wahnsinnig gut an, Haut auf Haut, es war warm und feucht, seine Spitze dehnte meine Haut und hielt sie so auf Spannung. Es war ein übermächtiges Gefühl. Hannes keuchte, während er an meiner Unterlippe knabberte. Als seine Zunge erneut tief in meinen Mund glitt, hob ich unbewusst mein Becken an und plötzlich war er ein Stück in mir drin. Er gab ein jammerndes Geräusch von sich und seine Lippen schlossen sich hart um meine. Ich krallte meine Hände in seine Schultern und hielt ihn fest. Meine Nägel bohrten sich in seine Haut. Dann winkelte ich meine Beine ein wenig an – die Innenseiten meiner Oberschenkel streiften seine Hüften – und als sie sich hinter seinem Rücken überkreuzten, schob Hannes das Becken vor und war endlich ganz in mir drin. Er stöhnte, dann löste er seine Lippen von mir und vergrub seinen Kopf in meiner Halsbeuge.

Unsere Körper klebten aneinander, nicht mal ein Blatt Papier hätte noch zwischen uns gepasst. Dann begann er, sich zu bewegen. Er war so tief in mir, wie ich es noch nie zuvor erlebt hatte. Ich presste mich an ihn, seine Haut rieb an meiner Muschi und immer wieder glitt er noch tiefer in mich hinein. Er biss in die weiche Haut meiner Halsbeuge und trotz der Hitze jagte ein wohliger Schauer über meinen Körper. Ich hob meine Hüften noch mehr und Hannes jammerte erneut. Wenn er nicht aufhörte, würde ich gleich kommen. Doch er hörte nicht auf – stattdessen wurde er noch schneller. Er knabberte weiter an meinem Hals. Ich wollte etwas sagen, aber ich konnte nicht. Ich konnte mich auf nichts anderes mehr konzentrieren als auf seinen Schwanz tief in mir drin. Mein Körper verselbstständigte sich, ich konnte nicht mehr länger warten – und ich wollte auch nicht. Ich bog mich ihm entgegen und kam lautlos, ohne es mir anmerken zu lassen. Meine Muskeln kontrahierten und Hannes keuchte an meinem Ohr. Dann riss er sich los.

»Beweg dich nicht«, flüsterte er mit glasigen Augen. Er blinzelte. »Ich habe gar kein Gummi drauf.«

Ich sah ihn an. Sein Blick schwankte zwischen Lust und Panik, als sein Schwanz in mir zuckte. Hannes spannte die Bauchmuskeln an. Ich rührte mich nicht – so lange, bis er ausatmete.

»Besser?«

Er nickte.

»Hast du Gummis?«

»Nein.«

»Ich glaube, ich habe eins in meiner Geldbörse. Soll ich es holen?«

»Ja.«

Hannes löste sich von mir und verschwand in der Dunkelheit. Ich hörte ihn rascheln. Kurz darauf war er wieder da. Er setzte sich auf die Bettkante und ich richtete mich in den Kissen auf. Ich hatte gedacht, dass sich etwas verändern würde, wenn ich mit ihm geschlafen hatte – dass es meine Faszination für ihn dämpfen würde. Doch als er wieder so nah neben mir saß, war es unverändert heftig.

Hannes griff zärtlich in meine Haare und zog meinen Kopf zu sich.

»Du hast es immer noch nicht gesagt.«

»Was denn?«

»Dass ich dich küssen soll.«

»Küss mich.«

Und das tat er dann auch. Kurz darauf sanken wir zurück auf die Matratze und obwohl ich bereits gekommen war, wollte ich nicht aufhören. Ich zog ihn wieder auf mich drauf und spreizte die Beine. Dann bewegte ich mich so lange, bis es richtig war. Wieder berührte sein Schwanz meine Muschi. Er seufzte und schob sich langsam vorwärts. Als er ganz in mir drin war, begann er, sich rhythmisch zu bewegen. Ich sah, wie er sich beherrschte und dass er zwei Mal kurz davor war zu kommen. Als er ein drittes Mal innehielt, schob ich ihn sanft, aber bestimmt von mir weg. Er guckte verdutzt.

»Leg du dich hin«, flüsterte ich und küsste ihn kurz.

Ich wollte es so machen, wie ich es bei Sandy gesehen hatte. Als Hannes sich umgedreht hatte, schwang ich mein Bein über seine Mitte und platzierte mich dann so, dass sein Schwanz mich berührte. Hannes schaute fasziniert darauf. Langsam ließ ich mich etwas tiefer sinken. Er warf den Kopf zurück und schloss die Augen. Ich bewegte mich auf und ab und er begann, laut zu atmen. Als ich schneller wurde, legte er die Hände auf meine Oberschenkel. Weil er die Augen immer noch geschlossen hatte, platzierte ich seine Finger auf meiner Perle, so wie Sandys Freund es bei ihr gemacht hatte. Es steigerte mein Lustgefühl sofort um einiges. Sein Griff wurde fester und ich wurde schneller. Er keuchte. Mein Bett quietschte ein wenig, doch es war mir egal. Ich streichelte mich selbst, während mein Becken in heftigen Stößen auf ihn hinabglitt.

»Ich komme gleich«, stöhnte er.

Ich wurde noch ein wenig schneller und härter.

»Oh mein Gott.« Er biss sich auf die Unterlippe und seine Finger krallten sich in meine Oberschenkel. »Hör nicht auf!« Dann öffnete sich sein Mund in einem stummen Schrei und er verzog das Gesicht, als habe er Schmerzen.

Ich machte weiter. Hannes hob mir sein Becken entgegen, es klatschte gegen meine Haut. Ich spürte, wie er kam, so heftig zuckte er in mir. Schließlich hielt er mich fest und ein dunkler Laut kam aus seiner Kehle. Er bäumte sich noch einmal unter mir auf, dann lag er ganz still.

Am Morgen herrschte Katerstimmung. Uns wurde bewusst, dass wir ungeschützten Sex gehabt hatten. Dabei war es schon schlimm genug, dass wir überhaupt Sex gehabt hatten.

»Und jetzt?«, fragte er, als ich duschen gehen wollte.

»Keine Ahnung.«

Als ich wieder in mein Zimmer kam, hatte er sich bereits angezogen. Nebenan hörte ich Isabelle und Martii lachen, während hinter Sandys Tür nur Hektors Schnarchgeräusche zu vernehmen waren.

»Kaffee?«, fragte ich, weil Hannes offenbar nicht gehen wollte. Er nickte.

Nachdem ich mir mein Kleid übergeworfen hatte, setzten wir uns in die Küche.

»Drei feste Freundinnen, immer mit Pille, davor immer 'nen Test. Ein paar One-Night-Stands, immer mit Gummi«, sagte er plötzlich.

Ich hob überrascht die Augenbrauen.

»Jetzt du.«

Ich musste nicht lange überlegen.

»Ein fester Freund, beide noch Jungfrau. Ein One-Night-Stand mit Gummi. Noch nie einen Test gemacht.«

Hannes nickte.

»Ist okay für mich, wenn es okay für dich ist.«

»Ich denke schon.«

Er sah mich an, als suche er in meinem Gesicht nach einer Antwort.

»Ich hau dann gleich mal ab.«

»Okay.«

Er schluckte und schien nicht wirklich zufrieden.

»Hast du nachher schon was vor?«

»Ich muss arbeiten. Heute ist verkaufsoffener Sonntag, da macht meine Tante den Laden um 13 Uhr auf. Und heute Abend gibt es eine Lesung, da muss ich auch dabei sein.«

»Deine Tante hat einen Buchladen?«

»Ja.«

»Na gut ...« Hannes wuschelte sich unschlüssig durch seine zerzauste Haarpracht. »Dann melde ich mich morgen mal.«

»Ja, gut.«

Wieder schien er nicht zufrieden zu sein. Er stand auf, zog sich sein Shirt glatt und stellte seinen Kaffeebecher in die Spüle.

»Gut, dann bin ich mal weg.« Er beugte sich zu mir herunter, hauchte mir einen flüchtigen Kuss auf die Wange und verschwand aus der Küche.

Als die Wohnungstür ins Schloss fiel, atmete ich erleichtert auf. Ich brauchte ein wenig Zeit – Zeit, um darüber nachzudenken, was das mit Hannes in der Nacht gewesen war. War es tatsächlich nur eine Sektlaune gewesen?

11. KAPITEL

DER STAR-
Astrologe

Als ich eine gute halbe Stunde später in der Straßenbahn Richtung Innenstadt saß, dachte ich erneut an Hannes. Es war wie verhext: Sobald er nicht mehr in meiner Nähe war, fehlte er mir nicht. Ich sehnte mich nicht nach ihm. Ich wollte nicht jede freie Minute mit ihm verbringen und romantische Zukunftspläne schmieden. Ich hatte nicht das Gefühl, ihn ganz für mich gewinnen zu müssen. Doch wenn er vor mir stand, mich so unverschämt charmant anlächelte und wieder mal so unmöglich gekleidet war, dann konnte ich mich einfach nicht beherrschen.

Ich dachte an Jerôme und mein Herz begann zu klopfen. Endlich! Endlich würde ich ihn sehen! Es würde wunderbar werden. Da nun das Fan-Treffen in so unmittelbare Nähe gerückt war, begann ich jedes Mal, wenn ich daran dachte, vor Aufregung leicht zu zittern. Hoffentlich würde die Zeit bis dahin schnell vorbeigehen.

Als ich bei Gisi im Laden ankam, schien sie ziemlich kopflos. Ob es an der Lesung am Abend lag? Das konnte ich mir eigentlich nicht vorstellen, denn sie veranstaltete öfter die verschiedensten Events: Kurse, in denen man das Kartenlegen lernen konnte, Infoabende über Astrologie oder Lesungen mit Autoren so wie an diesem Tag.

»Oh nein!«, japste sie, nachdem sie zuvor ekstatisch mit unserem etwas zerlumpten Staubwedel herumhantiert hatte. »Ich habe etwas zu Hause vergessen! Sternchen, ich bin noch mal eben weg. Ich beeile mich.« Sie schnappte sich ihre Handtasche.

»Okay. Lass dir Zeit!«, sagte ich, nachdem ich die nervösen roten Flecken auf ihrem Gesicht gesehen hatte.

»Bis gleich!«, rief sie noch und weg war sie. Bodo und ich sahen uns ratlos an.

Wenig später kamen ein paar Mädels in den Laden und kauften jede einen von unseren Halbedelsteinen an Lederbändern als Freundschaftsketten. Sie waren ganz sympathisch und eine studierte sogar auch Geschichte. Wir unterhielten uns eine ganze Weile, dann betrat ein weiterer Kunde den Laden und erkundigte sich nach der Lesung am Abend. Die Mädels verabschiedeten sich und ich gab dem Kunden einen der Flyer mit, die Gisi extra für diesen Abend hatte drucken lassen.

Als er weg war, nahm ich eines der Hochglanzblättchen und sah es mir etwas genauer an. Als Erstes fiel mir ein Foto auf, das einen nicht unbedingt schlecht aussehenden Typen in mittleren Jahren zeigte. Seine dunklen Haare waren nach hinten gegelt und er war etwas zu orange, um noch authentisch sonnengebräunt zu wirken. Doch das konnte natürlich auch an der Qualität des Drucks liegen. Er trug ein schlichtes weißes Oberhemd und eine seltsam verschlungene Halskette, die so überhaupt nicht zu ihm und dem Hemd passte.

Unter dem Foto stand: »Bestseller-Autor und Star-Astrologe Leopold von Halmenitz-Beauvoir«. Sein Buch, wesentlich größer abgedruckt als sein Porträt, hatte den aussagekräftigen Titel *Mein Leben mit den Sternen* und war kitschig in Weiß und Silber gehalten. Zudem stand die Adresse von Gisis Laden auf dem Flyer und eine Kurzbeschreibung des Events: Herr von Halmenitz-Beauvoir würde aus seinem Buch lesen und danach für Fragen und zum Signieren zur Verfügung stehen. Ich schaute erneut auf das Foto. Was für ein Name!

Als die Türglocke wieder bimmelte, legte ich den Flyer schnell zurück auf den Stapel neben der Kasse.

»Hallo Sternchen!«, sagte jemand.

Ich hob überrascht den Kopf. Es war der nette Typ, den ich meinte zu kennen und der versprochen hatte, wiederzukommen. Das hatte er ja nun auch getan. Es kam mir so vor, als sehe er jedes Mal noch etwas besser aus. Ich strahlte ihn an.

»Ich wusste, dass mir Gisis Spitzname noch mal zum Verhängnis werden würde.«

»Es gibt wesentlich schlimmere Spitznamen«, sagte er und seine dunkelblauen Augen blitzten verschmitzt. »Eine Tante aus der Schweiz hat früher immer Bübli zu mir gesagt. Und bei einem wilden Fünfjährigen kratzt das ein bisschen am Ego.«

Bodo hatte ihn wohl auch erkannt, denn er erhob sich von seiner Decke und kam gemächlich zu uns spaziert. Seine kurze Rute wedelte hin und her.

»Also, Bübli klingt wirklich schlimm«, gab ich ihm recht.

»Sternchen und Bübli«, sagte er und grinste. »Könnte eine Geschichte aus der Augsburger Puppenkiste sein.«

»Was habe ich die Geschichten geliebt«, seufzte ich. »Erinnerst du dich noch an den Salamander, der sich immer eine Badewanne voll Schlagsahne gewünscht hat?«

»Ja klar! Und diese kleinen Außerirdischen, die auf einem Planeten wohnten, der wie ein Apfel aussah – die fand ich cool!«

Wir strahlten uns weiter an, doch dann fiel mir ein, warum er noch mal in den Laden gekommen war.

»Du hast leider schon wieder Pech. Meine Tante ist mal wieder kurz weg.«

Er tätschelte Bodos massigen Kopf.

»Also, ich habe jetzt noch mal meinen Vater gefragt und der meinte, ich solle ihr einfach einen Gutschein besorgen. Dann kann sie sich ihre Karten selbst aussuchen.«

»Das klingt doch gut«, sagte ich lächelnd. Gleichzeitig war ich ein wenig traurig. Nun hatte er wohl absolut keinen Grund mehr, noch mal in den Laden zu kommen.

Er stand etwas unschlüssig vor der Theke herum, dann fiel sein Blick auf die Flyer.

»Leopold von Halmenitz-Beauvoir«, las er laut vor. »Na, wenn das mal kein Künstlername ist.«

»Meinst du?«, fragte ich überrascht.

»Hm.« Er warf einen leicht verächtlichen Blick auf das Foto. »Ich finde schon, dass es ziemlich frei erfunden klingt.«

Ich konnte mir ein kleines Lächeln nicht verkneifen. Ob er den Typen einfach nur doof fand, weil der so einen prachtvollen Namen hatte?

»Das ist ja heute Abend«, sagte er plötzlich.

»Ja. Und die Veranstaltung scheint super zu werden. Wir sind fast alle Karten bereits im Vorverkauf losgeworden, das hatten wir noch nie!«

»Lass mich raten: Es kommen fast nur Frauen.«

»Du kannst ihn ja bloß nicht leiden!«, lachte ich.

»Wenn ich nicht zum Kino verabredet wäre, würde ich glatt mal vorbeischauen und mir den live angucken, den Herrn Star-Astrologen.«

»Also ich freue mich schon sehr«, sagte ich, um ihn ein wenig zu ärgern.

Er verzog das Gesicht. Ich fand ihn hinreißend.

»Habt ihr denn so etwas wie Gutscheine?«, fragte er dann.

»Ja klar. Wir haben Geschenkkarten, da kann ich den Betrag einfach eintragen.«

»Okay.« Er sah hinüber zu dem Regal mit den Tarotkarten. »Also schaue ich mal nach, was das teuerste Set kostet, und für die Summe kaufe ich dann einen Gutschein. Oder?«

»Dann bist du auf der sicheren Seite«, erwiderte ich geschäftsmäßig, doch in meinem Kopf tobten die Gedanken wild durcheinander.

Er würde gleich seinen Gutschein bezahlen und gehen. Dann würde ich ihn nie wiedersehen. Aber er sollte noch nicht so schnell wieder verschwinden! Es gefiel mir, wenn er bei mir war, und ich verstand mich super mit ihm. Er war ziemlich gut aussehend, vermutlich zu gut aussehend für mich. Und ich fand es toll, dass er einerseits so ruhig und seriös wirkte und andererseits völlig grundlos einen Astrologen nicht leiden konnte und sehr kunstvoll tätowiert war. Warum nur schaffte ich es nicht, unser Kennenlernen etwas voranzutreiben?

Ich beschloss, ihn einfach zu fragen. Was konnte denn daran so schwierig sein: »Sag mal, wie heißt du eigentlich?« Das müsste ich fragen, mehr nicht. Ich sah ihm zu, wie er auf das Regal zuging und dann prüfend die einzelnen Packungen betrachtete. Sag es!, hämmerte es in meinem Kopf. Frag ihn einfach!

»39,90 kostet das teuerste Set«, sagte er und kam zurück zu mir.

»Okay«, erwiderte ich und kramte nach den Geschenkgutscheinen. Mein Mund war ganz trocken.

»Trag bitte vierzig ein«, sagte er lächelnd und zückte sein Portemonnaie.

Ich tippte den Betrag in die Kasse und er gab mir zwei Zwanzigeuroscheine.

»Danke!«

Dann nahm ich einen Stift, trug den Betrag auf dem Gutschein ein, schob diesen in das dazugehörige Kuvert und band noch eine Schleife darum.

»Perfekt!«, lachte er und ließ es in seiner Umhängetasche verschwinden.

Ich nickte tapfer, obwohl der Abschied kurz bevorstand. Ich würde ihn fragen, sofort!

»Tja, Sternchen …«, sagte er zögernd und sah mich an.

Ich machte den Mund auf, doch kein Ton kam heraus.

»Würdest du …«, begann er und ich wagte kaum zu atmen. Er stockte, nestelte ausweichend an seiner Tasche herum und begann dann noch mal von vorn: »Hättest du etwas dagegen, wenn ich dich in den nächsten Tagen hier noch mal besuchen komme?«

»Nein, gar nicht«, hauchte ich.

»Gut, dann mache ich das!«, meinte er lächelnd und wirkte sichtlich erleichtert.

Ich wollte spontan die Theke umarmen und die Kasse küssen.

»Okay.« Er hob kurz die Hand, während er sich langsam umdrehte. »Dann bis bald!«

»Viel Erfolg mit dem Geschenk«, sagte ich, »und eine schöne Feier!«

»Danke!«

An der Tür drehte er sich noch einmal um und lächelte, dann war er weg. Ich schaute ihm nach, wie er am Schaufenster vorbeiging. Und ich sah ganz genau, dass er immer noch lächelte.

Kurz darauf kam Gisi zurück. Sie war noch nervöser als zuvor.

»Sternchen«, sagte sie entschlossen. »Wir machen von 17 bis 19 Uhr den Laden dicht, damit wir uns in Ruhe für die Lesung fertig machen können.«

»Fertig machen?«, fragte ich.

Das hatten wir noch nie so gehandhabt. Nach Ladenschluss stellten wir die Stühle auf, holten uns noch einen kleinen Snack zum Abendbrot und eine gute Stunde später ging es los.

»Ja«, erwiderte Gisi und hatte schon wieder so rosa Flecken im Gesicht.

Plötzlich dämmerte es mir. Es war wegen dieses Star-Astrologen! Er sah gut aus und war ganz bestimmt ihr Typ. Sie stand, ebenso wie ich, auf Dunkelhaarige. Ich sah ihr zu, wie sie sich nervös die wilden Locken hinters Ohr strich und dann an ihrem Batikshirt zupfte. Als sie prompt wieder nach dem Staubwedel griff, war ich mir sicher, dass es dieser Astrologe war, der sie so nervös machte. Gisi hasste es, zu putzen. Aber wer nahm nicht sogar eine so nervige Tätigkeit wie Putzen in Kauf, um jemanden, der einem gut gefiel, zu beeindrucken. Ich sah ihr also zu, wie sie sich weiter mit dem Staubwedel verausgabte. Um Punkt 17 Uhr schlossen wir den Laden ab und machten uns auf den Weg nach Hause.

»Zieh dir was Hübsches an«, rief mir Gisi noch hinterher.

Auch das war noch nie so vorgekommen. Ich sah ihr nach, wie sie mit Bodo davonspazierte, und konnte mir ein kleines Lächeln nicht verkneifen.

*

Weil Gisi es sich gewünscht hatte, zog ich mir mein neues blaues Kleid an und lieh mir von Sandy ein paar goldglänzende Armreifen. Isabelle und Martii lagen immer noch im Bett und spielten Baby mit Hektor. Er lag in ihrer Mitte und ließ sich den Bauch kraulen, während die beiden sich abwechselnd anlächelten oder verliebt kicherten. Sandy, die auch immer noch im Schlafanzug war, warf einen genervten Blick ihre Richtung, dann sah sie zu mir.

»Verliebte sind ja so was von zum Kotzen«, sagte sie.

Dann machten wir uns daran, die Wohnung ein wenig aufzuräumen. Das verliebte Paar blieb im Bett, versprach aber, nach der nächsten Feier ohne unsere Hilfe die Wohnung wieder in Ordnung zu bringen.

Weil ich noch etwas Zeit hatte, setzte ich mich mit ein paar Butterbroten vor meinen PC und googelte diesen Astrologen. Es dauerte nicht lange und ich fand einen Artikel, der mehr über ihn verriet als der geschönte Lebenslauf auf seiner Homepage. Leopold von Halmenitz-Beauvoir war tatsächlich nur sein Künstlername, geboren wurde er als Hermann Bollweg in Berlin-Neukölln. Er hatte außer einer abgebrochenen Bäckerlehre und ein paar Jahren als Hausmeister an einer Grundschule keine fachlichen Qualifikationen vorzuweisen. Zur Astrologie war er durch eine ehemalige Geliebte gekommen, die ihm einen Job bei einer Zeitschrift verschafft hatte, für die sie arbeitete. Sobald sein Foto neben den Horoskopen abgedruckt worden war, verkaufte sich die Zeitschrift so gut, dass Bollweg bald abgeworben wurde und sich einen Künstlernamen zulegte. Er gab unter anderem zu, die ersten Horoskope erfunden und sich erst danach alles Wissen angelesen zu haben. Seinen Erfolg verdankte er unzähligen Erwähnungen in Frauenzeitschriften und einigen überzeugenden Fernsehauftritten. Ich war leicht schockiert.

*

Als ich kurz nach 19 Uhr mit der üblichen *Sturmherzen*-Verspätung wieder am Laden ankam, war drinnen bereits alles hell erleuchtet. Ich öffnete die Tür, die Glocke bimmelte und ein groß gewachsener Mann drehte sich zu mir um. Natürlich erkannte ich ihn sofort: Es war der Herr Star-Astrologe, wie immer im weißen, sehr taillierten Hemd.

Kaum hatte ich den Laden betreten, kam eine zweite Person aus dem Lager. Ich hätte sie fast gefragt, was sie da machte, da sah ich, dass es Gisi war. Sie sah richtig gut aus! Die Haare waren geglättet, sodass sie ihr lang und seidig bis auf die Schultern fielen, die Augen etwas dunkel geschminkt und ihr Gesicht ebenmäßig gepudert. Ihr Dekolleté war ganz rosa. Sie trug ein schlichtes Etuikleid in sattem Schwarz, das ihr entschieden besser stand als die quietschbunten Klamotten, die sie sonst so bevorzugte.

»Sternchen, da bist du ja!«, rief sie hektisch.

Ich kam vorsichtig näher, während mich der Herr Star-Astrologe von oben bis unten musterte. Gisi legte einen Arm um mich und strahlte dann in seine Richtung.

»Leopold, das ist mein Patenkind Louise. Sie ist die Tochter meines Bruders. Louise, das ist Leopold von Halmenitz-Beauvoir. Er wird uns heute Abend die Freude machen, aus seinem Bestseller vorzulesen.«

»Freut mich«, sagte ich und streckte ihm die Hand hin.

Er zog sie an seine Lippen und hauchte einen imaginären Kuss darauf. Ich stand stocksteif da und ließ es geschehen. Gisi schien sichtlich entzückt.

»Liebe Giselle«, sagte der Star-Astrologe dann mit Samtstimme, »die familiäre Ähnlichkeit ist unverkennbar.«

Meine Tante kicherte wie ein Teenager und wurde tatsächlich ein klein wenig rot. Ich stand immer noch verkrampft da, obwohl er meine Hand wieder losgelassen hatte. Die Szene war wirklich skurril. Hormone machten gestandene Leute zu Idioten. Das war einerseits lustig, andererseits aber auch ein bisschen zum Fremdschämen. Ich murmelte eine Entschuldigung und verzog mich hinter die Theke, um meine Tasche abzustellen. Dann beobachtete ich weiter, wie Gisi kichernd wie ein kleines Mädchen vor diesem Kerl herumwuselte und er, sich seiner Wirkung ganz bewusst, ihr dabei zusah.

Wenig später trudelten die ersten Gäste ein. Es kamen tatsächlich hauptsächlich Frauen. Als die Lesung begann, saß ich neben

Gisi ganz am Rand. Sie machte keinen Hehl daraus, wie sehr sie diesen Leopold anhimmelte. Auch die anderen Damen schienen ihm verfallen zu sein, denn sobald es ans Signieren der Bücher ging, wurde gekichert und geflirtet, was das Zeug hielt.

Man merkte ganz deutlich, wie viel Mühe sich die Frauen mit ihrem Äußeren gegeben hatten, dass sie vorher noch beim Friseur gewesen waren oder sich etwas Schickes zum Anziehen gekauft hatten. Sie richteten ihre Kleider, zogen sich unauffällig die Lippen nach oder ordneten ihre Frisur. Manche konnten kaum sprechen, als sie endlich dran waren. Ich sah in ihren Augen, wie sehr sie darauf hofften, dass er sie anlächelte, etwas Nettes sagte oder schlicht und einfach mehr mit ihnen sprach als mit der Frau, deren Buch er vorher signiert hatte. Manche flirteten regelrecht offensiv, präsentierten ihre Dekolletés oder säuselten neckisch etwas von ihrer Handynummer, die sie ihm ja so gerne geben würden. Der Herr Star-Astrologe nahm alles gelassen hin, blieb unverbindlich und freundlich, während die Damen wie eine liebestolle Bande frühreifer Internatsschülerinnen um die Wette strahlten.

Zum ersten Mal fiel mir auf, wie bescheuert man auf Außenstehende wirkte, wenn man so offensichtlich verknallt in einen Promi war.

*

Am nächsten Tag, einem Montag, saß ich mit gemischten Gefühlen und etwas unfreiwillig in der Bibliothek. Isabelle hatte beschlossen, ihr Zimmer zu streichen, und der penetrante Geruch der Farbe hatte meine Gehirnzellen gelähmt, so kam es mir zumindest vor. Sandy, die erst am Nachmittag wieder arbeiten musste, hatte Isabelle angeboten, ihr zu helfen – ebenso wie Martii, der schon seit dem Morgen liebevoll die Fußleisten abgeklebt und alle Möbel in Schutzfolie eingehüllt hatte. Wenn die Farbe ausreichte, wollten sie in Sandys Zimmer die Kopfwand auch gleich streichen. Ich war mit meiner empfindlichen Nase und den vier Hausarbeiten im Endspurt also mehr als überflüssig.

Als ich vor einem der langen Bibliotheksregale stand und nach ergänzender Literatur suchte, tippte mir plötzlich jemand auf die Schulter.

»Hi! Wir kennen uns doch«, sagte das Mädel.

Ich brauchte eine halbe Sekunde, dann erkannte ich sie wieder.

»Ja, klar! Du hast mit deinen zwei Freundinnen im Laden meiner Tante die Halsketten gekauft.«

»Ist ja ein Zufall, dass wir uns hier wiedersehen! Obwohl, so viele Leute studieren nun auch wieder nicht Geschichte.« Sie lachte und die Sommersprossen auf ihrer Nase schienen sich zu bewegen. »Sitzt du auch über diversen Hausarbeiten?«

»Ja. Es nimmt einfach kein Ende. Schrecklich!«

»Bei mir auch nicht.« Sie streckte mir die Hand entgegen. »Ich bin Anne.«

»Louise«, sagte ich. »Freut mich!«

Anne warf einen Blick aus den schmalen Fenstern und zog dann ein leidendes Gesicht.

»Was für ein herrliches Wetter und wir sind hier gefangen in diesem Bunker.«

»Ja«, seufzte ich. »Ich sitze jetzt auch schon den ganzen Morgen hier herum. Ich glaube, ich mache gleich mal eine Pause.« Als ich zu Anne hinübersah, zögerte ich zuerst, doch dann gab ich mir einen Ruck. »Hast du Lust, gleich mit rauszukommen? Ich wollte einen Kaffee trinken und vielleicht einen Moment lang in der Sonne sitzen, um wieder etwas Energie zu tanken.«

»Ja, gerne! Hol mich doch einfach an meinem Platz ab, ich sitze dort drüben.« Sie zeigte mit dem Finger in Richtung der Arbeitsplätze an der großen Fensterfront.

»Okay, mache ich!«

Nachdem Anne gegangen war, fand ich noch einige interessante Bücher und verzog mich damit wieder an meinen Tisch. Meine

Konzentration ließ jedoch immer mehr nach. Schon bald klappte ich meine Unterlagen zu und ging Anne suchen.

Wir holten uns in der Cafeteria jede einen Kaffee und einen Donut mit Schokoladenüberzug. Draußen setzten wir uns auf eine kleine Mauer und unterhielten uns ein bisschen über die Seminare, die wir im letzten Semester besucht hatten. Anne war ein Jahr jünger als ich und hatte dementsprechend weniger Grundlagenmodule besucht. Ich bot an, ihr beim Lernen für die Klausuren mit Tipps und Materialien zu helfen, und darüber freute sie sich sehr. Wir tauschten Handynummern und beschlossen, uns mal wieder zu treffen.

Den Rest des Nachmittages verbrachte ich bis zum frühen Abend wieder über meinen Büchern. Am nächsten Tag würde ich arbeiten gehen. Ich hoffte natürlich, dass der Unbekannte wieder auftauchen würde.

Zu Hause war das Chaos zwei hübsch gestrichenen Zimmern gewichen. Sandy war arbeiten und das verliebte Paar kochte Nudeln mit einer finnischen Soße nach einem Rezept von Martiis Mutter. So gegen 19 Uhr sollte gegessen werden. Isabelle hatte einen trockenen Weißwein kalt gestellt und ich war ebenso herzlich zum Essen eingeladen wie Sandy, die dann vom Arbeiten wieder zurück sein sollte.

Als mein Handy kurz vor 18 Uhr schrillte, fiel mir auf, dass ich ohne diesen Alarm *Sturmherzen* komplett vergessen hätte.

*

Am Dienstag wartete ich vergeblich auf den Unbekannten. Ich bat sogar Gisi, mir Bescheid zu sagen, ob er an einem anderen Tag aufgetaucht war, doch sie konnte mir am Ende der Woche auch nichts weiter berichten. Da ich am darauffolgenden Mittwoch meine Hausarbeiten abgeben musste, schloss ich mich in meinem Zimmer ein und versuchte, mich auf die wichtigen Dinge zu konzentrieren. Hannes simste mir ein paarmal, doch ich vertröstete ihn.

Abends schaute ich *Sturmherzen* – mal aus Gewohnheit, dann wieder mit Herzklopfen, wenn Jerôme die Bildfläche betrat. Meine Gefühle für ihn fuhren Achterbahn. Ich schaute mir seine Homepage an: Er hatte neue Fotos hochgeladen, auf denen er wirklich sehr gut aussah. Und sogar das Treffen mit seinem Fanklub kündigte er an!

Lange betrachtete ich den Bildschirm. Vor noch gar nicht so langer Zeit hatte ich mit unerschütterlicher Hingabe daran geglaubt, dass ihn und mich etwas verband. Nun sah ich mir die schmucken Schwarz-Weiß-Fotos an und wartete auf das zarte Flattern in meinem Bauch, das Prickeln und das warme Gefühl der unbedingten Zuneigung. Es passierte gar nichts. Für eine Weile war ich wie paralysiert, dann schob ich es auf meine empfindlichen Nerven. Das Fan-Treffen war in so greifbare Nähe gerückt, dass es nur natürlich war, dass ich meine Gefühle für ihn hinterfragte. Es waren die Aufregung, die Nervosität und die große Vorfreude, die dazu führten, dass ich schlicht und einfach kalte Füße bekam.

Den Dienstag vor der Abgabe meiner Hausarbeiten verbrachte ich für die letzten nötigen Korrekturen in der Bibliothek. Ich hatte Anne gesimst, um mich mit ihr wieder auf einen Kaffee zu verabreden. Sie lud mich prompt zu ihrer Geburtstagparty am Samstag ein und ich fragte natürlich, ob meine beiden Mitbewohnerinnen auch mitkommen dürften. Anne fand die Idee gut, da sie in ihrem Wohnheim feierte und der Gemeinschaftsraum sowie die Etagenküche genug Platz für jede Menge Gäste boten.

Als der Unbekannte auch in dieser Woche nicht mehr auftauchte, war meine Laune an ihrem Tiefpunkt angekommen. Bestimmt hatte er tatsächlich nur höflich sein wollen und ich hatte in jeder Geste mehr gesehen und in jedem Satz mehr gehört, als er hatte mitteilen wollen! Insgesamt war ich also eher weniger in Feierlaune. Der Gutaussehende hatte mich vergessen, meine zwiespältigen Gefühle für Jerôme so kurz vor dem Treffen verunsicherten mich und selbst Hannes meldete sich nicht mehr. Das konnte ich allerdings verstehen, da ich jede Kontaktaufnahme mehr oder weniger abgeblockt hatte.

*

Am Abend der Party rief Rebecca an, als Isabelle gerade dabei war, mich zu schminken. Sie hatte bei eBay ein Buch mit Schminktipps ersteigert, die sie nun an allen, die sie kannte und die sich nicht wehrten, ausprobieren wollte. Da ich von solchen Dingen nicht so richtig viel Ahnung hatte, war ich ein willkommenes Opfer.

Als das Telefon klingelte, griff ich danach, ohne Isabelle, die gerade mit einem Lidschattenpinsel an meinem Auge herumhantierte, in die Quere zu kommen.

»Ja?«

»Louise, hier ist Rebecca! Ich höre seit Wochen gar nichts von dir. Was ist eigentlich los?«

»Ach, hi Rebecca«, sagte ich.

»Was machst du denn?«

»Zurzeit werde ich gerade geschminkt!«

»Du wirst was?« Rebeccas Stimme hatte schon wieder so einen unangenehm hohen Ton.

»Geschminkt«, wiederholte ich deshalb.

»Wofür? Und von wem?«, japste sie.

»Für eine Party heute Abend. Isabelle schminkt mich, sie kann das echt gut!«

»Isabelle … Soso. Und schon wieder eine Party.«

»Ja.«

»Schön, dass du Zeit hast, dich so viel zu amüsieren. Ich arbeite ja nur noch.«

Eine Weile sagte ich gar nichts, doch dann beschloss ich, endlich mal das auszusprechen, was mir so spontan auf der Zunge lag.

»Aber findest du es nicht toll, Ärztin zu werden?«

»Ja klar!«

»Und du wusstest doch, dass Ärzte viel arbeiten, oder?«

»Natürlich, es ist ein Fulltime-Job!«

»Dann hör doch auf, dich ständig zu beschweren.«

Daraufhin folgte überrrschtes Schweigen. Isabelle, die das Lidschattendöschen wieder zuklappte, grinste und hob anerkennend einen Daumen.

»Ich beschwere mich doch gar nicht«, sagte Rebecca dann etwas perplex.

»Es klingt aber so«, erwiderte ich.

»Na, hör mal«, echauffierte sie sich. »Ich habe eben viel zu tun. Ich bin eine angehende Ärztin. Da werde ich wohl einer Freundin mal erzählen dürfen, was ich so den Tag über tue!«

»Ja, aber dann sag mir nicht immer, dass ich ja so viel Zeit habe und du diejenige bist, die wirklich arbeitet. Ich kann das irgendwie nicht mehr hören.«

»Weißt du was?«, sagte Rebecca und ihre Stimme klang mehr hilflos als wütend. »Ich lege jetzt auf. Viel Spaß bei der Party! Du hast dich verändert, ich erkenne dich gar nicht mehr wieder. Vielleicht liegt es ja an deinen tollen neuen Mitbewohnerinnen, aber denk mal darüber nach, falls es dir selbst noch nicht aufgefallen sein sollte!«

»Tschüss«, sagte ich einfach, da klickte es bereits in der Leitung. Sie hatte aufgelegt.

»Wer war das?«, fragte Isabelle.

»Eine …«, begann ich, stoppte aber dann.

Rebecca war keine Freundin, sie war nie eine gewesen. Keine Ahnung, was mich so lange an sie gebunden hatte; sie hatte sich immer nur für sich selbst interessiert. Und es hatte lange genug gedauert, bis ich das endlich kapiert hatte.

»Eine Bekannte von mir«, sagte ich also. »Sie studiert Medizin in Heidelberg.«

»Warum hat sie angerufen? Ihr habt euch doch mehr oder weniger in der Wolle gehabt … Hattet ihr euch vorher gestritten?«

»Nein. Die Beziehung zu ihr ist nur etwas … einseitig. Ach, keine Ahnung.«

Isabelle nickte verständnisvoll. Wenig später kam Sandy ins Zimmer und fragte, ob wir so weit seien. Isabelle betrachtete ihr Werk und schien zufrieden zu sein. Ich sah mir das Ergebnis im Spiegel an und fand es auch sehr gelungen. Es war dezent, aber doch so raffiniert, dass sie meine Augen betont und meine hohen Wangenknochen noch mehr zur Geltung gebracht hatte. Ich umarmte sie zum Dank und dann wollten wir los. Hektor saß auf Sandys Bett und guckte beleidigt. Wir bedauerten ihn zu dritt und plötzlich wedelte er dann doch. Als Konsequenz des Ganzen hätten wir fast unseren Bus verpasst.

12. KAPITEL

IMMER WIEDER

Hannes

Die Party fand in der achten Etage des Wohnheims statt. Anne hatte alle Mitbewohner von diesem Flur eingeladen und so standen die meisten Türen zu den einzelnen Zimmern offen. Der große Gemeinschaftraum schloss sich an eine geräumige Etagenküche an. Jemand hatte eine ziemlich beeindruckende Musikanlage aufgebaut. Ich suchte Anne und gemeinsam gratulierten wir ihr. Sie hatte sich Mitbringsel für die Party gewünscht, also hatten wir ein paar Flaschen günstigen Wein erstanden.

»Du siehst toll aus!«, sagte Anne. »Wie hast du das mit deinen Augen hingekriegt?«

»Das war Isabelle«, erwiderte ich. »Sie hat mich geschminkt.«

»Cool!« Anne schaute bewundernd zu Isabelle, die vor Stolz gleich zwei Zentimeter größer zu werden schien.

»Wenn du magst, schminke ich dich auch mal«, sagte sie prompt. »Komm einfach abends vor dem Ausgehen bei uns vorbei.«

»Super Idee! Total gerne!«, strahlte Anne.

Der Gemeinschaftraum stand voller Couchen unterschiedlichen Erhaltungszustands. Einige sahen so alt aus, dass das Sitzen darauf wahrscheinlich ein Wagnis darstellte, während andere so unversehrt wie frisch aus dem Möbelhaus wirkten. Wir suchten uns eine hübsche cognacbraune Ledercouch aus, die zwar ausreichend vintage, aber nicht unbedingt schrottreif war. Sandy organisierte uns Plastikbecher und zusammen tranken wir von unserem mitgebrachten Wein. Anne hatte in weiser Voraussicht sogar Eiswürfel gemacht und so knisterten die Getränke in unseren Bechern, während es um uns herum immer voller wurde.

Irgendwann fühlte ich mich beobachtet. Ich sah in die Richtung, aus der der Blick gekommen war, und schaute ungewollt einem Typen direkt in die Augen. Er lächelte an seinen Leuten vorbei, die ihn halb verdeckten. Ich schaute interessiert zurück. Er war kein klassischer Schönling, trug aber ausgefallene Klamotten und hatte einen Dreitagebart. Seine Röhrenjeans waren so eng, dass sie an den Knien kniffen. Dazu trug er ein Shirt mit einem großen Barcode auf der Brust und ein dunkelgraues Jackett mit aufgekrempelten Ärmeln, das verdächtig nach Flohmarkt aussah. Ein Dandy-Hut komplettierte das Outfit. An seinem linken Handgelenk war eine verschlungene Tätowierung zu sehen.

Ich schaute wieder hoch in seine dunklen Augen und lächelte. Isabelle erzählte gerade die neusten Skandale aus ihrem Modeblog und so hatte ich genug Gelegenheit, hin und wieder zu ihm hinüberzuschauen. Er lächelte noch ein paarmal und ich blinzelte zurück.

Als ich gerade meinen Becher neu füllte, stieß eine weitere Person zu der Gruppe. Ich sah nur die große, schlanke Gestalt und die ausgeblichenen Haarspitzen und wusste Bescheid: Hannes! Dass man nirgendwo hingehen konnte, ohne dass er wie zufällig auch anwesend war! Und wie er wieder aussah: zerrissene Röhrenjeans, dazu nur halb zugebundene Schnürboots und seine geliebte Nerd-Brille auf der Nase. Den langen Pony hatte er komplett über die Stirn verteilt und die Spitzen hingen ihm fast über die Brille. Sein enges weißes Shirt hatte eine Knopfleiste bis knapp zum Bauchnabel und in dem tiefen Ausschnitt baumelten ein paar Ketten mit den verschiedensten Anhängern. Er und der Typ umarmten sich und klopften sich auf die Schulter. Ich verzog das Gesicht und nahm einen großen Schluck aus meinem Becher.

»Hannes sieht gut aus, er hat echt ein Händchen fürs Styling. Auch der Typ daneben sieht klasse aus. Ich werde sie mal fotografieren.« Isabelle, die meinem Blick anscheinend gefolgt war, zückte ihre winzige Kamera, die wohl in jedes noch so kleine Umhängetäschchen passte, und stand auf.

Weil ich Hunger bekommen hatte, ging ich derweil hinüber in die Küche, wo auf den Arbeitsplatten diverse Knabbereien aufgebaut waren. Davor war es so voll, dass ich eine Weile brauchte, bis ich mich in die erste Reihe vorgekämpft hatte und an die Platten und Schalen herankam. Ich lud gerade ein paar mit Camembert belegte Käsecracker auf meinen Pappteller, da stand der Typ, der mich zuvor beobachtet hatte, plötzlich neben mir.

»Oh«, sagte ich überrascht. Von Nahem waren seine Augen fast schwarz. Faszinierend! »Hi!«

»Challo«, sagte er mit hartem osteuropäischen Akzent.

Ich schaute auf seine schneeweißen Zähne. Eine winzige Ecke des einen Schneidezahns war über den anderen geschoben. Dieser unbedeutende kleine Makel war ein herrlicher Kontrast zu der wirklich beeindruckenden Farbe.

»Ist der Käse gut?«, fragte er.

»Ich habe noch nicht probiert«, sagte ich und hielt ihm meinen Teller hin.

Er griff nach einem Cracker und beförderte ihn ganz in seinen Mund. Dann kaute er konzentriert darauf herum. Nachdem er geschluckt hatte, wischte er sich die nicht vorhandenen Krümel vom Mund.

»Gar nicht schlecht. Jetzt du.«

»Ich wollte mir noch ein paar von den Chips holen und dann auf meiner Couch essen.« Kaum hatte ich das gesagt, da fand ich plötzlich, dass es wie eine Abfuhr geklungen hatte. »Komm doch mit«, fügte ich also hinzu.

Im gleichen Moment wunderte ich mich über meine Abgebrühtheit. Schließlich schwirrte auch Hannes auf der Party herum, mit dem ich schon eine leidenschaftliche Nacht verbracht, gekocht und mich gut amüsiert hatte, der gerne mehr Zeit mit mir verbringen würde und von dem ich einfach nicht wusste, was ich eigentlich von ihm wollte.

»Gerne«, erwiderte mein Gegenüber.

Ich griff nach einer Handvoll Chips und gemeinsam gingen wir zurück in den Gemeinschaftraum. »Unsere« Couch war verlassen. Keine Ahnung, wo Isabelle und Sandy abgeblieben waren. Wir setzten uns und er kaute schon wieder auf einem meiner Cracker.

»Wie heißt du?«, fragte ich.

»Victor. Und du?«

»Louise. Studierst du hier?«

»Nein, in Düsseldorf an der Fachhochschule. Industrie-Design. Und du?«

»Geschichte, hier in Bochum an der Uni.«

»Schön«, sagte er. »Ist es interessant?«

»Ja, schon. Man muss das Fach mögen, aber so geht es einem wohl mit allen anderen Studiengängen auch.«

»Da hast du recht«, meinte er lächelnd.

Ich fand seinen Akzent total toll. Er hatte so etwas … Verwegenes. Seit wann stand ich eigentlich auf solche Typen?

Isabelle und Sandy waren immer noch verschwunden und auch von Hannes fehlte jede Spur. Victor bediente sich weiter an meinen Käsecrackern und als der Teller leer war, bot er an, uns neue zu besorgen. Ich sah ihm nach und stellte mir zu meiner eigenen Überraschung vor, wie es wäre, mit ihm allein und gänzlich nackt zu sein. Als er wiederkam, hallte die Vorstellung daran immer noch in mir nach und dementsprechend seltsam benahm ich mich wohl auch. Victor sah mich jedenfalls fragend an.

»Nerve ich dich?«, fragte er dann und garnierte diesen Satz mit einem reizenden Lächeln.

Ich schaute auf seinen leicht schiefen Schneidezahn und schüttelte den Kopf.

»Möchtest du noch etwas trinken? Oder sollen wir vielleicht ein bisschen nach draußen gehen? Die Luft ist hier schon so verraucht.«

Wieder konnte ich nur nicken. Draußen würde Hannes uns bestimmt gar nicht sehen, wie praktisch. Und da ich ihm bei seinem Temperament durchaus zutraute, dass er mir eine Szene machen würde, fand ich den Vorschlag sehr praktisch. Victor vernichtete noch die letzten Käsecracker, dann stand er auf und hielt mir galant die Hand hin. Ich griff danach und ließ mich von ihm hochziehen. Zusammen bahnten wir uns unseren Weg den Flur entlang in Richtung der Treppen. Ich hielt die Augen offen wegen Hannes, doch er schien wie vom Erdboden verschluckt.

Draußen war es warm und die Luft roch süß und verlockend nach verschiedenen Sträuchern, die die Auffahrt zum Wohnheim säumten. Victor und ich spazierten den verschlungenen Weg hinunter, der durch ein paar große Wiesen bis zur Hauptstraße führte. Bäume verdeckten die nächste Abbiegung und neben den mattgelben Laternen standen kleine Bänke. Wir waren ganz allein und es war wirklich sehr idyllisch.

»Die Party war langweilig«, sagte Victor und tänzelte mit lässigen Schritten neben mir her.

»Findest du?«

»Ja, schon. Alle haben nur herumgesessen und erzählt oder irgendwo gestanden und nix gemacht.«

Ich lächelte über seine etwas eigenwillige Ausdrucksweise, schob es aber auf seinen Akzent.

»Woher kommst du eigentlich?«, fragte ich deshalb.

»Russland«, erwiderte er. »Ich bin vor zwei Jahren mit meiner Mutter hierhergezogen.«

»Vor zwei Jahren erst?!«

»Ja. Wieso?«

»Du sprichst perfekt Deutsch!«

»Wir hatten es ein bisschen in der Schule«, grinste er. »Aber trotzdem … danke.« Er griff spielerisch in meine Haare und drehte eine Strähne um seinen Finger, während wir nebeneinander herliefen.

Ich schmunzelte und sah auf den Boden. Er war süß, er hatte etwas und dieser Akzent … Hach!

Wir bogen um die nächste Ecke, als uns eine Gruppe Leute entgegenkam. Sie lachten und unterhielten sich und ein paar Mädels kicherten. Ich sah nicht weiter hin, sondern schaute hinüber zu Victor, der mir ein glühendes Lächeln schenkte. Es war mir völlig egal, wo wir hingehen würden, solange er mich nur weiter so ansah. Fast wäre ich in jemanden hineingerannt. Auf einmal merkte ich, dass derjenige absichtlich vor mir stehen geblieben war.

»Was macht ihr beiden denn hier?«, sagte eine Stimme.

Ich brauchte nur auf die abgelatschten Boots zu gucken und wusste, dass es Hannes war, der da vor mir stand. Wie machte er das nur, dass er immer dort auftauchte, wo man ihn ganz bestimmt nicht haben wollte?

»Spazieren gehen«, erwiderte Victor. »Kennt ihr euch?«

Hannes schnaufte missbilligend.

»Louise?«

»Ja, klar kennen wir uns«, sagte ich. Mehr nicht.

Hannes warf mir giftige Blicke zu.

»Und wo kommt ihr her?«, fragte Victor.

Hannes hob erklärend ein Sixpack hoch.

»Das Bier war schon aus. Wir sind mal eben zur nächsten Tankstelle gelaufen und haben neues besorgt.«

Die beiden sahen sich an und ich hatte das Gefühl, sie unterhielten sich über meinen Kopf hinweg, ohne auch nur ein einziges Wort zu sagen.

»Tja …«, meinte Victor dann.

Hannes wartete ab. Wären sie zwei Wölfe gewesen, sie hätten einander fixiert und stumm umkreist, da war ich mir sicher.

»Kommst du wieder mit hoch, Louise!«, sagte Hannes. Er gab sich nicht einmal Mühe, es wie eine Frage klingen zu lassen. »Isabelle und Sandy machen sich bestimmt Sorgen, wenn du so einfach verschwindest.«

»Ich verschwinde nicht einfach. Außerdem habe ich ein Handy.«

Hannes und ich sahen uns an und unsere Blicke prallten aufeinander. Victor schaute von mir zu ihm und von ihm zu mir und trat dann den Rückzug an.

»Leute, ich hau ab«, sagte er. »Hab schon gestern Party gemacht. Wir sehen uns.« Mit diesen Worten ging er an uns vorbei und verschwand hinter der nächsten Biegung.

Ich sah ihm nach und war irgendwie enttäuscht. Um Hannes' Lippen spielte ein kleines Lächeln. Obwohl ich innerlich kochte, ging ich mit ihm und den anderen zurück, weil ich nicht alleine im Dunkeln herumstehen wollte. Als wir wieder oben waren, hielt Hannes mir ein Bier hin. Ich drehte mich um und ließ ihn stehen. Er konnte mich mal. Wer war er denn, dass er sich so bescheuert aufführte?

Schließlich fand ich Isabelle im Gedränge wieder. Sie suchte mich bereits. Sandy hatte Kopfschmerzen bekommen und wollte ins Bett. Isabelle wollte sie nach Hause bringen und nun wissen, ob ich mitkommen würde. Ich lehnte spontan ab, obwohl ich nicht genau wusste, warum. Zur Not kannte ich ja noch Anne, langweilen würde ich mich also nicht. Und vielleicht würde Victor doch noch mal auftauchen.

»Dann lass dich einfach von Hannes nach Hause bringen«, schlug Isabelle vor und ich nickte, damit sie sich keine Sorgen machte.

Als sie weg war, holte ich mir einen Plastikbecher voll Wein und leerte ihn fast in einem Zug. Ich würde noch zur Alkoholikerin werden! Dann spazierte ich ein wenig durchs Gedränge, der Alkohol begann zu wirken und ich war mit mir selbst ganz zufrieden. Als ich Hannes über den Weg lief, drehte ich mich weg und wollte verschwinden, ohne dass er mich sah. Natürlich klappte es nicht und zu allem Überfluss war mein Rückweg durch Menschen verstellt. Ich zwängte mich an der Wand entlang, als er plötzlich neben mir war und mich am Arm festhielt. Er war stärker, als er aussah – ich konnte keinen weiteren Schritt machen.

»Lass mich, ich will dein blödes Bier nicht!«, warf ich ihm entgegen.

»Ich hab doch sowieso keins mehr«, erwiderte er.

»Was willst du dann? Und lass mich endlich los. Selbst wenn ich wollte, ich könnte gar nicht weglaufen, das Gedränge ist viel zu groß.«

»Woher kennst du Victor?«

»Das geht dich nichts an.«

»Wo wolltet ihr hin?«

»Das geht dich auch nichts an.«

»Bist du etwa angeschickert?«

»Das geht dich …«

»Ja, schon gut«, unterbrach er mich. »Ich habs kapiert.«

»Musst du so auf mir drauf hängen?«

»Ich hänge nicht auf dir drauf!«, erwiderte er empört. »Es ist einfach voll hier!«

Wahrscheinlich hatte er recht. Doch es war gefährlich, ihm so nah zu sein. Ich versuchte, nur durch den Mund zu atmen, weil ich mir einbildete, der Hannes-Lockstoff könne so nicht wirken. Es musste wohl recht komisch aussehen.

»Ist dir schlecht?«, wollte Hannes prompt wissen.

»Nein.«

»Du atmest so komisch.«

»Ja, und?«

»Entschuldige, ich frage ja nur!«

Ich klappte den Mund also zu und wenig später merkte ich, wie ich ihn immer wieder verstohlen angucken musste. Oh nein, da war es wieder, dieses Gefühl, ihn anfassen zu müssen. Verflixt, ich musste weg von ihm!

»Brauchst du deine Brille gar nicht?«, fragte ich, nur um etwas zu sagen, und deutete auf sein Nasenfahrrad, das am Ausschnitt seines Shirts hing.

»Ich bin nicht blind ohne, falls du das meinst«, erwiderte er beleidigt.

In meinem Kopf schwirrte es, was ich teilweise auf Hannes und teilweise auf meinen Alkoholkonsum zurückführte. Ich sah meinen Händen zu, wie sie mit Hannes' Shirt zu spielen begannen. Verflixt, verflixt! Hannes lächelte ein kleines bisschen überheblich. In jeder anderen Lebenslage hätte ich ihm einen Spruch verpasst und wäre gegangen. Doch nun sah ich mir dabei zu, wie meine Hände unter sein Shirt griffen und die nackte Haut dort streichelten. Hannes' Gesicht kam immer näher. Sein Mund schmeckte nach Alkohol und Fruchtsaft. Wir küssten uns so gierig, dass die Leute neben uns anfingen, zu kichern und dumme Sprüche in unsere Richtung zu schicken.

»Nicht alles aufessen«, sagte einer. »Sonst bleibt nichts für nachher übrig.«

Hannes riss seinen Mund von meinem und verdrehte die Augen.

»Wenn da mal nicht die schrille Stimme des Neiders erklingt«, erwiderte er, nahm meine Hand und zog mich hinter sich her.

Zum Glück war es wieder etwas leerer auf dem Flur geworden, sonst hätten wir dort vermutlich noch übernachten müssen. Ich ließ mich von Hannes mitziehen, obwohl sich in meinem Kopf immer noch alles drehte. Er blieb stehen, um in ein Zimmer zu spähen, und sofort schob ich meine Hand wieder unter sein Shirt. Ich stand hinter ihm und während er durch die Menge blickte, leckte ich seinen Hals hinauf. Er drehte sich um und küsste mich erneut. Seine Hände schoben mein Kleid ein Stückchen hoch, spielten mit den Rundungen meines Pos und tasteten sich immer höher.

»Netter Hintern«, sagte jemand hinter meinem Rücken.

Das konnte nur bedeuten, dass Hannes mein Kleid so weit hochgeschoben hatte, dass man meinen blanken Po sehen konnte. Ein paar Leute gaben zustimmende Laute von sich, während ein Mädchen etwas wie »Haben die kein Zuhause« zischte und andere ihr zustimmten.

Ich ließ von Hannes ab und wir liefen weiter. Im Hausflur war es taghell dank der Neonbeleuchtung und in der Küche, dem Gemeinschaftsraum und den paar offenen Wohnheimzimmern gab es keine Möglichkeit, ungestört zu sein. Im Treppenhaus ging im Minutentakt das Licht an, weil ständig jemand das Haus verließ oder wieder betrat. Wir liefen etwas ziellos die Treppen hinunter und kamen schließlich im Keller an. Alle Räume waren verschlossen – bis auf die Waschküche. Wir gingen zwischen Wäscheleinen durch das schummrige Dunkel, das nur durch die Flurbeleuchtung schwach erhellt wurde.

In einer Reihe standen da bestimmt zehn Waschmaschinen. Eine von ihnen rumpelte vor sich hin. Hannes drängte mich bis zu ihr, dann griff er unter meine Arme und setzte mich darauf. Ich kicherte, weil es so komisch schaukelte.

»Na, wie ist das?«, fragte er.

»Schaukelig«, sagte ich und grinste.

»Das habe ich mal in einem Film gesehen«, sagte er.

Für eine Weile spielte er mit den Trägern meines Kleides und schnippte sie dann zielgenau zu beiden Seiten meine Schultern hinunter. Das Oberteil rutschte ein Stück hinterher und ich schob mir die Träger von den Armen, damit ich mich wieder einigermaßen bewegen konnte.

»Angeblich soll es toll sein«, fuhr er fort und suchte nach meinem Mund.

Ich schlang die Arme um seinen Hals und zog ihn zu mir. Meine Beine klammerte ich um seine Hüften, so konnte ich ihn noch näher an mir spüren. Er konnte so unverschämt gut küssen, dass schon allein seine Zunge fast gereicht hätte, um mich kommen zu lassen. Schließlich hörte ich ihn an seiner Hose nesteln. Er knöpfte sie auf und löste sich kurz von mir, um nach seine Portemonnaie zu greifen. Dann küsste er mich erneut, während ich ihn hantieren hörte, und einen Moment später zog er mir den BH nach unten. Er widmete sich kurz meinen Brüsten, doch ich wollte weitermachen. Ich wollte ihn vögeln, er sollte sein Ding in mich reinstecken und ich wollte ihn stöhnen hören.

»Weiter«, flüsterte ich. »Komm her!«

Hannes war gerade dabei, ein Kondom überzuziehen, und kaum, dass er es geschafft hatte, kam er wieder näher. Ich griff nach seinem Schwanz, dirigierte ihn und wollte nicht mehr warten. Hannes' Mund lag an meinem Ohr, als ich ihn zu mir zog und er langsam in mich eindrang. Wie erwartet stöhnte er und das machte mich fast noch mehr an. Die Maschine rumpelte immer noch und erzeugte interessante Vibrationen in uns.

»Du meine Güte«, flüsterte Hannes.

»Mir gefällts.«

»Ja, mir auch!«

»Mach weiter.«

Wie zur Bestätigung küsste er mich wieder und ich kam ihm entgegen. Unsere Körper rieben sich aneinander und seine Haut wurde feucht unter seinem Shirt. Ich schob ihm eine verschwitzte Strähne aus dem Gesicht, als wir uns gerade einen Moment lang nicht küssten. Er wollte etwas sagen, ich merkte es genau, aber er schwieg.

»Was ist?«, flüsterte ich.

Er sah mich schon wieder so an, doch dann schüttelte er nur den Kopf und lächelte. Ich bewegte mich ein bisschen, kam ihm entgegen und sofort machte er weiter. Das Gute an Hannes war, dass er nicht ziel- und planlos vor sich hin vögelte, sondern sehr sensibel auf mich reagierte. Er achtete darauf, was mir gefiel. Wenn er merkte, dass es gut war, so wie er es machte, behielt er es so lange bei, bis ich etwas änderte. Auch in dem Moment konzentrierte er sich, seinen Rhythmus dem der Waschmaschine anzupassen.

Ich hielt mich an ihm fest und genoss mit allen Sinnen. Er machte weiter und als er mich gerade besonders intensiv küsste, merkte ich, dass ich bald kommen würde. Ich stöhnte in seinen Mund, krallte meine Hände in seinen Rücken und Hannes verstand. Er wurde etwas schneller. Ich spürte, wie er sich beherrschte und wie viel Anstrengung es ihn kostete. Noch drei, vier Mal und ich würde so weit sein. Ich stöhnte erneut, etwas lauter und noch leidenschaftlicher. Hannes griff in meine Haare, presste seinen Mund noch härter auf meinen und gerade als sich unsere Zungen erneut wild umeinander wanden, kam ich. Ich seufzte und Hannes verstand. Er ließ sich gehen, noch während ich kam, und kurz darauf kam auch er. Ich spürte, wie sein Schwanz in mir zuckte und es ganz warm wurde.

Hannes presste mich so stark an sich, dass ich meinte, im nächsten Moment würden wir miteinander verschmelzen. Er vergrub den Kopf in meiner Halsbeuge und atmete schwer. Ich schloss die Augen und ließ ihn wieder zu sich kommen. Das Gerumpel der Waschmaschine war plötzlich nicht mehr so sexy, doch ich wollte Hannes noch nicht loslassen. Er streichelte über meinen Rücken und so langsam wurde seine Atmung wieder normal.

»Ich will nach Hause«, sagte ich leise, »bevor ich noch ein Schleudertrauma bekomme.«

Hannes lächelte, löste sich von mir und hielt mir eine Hand hin, damit ich von der Waschmaschine herunterklettern konnte.

»Ich bringe dich natürlich«, sagte er höflich.

Nachdem wir uns wieder so weit hergerichtet hatten, dass wir unter Menschen konnten, verließen wir das Wohnheim. Schon im Bus knutschten wir wieder herum. Wir hatten uns wie verliebte Teenager auf die Rückbank gedrückt und konnten kaum die Finger voneinander lassen.

Zu Hause angekommen, kicherten wir im dunklen Flur und verschwanden dann endlich in meinem Zimmer. Durch die heruntergelassenen Jalousien drang kaum Licht in den Raum.

»Noch mal«, flüsterte Hannes heiser. »Noch mal, immer wieder, lass uns einfach nicht mehr aufhören.« Er legte seine Hände von hinten um meine Taille und schob meine Haare zur Seite. Dann begann er, meinen Hals zu küssen.

Das letzte Mal war noch keine Stunde her und auch ich merkte, dass ich es schon wieder wollte. Wie machte er das nur?

»Sandy hat Gummis im Bad«, sagte ich, weil ich selbst keine besaß. »Ich hole eben eins.«

Als ich wiederkam, sah ich kaum etwas, weil ich im Bad das Licht angemacht hatte und nun im Dunkeln fast blind war. Ich schmiss das Gummi aufs Bett, Hannes zog mich in seine Arme und küsste mich erneut. Ich zerrte an meinem Kleid, wollte es loswerden, denn jedes Stückchen Stoff zwischen Hannes und mir war zu viel. Hannes riss sich sein Shirt über den Kopf, schmiss seine Brille auf den Schreibtisch und schüttelte sich die Boots von den Füßen. Der harte Stoff seiner Jeans kratzte an meiner Haut.

Ich legte meine Hand auf die ausgebeulte Stelle vorne, während Hannes mit dem Verschluss meines BHs kämpfte. Bei seiner Hose scheiterten wir allerdings beide.

»Es hilft nichts, du wirst dich hinlegen müssen!«, kicherte ich. »Sie ist einfach viel zu eng.«

Ich stieß ihn spielerisch gegen die nackte Brust und Hannes ließ sich hintenüber aufs Bett fallen. Dann zog ich an den Hosenbeinen und endlich gaben sie nach.

»Lässt du dich eigentlich in deine Hosen einnähen?«, kicherte ich wieder.

»Die müssen so sitzen!«, lachte Hannes. »Es gibt nichts Peinlicheres als 'ne schlabbernde Röhrenjeans.«

»Kommst du da abends alleine raus oder hast du jemanden, der dir hilft, so wie ich jetzt gerade?«

Hannes griff nach meiner Hand und zog mich zu sich aufs Bett.

»Sei nicht so frech!«

»Bin ich gar nicht!«

»Bist du wohl!«

Er rollte sich auf mich drauf und schnitt jeden Widerspruch meinerseits mit einem Kuss ab. Ich drückte kichernd meine Hände gegen seine Brust und schaffte es, ihn von mir herunterzuschubsen und mich gleichzeitig umzudrehen. Auf allen vieren krabbelte ich über das Bett, bis Hannes mich eingeholt hatte und mir die Beine wegzog. Ich landete platt auf dem Bauch auf der weichen Decke. Schon war er wieder über mir. Sein harter Schwanz drückte an meinen Po. Ich spreizte die Beine, drehte mich ein bisschen und spürte, wie seine Spitze mich berührte.

»Wo ist das Gummi?«, flüsterte Hannes in mein Ohr.

»Warte«, murmelte ich und bewegte mich an seiner Eichel, ein bisschen vor, ein bisschen zurück, aber nie ganz rein. Es war ein herrliches Gefühl.

»Ohhh«, machte Hannes.

Ich wurde noch langsamer, um es noch mehr zu genießen, und dann bog ich mich ein Stückchen weiter nach oben, bis seine Eichel komplett in mir drin war. Hannes keuchte und drängte sich an mich, glitt in mich hinein und verbiss sich in den Muskeln meiner Schulter. Der leichte Schmerz und das Gefühl in mir drin verbanden sich zu einer heißen Welle, die durch meinen Körper rollte. Immer wieder drang er tief in mich ein. Ich seufzte laut, doch plötzlich zog er sich zurück. Fragend drehte ich mich zu ihm um.

»Ich wäre fast schon wieder gekommen, du kleine Nymphomanin!«, grinste er.

»Ich bin gar keine …«

»Ohne Gummi ist es vorn viel intensiver. Du machst es mir echt nicht leicht!«, lachte er.

»Ich mag es so auch lieber«, sagte ich.

Hannes legte verzückt den Kopf schief.

»Noch mal?«

»Ja!«

»Aber nur kurz, sonst wirds gefährlich.«

»Okay.« Ich legte mich wieder hin und spreizte die Beine.

»Das sieht so geil aus …«, flüsterte Hannes und fingerte an meiner Muschi herum.

Ich hob mein Becken an, dann noch ein Stückchen und noch etwas mehr und schließlich war ich auf allen vieren.

»Wow!«, flüsterte Hannes.

Ich spürte, wie seine Haare mich kitzelten. Er leckte an meiner Muschi entlang und dann schob er seine Zunge in mich rein. Als eine Million Funken durch meinen Unterleib sprühten, schnurrte ich – es hörte sich jedenfalls fast so an. Hannes ließ von mir ab und richtete sich auf. Vorsichtig drang er in mich ein, während er eine Hand vorn auf meine Perle legte.

»Geht das so?«, fragte er.

»Fühlt sich gut an!«

Er machte gekonnt weiter, doch ich spürte, dass er immer kurz davor war zu kommen. Irgendwann konnte ich mich nicht mehr richtig konzentrieren. Seine Bewegungen wurden schneller. Ich hörte mich stöhnen. Als ich kam, schnurrte ich schon wieder. Mein ganzer Körper bebte und zitterte.

»Bist du etwa schon wieder vor mir gekommen?«, raunte Hannes mir zu.

»Tut mir leid. Es war keine Absicht.«

»Kannst du so bleiben? Bitte!«

»Ja klar.«

»Super!« Er raschelte mit der Folie des Gummis, dann war er wieder da. »Das sieht so geil aus!«, sagte er erneut. »Ich muss unbedingt wieder in dich rein.«

Bevor ich etwas dazu sagen konnte, hatte er seinen Worten auch schon Taten folgen lassen. Er griff nach meiner Hüfte und sein Becken stieß an meinen Hintern.

»Oh, das sieht so …«, japste er.

Seine Stöße wurden immer heftiger. Das Bett begann wieder zu quietschen. Ich war kurz davor, es peinlich zu finden, da kam er. Sein Becken klatschte noch einmal gegen meinen Hintern, dann hielt er mich fest und stöhnte so laut, dass es sicherlich bis ins nächste Haus zu hören war. Sandy und Isabelle hatten es mit Sicherheit mitbekommen. Ich wusste nicht recht, ob ich mich schämen oder einfach nur gut fühlen sollte.

Als wir wenig später wieder nebeneinander lagen, rutschte ich ein bisschen tiefer, legte meinen Kopf an seine Brust und begann spontan, mit seinem Penis zu spielen. Ich hatte einfach Lust dazu. Er lag ziemlich schlaff in meiner Hand und ich streichelte die weiche Haut über der Eichel.

»Ich glaube, er braucht noch eine kleine Pause«, sagte Hannes lächelnd und strich durch meine Haare.

»Darf ich trotzdem daran rumspielen?«, fragte ich.

»Ja klar!«

Wieder strichen meine Finger über die samtige Haut. Wie konnte so etwas Weiches nur so hart werden! Bei meinem ersten Freund war die Haut dort dunkler gewesen, fast wie nach einem etwas zu ausgedehnten Sonnenbad.

Hannes' bestes Stück hingegen sah immer rosig und wie frisch gewaschen aus.

Ich rutschte noch ein wenig tiefer und berührte die Haut mit der Spitze meiner Zunge. Mir war einfach danach. Bei meinem Ex hatte es mich nie so gereizt. Sein Penis hatte immer ausgesehen wie eine etwas verbrannte Bratwurst, die Haut in den Rillen war fast schwarz gewesen und seine Eichel seltsam lila verfärbt. Wir hatten es ein paarmal probiert, aber ich war nur halbherzig dabei gewesen und er hatte es mir zuliebe aufgegeben, danach zu fragen. Bei Hannes war alles anders. Ich leckte über die weiche, helle Haut und ließ die Spitze dann ganz in meinen Mund gleiten. Hannes stöhnte leise und sofort hörte ich auf.

»Ist es unangenehm, wenn er … äh … noch 'ne Pause braucht?«, fragte ich.

»Nein, mach einfach weiter«, flüsterte Hannes und schob meinen Kopf zurück.

Wieder nahm ich die Spitze in den Mund, ließ meine Zunge darum kreisen und merkte, wie sie anfing zu pochen. Ich machte weiter, während er in meinem Mund immer größer wurde.

»Ich dachte, er braucht eine Pause«, sagte ich, als ich kurz nach Luft schnappte.

»Du scheinst überzeugende Gegenargumente zu haben«, murmelte Hannes mit geschlossenen Augen.

Ich grinste und machte weiter. Seine Eichel schob sich durch die weiche Haut und ich berührte sie mit der Zunge. Wieder stöhnte Hannes. Ich nahm sie in den Mund, ließ sie an meinem Gaumen bis ganz nach hinten und dann wieder nach vorne gleiten. Hannes seufzte und murmelte etwas Unverständliches. In meinem Mund schmeckte ich einen salzigen Tropfen. Ich griff den Schaft mit zwei Fingern, stützte einen Ellenbogen auf der Matratze ab und machte dann weiter.

Gerade hatte ich das Tempo ein wenig erhöht, da sagte Hannes: »Warte, nicht …«

»Wiescho?«, fragte ich mit vollem Mund.

»Es gefällt ihm … gut«, grinste er.

»Schuper!«, sagte ich, ohne die Anspielung zu verstehen.

Als ich weitermachte, krampfte Hannes den Bauch zusammen und ich hörte ihn mit der Decke rascheln. Die harte Eichel berührte immer wieder meinen Gaumen. Erneut schmeckte es ein bisschen salzig. Ich legte meine Lippen um seine Spitze und kreise mit der Zunge darum, dann senkte ich erneut den Kopf darüber.

Hannes gab ein Geräusch von sich, das entfernt an ein leises Wimmern erinnerte. Er bog mir sein Becken entgegen und seine Eichel prallte fast an mein Zäpfchen. Zum Glück musste ich nicht würgen. Ich wurde noch schneller, weil es mir gefiel, wie er sich unter mir wand.

»Louise, warte!«, flüsterte er gequält.

Doch ich hörte nicht auf ihn. Stattdessen nahm ich nun noch meine Zunge dazu. Es war süß, dass er so hilflos wirkte. Ich würde einfach noch ein bisschen weitermachen.

»Du musst …« Er wollte in meine Haare greifen, doch es gelang ihm nicht.

Sein Schwanz begann zu zucken. Ich hatte ihn gerade tief im Mund, da hob Hannes das Becken erneut an, stöhnte laut auf und dieses Mal war ich mir sicher, dass sein bestes Stück gerade meine Mandeln berührt hatte. Etwas Warmes schoss an meinen Gaumen, ich musste würgen und dann breitete sich eine zähe Flüssigkeit in meinem Mund aus. Es schmeckte bitter und etwas salzig. Ich wollte nicht weiter an die Konsistenz denken, also schluckte ich. Dabei hatte ich das Gefühl, dass mir die Hälfte davon im Rachen hängen blieb.

»Tut mir leid«, murmelte Hannes. »Du hast einfach weitergemacht.«

»Zähneputzen«, erwiderte ich und flüchtete ins Bad.

Dort gurgelte ich erst mit Mundwasser, dann sah ich mich im Spiegel an. Meine Lippen waren gerötet und ich hatte rosa Flecken am Dekolleté. Es hatte eklig geschmeckt, aber es hatte mich auch irgendwie angemacht, dass er so gewimmert hatte, so hilf-los gewirkt hatte und ich das mit ihm hatte machen können. Ich straffte die Schultern und ging zurück in mein Zimmer. Hannes guckte immer noch komisch.

»Lass uns schlafen«, sagte ich, krabbelte wieder ins Bett und zog ihn hinunter auf die Kissen.

Er legte einen Arm um mich und küsste mich in den Nacken.

»Schlaf gut«, flüsterte er.

»Du auch!«, flüsterte ich zurück.

Er küsste mich auf den Haaransatz und schon bald hörte ich ihn tief und regelmäßig atmen. Ich lag noch lange in der Dunkelheit wach.

*

Am nächsten Morgen war die WG in Unternehmungslaune. Ich traf Isabelle in der Küche. Sie tat, als wäre es das Allernormalste der Welt, dass Hannes bei mir geschlafen hatte, wofür ich ihr sehr dankbar war.

»Hat der Zoo heute auf? Ich möchte in den Zoo!«, sagte sie.

»Ich kann ja mal nachgucken«, bot ich an und ging zurück in mein Zimmer, wo Hannes immer noch in meinem Bett saß und unverschämt gut aussah.

An meinem Schreibtisch schaltete ich meinen PC an. Während er hochfuhr, setzte ich mich zu Hannes aufs Bett.

»Du hast schon wieder viel zu viel an«, sagte er und spielte mit dem Träger meines kurzen Nachthemds.

»Ich kann doch nicht nackt in die Küche gehen.«

»Wieso? Ihr seid doch alle nur Mädchen hier.«

»Ja, ja, das könnte dir so passen.«

Mein PC gab das übliche Start-Gedudel von sich und Hannes schaute in Richtung Schreibtisch. Plötzlich verfinsterte sich sein Gesicht.

»Ach du Scheiße, der Penner aus der Kitschserie.«

Ich schaute ihn an und verstand zuerst gar nicht, wovon er sprach. Dann folgte ich seinem Blick und musste feststellen, dass er nur Jerôme meinen konnte, dessen lächelndes Porträt als Bildschirmhintergrund auf meinem PC zu sehen war. Hannes funkelte mich wütend an.

»Sag mir, dass du irgendwie mit ihm verwandt bist!«

»Nein, wieso?«

»Weil das die einzige Erklärung wäre, die ich hätte gelten lassen.«

»Ich muss dir gar nichts erklären!«

In Hannes' Kopf schien es zu rattern.

»Das war es also!«, sagte er dann triumphierend.

»Was?«, fragte ich nach.

»Als ich bei dir zum Kochen war, da lief doch gerade diese Seifenoper! *Herzen im Sturm* oder wie auch immer die heißt.«

»*Sturmherzen*«, berichtigte ich ihn eisig.

»Genau! Und da warst du plötzlich so komisch, als ich gesagt habe, was ich von dem Typen halte.« Sein Blick war immer noch unverändert wütend. »Du warst sauer, weil ich ihn beleidigt habe – 'nen Kerl, den du niemals in echt sehen wirst, der wahrscheinlich in zehn Jahren als Taxifahrer sein Geld verdient und der gar nicht weiß, dass es dich gibt. Wegen dem hätten wir uns fast gestritten!«

»Hätten?«, fragte ich.

»Du stehst auf ihn. Du leugnest es ja nicht einmal.«

Ich zuckte mit den Schultern. Hannes schob wütend die Decke zur Seite, schwang seine Beine über die Bettkante und stand auf.

»Hast du an ihn gedacht, während wir es gemacht haben, ja? Hast du dir vorgestellt, du wärst was Tolles, weil du 'nen Schauspieler vögelst? Hast du vom roten Teppich geträumt, den schicken Partys und den vielen Fotografen? Macht dich das an, ja? Brauchst du 'nen Promi, um dich selbst aufzuwerten?«

»Es reicht, Hannes!«, sagte ich bestimmt. Seine Eifersucht war wirklich unerträglich. Und was erlaubte er sich eigentlich? Wir waren weder zusammen noch sonst irgendwas.

»Ja, mir reichts!«, erwiderte er und sammelte seine Klamotten auf, die verstreut auf dem Boden lagen. »Bist du 16, oder was?«

»Wer von uns beiden verhält sich denn hier gerade wie 16?«

»Du natürlich!«

»Ich ganz bestimmt nicht!«

»Doch!« Er knöpfte seine Hose zu Ende zu, dann faltete er affig die Hände vor der Brust und schaute scheinbar verträumt zur Decke. »Oh, ich liebe ihn! Er weiß zwar nicht, wer ich bin, aber wir werden heiraten – in einem rosa Märchenschloss, mit einer silbernen Kutsche und alle meine dünnen blonden Freundinnen werden mich beneiden!«

»Hör sofort damit auf!«, schrie ich ihn vom Bett aus an.

Er guckte nur vernichtend, dann zog er sich sein Shirt über und machte so affig weiter: »Mit einem Promi zusammen zu sein ist nicht immer einfach. Ja, diese ganze scheußliche Presse, keine ruhige Minute hat man. Aber wir haben uns eben sofort verliebt. Er hat mich gesehen und schon war es um ihn geschehen. Und das, obwohl ich weder aussehe wie ein Supermodel noch besonders reich oder erfolgreich bin. Er steht eben auf meine inneren Werte, das hat er vom roten Teppich aus sofort erkannt, als ich da zwischen all den anderen Fans in der Menge stand!«

»Verzieh dich endlich!«, zischte ich. »Du bist peinlich. Führst dich auf wie ein kleiner Teenager, beleidigst mich und ziehst hier so eine Show ab!«

»Nein, du bist peinlich!«, erwiderte er, griff nach seinen Boots und rauschte dann aus meinem Zimmer. Wenig später knallte die Wohnungstür.

»Alles in Ordnung?«, fragte Isabelle kurz darauf und blinzelte durch die Tür.

»Er spinnt«, sagte ich.

»Was war denn los?« Sie setzte sich auf die Bettkante.

Ich zeigte auf meinen Computerbildschirm.

»Ach so. Eifersucht, hm?«

Ich nickte.

»Hannes war schon in der Schule so temperamentvoll. Er hat auch mit den Lehrern immer alles ausdiskutiert, bis die aus Mangel an Enthusiasmus aufgegeben haben. Seid ihr denn jetzt zusammen?«

»Nein.«

»Ihr habt noch nie über das Thema Beziehung gesprochen?«

»Nein, und das hat sich ja jetzt sowieso erledigt.«

»Ach Quatsch! Hannes beruhigt sich auch ganz schnell wieder. Dann wird er sich bestimmt bei dir entschuldigen wollen.«

»Ist mir egal, was er will.«

Isabelle schlug meine Decke zurück und zog aufmunternd an meinem Arm.

»Das wird schon wieder. Und nun wird aufgestanden, denn wir gehen alle in den Zoo. Sandy nimmt Hektor mit. Sie sagt, er liebt die Erdmännchen und die Totenkopfäffchen. Das wird bestimmt ein Riesenspaß!«

Ich sagte ihr nicht, dass es mir egal war, was Hannes veranstaltete und ob er sich vielleicht wieder mit mir vertragen wollte. Am kommenden Mittwoch war das Fan-Treffen. Ich würde Jerôme kennenlernen! Und dagegen hatte Hannes nun mal einfach keine Chance.

13. KAPITEL

DAS
Fan-Treffen

Als ich am Dienstag bei Gisi im Laden stand, dachte ich nur noch an den nächsten Tag. Wie sollte ich die Nacht überstehen? Bald würde ich ihn treffen, du meine Güte. Ich war kaum ansprechbar. Als Gisi etwas zu mir sagte, legte ich Bodo wie selbstverständlich die Leine um den Hals, und erst als sie mich komisch ansah, fand ich heraus, dass sie mich gebeten hatte, ein paar Neuerscheinungen auf dem Bücherbord zu dekorieren. Natürlich wartete ich auch wieder auf den Unbekannten, doch hauptsächlich dachte ich an Jerôme.

Am Abend sah ich mir wieder *Sturmherzen* an und hatte das Gefühl, alles wäre genau wie ein paar Wochen zuvor – bevor die Mädels eingezogen waren, bevor ich Hannes kennengelernt hatte und der nette Unbekannte im Laden aufgetaucht war. Und am nächsten Tag, ja wirklich schon am nächsten Tag sollte es so weit sein. Nach der Serie machte ich mir eine CD an und tanzte durchs Zimmer, bis Sandy klopfte und fragte, ob alles okay sei. Ich wurde rot und machte die Musik wieder aus. Trotzdem, ich freute mich. Ich würde ihn sehen, er würde leibhaftig vor mir stehen und ich war mir sicher, dass er noch tausendmal besser aussehen würde als im Fernsehen.

Am nächsten Morgen wachte ich wie gerädert auf. Die Nacht war grauenhaft gewesen. Ich hatte mit klopfendem Herzen in die Stille gehorcht, Schafe gezählt und schlussendlich die Uhr verflucht, weil ihr großer Zeiger sich einfach kaum bewegen wollte. Entsprechend unerholt war ich. Doch ein Gedanke an *ihn* und all die Strapazen waren vergessen. Endlich war es so weit! Ich warf all die Zweifel über Bord, die in den letzten Wochen zunehmend hartnäckiger an mir genagt hatten, und schwebte wie auf Wolken durch mein Zimmer. Ich würde ihn treffen, ich würde ihn sehen und dann … Hach, das Leben konnte so herrlich sein!

Sandy hatte schlechte Laune. Sie schlich durch die Wohnung, zog ein Gesicht und schien ziemlich angenervt von meiner Euphorie. Es war erst kurz vor 8 Uhr morgens, da fragte sie mich schon, wann ich denn endlich los müsste. Ich hatte Gisi gebeten, vor dem

Treffen noch zum Arbeiten kommen zu dürfen, da ich sonst vor Ungeduld vermutlich wahnsinnig geworden wäre.

Im Laden war es voller als sonst zu dieser frühen Zeit, wofür ich ganz dankbar war, da es mich hervorragend ablenkte. Gisi erzählte, dass es gerade ein Esoterik-Treffen in der Stadt gab, was auch den erhöhten Besucherstrom erklärte. Gegen Mittag war sie wieder mal mit Bodo unterwegs, um noch ein paar Besorgungen zu machen, als Andreas plötzlich im Laden stand. Ich hatte gerade ein paar Halbedelsteine entstaubt und war auf seinen Besuch so gar nicht vorbereitet.

»Oh, hallo Andreas. Woher weißt du, dass ich hier arbeite?«

»Hannes hat es mal erwähnt. Aber nenn mich doch Andi«, grinste er.

»Ihr habt über mich gesprochen?«

»Steffi hat ihn nach dir gefragt, da hat er ein bisschen was erzählt.«

»Und was hat er gesagt?«

»Ach ... So dies und das.«

Nun gut ... »So dies und das« konnte ja wirklich alles bedeuten. Ich sah Andi an, um mehr in seinem Gesicht zu lesen. Er schaute gerade auf meinen BH-Träger, der aus dem Ausschnitt meines Shirts hervorblitzte.

»Und was kann ich für dich tun? Suchst du ein Geschenk? Interessiert Steffi sich für Esoterik?«

»Och ...«, sagte er und sah sich wenig interessiert um. »Nein, ich war nur gerade in der Gegend und da dachte ich, ich schaue mal vorbei.«

Er war nur »gerade in der Gegend«? Irgendwie glaubte ich ihm nicht so recht.

»Die Einladung in meine WG steht übrigens immer noch«, sagte er lächelnd.

»Danke«, erwiderte ich betont unverbindlich.

Er war zwar attraktiv, aber wenn er eine Kandidatin suchte, um seine Freundin zu betrügen, war er bei mir an der falschen

Adresse. So etwas mochte ich gar nicht. Und sowieso: Gut aussehend oder nicht, ich war mit meinen Gedanken bei Jerôme und daran würde sich auch so bald nichts ändern. Ich fühlte, dass Andi mich beobachtete, und plötzlich wurde sein Gesicht traurig.

»Ach, weißt du«, begann er, »um ehrlich zu sein: Ich musste mich ablenken, einfach mal ein bisschen durch die Gegend spazieren, den Kopf frei bekommen. Und da kam ich zufällig hier vorbei und erinnerte mich daran, dass Hannes erwähnt hatte, dass du hier arbeitest.«

»Was ist denn passiert?«, fragte ich leicht erschrocken, denn er sah wirklich traurig aus.

»Steffi«, sagte er leise und sah dann auf den Boden.

»Geht es ihr nicht gut?«

»Doch«, erwiderte er und sah immer noch nach unten. »Ich denke, dass es ihr gut geht. Sie hat ja schließlich mit mir Schluss gemacht und nicht umgekehrt. Also denke ich schon, dass es ihr auf jeden Fall besser geht als mir.«

Ich sah ihn mitfühlend an.

»Das tut mir leid, Andi. Ihr wart doch auch schon eine ganze Weile zusammen, nicht wahr?«

Andi nickte und schien immer noch sehr betroffen.

»Es ist blöd gelaufen. Aber wenn sie es so will«, begann er und sah mich an, »dann kann ich nichts daran ändern. Und es gibt ja auch noch andere schöne Frauen in der Stadt.« Er lächelte.

Hatte er mich damit gemeint?

»Aber was ist mit Steffi?«, fragte ich. »Vielleicht ändert sie ihre Meinung ja noch und ihr kommt wieder zusammen.«

Andi winkte ab.

»Das kommt für mich nicht infrage. Ich hatte sowieso schon seit Längerem das Gefühl, dass sie mich betrügt. Bestimmt hat sie auch deswegen mit mir Schluss gemacht. Nee ... Mit so einer will ich nie wieder zusammen sein.«

»Bist du dir sicher, dass sie dich betrogen hat?«

»Ja, schon.« Er sah erneut zu mir und seine Augen wanderten hinunter zu meinem Mund, während er sprach. »Was hältst du von Treue?«

»Das gehört für mich in einer Beziehung dazu. Wenn man zusammen ist, sollte man treu sein.«

»Dann haben wir den gleichen Standpunkt«, sagte er lächelnd.

Ich lächelte vorsichtig zurück. Was wollte er eigentlich?

Als die Türglocke bimmelte und Gisi mit Bodo den Laden betrat, drehte Andi sich überrascht um.

»Das ist meine Tante, ihr gehört der Laden«, erklärte ich.

»Ach, dann schaue ich morgen noch mal vorbei«, sagte Andi schnell und wich ein Stück zurück, als Bodo an seinen nackten Beinen schnuppern wollte.

»Keine Angst, Bodo ist ganz lieb. Ich bin morgen Nachmittag wieder im Laden, da hat Gisi frei.«

»Gut, dann bis morgen!« Andi hatte es wohl eilig zu gehen, denn Gisi kam gerade noch dazu, ihn zu grüßen, bevor er hastig durch die Tür verschwand.

»Und wer war der junge Mann?«, fragte meine Tante und guckte ganz verschwörerisch.

»Der Freund eines Bekannten«, sagte ich immer noch etwas ratlos. »Er war wohl gerade in der Gegend und wollte einfach mal so vorbeischauen.«

»Kindchen, Männer machen nie etwas ›einfach mal so‹.«

Ich nickte nachdenklich.

»Wäre er denn nichts für dich? Ich meine, weil dieser andere nette junge Mann ja leider nicht mehr vorbeischaut.«

»Er ist frisch getrennt«, sagte ich ausweichend.

Ich hatte keine Lust, mir Gedanken über Andi zu machen. Ich freute mich auf das Fan-Treffen und für alles andere war in dem Moment kein Platz in meinem Kopf.

*

Als ich am frühen Nachmittag nach Hause kam, traf ich Isabelle in der Küche an. Mein Gehirn war vor lauter Nervosität ein großes Vakuum. Ich wunderte mich, dass ich überhaupt nach Hause gefunden hatte.

»Was soll ich anziehen?«, fragte ich sie, als sie sich gerade einen Fertigsalat in eine Schüssel kippte.

»Du musst etwas tragen, worin du dich wohlfühlst, sonst wirkst du nicht authentisch«, sagte sie und goss eine halbe Flasche Sylter Dressing über das Grünzeug.

»Ich kann doch nicht in meiner Jogginghose gehen.«

»Gibt es noch etwas anderes, worin du dich halbwegs wohlfühlst?«

Ich dachte angestrengt nach.

»Okay, lassen wir das mit dem Wohlfühlen. Zieh etwas Modisches an, das deine Vorzüge betont! Du hast tolle Beine, schmale Schultern und mit Ohrringen betonst du dein hübsches Gesicht.«

»Danke«, flüsterte ich. So viel Nettes auf einmal hatte noch nie jemand zu mir gesagt.

»Nicht doch«, winkte sie ab. »Ich nehme hier nur die Tatsachen zu Protokoll, um das ideale Outfit zu finden. Also, ich schlage vor, du trägst dein neues Kleid, leihst dir noch mal die Schuhe von Sandy, die du auf der Campus-Party getragen hast, und ich mache dir die Haare. Ach so, Ohrringe kannst du dir natürlich gern von mir ausleihen.«

»Danke«, sagte ich erneut.

»Kein Problem!« Isabelle schnappte sich ihre Salatschüssel. »Ich suche dir schon mal passende raus. Wann musst du los?«

»So in einer Dreiviertelstunde.«

»Ja, dann aber Beeilung!«, lachte sie.

»Wieso?«, fragte ich, doch da war sie schon weg.

Ich nahm mir noch einen Joghurt aus dem Kühlschrank und ging in mein Zimmer. Dort zog ich mich um und sah dann kritisch an mir herunter. Ob Jerôme das Kleid gefallen würde? In dem Moment drehte sich ein Schlüssel im Schloss und gleich darauf galoppierte Hektor den Flur hinunter. Ich steckte den Kopf aus der Tür.

»Sandy, kann ich mir deine Schuhe noch mal ausleihen? Die blauen, die ich auf der Campus-Party anhatte?«

»Ja klar«, sagte Sandy, zog ihr knappes Polohemd glatt und schleppte dann ein paar Einkaufstüten an mir vorbei in die Küche.

Hektor wedelte und leckte kurz über meine nackte Wade. Das war seine Art, uns zu begrüßen. Sandy nannte es »Küsschen geben«. Ich streichelte sein struppiges Fell, dann stürmte er davon, um in der Küche erst mal seinen Wassernapf komplett zu leeren und dann lautstark Nachschlag einzufordern.

»Hier, wie gefallen dir die?«, fragte Isabelle und hielt mir ein paar bronzefarbene Hängeohrringe hin. »Folklore-Stil. Total angesagt. Passen super zum Kleid.«

»Danke! Die sehen toll aus!«

Die schmalen Plättchen, die mit zierlichen Drähten verbunden waren, schmiegten sich wie die Schuppen einer Schlange auf die Innenseite meiner Hand.

»Ich packe eben noch die Lebensmittel aus«, sagte Sandy. »Dann hole ich dir die Schuhe. Oder hast du es eilig?«

»Och …«, begann ich.

»Ja, hat sie«, sagte Isabelle. »Sie braucht noch Haare und Schminke.«

»Ich hab doch Haare«, erwiderte ich.

»Das sagt man im Modebusiness so, wenn jemand noch 'ne Frisur bekommt«, erklärte Isabelle.

Sandy und ich sahen uns an.

»Ja gut, wenn du noch Haare brauchst, dann hole ich die Schuhe lieber ganz schnell«, sagte Sandy dann betont ernst, bevor wir beide in gackerndes Lachen ausbrachen.

»Total witzig«, meinte Isabelle.

Sandy ging kichernd davon und ich nahm versöhnlich Isabelles Arm.

»Ist doch nicht böse gemeint.«

»Weiß ich doch«, sagte sie und zog trotzdem eine kleine Schnute. »Ich hole dann mal Schminkzeug. Leg du schon mal Bürste, Haarspray und Spangen bereit.«

*

Gute zwanzig Minuten später war ich startklar – und sehr zufrieden mit meinem Äußeren. Isabelle hatte meine Haare locker am Oberkopf nach hinten genommen und so zusammengesteckt, dass mir keine Strähnen ins Gesicht fielen. Die langen Spitzen hatte sie glatt geföhnt und einige Strähnen mit Glanzspray betont. Dazu hatte sie mich dezent geschminkt: nur ein wenig Puder und Rouge, etwas Schimmerlidschatten für die Augen und die Wimpern tiefschwarz getuscht. Trotzdem war ich noch nervöser als vorher.

»Sei ganz du selbst!«, sagte Isabelle eindringlich. »Sei nicht abweisend, aber auch nicht zu nett. Und werd bitte nicht rot, das hast du gar nicht nötig. Wenn er etwas zu dir sagt: lächeln, durchatmen und dann erst sprechen. Dann kommt weniger Unsinn heraus. Und nicht vergessen: Er ist auch nur ein Mensch.«

»Sie geht doch bloß zu einer Autogrammstunde«, sagte Sandy. »Dein Vortrag klingt, als wolle er ihr heute beim Candle-Light-Dinner einen Antrag machen.«

»Themawechsel«, bat ich.

»Gute Idee«, sagte Isabelle.

»Ich könnte morgen Nachmittag den Kombi von meinen Eltern haben, dann könnten wir bei deinem Vater die Gartenmöbel abholen.«

»Klingt super!« Isabelle zückte ihr Handy. »Ich schreibe ihm eine SMS, dass wir vorbeikommen wollen.«

»Was für Gartenmöbel?«, fragte ich, weil ich davon noch gar nichts gehört hatte.

»Ihr Vater kauft sich eine neue Garnitur und hat uns angeboten, die alten Möbel zu übernehmen, da wir ja neuerdings einen Garten haben.«

»Garten ist übertrieben«, erwiderte ich. »Ich habe euch ja schon gesagt, dass es eine bessere Müllhalde ist.«

»Das kriegen wir schon hin«, sagte Sandy optimistisch.

»Du musst los«, meinte Isabelle und tippte immer noch.

»Stimmt!« Ich riss die Tür auf. »Dann bis später!«

»Viel Spaß!«, rief Isabelle noch in den Hausflur, als ich die Treppen hinunterrannte.

Ich schaffte gerade noch meinen Bus zum Hauptbahnhof.

*

Als meine Bahn eine gute Stunde später ihren Zielort erreicht hatte, war ich etwas enttäuscht: ein winzig kleiner Bahnhof, abgerissene Fahrpläne und eine defekte Zeittafel. Als ich am Hauptbahnhof vom Bus in die Bahn umgestiegen war, hatte ich wer weiß was erwartet. Zusammen mit mir stiegen noch ein paar Fahrgäste aus, alles nur Frauen, die ebenso verdutzt schienen wie ich.

Ich zog meinen Straßenplan hervor, den ich mir extra dafür ausgedruckt hatte. Zunächst musste ich eine breite Straße entlanglaufen bis zu einer großen Tankstelle, an der ich dann links abbiegen musste. Die Farbe an den Häuserfassaden war abgeblättert und vor den Hauseingängen saßen ältere Männer auf wackligen Holzstühlen, knackten Sonnenblumenkerne und unterhielten sich. Aus den Fenstern hingen Fußballfahnen. Die Wände waren mit Graffiti beschmiert und direkt neben mir polterten riesige Lkws vorbei. Ich zog meine Tasche enger an mich und ging mit geducktem Kopf weiter.

Endlich kam ich an einer Gaststätte an, die neben gutbürgerlicher Küche auch einen Festsaal und eine Kegelbahn versprach. Vor dem Eingang parkten einige größere Limousinen. Die Menschentraube vor der Tür sowie diverse Schaulustige ließen mich vermuten, dass ich da richtig war. Das Publikum war genau so, wie Sandy es vorausgesagt hatte: Teenager, so weit das Auge reichte, und dazwischen Grüppchen von Frauen im mittleren Alter, die sich für diesen besonderen Tag anscheinend die Outfits ihrer Töchter geliehen hatten. Keiner sprach mit keinem, stattdessen beäugte man die anderen kritisch und in den Grüppchen wurde fleißig gelästert. Ich seufzte leise.

Als der Wirt die Tür öffnete, entstand ein Gedränge vor dem Eingang. Ich wich zurück und wartete. Drinnen mussten wir dann vor der Tür zum »Festsaal« anstehen, weil unsere Namen einzeln auf einer Liste abgehakt wurden. Im Saal selber, dessen Bezeichnung eine ziemlich unverschämte Übertreibung war, mussten wir erneut warten. Der Wirt und seine Angestellten nötigten alle Anwesenden dazu, sich etwas zu trinken zu bestellen. Ich nahm eine Fanta und wir warteten weiter.

Hinter einer breiten Absperrung stand ein langer Tisch, dahinter ein paar Klappstühle. An der gegenüberliegenden Wand war ein dürftiges Buffet aufgebaut. Es gab zwei Platten mit halbierten Brötchen, deren Beläge sich an den Ecken bereits hochwellten, einige Getränke in kleinen Flaschen, ein paar schmale Streifen Blechkuchen von undefinierbarer Machart und einen großen Behälter mit einer Suppenkelle darin. Das Auffälligste war jedoch das große Schild direkt in der Mitte, auf dem »Nur für Schauspieler« stand. Ich stutzte. Als von »Buffet« die Rede gewesen war, hatte ich mir vorgestellt, dass wir alle in lockerer Runde zusammenstehen würden, etwas Nettes knabbern und uns dabei mit den Darstellern unterhalten konnten. Ich hatte wirklich angenommen, dass es ein Buffet geben würde, an dem sich alle Teilnehmer hätten bedienen können.

Als meine Fanta kam, musste ich sofort bezahlen, was sich als schwierig erwies, da ich mit einer Hand ja bereits das Glas hielt. Außerdem war sie unverschämt teuer. Ich ärgerte mich erneut.

Dann endlich betrat ein wichtig aussehender Mann die Bildfläche durch einen Seiteneingang. Er stellte sich als Verantwortlicher der Produktionsfirma vor. Die Darsteller würden gleich erscheinen und wir sollten bitte applaudieren. Um mich herum wurde gekichert. Frisuren und Klamotten wurden zurechtgezupft, verstohlen Parfum oder noch mal schnell Lipgloss aufgetragen. Ich reckte wie alle anderen den Kopf und schaute Richtung Tür.

Dann erschien der Typ noch mal, ging zu einem Metallständer, der neben dem langen Tisch stand, und zog an etwas. Ein breites schwarzes Band, das aussah wie ein Sicherheitsgurt, spannte sich hinter ihm her bis zur Tür, wo er es in einen zweiten Metallständer einhakte. Die so entstandene Gasse führte also von der Tür direkt bis zu dem sowieso schon abgesperrten Tisch. Ich schnappte empört nach Luft. Sie schirmten uns ab wie eine Horde lästiger Tiere. Ich kam mir vor wie im Zoo. Plötzlich erscholl aus den vorderen Reihen der erste Applaus, die andern drängten nach vorn und ich sah überhaupt nichts mehr.

»Herrschaften, für die Autogramme bitte schön in einer Reihe am Tisch anstellen!«, rief der wichtige Mensch.

Vor mir begann sich das Chaos zu sortieren, die Schlange wurde immer länger und wand sich schließlich fast durch den ganzen Raum. Ich blieb wie angewurzelt stehen und schluckte schwer. Selten war ich mir so verarscht vorgekommen. Die Frauen stellten sich um mich herum an und wichen mir aus. Ich konnte mich immer noch nicht rühren. Niemand beschwerte sich. War ich denn die Einzige, die eine komplett andere Vorstellung von diesem Nachmittag gehabt hatte? Als mich schließlich jemand ansprach und fragte, ob mir vielleicht schlecht wäre und ich Hilfe bräuchte, stellte ich mich in die Schlange wie alle anderen.

Wieder mussten wir warten. Die Schlange bewegte sich nur sehr langsam vorwärts. Ich schaute aus Langeweile auf mein Handy und sah, dass ich eine Nachricht von Isabelle bekommen hatte: »Sandy und ich fahren ins Kino. Sehen uns dann morgen! Noch mal viel Spaß!!!«

Fast beneidete ich die beiden, doch je näher ich dem Autogrammtisch kam, desto schneller schlug mein Herz. Wenn ich es richtig gesehen hatte, saß Jerôme direkt als Erster am Tisch. Wie es wohl sein würde, ihm endlich so nah gegenüberzustehen?

Nach einer Dreiviertelstunde machte die Schlange einen scharfen Knick und nach weiteren zehn Minuten war ich nur noch drei Mädels von meinem sehnlichsten Wunsch entfernt, nur noch einen knappen Meter weg von meinem Traummann. Ich konnte bereits seine Stimme hören.

Dann endlich war es so weit: Die Frau vor mir machte den Weg frei und plötzlich stand ich direkt vor ihm. Mein Herz setzte für einen Moment aus, so nervös war ich. Ich spürte, dass ich unter den Armen schwitzte. Jerôme Matzcinzky – leibhaftig vor mir.

»Name?«, fragte er mechanisch und griff nach einer Autogrammkarte. Er hatte nicht einmal einen Blick an mich verschwendet.

Ich sah auf ihn hinunter und konnte nichts sagen.

»Name?«, fragte er ungeduldig und endlich sah er mich an. Seine Augen streiften nur kurz meine, dann ging sein Blick an mir vorbei in Richtung Buffet.

Ich war fassungslos. Wo war der Funke? Wann machte es klick? Und wo war sein Charme, den er als Konstantin von Hewordt so bereitwillig versprühte? Sein Blick war leer, der Gesichtsausdruck irgendwo zwischen Müdigkeit und Langeweile. Er hatte seine Haare nicht richtig gemacht und trug ein ziemlich hässliches T-Shirt, das zu allem Überfluss auch noch ungebügelt war. Und warum sah er mich nicht an?

Als ich immer noch nicht antwortete, schaute Jerôme genervt zur Decke und wandte sich der nächsten Autogrammjägerin zu.

»Name?«

Das Mädel hinter mir bohrte mir ihren Ellbogen in die Seite, um mich zum Weitergehen zu animieren.

»Moment«, sagte ich. So leicht war ich nicht bereit, aufzugeben.

Sie seufzte genervt und murmelte so etwas wie »Nun mach schon ...«.

»Mein Name ist Louise.«

Jerôme trommelte bereits mit den Fingern auf der Tischplatte herum.

»Lou-i-se«, sagte ich noch mal.

Er schmierte ein »Für Luise, dein Jerôme Ma …« auf seine Autogrammkarte und schob sie dann zu mir herüber. Ich guckte wie elektrisiert darauf. Meinen Namen hatte er falsch geschrieben und von seinem Nachnamen war nur das »Ma« zu lesen.

»Name?«, sagte er zur nächsten und dieses Mal schob sie mich so doll an, dass ich einen Ausfallschritt zur Seite machen musste, sonst wäre ich umgefallen.

Wie in Trance ging ich an den anderen Darstellern vorbei und direkt weiter – hinaus aus dem Saal, durch den menschenleeren Gastraum ins Freie. Als ich vor dem Restaurant stand, musste ich erst mal tief durchatmen. Ich schaute auf die verunglückte Autogrammkarte. Das konnte doch alles gar nicht wahr sein! Gleich würde ich aufwachen und alles wäre nur ein Traum gewesen. Ein Albtraum!

Ich wollte mich verstecken, in das nächste Erdloch kriechen und diese klauenartige Hand loswerden, die an meinem Herzen riss. Da war nichts gewesen, gar nichts! Ich hatte es bis dahin geschafft, mich einem schönen Traum verschrieben und war nun mitten in der Realität aufgewacht. Ich fragte mich, wonach ich die ganze Zeit über gesucht hatte – bei ihm, dem Menschen, den ich doch von allen am wenigsten kannte. Meine Lungen schnürten sich zusammen und mein Herz tat immer noch unglaublich weh. Ich legte meine Hand darauf, fühlte es schlagen und Tränen stiegen mir in die Augen.

Sie hatten sich alle lustig gemacht über mich. Gesagt, dass ich eine Träumerin sei, eine Spinnerin, realitätsfremd und naiv. Und nun schien ich am Ziel meiner Träume zu sein und musste in einem spießigen Restaurant am Stadtrand feststellen, dass sie alle recht gehabt hatten. Ich hatte ihn lieben wollen, weil ich mir eingebildet hatte, dass er perfekt war. Ich hatte die Vorstellung davon geliebt und geglaubt, dass es so einfach sein könnte, wenn man nur daran glaubte. Liebe auf den ersten Blick – wie hatte ich es mir wundervoll vorgestellt!

In meinem Mund machte sich ein fader Geschmack breit. Ich schluckte und übrig blieb das bittere Gefühl der Erkenntnis, dass ich mir alles, was ich geglaubt hatte zu fühlen, nur eingebildet hatte. Jede Charaktereigenschaft, die ich auf seiner Homepage gefunden, mit meinen verglichen und sie für kompatibel erklärt hatte.

Ebenso gut hätte ich mir meinen Traummann aus Knetgummi basteln können, es wäre vermutlich auf das gleiche Ergebnis hinausgelaufen: ein peinliches Ende.

Ich warf einen letzten Blick auf die Autogrammkarte, dann zerknüllte ich sie in meiner Faust und warf sie achtlos neben mich auf den Asphalt. Das leise Rauschen, mit dem sie auf ihrem Weg nach unten durch die Luft glitt, hallte in meinem Körper nach wie ein bedrohliches Grollen. Als sie den Boden traf, straffte ich die Schultern. Sich von seinen Träumen zu verabschieden kostete Zeit und Kraft, aber vor allem Mut. Vielleicht würde es dauern, vielleicht würde ich immer noch Herzklopfen bekommen, wenn ich ihn in seiner Paraderolle sah, und vielleicht würde ich Jahre später selber darüber lachen können. Aber in dem Moment tat es einfach scheußlich weh. Ich schlang die Arme um meinen Oberkörper, obwohl es überhaupt nicht kalt war.

Ich musste weg von da. Zwei Fahrer lehnten rauchend an einer der Limousinen und hatten sich anscheinend das komplette Wechselbad meiner Gefühle angeschaut, denn sie feixten unverhohlen, als ich sie bemerkte. Ich schaute verächtlich zu ihnen hinüber, dann drehte ich mich um und lief los. Dabei achtete ich darauf, auf jeden Fall noch einmal kräftig auf die zerknüllte Autogrammkarte zu treten. Ich ließ sie zurück, so wie ich Jerôme hinter mir ließ. Wieder kämpfte ich mit den Tränen. Und dann stellte ich schweren Herzens meinen so hartnäckig gepflegten Traum wie ein sperriges Möbelstück vor diesem hässlichen Vorstadt-Restaurant ab und ging einfach davon.

In der Wohnung war es kühl und still. Ich ging in die Küche, um mir etwas zu essen zu machen, und fand im Kühlschrank eine große Schüssel mit selbst gemachtem Erdbeerquark. Auf dem gelben Post-it, das am Rand klebte, stand in runder Kinderhandschrift: »Louise, Erdbeeren sind gut für die Seele. Iss so viel, wie du magst!«

Ich schaute auf den zartrosa Inhalt und der Hals schnürte sich mir erneut zu. Ob meine Mitbewohnerinnen geahnt hatten, wie dieses Treffen ausgehen würde? Es sah jedenfalls ganz danach aus.

Müde nahm ich die Schüssel und einen Suppenlöffel mit in mein Zimmer, kickte die Schuhe von den Füßen und setzte mich aufs Bett. Ich war erschöpft und mein Kopf war immer noch seltsam leer. Es fühlte sich an, als ob jemand gestorben wäre. Ein plötzlicher, erzwungener Abschied – anders konnte ich es nicht beschreiben. Ich löffelte den fruchtigen Quark und sah mir eine Doku über ein großes französisches Modehaus an. Irgendwann streifte ich mir das Kleid vom Körper, machte mir die Ohrringe raus und ging ins Bad, um mich kurz abzuschminken. Im Spiegel sah ich ein trauriges Gesicht. Schnell wandte ich mich ab und schlich zurück ins Bett. Obwohl es noch nicht spät war, schloss ich die Augen. Ich wurde erst wieder wach, als am nächsten Morgen mein Wecker klingelte.

14. KAPITEL

NOCH EIN
Abschied

Isabelle und Sandy mussten spät nach Hause gekommen sein, denn ich musste schon so fest geschlafen haben, dass ich sie nicht mehr gehört hatte.

Kurz vor 8 Uhr verließ ich das Haus und beschloss, mal nicht die Bahn, sondern mein Fahrrad zu nehmen. Etwas Bewegung würde mir guttun, denn ich war regelrecht verkatert. Als ich kräftig in die Pedale trat und der Fahrtwind an meinen Haaren zerrte, fühlte ich mich ein wenig besser. Ich wollte nicht an Jerôme denken, aber natürlich tat ich es doch. Es tat immer noch so weh wie am Vortag. Ich sagte mir selbst immer wieder, dass es dauern würde, bis es mich nicht mehr traurig machte, dass ich Geduld haben müsste.

Ich trat noch kräftiger in die Pedale und spürte, dass ich regelrecht wütend auf ihn war. Und auf mich. So viel Naivität hätte wahrlich einen Preis verdient! Was hatte ich nur erwartet? Einen spontanen Heiratsantrag? Eine Liebeserklärung an eine Unbekannte? Wo war nur mein rationaler Verstand gewesen? Warum hatte ich nicht wenigstens ein kleines bisschen auf die anderen gehört? Das hätte das Ausmaß meiner Enttäuschung vermutlich in Grenzen gehalten. Ich schämte mich wegen meiner Blauäugigkeit. Und obwohl ich mir klarmachte, dass Jerôme am allerwenigsten für meine miese Laune konnte, war ich mehr als sauer auf ihn. Ich fühlte mich verraten, verarscht und bloßgestellt und gab ihm die Schuld dafür, obwohl er nicht einmal meinen Namen kannte.

*

Gisi war den ganzen Tag über auf der Esoterik-Messe unterwegs und so hatte ich den Laden für mich. Am Morgen war es relativ voll, was gut war, denn es lenkte mich hervorragend ab. Doch ab dem Mittag schienen alle Esoterik-Fans auf der Messe zu sein. Gisi hatte etwas von Lesungen und Live-Kartenlesen erzählt und vermutlich spielte auch das Wetter eine Rolle. Vormittags war es strahlend schön und warm gewesen, aber dann hatte es sich zunehmend verschlechtert. Im Freien war es unerträglich schwül und drinnen nicht viel besser.

Als Andi am späten Nachmittag den Laden betrat, hatte er ein Geschenk dabei: eine langstielige rote Rose. Er kam extra hinter die Theke, um sie mir zu überreichen, und schenkte mir dabei einen leidenschaftlichen Blick.

»Oh, vielen Dank«, sagte ich geschmeichelt.

»Gerne«, hauchte er und ging dann wieder auf die andere Seite der Theke. Er beugte sich vor und lächelte mich charmant an. »Und, wie laufen die Geschäfte?«

»Eher schleppend«, gab ich zu. »Deshalb mache ich auch schon die Abrechnung. So, wie der Himmel aussieht, wird es gleich ein ziemliches Gewitter geben.«

»Hast du etwas dagegen, wenn ich dir etwas Gesellschaft leiste?«, fragte er lächelnd.

»Nein, nur zu. Schau dich ruhig mal ein bisschen um, wir haben hier jede Menge Kuriositäten im Angebot.«

»Wie verlockend!«, lachte er.

Als er sich umdrehte, betrachtete ich ihn. Er gefiel mir gut, er war so selbstbewusst. Das machte ihn eindeutig sexy. Und dass er gut aussah, war sowieso kein Geheimnis. Wie konnte man sich nur von so einem charmanten Typen trennen? Ich hätte wirklich gern gewusst, was Steffi dazu bewogen hatte.

Etwa zehn Minuten später hatte ich meine Abrechnung beendet. Andi stand vor dem Regal mit den Halbedelsteinen. Als ich schwungvoll das Buch zuklappte, drehte er sich um.

»Nicht mehr lange bis Feierabend«, lächelte ich.

Ein Blitz zuckte über den Himmel und ein gewaltiger Regen brach los. Innerhalb weniger Minuten verdunkelte sich der Himmel bedrohlich.

»Oh nein«, sagte Andi trocken. »Und ich Idiot habe die Arche Noah zwei Straßen weiter geparkt.«

Ich lachte. Andi kam zurück zu mir an die Theke und beugte sich darüber. Dann nahm er einfach meine Hand. Er wirkte überhaupt nicht unsicher und schon allein das faszinierte mich. Außerdem schmeichelte es mir gewaltig, dass so ein gut aussehender Typ so offensichtlich mit mir flirtete. Ich dachte an Jerôme – und verwarf den Gedanken gleich wieder. Bei mir war jemand, der sich wirklich um mich bemühte, dem ich nicht egal zu sein schien, der mir Blumen schenkte – und dabei noch sehr gut aussah.

Als ich mich nicht wehrte, kam Andi um die Theke herum und zog mich an meiner Hand zu sich.

»Louise«, flüsterte er. »Schönste Buchhändlerin der Stadt.«

Irgendwie war es kitschig, aber das war mir egal. Andi strich meinen Arm hinauf und seine Augen wanderten über mein Gesicht. Draußen prasselte der Regen gegen die Fensterfronten.

»Ich sollte das Fenster im Lager zumachen«, sagte ich.

»Gut«, nickte Andi und ließ mich los.

Ich hatte das Lager kaum betreten, da war er schon hinter mir. Seine Arme legten sich um meine Hüften und mir wurde heiß und kalt zugleich. Es war ein prickelndes, verlockendes Gefühl, das sich von dort aus in meinem ganzen Körper ausbreitete. Andi strich zart über meine nackte Schulter. Als ich mich zu ihm umdrehte, suchten meine Lippen nach seinem Mund. Wir küssten uns, zuerst langsam und zärtlich, dann immer leidenschaftlicher.

Ich ließ den Laden unbeaufsichtigt, stand im Lager herum und küsste einen Typen, von dem ich praktisch nichts wusste. Doch meinem armen verletzten Ego tat es so verdammt gut, dass ich die Bedenken einfach zur Seite schob und mir versicherte, dass bei so einem Regen niemand mehr freiwillig auf die Straße ging. Außerdem war es kurz vor Geschäftsschluss, was sollte schon noch groß passieren?

Also konzentrierte ich mich wieder auf Andis Zunge in meinem Mund und darauf, wie seine Hände meinen Körper erkundeten. Es war wie ein Rausch, schnell, intensiv und benebelnd. Er nestelte an den Bändern meines Bikinitops herum und schließlich zog er es mir einfach vom Körper. Ein Träger meines Kleids rutschte von meiner Schulter und er begann, meine entblößte Brust zu streicheln.

»Du bist so unglaublich sinnlich«, hauchte er, dann zog er mich an sich und küsste mich. »Ich wollte dich schon, als ich dich auf dem Konzert gesehen habe.«

Die Bestätigung tat meinem gekränkten Ego so gut. Er war ein ähnlicher Typ wie Jerôme.

Ich schaute auf seinen dunklen Haarschopf, wie er hinunter zu meiner Brust wanderte. Als er meine Brustwarze zwischen seine Lippen sog, stöhnte ich leise. Seine Hände wanderten unter mein Kleid. Er streichelte meinen Hintern, dann zupfte er an dem Bikinihöschen. Seine Finger wanderten tastend umher und schließlich fand er die seitlichen Bänder. Er zog daran und mein Höschen fiel zu Boden. Eine Hand legte sich zwischen meine Beine. Ich schloss die Augen und wollte an nichts anderes mehr denken. Was gab es Besseres bei verletztem Stolz als jemanden, der gut aussah und einem so verführerische Sachen sagte? Ganz zu schweigen von dem, was wir da gerade taten.

Seine Lippen berührten meinen Mund. Ich wollte nicht, dass er aufhörte. Sein Kuss schmeckte nach purem Verlangen. Er nahm meine Hand und zog mich auf den Fußboden. Wir küssten uns immer noch, während er an seinen Bermudas nestelte. Der Gürtel klirrte und eine Verpackung knisterte.

»Ich hatte den ganzen Tag über keine Unterhose an«, flüsterte er. »Das hat mich noch schärfer gemacht. Jedes Mal, wenn ich an dich gedacht habe, habe ich einen Ständer bekommen und alle Leute haben es gesehen.« Er lachte heiser. »Du machst mich so unglaublich an, ich konnte nur noch an dich denken.«

Wieder küsste er mich. Es raschelte erneut, als er die Kondomverpackung aufriss. Ich zog an seinem T-Shirt, wollte es ihm ausziehen, doch er ließ mich nicht so weit kommen. Stattdessen drängte er mich auf den kühlen Boden und seine Hände waren überall.

Als ich kurz zu seiner Lendengegend sah, war mir auf einmal nicht mehr so ganz wohl. Andi war nicht besonders groß, sein bestes Stück dafür umso mehr. Ich fragte mich ernsthaft, wo er damit bei mir hinwollte. Doch dann rutschte er wieder höher, sein Mund verschloss meinen, bevor ich protestieren konnte, und er ließ sein Becken tastend kreisen. Ich spürte dieses große Ding an mir und war mir sicher, dass es niemals klappen würde. Also löste ich mich von seinen Lippen, um mit ihm zu reden, doch dann ging alles ganz schnell: Sein Kopf rutschte nach links, mein Mund lag an seiner Halsbeuge und dann stieß er seinen Schwanz ziemlich grobmotorisch komplett in mich hinein. Ein stechender Schmerz jagte durch meine Leistengegend bis hinauf in meine Lungen. Ich wollte schreien, konnte mich gerade noch beherrschen, lenkte meine Energien um und biss stattdessen zu. Nun war es Andi, der einen gequälten Laut von sich gab.

»Hey! Bist du verrückt!«, keuchte er.

Auf seinem Hals konnte man leuchtend rot den Abdruck meiner Vorderzähne sehen.

»Das Wort ›Zärtlichkeit‹ kennst du wohl auch nur aus dem Duden, oder?«

»Was ist denn?«

»Etwas langsamer wäre schöner gewesen.«

Dieses große harte Ding steckte immer noch in mir drin wie ein Fremdkörper. Keine Spur von Lust, stattdessen tat mir alles weh. Andis Gesichtsausdruck wechselte von empört über geschmeichelt zu mitleidig.

»Ach, das tut mir leid. Noch nie 'nen großen Schwanz gehabt?«, säuselte er.

»Sehr witzig«, erwiderte ich.

Er küsste mich kurz auf den Mund, dann lächelte er mich an.

»Wir machen ganz langsam weiter«, flüsterte er.

Ich schloss die Augen, um den Schmerz zu vergessen. Langsam bewegte Andi sein Becken. Ich zog seinen Kopf zu mir, um ihn wieder zu küssen, denn das konnte er wirklich gut. Meine Zunge fand seine und begann, damit zu spielen. Er hielt sich an seine Worte und bewegte sich kaum und wenn, dann nur in Zeitlupe.

Es dauerte bestimmt zehn Minuten, da wurde es plötzlich besser. Ich kam ihm etwas entgegen und er stöhnte in meinen Mund. Nun war es nicht mehr schmerzhaft. Ich seufzte, weil es langsam, aber sicher ganz angenehm wurde. Er hob den Kopf und sah mich an.

»Mach das noch mal«, flüsterte er.

»Was denn?«

»Dieses Geräusch.«

»So einfach …«, begann ich, da schob er sein Becken vor und ich seufzte erneut wie automatisch.

»Geil«, sagte er. »Mach weiter.«

Als die Türglocke bimmelte, hielten wir erschrocken inne. Einen Moment lang waren wir nicht wirklich im Hier und Jetzt. Wer kam denn um diese Zeit noch? Es war kurz vor Ladenschluss und draußen goss es wie aus Eimern. Schon als der Regen sich von einem monotonen Plätschern in ein wütendes Inferno verwandelt hatte, waren die Straßen wie leergefegt gewesen.

»Louise?«

»Oh, verdammt!«, murmelte ich.

»Wer ist das?«, zischte Andi.

»Hannes«, murmelte ich.

»Lousiiiise! Ich weiß, dass du da bist, draußen steht dein Fahrrad. Du, ich wollte mich entschuldigen. Keine Ahnung, was mit mir los war.«

»Oh nein.«

»Louise?«

Andi machte eine hastige Bewegung und ein Stapel Bücher fiel polternd von einem der Metallregale. Er war unkoordiniert und hektisch, und das machte alles nur noch schlimmer. Eine Sekunde später stand Hannes lächelnd in der Tür. Sein geringeltes T-Shirt klebte nass an seiner Brust und seine Shorts waren vom Regen ein paar Töne dunkler geworden. Seine Haare hingen in Strähnen um seinen Kopf herum und kleine Tropfen perlten daran hinab.

»Hannes«, sagte ich matt.

Sein vorher so freundlicher Blick wich kalter Überraschung und blanker Fassungslosigkeit. Was er sah, war zu eindeutig, um es abzustreiten: Ich saß auf dem Fußboden, verschwitzt und mit verrutschtem Kleid. Mein Bikini lag irgendwo neben mir. Andi hatte es noch geschafft, auf die Füße zu springen, doch der Reißverschluss seiner Shorts hatte geklemmt und seine Hand umfasste immer noch den Griff. Wohin er das Gummi entsorgt hatte, wollte ich lieber gar nicht wissen. Seine Haare standen in alle Richtungen ab und meine Bisswunde an seinem Hals leuchtete feuerrot.

»Andi«, sagte Hannes tonlos.

»Hi Mann. Alles klar?«, grinste Andi ein bisschen ertappt. Hannes schien seltsam gefasst.

»Steffi sagte, du willst nun endlich deine Bachelorarbeit zu Ende schreiben und sitzt trotz der tropischen Temperaturen in der Bibliothek.«

»Äh … ja«, murmelte Andi und sein Blick schweifte zu mir.

»Da hat sie es ja richtig gut, dass sie mit ihren Freundinnen in der Eisdiele sitzen kann«, fuhr Hannes eisig fort. »Wo sie doch ihren Freund gut beschäftigt wähnt.« Mit diesen Worten sah er zu mir.

Andi räusperte sich verlegen. Mir wurde schlagartig so einiges klar.

»Du bist gar nicht … ?«, flüsterte ich.

»Das ist er nie«, antwortete Hannes für ihn. »Aber Andi kann halt einfach nicht Nein sagen. In den drei Jahren, in denen du mit Steffi zusammen bist, wie oft hast du sie betrogen? Zwanzig Mal? Dreißig Mal?«

»Halts Maul, Hannes«, sagte Andi und schaffte es endlich, seinen Reißverschluss ganz zuzumachen.

»Und wie man sieht, findet er ja immer wieder eine Dumme dafür.«

»Hör zu, Mann«, sagte Andi und baute sich bedrohlich vor Hannes auf. »Wenn du es nicht schaffst, 'ne Tussi klarzumachen, dann ist das nicht meine Schuld. Ich habe sie nicht gezwungen.

Vielleicht ist deine Ich-beeindrucke-sie-mit-meinem-Intellekt-Tour doch nicht das Wahre, überdenk das mal!« Dann klopft er Hannes gönnerhaft auf die Schulter und drängelte sich an ihm vorbei aus dem Lager. Mich hatte er nicht einmal mehr angeschaut. Die Türglocke bimmelte, als er den Laden verließ.

Ich saß immer noch auf dem Fußboden. Hannes schob mein Bikinihöschen mit der Spitze seiner Chucks in meine Richtung.

»Du hast da was verloren«, sagte er.

»Verschwinde«, flüsterte ich hilflos.

Ein Träger meines Kleids war heruntergerutscht und entblößte meine linke Brust. Ich riss daran, um sie wieder zu verdecken.

»Kein Eile«, sagte Hannes kalt. »Ich weiß doch eh, wie alles aussieht.«

»Verschwinde«, sagte ich noch mal. »Hau ab oder ich werfe alles nach dir, was ich hier finde, inklusive der Regale.«

Er lehnte sich an den Türrahmen und kreuzte lässig die Beine.

»Nur zu, ich warte.«

Dann sah er mir zu, wie ich mein Kleid zurechtzog. Es schien ihm regelrecht Spaß zu machen, mich so zu demütigen. Ich griff nach dem erstbesten Buch, das aus dem Stapel in meine Richtung gefallen war. Hannes rührte sich immer noch nicht. Ich warf es nach ihm. Das Papier knisterte in der Luft und natürlich traf ich ihn nicht. Er reckte arrogant das Kinn vor. Ich warf noch mehr nach ihm – das meiste verfehlte ihn, doch ich machte verbissen weiter. Kartonierte Einbände prallten vor seine nackten Beine oder trafen seine Hüften, Papier knitterte mit lautem Rascheln.

Ich ruinierte Gisis Eigentum, was tat ich da eigentlich? Doch er provozierte mich weiter, indem er sich nicht rührte. Schließlich bekam ich ein Hardcover zu fassen. Ich konnte es kaum werfen, aber als es Hannes überraschenderweise traf, riss eine der Kanten einen blutigen Streifen quer über sein Schienbein. Er zuckte nicht einmal.

In dem Moment konnte ich plötzlich nicht mehr. Ich saß immer noch an der Stelle, an der er uns entdeckt hatte, auf dem Fußboden und ohne Unterwäsche.

»Das war schon alles?«, fragte er.

»Du blutest.«

»Mir blutet nicht nur das Bein, wenn ich dich so sehe.«

»Verschwinde, Hannes, hau ab und hör auf, darauf herumzureiten. Eigentlich geht es dich auch gar nichts an.«

»Weiß du, warum ich hergekommen bin, ich Volltrottel?« Er machte die drei Schritte auf mich zu und riss mich grob auf die Füße.

»Aua!«

Aber er ließ meinen Arm nicht los und drängte mich weiter zurück, bis mein Rücken gegen die Wand prallte.

»Weißt du, warum ich hier bin?«, fragte er erneut.

»Lass meinen Arm los!«

»Ich bin hier«, sagte er durch geschlossene Zähne, »weil ich mich dafür entschuldigen wollte, dass ich dich so angemacht habe, weil du auf diesen idiotischen Schauspieler stehst.«

»Dafür ist es nun zu spät.«

»Und es ist wohl auch besser so! Hätte ich geahnt, dass du dich von jedem ...«

»Was? Pass auf, was du sagst, Hannes«, zischte ich. »Du machst mir keine Angst. Versuche, mir wehzutun, und ich reiße dir dein verdammtes Herz aus der Brust.« Natürlich war das nur geblufft. In Wahrheit machte er mir Angst mit dem, was er tat und wie er mich behandelte.

In seinem Kopf jedoch schien es angekommen zu sein. Er wich ein Stück zurück und der Hass aus seinem Blick verschwand.

»Das hast du schon«, sagte er dann. Er ließ meinen Arm los, schluckte und sah auf meine nackten Füße. »Eifersucht ist schrecklich. Sie lässt einen zum Monster werden.«

Als er mich ansah, war er plötzlich wieder der Hannes von früher. Er strich über die gerötete Haut an meinem Oberarm, dort, wo seine Finger Druckstellen hinterlassen hatten.

»Du warst nie verliebt in mich, oder?«, fragte er dann. »So mit Haut und Haaren und dass man jeden Morgen die ganze Welt umarmen möchte, nur weil es den anderen gibt und man sich nachher mit ihm trifft?«

Ich schüttelte vorsichtig den Kopf. Er schluckte schwer.

»Dein Arm«, sagte er und strich erneut über die Flecken. »Ich habe dir wehgetan, dabei wollte ich niemals einer Frau wehtun. Ich bin ein Neandertaler.«

»Geht schon«, erwiderte ich. »Was macht dein Bein?«

»Mir egal. Es hört schon von allein auf.«

Etwas unschlüssig standen wir voreinander. Ich sah in seine großen grünen Augen und ohne es zu wollen, wanderte mein Blick hinunter zu seinem Mund. Hannes schaute mich an und seine Nasenflügel bebten. Er knabberte an seiner Unterlippe und sah ein wenig ratlos aus.

»Da ist es wieder«, sagte er.

Ich nickte. Es war wirklich wie verhext. Am liebsten hätte ich ihn schon wieder angefasst. Es war wie eine Droge, die von ihm ausging. Ein Geruch, ein Lockstoff, der dafür sorgte, dass ich ihn unglaublich anziehend fand, wenn mein Körper seinem zu nahe kam.

»Das muss aufhören«, sagte er.

»Ja«, erwiderte ich, wenn auch etwas halbherzig.

Er riss sich von mir los und machte einen entschlossenen Schritt von mir weg.

»Ich helfe dir aufräumen.«

»Nein, schon gut. Ich mache das gleich.«

»Ich helfe dir«, erwiderte er störrisch.

»Gut«, seufzte ich und hob meinen Bikini auf.

Das Lager sah wirklich aus wie ein Schlachtfeld. Ein Glück, dass Gisi nicht da war, sie hätte sonst sofort einen Liter Bachblütentropfen zur Beruhigung nehmen müssen.

»Die armen Bücher«, sagte Hannes und strich mit ernster Miene ein ziemlich mitgenommenes Taschenbuch glatt.

»Ob man die Cover bügeln kann?«, überlegte ich laut und zog mein Höschen an.

»Die sind doch alle mit Plastik überzogen, damit sie glänzen. Das würde dann eher verschmoren, als dass es glatt wird.«

»Vielleicht packe ich die sehr doll Demolierten einfach ganz nach unten, dann drückt das Gewicht der anderen sie wieder platt.«

»Gute Idee!«

*

Als wir fertig waren, wussten wir immer noch nicht, wie es nun weitergehen sollte.

»Ich geh dann mal.« Hannes sah traurig aus, aber es schien auch, als wolle er mir unbedingt noch etwas sagen.

»Was hast du?«, fragte ich und strich kurz über seine Schulter.

»So geht das nicht«, sagte er. »Wir sollten uns nicht mehr sehen. Diese halben Sachen, das ist nichts für mich.«

So sehr ich damit gerechnet hatte, so sehr schmerzte mich auch die Vorstellung, Hannes gar nicht mehr zu treffen. Ich mochte ihn. Und im Bett war es toll. Schmetterlinge tanzten in meinem Bauch, Adrenalin schäumte durch meine Adern und mein Verstand machte eine Rolle rückwärts, wenn er mich berührte. Doch mein Herz schwieg.

»Dann ist es wohl besser so«, sagte ich also.

Ich sah, wie sehr er gehofft hatte, sich gewünscht hatte, dass ich im letzten Moment erkennen würde, dass er es war, der mich glücklich machen könnte. Ein kleines Leuchten erlosch in seinem Blick, als er meine endgültigen Worte hörte.

»Aber …«, begann ich, weil er so traurig aussah.

»Nein«, unterbrach er mich. »Keine Freunde. Das klappt nicht. Ich lösche deine Nummer und das wars dann.«

Die Endgültigkeit seiner Entscheidung wollte ich respektieren – ihm zuliebe und weil er recht hatte. Trafen wir uns, würden wir wieder nicht die Finger voneinander lassen können. Was hatte ich auch gedacht? Dass ich wie Helena von Sparta auf Trojas Mauern tanzen und einfach nicht an morgen denken könnte? Trotzdem war es, als hätte ich plötzlich am ganzen Körper Muskelkater bekommen.

»Machs gut«, sagte er.

Dann hob er die Arme etwas an und ich schlüpfte in seine Umarmung. Er legte seinen Kopf an meinen und seine Hand streichelte durch meine Haare. Nach einer Weile schob er mich sanft von sich. Als er sich umdrehte, hatte ich einen Kloß im Hals. In seiner schlaksigen Art ging er zur Tür, das geringelte Shirt mit dem ausgeleierten Kragen schlabberte um seine schmalen Hüften und seine Shorts waren immer noch nass vom Regen. Er würde mir fehlen.

»Hannes?«

Er hielt in seiner Bewegung inne und drehte sich um.

»Ja?«

»Danke.«

»Wofür?«

Ich zog hilflos die Schultern hoch. Er nickte kurz, dann machte er die Tür hinter sich zu und verschwand in einem Meer aus grauen Tropfen – ohne Schirm oder Jacke.

15. KAPITEL

FREUNDINNEN

Eine ganze Weile verharrte ich regungslos und lauschte dem Trommeln des Regens. Sturzbäche liefen an den beiden Fensterfronten hinunter und auch aus der ewig verstopften Dachrinne plätscherte es. Dies war schon der zweite Abschied in so kurzer Zeit gewesen. Zuerst der von Jerôme und nun auch noch Hannes. Ich fühlte mich seltsam leer.

Was war geblieben? Die Enttäuschung nach einer so lange und so beharrlich gepflegten Träumerei? Die Zerrissenheit einer Affäre, bei der der andere mehr wollte, als man zu geben bereit war? Die Neugier, die nicht befriedigt wurde? Dabei dachte ich an den sympathischen Unbekannten, der mich scheinbar vergessen hatte. Was also war geblieben? Ich fand einfach keine Antwort.

Der Wind peitschte den Regen vor sich her, als ich meinen Schlüssel zückte und die Ladentür von innen abschloss. Dann räumte ich ein bisschen auf, putzte die Theke und machte im Lager endgültig das kleine vergitterte Fenster zu. Ich schloss die Tageseinnahmen im Tresor ein und sah überrascht auf, als direkt vor der Tür ein Wagen hielt. Es war ein dunkelbrauner Kombi, der mir ziemlich bekannt vorkam, weil er einfach zu hässlich war, als dass es ihn hätte zwei Mal geben können. Schemenhaft sah ich durch die Flüsse auf den Fensterscheiben zwei Personen aussteigen: eine große Blonde und eine kleine Dunkelhaarige. Sandy und Isabelle.

Ich ging zur Tür, um aufzuschließen. Sandy schüttelte sich wie ein Hund und Isabelle hüpfte über eine Pfütze. Dann endlich waren sie sicher im Laden angekommen.

»Wir wollten dich retten«, plauderte Isabelle drauflos. »Sandy hat noch mal den Kombi von ihrem Papa ausgeliehen, weil wir die gebrauchten Gartenmöbel von meinem Vater haben durften. Und er hat uns sogar noch eine Hängematte und einen Grill spendiert! Bald haben wir einen richtig tollen Garten zum Grillen und Chillen. Haha! Das reimt sich schon wieder!«

»Super«, sagte ich mechanisch.

»Wie wars? Du hast gar nicht auf unsere SMS geantwortet!« Die beiden sahen mich erwartungsvoll an.

»Scheiße war es. Und zwar alles«, flüsterte ich und dann konnte ich mich nicht länger zusammenreißen. Zu viel war passiert. Ich fing hemmungslos an zu heulen.

Die beiden nahmen mich in ihre Mitte und hielten mich fest. Isabelle weinte ein bisschen mit und Sandy hielt uns schließlich beide im Arm.

»Komm, wir bringen sie nach Hause!«, sagte sie und Isabelle wischte sich das feuchte Gesicht ab.

»Machen wir«, schluchzte sie.

Ich konnte nicht aufhören zu weinen. Das Fiasko mit Jerôme, die Erniedrigung und nun auch noch die Sache mit Hannes. Sie brachten mich ins Auto und zu Hause steckten sie mich ins Bett. Isabelle setzte sich neben mich und nahm meine Hand. Sandy zündete ein paar Kerzen an und kochte uns allen einen großen Topf Pudding.

Während ich so dalag, Isabelle ein beruhigendes Kinderlied für mich summte und Sandy in der Küche den Pudding rührte, fragte ich mich erneut, was geblieben war. Und dieses Mal hatte ich eine Antwort: Freundinnen. Sandy und Isabelle waren von Fremden zu Mitbewohnerinnen und dann ganz unbemerkt zu Freundinnen geworden, zu meinen Freundinnen. Wir teilten unser Leben und eine war für die anderen da.

»Danke«, sagte ich unter meiner Decke hervor.

Isabelle drückte meine Hand.

»Dafür sind Freundinnen doch da«, sagte sie und prompt fing ich wieder an zu heulen.

*

Am nächsten Morgen wachte ich auf, weil Sandy und Isabelle an meinem Bett standen und vorsichtig an meiner Bettdecke zupften.

»Guten Morgen«, sagte Sandy. »Heute wird mal draußen ein bisschen aufgeräumt. Und beim Arbeiten bekommt man den Kopf frei.«

»Der Garten ist hässlich«, nörgelte ich. »Er ist überall struppig und verwuchert, alle Leute haben ihren Schrott darin abgelegt und das Gras ist so hoch, dass man kaum noch durchlaufen kann.«

Sandy schaute wenig beeindruckt zu mir herunter.

»Und an einem Baum ist ein großer Ast abgebrochen und hängt schon seit einem halben Jahr so schief herum«, fügte ich noch hinzu. »Einfach nur hässlich.«

»Die Natur ist niemals hässlich«, erwiderte Isabelle salbungsvoll. »Es ist das, was die Menschen aus ihr machen.«

»Wir haben jetzt die Gartenmöbel, 'ne Hängematte und einen nagelneuen Grill«, begann Sandy wieder. »Also wird der Garten jetzt hergerichtet und Ende. Los, aufstehen!«

Sie zog an meiner Decke, aber ich krallte mich protestierend hinein. Ich wollte im Bett bleiben, mich bedauern und noch ein bisschen in Gedanken auf Jerôme schimpfen. In der Nacht hatte ich geträumt, ich wäre eine erfolgreiche Jungschauspielerin, Absolventin einer renommierten Talentschmiede, mit Newcomer-Preisen überhäuft und heiß begehrt. Jerôme hingegen war der, der er tatsächlich war: ein überarbeiteter C-Klasse-Schauspieler mit miesem Gehalt und täglich einem 15-Stunden-Dreh, für den er niemals echte Lorbeeren ernten würde. Im Traum hatte er sich um mich bemüht, doch ich hatte ihn abgewiesen. Das hatte mir gut gefallen.

»Aufstehen!« Sandy packte die Decke und da sie eindeutig stärker war als ich, musste ich irgendwann nachgeben.

Schmollend verzog ich mich ins Bad.

*

Eine halbe Stunde später marschierten wir im Gänsemarsch die Treppe hinunter bis in den Keller. Isabelle trug trotz der Hitze pinkfarbene Gummistiefel. Zusammen mit ihrem trendigen Jumpsuit und der großen Sonnenbrille sah sie aus wie eine Mischung aus Superwoman und Däumelinchen. Sandy schloss die schwere Stahltür zum Garten auf und wir gingen eine verwitterte

Betontreppe wieder hinauf, bis wir endlich an dem Ort angelangt waren, der irgendwann einmal unsere trendige Chill-out-Zone werden sollte.

Als wir so unmittelbar davorstanden, verschlug es uns dann doch die Sprache. Es war noch schlimmer, als ich es in Erinnerung gehabt hatte. In einer Ecke an der hohen Gartenmauer hatte jemand einen großen Berg abgeschlagener Kacheln und zerbröselten Mörtel aufgetürmt. Mitten auf dem wild wuchernden Rasen lagen die ineinander verkeilten Skelette zweier Fahrräder, die fast bis zur Unkenntlichkeit verrostet waren. Die beiden Bäume, an denen mal unsere Hängematte sanft im Wind schwingen sollte, waren von verfaulten Blättern umgeben und der abgebrochene große Ast hatte eine tiefe Wunde in den borkigen Stamm gerissen. Holzreste und schwere Planken stapelten sich an der Hauswand, garniert mit einem Rest Maschendrahtzaun und zwei verwitterten Plastikplanen. Überall lag Müll herum: Joghurtbecher, leere Margarinedöschen und zerfetztes Altpapier. Die linke Wand wurde durch verschmierte Farbeimer verschandelt, die zusammen mit den Resten von Klebeband und Tapeten dort einfach sich selbst überlassen worden waren.

Mehrere Gussbetonplatten waren schief gestapelt und mit Moos bewachsen. An ihren Kanten hatten Insekten ihre Schlupflöcher eingerichtet und Spinnen ihre Netze aufgespannt. Es brummte und summte laut – ein Zeichen, dass es zumindest noch Leben gab, trotz des vielen Abfalls. Als ein Zitronenfalter tanzend zwischen den verwachsenen Sträuchern aufstieg, begann Isabelle zu strahlen.

»Fangen wir einfach an!«, sagte sie. »Zuerst muss der ganze Müll weg.«

»Ich bin dafür, dass wir mal überlegen, was wir dafür alles an Gerätschaften brauchen. Besitzt ihr zum Beispiel eine Schubkarre? Oder eine Harke?«

Isabelle zog eine Schnute und Sandys Tatendrang schien ebenfalls einen Dämpfer bekommen zu haben.

»Okay, wir brauchen einen Einsatzplan«, sagte sie. »Ich hole Stift und Papier.« Sie drehte sich um und joggte die Treppe hinunter.

Isabelle und ich warteten. Als sie wiederkam, hatte sie ein paar Bögen Papier auf einem Klemmbrett und einen Kuli dabei.

»Ortsbegehung«, befahl sie und bahnte sich ihren Weg durch das hohe Gras. »Für den Badezimmerschutt hier brauchen wir auf jeden Fall eine Schubkarre, wie Louise schon sagte.«

»Und wo kommt das Zeug dann hin? Das muss doch zu einer speziellen Entsorgung, oder?«

»Richtig«, sagte ich. »Das steht in der Broschüre, die man jedes Jahr von der Stadt bekommt. Ich habe sie aufbewahrt.«

»Sehr gut. Aber wie bekommen wir das dahin?«

»Also, meine Eltern haben ein Auto«, sagte ich. »Aber bis ich das haben kann, dauert es bestimmt ein paar Tage, zumindest bis zum Wochenende. Mein Vater fährt damit ja jeden Tag zur Arbeit.«

»Mist!«, murmelte Isabelle. »Alle Leute, die ich kenne und die ein Auto haben, sind zurzeit im Urlaub. Und meine Eltern verleihen ihre teuren Schlitten erst gar nicht.«

»Ich kenne jemanden mit Auto«, brummte Sandy. »Aber er ist ein Arschloch und ich werde ihn nicht fragen.«

»Tom?«

»Erwähne seinen Namen nicht.«

»Dann lassen wir die Aktion heute sein und warten, bis ich am Wochenende das Auto von meinen Eltern haben kann«, sagte ich schnell.

»Und was ist mit dem Kombi von deinem Vater?«, fragte Isabelle.

»Na ja, den hatte ich ja gestern schon. Und heute wollte meine Mutter, glaube ich, mit meinen kleinen Geschwistern ins Freibad, da braucht sie das Auto.«

»Ach, menno«, seufzte Isabelle. »Ich hatte heute echt Lust drauf. So werden wir zum Wochenende doch nie fertig!«

»Okay, ich tue das jetzt nur für euch«, sagte Sandy und kramte ihr Handy aus den Untiefen ihrer Shorts hervor. Sie drückte eine Kurzwahltaste und hielt es sich dann mit finsterem Blick ans Ohr. »Lass das, ich bin nicht mehr dein Baby«, sagte sie zur Begrüßung. »Wir brauchen deine Karre.« Pause. »Ja, richtig.« Pause. »Nein, ich ziehe nicht aus. Wir wollen den Garten aufräumen.« Pause. »Ja, heute.« Pause. »Ja, jetzt gleich.« Pause. »Okay.« Sie ließ das Handy wieder zuschnappen und zurück in ihre Hosentasche gleiten.

»Und?«

»Er ist gleich da.«

»Coole Sache!« Isabelle schien beeindruckt.

»Damit hätten wir das eine Problem gelöst.« Sandy hakte einen Punkt auf ihrer Liste ab. »Weiter gehts.«

»Wir haben überhaupt keine Gartenwerkzeuge«, sagte Isabelle. »Und für den großen Ast brauchen wir bestimmt eine Motorsäge!«

An diesem Punkt klingelte es bei mir.

»Herr Hensen!«, warf ich ein. »Unser Nachbar! Er ist Gartenprofi. Das Gras an den Kanten seiner Terrasse sieht aus, als würde er es mit einer Nagelschere schneiden. Vielleicht könnten wie ihn fragen, ob er uns mit dem Ast hilft.«

»Und uns ein bisschen Werkzeug leiht«, ergänzte Sandy.

»Hm, das kann ich nicht garantieren, da ist er, glaube ich, sehr eigen. Aber mit dem Ast hilft er uns bestimmt.«

»Egal, lasst uns erst mal festhalten, was wir alles brauchen.«

»'ne Harke, 'ne Schaufel, 'ne Schubkarre und 'ne Plane, wenn wir etwas im Auto transportieren wollen«, zählte Isabelle auf und Sandy schrieb alles mit.

»Und eine Motorsäge und einen Rasenmäher«, ergänzte ich.

»Gut, meinst du, wir können einfach bei diesem Herrn Hensen klingeln?«

»Ich denke schon. Er ist Rentner. Seine Frau und er sind den ganzen Tag über zu Hause.«

»Okay, dann los.«

Wir marschierten durch den Keller zurück ins Treppenhaus, hinaus auf die Straße und dann ein Haus weiter zu den Hensens. Durch deren Haustür roch es bereits nach Mittagessen. Frau Hensen, bewaffnet mit Schöpflöffel und Schürze, öffnete uns die Tür.

»Ach, hallo Louise«, sagte sie. Meine beiden Begleiterinnen musterte sie etwas unschlüssig.

»Hallo Frau Hensen. Das sind meine beiden Mitbewohnerinnen Isabelle und Sandy. Wir wollten den Garten hinterm Haus ein bisschen aufräumen und es wäre toll, wenn Ihr Mann uns mit seinem Fachwissen etwas weiterhelfen könnte«, sagte ich diplomatisch.

Frau Hensen lächelte geschmeichelt und bat uns ins Haus. Wir mussten uns in der plüschigen Küche auf eine Eckbank quetschen und erst mal ein Glas Saft trinken. Frau Hensen rief derweil nach ihrem Gatten.

»Hier sind drei junge Damen, die deine Hilfe brauchen!«, sagte sie, als sie die Küche betraten.

»Hallo Louise!«, grüßte mich Herr Hensen und lächelte.

Ich stellte meine Mitbewohnerinnen erneut vor und er schien sichtlich entzückt, dass wir um seine Hilfe baten. Ganz besonders angetan schien er von Sandy zu sein, die mit ihrer amazonenhaften Figur und Größe den eher klein geratenen älteren Herrn sichtlich beeindruckte. Er erklärte sich sofort bereit, uns mit Rat und Tat zur Seite zu stehen.

»Ein Schandfleck ist dieser Garten«, sagte Frau Hensen, als sie uns und ihren Mann Richtung Kellertreppe begleitete. »Ein Glück, dass diese komischen Leute aus der Parterrewohnung weg sind. Die reinsten Vandalen waren das. Steht die Wohnung immer noch leer?«

»Ja, unser Vermieter meint, es muss jede Menge gemacht werden, weil die dort wohl teilweise Löcher in die Wände gehauen haben«, sagte ich.

»Aber je länger sie leer steht, desto mehr Verlust macht er auch«, erwiderte Herr Hensen.

»Ich finde es schön, dass die jungen Mädchen diesen Schandfleck hinterm Haus beseitigen wollen«, meinte seine Frau.

»Ja, das finde ich auch gut.«

»Wenn ihr noch etwas braucht, Kinder«, sagte sie zu uns, »dann gebt einfach Bescheid.«

Wir bedankten uns artig und folgten Herrn Hensen in seinen schneeweiß gestrichenen, blitzsauberen Keller. Jedes Gartengerät hatte seinen eigenen Platz, Harken und Schaufeln hingen geordnet an den Wänden.

»Gibt es schon einen Plan?«, fragte Herr Hensen.

»Ich denke, wir entsorgen zuerst den Müll, dann beschneiden wir Büsche und Bäume und zum Schluss kehren wir das alte Laub zusammen und mähen den Rasen«, erwiderte Sandy ganz pragmatisch.

»Hervorragend. Das klingt doch sehr gut.« Seine Bewunderung für Sandy stieg mehr und mehr.

Isabelle grinste hinter vorgehaltener Hand und ihre nackten Füße quietschten in ihren Gummistiefeln, als sie sich wegdrehte, damit man es nicht so deutlich sah.

»Aber wir haben weder Gartenwerkzeuge noch einen Rasenmäher, geschweige denn eine Motorsäge oder so«, sagte Sandy betont ratlos.

Herr Hensen wurde einen halben Zentimeter größer, dann lächelte er so verschmitzt wie ein Charmeur der alten Schule.

»Dafür bin ich doch da«, sagte er dann gönnerhaft und wir drei atmeten sichtlich auf.

Bis dahin hatten wir es also schon mal geschafft.

*

Herr Hensen war voll in seinem Element, als es darum ging, uns mit den richtigen Gerätschaften zu versorgen. Er besaß sogar zwei

Schubkarren! Mittlerweile fand sogar ich Spaß daran, obwohl ich ja eigentlich lieber im Bett hatte bleiben wollen.

Kurze Zeit später traf auch Tom ein. Sandy gab sich ihm gegenüber betont nüchtern, doch man sah genau, wie nervös sie seine Gegenwart machte. Wir trugen den Schrott zu seinem alten Auto, dessen Kofferraum wir vorher mit einer Plane ausgelegt hatten.

»Ich bring dann mal die erste Fuhre weg«, sagte er wenig später und sah Sandy so lange an, bis sie murmelte, dass sie ihn begleiten würde.

»Die beiden …« Isabelle sah ihnen hinterher und grinste. »Sie können nicht mit-, aber auch nicht ohne einander.«

Ich nickte zustimmend.

»Und du meinst wirklich, dass wir morgen oder übermorgen schon Einweihung feiern können?«, fragte ich und sah mich kritisch um.

Herr Hensen hatte sich zum Mittagessen verabschiedet und der Garten sah nur unmerklich besser aus.

»Klar, wir schaffen das schon«, meinte Isabelle optimistisch.

Als Sandy und Tom wiederkamen, arbeiteten wir weiter bis zum späten Nachmittag. Herr Hensen bot an, am nächsten Morgen noch den Ast mit seiner Motorsäge abzutrennen, da es für so einen Lärm an dem Abend bereits zu spät war. Danach würde einer Einweihungsparty nichts mehr im Wege stehen. Wir waren alle total euphorisch und Sandy ließ sich von Tom sogar den Arm um die Taille legen. Auch die Hängematte hing schon an ihrem Platz und der vorher so struppige Garten sah plötzlich ziemlich einladend aus. Wir machten für diesen Tag Schluss, bedankten uns bei Herrn Hensen und gingen wieder hinauf in die Wohnung.

Eine Stunde später, Tom war gerade gefahren, wurde Sandy immer blasser. Schließlich stürzte sie ins Bad und übergab sich in die Kloschüssel. Kurz danach lag sie von Bauchkrämpfen geschüttelt im Bett. Tom simste ähnliche Symptome. Sandy berichtete, dass sie auf der dritten Fahrt an einer Pommesbude angehalten und etwas gegessen hatten. Offenbar hatten sie sich dort etwas eingefangen. Sie zitterte am ganzen Körper und kalter Schweiß stand auf ihrer Stirn.

»Sollen wir einen Notarzt rufen?«, fragte Isabelle besorgt.

»Geht schon«, wehrte Sandy ab.

Sie würgte und übergab sich in einen Eimer, den wir neben ihr Bett gestellt hatten. Isabelle wurde daraufhin genauso blass wie Sandy und vermied den Blick nach unten.

»Ich mach schon«, sagte ich und griff nach dem Eimer, leerte ihn in die Toilette und stellte ihn dann ausgespült zurück an Sandys Bett.

*

Als es Sandy am nächsten Morgen immer noch nicht besser ging, brachten wir sie zu ihrem Hausarzt. Der diagnostizierte einen klassischen Magen-Darm-Virus und verordnete strenge Bettruhe und penible Hygiene, da wir uns sonst vermutlich anstecken würden. Wir kauften Kamillentee, Desinfektionsspray und Babybrei und packten Sandy zurück ins Bett. Von der Einweihungsparty war keine Rede mehr, stattdessen verschickten wir Absagen an diejenigen, die wir am Abend im Freudentaumel bereits eingeladen hatten.

Mittags sägte Herr Hensen noch den Ast ab und als er erfuhr, dass Sandy krank war, bot er an, das sperrige Holz mitzunehmen und beim nächsten Mal mit seinem eigenen Wagen zu entsorgen. Isabelle und ich bedankten uns tausendmal und richteten Sandy seine Genesungswünsche aus.

Am Abend saß ich bei Isabelle im Zimmer und blätterte in einer ihrer vielen Modezeitschriften. Sie saß am Schreibtisch und arbeitete an ihrem Blog. Als mein Handy piepte, drückte ich das Geräusch schnell weg. Ich wollte nicht daran erinnert werden.

»Das war dein *Sturmherzen*-Alarm«, sagte Isabelle leise, »richtig?«

»Ja«, antwortete ich nur.

Sie drehte sich auf ihrem Schreibtischstuhl zu mir und sah mich fragend an.

»Möchtest du darüber reden?«

Ich schaute auf den Boden.

»Es gibt nicht viel zu reden.«

»Aber ich sehe doch, dass dich das alles sehr enttäuscht hat.«

»Kein Wunder. Wenn man so blöd ist wie ich.«

»Du bist nicht blöd.«

»In der Beziehung schon.«

»Nein, du hast dich einfach nur in etwas verrannt, das sich dann verselbstständigt hat.«

»Egal«, sagte ich ausweichend.

»Wie war es denn dort, wo das Treffen stattgefunden hat?«

»Doof.«

»Und wie waren die anderen Darsteller so?«

»Keine Ahnung.«

»So schlimm?«

»Ja.« Die Erinnerungen brachen erneut über mir zusammen wie eine Welle und ungewollt stiegen mir wieder Tränen in die Augen. »Es war einfach nur schrecklich!«, schluchzte ich.

Isabelle stand von ihrem Stuhl auf, setzte sich neben mich auf die Couch und nahm mich in den Arm.

»Er hat mich nicht mal richtig angesehen«, weinte ich. »Er war so desinteressiert, so abweisend, so … kalt!«

Isabelle streichelte beruhigend über meinen Rücken.

»Er hat nicht mal gefragt, wie man meinen Namen richtig schreibt!«

»Dieses Event dort war Teil seines Jobs«, sagte sie. »Und vielleicht hatte er auch einen schlechten Tag. Dann machst du einfach deine Arbeit und bist froh, wenn du nach Hause oder ins Hotel kannst. Und was soll denn der Rest seiner Fans sagen, wenn er vor ihren Augen eine Frau angräbt. Sein Management würde ihm den Hals umdrehen. Es würde dem Image der Serie schaden. Es könnte ihn den Job kosten. Ich will ihn dir nicht wieder schönreden, aber vielleicht hilft es dir, wenn du es von dieser Seite aus betrachtest.«

»Ist mir alles egal«, schniefte ich. »Ich kann ihn sowieso nicht mehr leiden.«

»Ihn oder die Serie?«

»Ihn.«

»Ach so.« Isabelle löste sich von mir und griff nach der Fernbedienung. »Dann stört es dich bestimmt nicht, wenn ich mal reinschaue. Ich habe noch keine Folge am Stück gesehen.«

Mein Herz machte einen Sprung, als der Bildschirm zu flimmern begann und kurz darauf Jerôme alias Konstantin von Hewordt durchs Bild spazierte. Was für ein Gegensatz zu dem Fan-Treffen: Er war wieder perfekt gekleidet, mit ordentlich gemachten Haaren und sanftem Blick. Nichts erinnerte an den mürrischen, schlecht gekleideten Mann in dem billigen Vorstadt-Restaurant. Ich spürte, wie Isabelle mich beobachtete.

»Konfrontationstherapie«, sagte sie. »Worum gehts in der Serie?«

»Um ein kleines, familiengeführtes Hotel auf Sylt«, erzählte ich wie in Trance. »Jerôme spielt Konstantin von Hewordt, den einzigen Sohn des Hotelinhabers. Er soll das Hotel mal übernehmen, doch der Bruder seines Vaters versucht, es ihm mit allen Mitteln abspenstig zu machen. Jetzt ist auch noch eine Halbschwester aufgetaucht, die ebenfalls an das Hotel kommen will.«

»Ist es spannend?«

»Geht so«, sagte ich und sah Jerôme dabei zu, wie er mal wieder Marie küsste.

»Und sie?«

»Ist das Zimmermädchen. Seine Eltern würden diese Verbindung nie dulden, deshalb halten sie sie geheim.«

»Klingt ja wie aus dem Mittelalter.«

Ich zuckte mit den Schultern.

»Hm, ich glaube, ich habe fürs Erste genug gesehen«, sagte Isabelle. »Ich schaue mal nach Sandy.«

»Okay.« Ich blieb auf dem Sofa sitzen und schaute auf die glatte Oberfläche des Fernsehers.

Noch vor einigen Tagen hatte ich meinen Tagesablauf nach dem Sendetermin dieser Serie geplant. Ich hatte mich deswegen mit Leuten, denen ich wichtig war, gestritten. Ich hatte meine Arbeitszeiten darauf abgestimmt. Meine Atmung wurde ganz ruhig und ich hörte meinem Herzen zu, wie es ruhig und regelmäßig schlug. Ich sah ihn noch ein letztes Mal an – wie gut er auf der flimmernden Oberfläche aussah, inmitten der hübschen Kulissen, mit einer schönen Frau in seinen Armen. Dann stand ich einfach auf und ging aus dem Zimmer.

16. KAPITEL

MORITZ

Der Montagmorgen war so trüb und grau wie meine Laune. Mein Traum von einer perfekten Partnerschaft mit Jerôme hatte sich als peinliche Spinnerei entpuppt und Hannes hatte mir die Freundschaft gekündigt. Ich wischte ein wenig halbherzig die Ladentheke und sortierte ein paar Bücher um, nur um mich abzulenken. Dazwischen starrte ich immer wieder Löcher in die Luft. Schließlich ließ ich mich auf einer der Bücherkisten nieder und seufzte laut. Bodo trottete auf mich zu, legte seinen schweren Kopf auf meine Knie und sah treuherzig zu mir hoch.

»Ach Bodo, du bist lieb«, murmelte ich und war wieder kurz davor zu heulen.

Er leckte mir zustimmend die Hand ab. Ich entzog sie ihm und kraulte ihn dafür hinterm Ohr.

»Weißt du«, sagte ich, »ich habe mal zu Jerôme gesagt, dass ich glaube, dass ich nicht so viel mitkriege wie andere.« Meine Stimme brach und ich kämpfte mit den Tränen.

Bodo blinzelte mitfühlend.

»Ich glaube, das stimmt wirklich. Wie kann man nur so behämmert sein und sich in einen Schauspieler verknallen und wirklich ganz fest daran glauben, dass man füreinander bestimmt ist? Ich meine, ich habe wirklich daran geglaubt! So wirklich, wirklich, wirklich! Und er … Er ist … Er ist …«, schniefte ich.

Bodo begann erneut, mich hingebungsvoll abzulecken.

»Er ist gar nicht nett! Er ist nicht mal ein bisschen nett! Es war total erniedrigend. Wie kann ich mich denn jemals wieder auf meine Gefühle verlassen? Ich habe allen anderen keine Chance gegeben, weil ich geglaubt habe, dass es zwischen uns etwas Besonderes ist. Ich habe nur daran gedacht, wie toll es wird, wenn ich ihn endlich mal live treffe. Wie kann man nur so blöd sein!«

Ich wischte mir die feuchte Hand an meinen Shorts ab. Kaum hatte ich sie zurückgelegt, begann Bodo wieder mit seinen Zuwendungen. Obwohl es mich durchaus störte, dass er mir die Hand ableckte, verbuchte ich es unter »Zuwendung« und ließ ihn weitermachen.

»Er hat mich nicht einmal richtig angeguckt. Sandy hatte recht – ich sollte am besten ins Kloster gehen. Wie kann man nur so blöd sein!«

Das Telefon klingelte, doch ich beschloss, es zu ignorieren. Bodos Ohren zuckten nach hinten.

»Ich habe eine Stunde lang in der Schlange angestanden und er hat nur ›Name?‹ gesagt und nach einer Autogrammkarte gegriffen!« Meine Augen liefen über und eine Träne tropfte auf Bodos Kopf. »Meinst du, das mit Hannes wäre etwas gewesen? Aber wie kann es richtig sein, wenn er mir doch irgendwie egal ist? Es kann doch nicht sein, dass man keinerlei Verbundenheit fühlt und er trotzdem der Richtige sein soll. Muss ich ihn wollen, nur weil er mich will?«

Bodo schnaufte erneut. Das Klingeln hatte endlich aufgehört.

»Ich habe echt überhaupt kein Talent im Umgang mit Männern. Ich schaffe es nicht mal, sie nach ihrem Namen zu fragen. Mein Liebesleben ist ein echter Reinfall!«

In dem Moment quietschte die Tür und die Glocke bimmelte. Durch den wässrigen Schleier vor meinen Augen erkannte ich die Gestalt einer älteren Dame. Als sie mich sah, legte sie mitfühlend den Kopf schief und musterte mich über den Rand ihrer goldgerahmten Brillengläser.

»Entschuldigung!«, heulte ich, schob Bodos Kopf von meinen Knien und stand auf. »Es ist einfach nicht mein Tag heute.«

»Nur keine Sorge, Kindchen«, sagte sie lächelnd. »Kümmern Sie sich einfach nicht um mich. Ich schaue mich nur ein wenig um.«

»Okay«, schniefte ich und flüchtete mich wieder hinter meine sichere Theke.

Bodo folgte mir und drückte sich eng an mein Bein. Ich war immer noch davon beeindruckt, dass er anscheinend zu spüren schien, dass es mir nicht gut ging.

Nachdem die ältere Dame sich wieder verabschiedet hatte, verzog ich mich kurz in unser Minibad im Lager, wo über einem Waschbecken in Konservendosengröße ein fast blinder Spiegel hing. Mein Spiegelbild bestätigte mir auch prompt, dass ich genauso schlecht aussah, wie ich mich fühlte. Zudem hatte ich meine Wimperntusche beim Weinen komplett über mein Gesicht verteilt. Sie war nun bereits angetrocknet und ließ sich nur durch energisches Rubbeln mit einem kratzigen, angefeuchteten Handtuch einigermaßen wieder entfernen. Danach sah mein Gesicht aus, als hätte ich ein Fruchtsäure-Peeling hinter mir: geschwollen und feuerrot. Ich hoffte, dass so bald niemand mehr den Laden betreten würde, da ich aussah wie frisch der Quarantäne-Station entflohen.

Um mich etwas abzulenken, schaltete ich das Radio ein und stellte von peinlicher Volksmusik um auf einen Lokalsender. Eine Weile starrte ich wieder vor mich hin und Bodo nahm mitfühlend auf meinem Fuß Platz. Als ich meine Zehen nicht mehr spürte, beschloss ich, mich erneut ein wenig durch Arbeit abzulenken. Ich packte ein paar Kartons im Lager aus, etikettierte die Bücher und ordnete sie bei den Neuerscheinungen im Regal ein. Dann trug ich ein paar vergriffene Werke in unsere Bestellliste ein, wischte alle Fächer der Theke mit einem Staubtuch aus und räumte dabei gleich ein wenig auf. So gegen 15 Uhr wollte Gisi kommen und es war bereits Viertel vor. Die Zeit war vergangen wie im Fluge.

Ich schüttelte gerade das Staubtuch vor der Ladentür aus und Bodo schnüffelte interessiert in Richtung Gehweg, als mich ein Beitrag im Radio aufhorchen ließ. Hatte der Moderator gerade von *Sturmherzen* erzählt? Ich schob Bodo zurück in den Laden, stürmte zur Theke und stellte das Radio etwas lauter.

»... gleich sind sie bei mir, also bleiben Sie dran!«, sagte der Moderator noch und dann begann ein Lied.

»Mist!«, schnaufte ich.

Wer war gleich da? Hatte ich mich verhört? Begann ich zu halluzinieren? Ich drehte ungeduldig im Laden ein paar Runden, bis das Lied sich dem Ende näherte. Schließlich erklangen die letzten Akkorde.

»So, meine Lieben, willkommen zurück. Für alle, die es vorhin nicht mitbekommen haben: Ich habe heute zwei Studiogäste, mittlerweile sind sie auch angekommen. Der Stau war schuld, aber dieses Problem haben wir ja öfter im Ruhrgebiet!« Der Moderator lachte und eine zweite Stimme fiel ein.

Ich krallte meine Hände in die Theke. Jerôme! Dieses Lachen würde ich unter Tausenden erkennen.

»Jetzt sind sie hier, die beiden Hauptdarsteller der erfolgreichen Vorabendserie *Sturmherzen*: Magdalena Vierhaus und Jerôme Matzcinzky!«, verkündete der Moderator und spielte euphorischen Applaus vom Band ab.

»Vielen Dank!«, sagte Jerôme.

»Danke!«, lachte Magdalena.

Ich krallte meine Nägel ein zweites Mal in die Theke. Was hatte das zu bedeuten? Magdalena spielte Marie, das Zimmermädchen, und sie hatte, wenn überhaupt, nur eine Nebenrolle. Jerôme war der einzige Hauptdarsteller.

»Schön, dass ihr heute bei mir seid. Ich weiß, dass man als Soap-Darsteller einen langen Tag hat, deshalb freue ich mich, dass ihr vorbeischaut«, sagte der Moderator.

»Immer wieder gerne«, erwiderte Jerôme.

»Und meine Redakteure sagten mir vorhin, es gebe Neuigkeiten, die eure Fans vermutlich brennend interessieren.«

Magdalena kicherte und Jerôme schien sich verlegen zu räuspern.

»Das könnte man so sagen«, meinte er schließlich.

Ich krallte mich immer noch in das kühle Holz der Theke. Was war passiert? Und warum benahmen sich die beiden wie zwei Teenager?

»Dann raus mit der Sprache, eure Fans brennen sicher schon auf die Infos. Was dürft ihr verraten?«

Jerôme machte eine weitere dramatische Pause, dann endlich begann er zu sprechen.

»Magdalena wird aus der Serie ausscheiden. Im Moment überlegen wir noch, wie wir einen passenden Ausstieg darstellen.«

Obwohl ich ja eigentlich nie wieder *Sturmherzen* gucken wollte, atmete ich erleichtert auf. Endlich war sie weg! Ich hatte dieses Zimmermädchen noch nie leiden können.

»Das ist ja spannend!«, sagte der Moderator. »Gibt es einen bestimmten Grund, warum du gehst, Magdalena? Oder sind das zu viele Interna, nach denen ich hier frage?«

»Nein, das ist schon okay«, lachte Magdalena. »In spätestens zwei Monaten wird man den Grund sowieso nicht mehr übersehen können.«

Ich kapierte gar nichts. War sie krank? Todkrank?

»Wirklich? Ja, herzlichen Glückwunsch! Das ist ja eine tolle Neuigkeit!«, freute sich der Moderator, der mir anscheinend einen Schritt voraus war. »Und wer ist der glückliche Papa, um mal ganz indiskret zu fragen?«

Die beiden begannen wieder zu kichern. Irgendetwas musste passiert sein, denn der Moderator jauchzte erneut ein »Wirklich?!« ins Mikro.

»Ja«, sagte Jerôme dann. »Wir wollten es noch geheim halten, aber als sich jetzt so plötzlich Nachwuchs ankündigte, mussten wir ja handeln.«

Der Nagel meines linken Ringfingers splitterte mit einem hässlichen Geräusch. Schmerzen jagten meinen Arm hinauf und reflexartig ließ ich die Theke los. Mir wurde schwindelig und übel zugleich.

»Das ist ja toll!«, rief der Moderator.

Ich hätte mich am liebsten auf die Theke übergeben.

»Wir arbeiten ja schon seit knapp zwei Jahren zusammen, aber vor einem Vierteljahr hat es plötzlich gefunkt«, erzählte Magdalena. »An Kinder hatten wir noch gar nicht gedacht, aber manchmal hat das Schicksal eben andere Pläne. Und da ich mit Babybauch natürlich nicht am Set arbeiten kann, scheide ich erst einmal aus. Wenn alles gut läuft, kehre ich nach einer Babypause zurück.«

»Genau!«, sagte Jerôme. »Vielleicht stellen wir es so dar, dass Marie für ein Jahr ins Ausland geht oder so, dann könnte sie ja theoretisch nach Sylt zurückkehren. Aber das ist noch nicht ganz sicher. Wir würden uns nur diese Option gerne offenhalten.«

»Toll, ich freue mich für euch beide!«, sagte der Moderator. »Und ich bin mir sicher, auch eure Fans finden es schön, dass das Traumpaar vor der Kamera nun auch hinter der Kamera ein Paar ist. Leute, mailt uns eure Glückwünsche ins Studio! Wir freuen uns!«

Obwohl meine Hand zitterte, schaffte ich es, nach dem Radio zu tasten. Sie waren ein Paar! Sie bekamen ein Kind!

»Habt ihr eigentlich schon vorher füreinander geschwärmt?«, fragte der Moderator.

»Ich fand ihn schon immer attraktiv, aber wir haben uns als Kollegen betrachtet«, erklärte Magdalena.

»Ich fand Magdalena auch toll, aber wirklich gefunkt hat es erst vor knapp drei Monaten«, lachte Jerôme. »Es ist einfach so passiert!«

Ich drehte am Knopf und das Radio verstummte. »Es ist einfach so passiert!« Diesen Satz konnte ich nicht mehr hören. Felix und Stefan hatten das Gleiche zu mir gesagt, als sie mir ihren gemeinsamen Auszug und ihr plötzliches Zusammensein erklärt hatten. Offensichtlich war ich seitdem keinen Schritt weitergekommen. Wahrscheinlich fehlte mir tatsächlich dieses kleine Stückchen Gehirn, das andere Leute so viel mehr durchschauen ließ.

Ich atmete tief ein und wieder aus, um erstens meine Wut und zweitens die Übelkeit loszuwerden. Was war ich nur für ein Volltrottel! Ich hatte einen vergebenen Mann, der nun auch noch Vater wurde, zum Objekt meiner Sehnsüchte gemacht. Es war so peinlich! Ich zitterte immer noch und kalter Schweiß stand auf meiner Stirn.

In diesem Moment polterte Gisi durch die Ladentür: bestens gelaunt, eine Tüte vom Biobäcker unter dem Arm und wie immer unmöglich bunt gekleidet.

»Sternchen, was für ein wundervoller Tag!«, strahlte sie. »Schau mal, wie toll das Wetter noch geworden ist! Es ist wieder total warm draußen. Heute Morgen war es ja so grau und duster, scheußlich!«

Bodo wedelte und lief auf sie zu.

»Sternchen?«

Ich stand immer noch hinter der Theke, völlig paralysiert von den unglaublichen Neuigkeiten aus dem Radio.

»Sternchen, was ist los? Ist was passiert?« Gisi kam besorgt auf mich zu.

Je näher sie kam, desto mehr stiegen mir die Tränen in die Augen. Meine Schultern begannen zu beben und das Zittern wurde stärker. Gisi ließ die Tüte auf die Theke fallen und nahm mich in den Arm. Ich begann prompt wieder zu heulen und sie streichelte etwas hilflos über meinen Kopf.

»Du bist ja ganz kalt!«, sagte sie. »Du wirst doch nicht krank, oder?«

»Nein.«

»Du siehst aber ganz so aus! Und dein Gesicht ist ganz rosa! Bist du vielleicht gegen irgendetwas allergisch?«

»Nein.«

»Was ist denn?«

»Mir geht es einfach nur nicht gut«, murmelte ich ausweichend.

»Dann schicke ich dich jetzt nach Hause«, sagte Gisi. »Vielleicht ist es auch das Wetter. Heute Morgen stickig und trüb, jetzt strahlender Sonnenschein und warm. Da muss man ja Kreislaufprobleme bekommen! Nimm deine Tasche, fahr nach Hause und ruh dich aus! Ich gebe dir frei und schreibe dir die restlichen Stunden trotzdem auf.«

»Wirklich?«, schniefte ich.

»Ja. Ruh dich aus! Morgen geht es dir bestimmt wieder besser.«

»Danke, das ist lieb von dir«, sagte ich und rieb mir das feuchte Gesicht trocken.

Gisi holte meine Tasche aus dem Lager und hängte sie mir über die Schulter.

»Gute Besserung. Und sollte es morgen noch nicht besser sein, ruf mich einfach an, ja?«

»Danke, ja, das mache ich!«

Ich ging durch den Laden in Richtung Ausgang und kaum, dass ich die Tür passiert und einen Fuß auf den Gehweg gesetzt hatte, prallte ich gegen eine große Gestalt.

»Hi! Schon frei?«

Ich sah hoch.

»Hey!«, sagte ich erstaunt. »Ich dachte …« Den Rest des Satzes schluckte ich herunter.

Der dunkelhaarige Unbekannte sah mich lächelnd an.

Eigentlich hatte ich sagen wollen: »Ich dachte, du hättest mich vergessen«, doch seit meiner Gefühlsschieflage war es sicherlich besser, all solche Themen erst einmal zu vermeiden.

Er sah an mir herunter und ignorierte höflicherweise mein verheultes Aussehen.

»Und, wie war dein Arbeitstag?«

»Der Tag war … Na ja …«, erwiderte ich.

Wir gingen ein Stück zusammen die Straße hinunter, vorbei an Cafés, in denen Paare in der Sonne saßen, und an Straßenmusikanten, die Klassikhits wie *Die Moldau* grausam falsch auf dem Akkordeon klimperten.

»Möchtest du ein Eis haben?«, fragte er plötzlich. »Du siehst aus wie jemand, der dringend ein Eis vertragen könnte.«

»Wirklich?«

»Ja doch!«

»Ich finde Eis super!«

»Gut, dann komm mit.«

Wir gingen zu einer Eisdiele und er bestellte für jeden drei Kugeln. Ich nahm Zitrone, Mango und Erdbeer und er Schokolade, Vanille und Pistazie. Ich sah ihm zu, wie er bezahlte, und plötzlich war ich mir sicher: Gleich würde ich ihn fragen. Ich konnte mir doch nicht von jemandem, dessen Namen ich nicht kannte, ein Eis ausgeben lassen.

»Danke«, sagte ich, als er mir mein Hörnchen reichte. »Ich bin übrigens Louise. Und wie heißt du?«

Endlich war es raus. Mein Herz hämmerte gegen meinen Brustkorb und trotzdem fühlte ich mich zehn Kilo leichter. Ich hatte es geschafft!

»Ich bin Moritz. Freut mich, Louise«, antwortete er lächelnd und stupste mit seinem Eishörnchen an meines, so als würden wir uns zuprosten. »Komm, wir gehen ein bisschen spazieren. Oder musst du gleich los?«

»Nein, ich habe nix vor«, sagte ich. Mein Puls raste.

»Prima!«

Wir liefen in Richtung Stadtpark. An dem großen Teich, auf dem sich Bodos Entenfreunde laut schnatternd tummelten, ließen wir uns auf einer Bank nieder. Moritz hatte seine drei Kugeln Eis schon verschlungen und kaute nun auf dem letzten Rest seines Hörnchens herum. Es knusperte und krachte und er hatte sein Polohemd komplett vollgekrümelt, was ihn aber nicht weiter zu stören schien. Ich sah ihn an und etwas von meiner Traurigkeit verschwand ganz leise. Er streckte sich, streifte seine Umhängetasche ab und schloss die Augen vor der tief stehenden Nachmittagssonne.

»Hat es dir etwa geschmeckt?«, fragte ich lächelnd.

Er öffnete die Augen wieder, sah mich an und grinste.

»Im Sommer sollte man jeden Tag ein Eis essen.«

»Aha.«

»Mann, jetzt habe ich aber Durst bekommen.« Er griff nach seiner Stofftasche, wühlte darin herum und zog schließlich eine kleine, grellorange Plastikflasche hervor.

»Die gibt es noch?«, fragte ich ungläubig.

»Ja, die gibts noch. Ich habe die schon als Kind immer gern getrunken.« Er zog eine weitere Flasche hervor, dieses Mal in Giftgrün. »Möchtest du auch eine?«

Ich winkte dankend ab.

»Danke, nein, ich bin allergisch dagegen. Nachdem ich das erste Mal davon getrunken hatte«, erinnerte ich mich lachend, »habe ich am ganzen Körper rote Pusteln bekommen, die schrecklich gejuckt haben.«

»Oh, tut mir leid, das sollte kein Mordanschlag werden.«

»Nicht doch. Das konntest du ja nicht wissen. Erzähl mir etwas von dir, aus deinem Leben. Etwas Spannendes!«, forderte ich.

»Ich bin mit neun Jahren in die USA gezogen. Wir haben in Washington gelebt. Das war die schönste Zeit meines Lebens. Dort ist alles so ganz anders als hier, die Leute sind unkomplizierter. Ich glaube, die Zeit dort hat mich sehr geprägt«, erzählte er.

»Du bist nach Amerika gezogen? Was machst du dann hier?«

»Na ja, als mein Vater die Tochtergesellschaft seiner Firma dort so weit aufgebaut hatte, dass er einen Geschäftsführer einstellen konnte, sind wir nach Bochum zurückgekehrt, weil meine Mutter nicht für immer in den USA bleiben wollte. Sie ist mit dem Land nie richtig warm geworden. Ich habe dann hier Abi gemacht und bin fürs Studium von der ZVS nach Kiel geschickt worden.« Er sah hinaus auf den See und sein Blick schien ins Leere zu gehen.

Am nahen Ufer quakten ein paar Enten. Ich schaute zu ihnen hinüber, während die Sonne wie tausend kleine Irrlichter hinter den Baumkronen hervorblitzte. Eine Weile saßen wir schweigend nebeneinander. Moritz schien ganz in Gedanken versunken und auch in meinem Kopf ratterten die Zahnräder.

»Ich wollte dich von Anfang an gern näher kennenlernen«, sagte ich irgendwann, vermied es jedoch, ihn anzusehen.

»Ich dich auch«, antwortete er . »Aber ich dachte, wenn ich es dir so direkt im Laden sage, hältst du es für 'ne billige Anmache.« Er bohrte die Spitze seines Schuhs in das weiche Gras. »Und … was machst du nachher noch?«, fragte er dann betont beiläufig.

Ich schielte unauffällig zu ihm hinüber. Er sah so verdammt gut aus, wollte er etwa ein Date mit mir? Hatte er denn keine Freundin? Hatte so jemand wie er nicht immer, immer, immer und unter Garantie eine Freundin? Plötzlich hob er den Kopf und sah mich an. Ich entkrampfte meine Augen, bevor er meinen sehnsüchtigen Blick bemerkte.

»Du?«, fragte er.

Ich sah in seine dunkelblauen Augen und dann wanderte mein Blick automatisch hinunter zu seinen Lippen.

»Hm?«, brachte ich zustande, wenn auch sehr mühsam.

»Hast du heute Abend schon was vor?«

Ich schüttelte stumm den Kopf. Er nickte und dann drehte er sich wieder weg. Enttäuscht ließ ich die Schultern hängen. Na super, ich hatte es schon wieder vergeigt. Auf seine vorsichtige Frage hatte ich so enthusiastisch reagiert wie eine Schlaftablette. Kein Wunder, dass er denken musste, dass er ihn uninteressant fand.

»Und du?«, hörte ich mich plötzlich sagen.

Du meine Güte, fragte ich ihn etwa nach einem Date? Vergeigte ich es noch mehr? Was tat ich da?

»Nee, gar nix!«, strahlte er und drehte sich mit seinem ganzen Körper zu mir. Und obwohl ich nicht wirklich viel über Körpersprache wusste, wertete ich dies als positive Reaktion.

»Schön!«, plapperte ich hilflos.

»Ja«, sagte er und strahlte immer noch.

»Ja, dann …«

»Genau.«

»Gut.«

»Finde ich auch.«

»Super!«

»Ja!«

»Dann also …«, begann ich, weil wir einfach nicht weiterkamen.

Er lachte verlegen.

»Okay, ich hol dich ab. So um 19 Uhr?«, fragte er dann.

»Ja.«

»Gut.«

Als mein Handy klingelte, reagierte ich gar nicht, bis Moritz sich suchend zu mir herüberbeugte. Mir wurde ein wenig schummrig, obwohl ich saß und garantiert nicht unterzuckert war.

»Ich glaube, es ist deins«, sagte er und sein Gesicht war viel zu nah.

»Meins?«, flüsterte ich.

»Ja«, erwiderte er lächelnd.

Dann endlich schaltete ich und wühlte hektisch in meiner Tasche herum.

»Hallo?«, fragte ich etwas außer Atem.

»Sandy hier«, sagte eine wohlbekannte Stimme. »Hast du vielleicht Zeit, mit Hektor rauszugehen? Isabelle steckt im Stau fest und mir gehts immer noch so schlecht. Bitte!«

»Ja klar. Wann denn? Jetzt gleich?«

»So in einer halben Stunde reicht. Ich glaube, er kann noch ein bisschen aushalten. Das wäre superlieb von dir.«

»Kein Problem! Brauchst du noch irgendwelche Medikamente, die könnte ich auf dem Weg noch schnell besorgen.«

Ich sah, wie Moritz fragend die Augenbrauen hochzog, und machte eine beschwichtigende Handbewegung.

»Nein danke, ich bin noch gut versorgt. Mir ist nur immer noch so schlecht.«

»Bleib einfach liegen, ich bin gleich da.«

»Aber ich habe dich doch nicht gestört, oder?«

»Nein, hast du nicht. Ich mache mich jetzt auf den Weg.«

»Okay. Danke. Und bis gleich.«

»Ja, bis gleich!«

»Ein Notfall?«, fragte Moritz prompt, als ich mein Handy wieder zuschnappen ließ.

»Eine Freundin ist krank und ich gehe mal kurz mit ihrem Hund spazieren.«

»Wie lieb von dir. Wohnt ihr sehr weit auseinander?«

»Wir wohnen zusammen«, lächelte ich. »Drei Freundinnen und ein kleiner Wachhund.«

Es fühlte sich gut an, das zu sagen. Ich hatte nie eine richtige Freundin gehabt und jetzt hatte ich gleich zwei auf einmal.

»Also, mit Freunden zusammenzuwohnen, das stelle ich mir ziemlich cool vor«, sagte Moritz.

»Ja, ist es auch. Und es macht den Alltag oftmals leichter, als wenn man ganz alleine lebt.«

»Das kann ich mir vorstellen. Musst du jetzt gleich los?«

Ich verstaute mein Handy wieder in meiner Tasche und sah bedauernd zu ihm hinüber.

»Leider ja.«

»Ist doch kein Problem. Wir sehen uns ja heute Abend wieder. Gibst du mir noch deine Adresse und 'ne Telefonnummer? Ich gebe dir auch mal meine, dann kannst du dich melden, falls es deiner Freundin schlechter geht und du das Treffen verschieben willst.«

Wir tauschten Handynummern und Adressen aus, dann brachte er mich noch zur Bahn. Zum Abschied umarmte er mich kurz. Ich ließ es geschehen wie eine Puppe, unfähig zu reagieren oder ihn ebenfalls zu umarmen. Als seine schlanke Gestalt am Straßenrand immer kleiner wurde, ärgerte ich mich natürlich wieder über meine wenig lockere Art. Hoffentlich fand er das nicht allzu seltsam.

*

Zu Hause lag Sandy in ihrem Bett und sah wirklich noch sehr elend aus. Sie war schrecklich blass und hatte dunkle Schatten unter den Augen. Hektor saß mitten auf ihrer Bettdecke und hechelte nervös.

»Ich glaube, jetzt ist es dringend«, sagte Sandy zur Begrüßung.

»Warte, ich hole seine Leine«, antwortete ich und stürmte zurück in den Flur.

Dabei hörte ich noch, wie Hektor vom Bett sprang und mir folgte. Er hüpfte um meine nackten Beine herum und ich schaffte es kaum, ihm sein Halsband anzulegen.

»Bis gleich!«, rief ich in Sandys Zimmer, während mich Hektor schon mit aller Kraft Richtung Tür zog.

Im Hausflur fiel er fast die Stufen hinunter, so sehr drehten seine Pfoten durch bei dem Versuch, schnellstmöglich die rettende Straße zu erreichen. Dann schwang endlich die Haustür hinter uns zu und Hektor begoss den nächstbesten Baum, als wäre er zwei Jahre lang nicht mehr draußen gewesen. Sofort schien es ihm besser zu gehen. Er senkte die Nase knapp über den Erdboden und zog mich laut schnüffelnd weiter, während ich die Zeit nutzte, um mir über mein Date am Abend Gedanken zu machen.

Moritz hatte gar nicht gesagt, was wir machen würden. Was also sollte ich anziehen? Hohe oder flache Schuhe, Rock oder Hose? Und wie sollte ich mir die Haare machen? Fragen über Fragen! Ich seufzte. Hoffentlich war Isabelle bald zu Hause, denn für solche Fragen war sie die ultimative Ansprechpartnerin.

*

»Ich style dich erst, wenn du mir erzählst, mit wem du so plötzlich ein Date hast«, sagte Isabelle energisch und verschränkte die Arme trotzig vor der Brust.

»Und ich leihe dir auch erst dann meinen Rock«, warf Sandy schnell ein, bevor Isabelle mich weiter ausquetschte: »Also, wie heißt er? Was macht er? Woher kennst du ihn? Wie alt? Wie groß? Name, Wohnort, Ausbildung?«

»Hättest du vielleicht einen Vordruck, den ich einfach nur ausfüllen müsste?«, erwiderte ich patzig.

»Sehr witzig.«

»Wie heißt er denn?«, fragte Sandy etwas diplomatischer und setzte sich im Bett auf.

Isabelle wippte ungeduldig auf der Decke hin und her, was Hektor gar nicht gefiel. Er schaukelte umher wie ein Boot auf hoher See und schnaufte empört. Ich saß am Fußende und hatte eigentlich keine Lust, so viel Auskunft zu geben. Aber ich brauchte ihre Hilfe.

»Moritz.«

»Und wo hast du ihn kennengelernt?«

»Nee, so läuft das nicht!«, warf Isabelle ein. »Entweder das Fräulein redet ab jetzt in ganzen Sätzen oder ich gehe! Das ist doch kein Verhör! Warum ist es nicht möglich, in zwei, drei Minuten zu erzählen, was es mit diesem Date auf sich hat, und dann sind alle zufrieden?!«

Sandy sah mich bittend an und Isabelle hatte vor Aufregung ganz rote Bäckchen. Ich nickte.

»Also gut: Ich habe Moritz in Gisis Laden kennengelernt. Ich fand ihn von Anfang an gut, doch da war ich noch so mit Jerôme beschäftigt, dass ich alles andere vernachlässigt habe. Er kam dann immer mal wieder in den Laden, aber irgendwie hat es erst heute geklappt, dass wir uns etwas näher kennenlernen konnten. Nachher holt er mich ab und wir wollen was unternehmen.«

»Oh mein Gott, ist das romantisch!«, jauchzte Isabelle wie ausgewechselt.

»Ist ja niedlich«, sagte auch Sandy, »dass er immer wieder im Laden aufgetaucht ist.«

Isabelle griff nach meiner Hand und sah mich ernst an.

»Ich freue mich so sehr für dich. Es scheint, als seid ihr füreinander bestimmt, wenn er immer wieder zu dir kam, um dich endlich kennenzulernen, obwohl er ja gar nicht wusste, wie du bist … Verstehst du?«

»Ach bitte«, winkte ich lächelnd ab. Seit der Jerôme-Geschichte war ich vorsichtig, was »für jemanden bestimmt sein« anging.

»Doch, so ist es!«

»Du klingst wie meine schwer esoterische Tante.«

»Aber es ist so! Seelenverwandte finden sich wieder. Sie suchen einander – wenn es nötig ist, ein Leben lang.«

»Mir kommen gleich die Tränen«, sagte Sandy trocken, schlug die Decke zurück und stand auf. »Diskutiert das ruhig weiter, ich muss mal.«

Ich fand, dass dies eine willkommene Unterbrechung war, und nutzte die Gelegenheit, um einen bittenden Blick zu Isabelle zu werfen.

»Hilfst du mir jetzt?«

Sie deckte Hektor mit einem Zipfel Bettdecke zu und brummte ein kaum hörbares »Na gut«. Ich atmete erleichtert auf.

»Zieh dein blaues Kleid an, darin fühlst du dich gut und es steht dir immer wieder ausgezeichnet.«

»Meinst du?«

»Ja. Und dann lässt du die Haare offen, das wirkt schön natürlich und wir pudern dir nur ein bisschen die Nase. Man sollte beim ersten Date nicht so dick auftragen.«

»Okay.«

Sie erhob sich vom Bett und streckte sich anmutig.

»Aber zuerst koche ich uns noch was.«

»Super Idee!«, freute ich mich. »Brauchst du Hilfe?«

»Nein, nein, ich schnippel uns nur einen Salat und brate ein bisschen Hähnchenbrust dazu an. Bleib du noch bei Sandy.«

»Okay.«

*

Kurz vor 19 Uhr hatte ich es nicht nur geschafft, mich selbst so nervös zu machen, dass ich kurz vor einer Panikattacke stand, sondern ich hatte auch Sandy und Isabelle fast so weit.

»Noch ein Wort über deine Haare und ich ziehe aus!«, rief Sandy von ihrem Bett aus.

»Ja, aber schau mal!«, kreischte ich und galoppierte in ihr Zimmer. »Sie hängen einfach nur herunter!«

»Das machen Haare nun mal so.«

»Nein, so hängen sie *nie* herunter. Sie sehen aus wie Sauerkraut!«

»Das liegt am Wetter. Lass sie so, ihm wird es sowieso nicht auffallen.«

»Also für Wickler ist es jetzt zu spät«, sagte Isabelle hinter mir und genau in diesem Moment klingelte es.

»Los, ans Fenster, ich will ihn sehen!«, rief Sandy und schlug die Decke zurück.

»Ich auch!« Isabelle schob sich an mir vorbei ins Zimmer und zupfte an der Gardine.

»Lasst das!«, japste ich. »Das ist ja peinlich.«

»Wir sehen ihn doch erst, wenn er mit dir weggeht.«

»Egal. Womöglich dreht er sich um oder so. Wo sind eigentlich meine Schuhe? Und meine Tasche?«

»Liegt alles schon im Flur bereit«, sagte Isabelle und rührte sich keinen Millimeter vom Fenster weg.

»Seid bloß vorsichtig«, rief ich den beiden zu, während ich in meine Ballerinas schlüpfte.

»Viel Spaß!«, erscholl es zweistimmig.

Ich riss die Tür auf. Vor dem Haus wäre ich fast in Moritz hineingerannt, so aufgeregt war ich.

»Hi!«, brachte ich noch etwas atemlos zustande.

»Na, du«, antwortete er lächelnd und schien so gar nicht nervös. »Lust auf einen kleinen Ausflug?«

»Gerne! Wo gehts denn hin?«

Er reichte mir galant den Arm und ich hakte mich bei ihm unter.

»Ich dachte an einen Besuch im Zoo.«

»Oh ja!«, rief ich begeistert.

Als ich ihn ansah, schlug mir das Herz bis zum Hals. Er sah so gut aus! Die sandfarbenen Bermudas passten perfekt zu seinem dunkelblauen Polohemd, seine dunklen Haare schienen noch ein klein wenig länger geworden zu sein und er hatte sie lässig hinters Ohr gestrichen.

Vor einer silberfarbenen Limousine blieb er stehen und öffnete mir die Beifahrertür.

»Ich habe mir das Auto von meinem Vater geliehen, meines habe ich in Kiel gelassen. Und da es ein Stückchen Weg ist bis zum

Zoo, dachte ich, es wäre schöner in einem klimatisierten Wagen als im Bus.«

»Wie lieb von dir!«

Er ließ mich einsteigen und schloss die Tür. Dann stieg er auf der Fahrerseite ein. Erst als er die Hände um das Lenkrad legte, sah ich, dass sie ein klein wenig zitterten. Er war also auch nervös. Das machte ihn umso sympathischer.

Die Fahrt verlief weitestgehend schweigend, denn ich wusste vor lauter Nervosität nichts zu erzählen. Ihm schien es ähnlich zu gehen. Erst als er den Wagen auf dem Parkplatz des Zoos abstellte, blühte er wieder auf. Er öffnete mir galant die Tür und reichte mir eine Hand zum Aussteigen. Dann bestand er darauf, den Eintritt zu bezahlen.

Zuerst gingen wir ins Reptilienhaus, wo wir Leguane, Eidechsen und Schildkröten bewunderten. Danach besuchten wir die Affen. Besonders die Totenkopfäffchen schienen es Moritz angetan zu haben.

»Schau dir nur an, wie geschickt sie von Ast zu Ast hüpfen!«, sagte er bewundernd und konnte seine Augen gar nicht von ihnen losreißen.

Ich hingegen interessierte mich nicht so sehr für die Affen. Stundenlang hätte ich ihm dabei zusehen können, wie er fasziniert in die Käfige schaute oder die außen angebrachten Schilder studierte.

»Hm«, machte ich also nur.

Er sah mich an, lächelte und dann wurde sein Blick ernst.

»Du siehst ubrigens toll aus. Blau steht dir ausgezeichnet.«

»Danke!«

»Langweilst du dich?«

»Nein, gar nicht.«

»Wirklich?«

»Ja.«

»Wir können auch woandershin …«

»Es ist egal, was wir machen …«, setzte ich an.

»Wie meinst du das?«, unterbrach er mich.

»… solange wir etwas zusammen machen.«

Er sah mich eine Weile an, dann nahm er meine Hand und zog mich ein Stückchen näher zu sich. Mein Herz wechselte prompt den Takt von »ruhige See« zu »Sturm«.

»Ich mag dich!«, sagte er lächelnd.

»Ich dich auch«, erwiderte ich und lächelte zurück.

»Komm mit«, sagte er dann plötzlich und ließ meine Hand einfach nicht mehr los. »Da hinten sind die Fossilien!«

Ich lachte und ließ mich von ihm mitziehen. Es fühlte sich gut an, seine Hand zu halten. Offensichtlich empfand er ähnlich, denn er ließ sie nicht mehr los. Wir spazierten vorbei an Pferden und Ponys, Ziegen, Nilpferden, Löwen, Robben und noch mehr Affen. Langsam wurde es dunkel.

»Wie lange hat der Zoo eigentlich auf?«, fragte ich, weil es bereits kurz vor 21 Uhr war.

»Im Sommer immer bis 22 Uhr«, sagte er. »Schau mal, das Gehege dort scheint leer zu sein!«

Wir gingen etwas näher heran und konnten durch das dämmrige Zwielicht nichts weiter als Gestrüpp und Äste erkennen. Moritz, der immer noch meine Hand hielt, schaute neugierig hinein. Ich lehnte mich ebenfalls über das Geländer und genau in diesem Moment tauchte aus einem der Büsche direkt vor mir ein beängstigend großer Vogel auf, der drohend seine ausladenden Schwingen spreizte. Ich kreischte, denn er war direkt vor mir und so groß wie eine Ziege. Nur ein dünner Gitterdraht trennte uns. Ich wich panisch zurück.

»Das ist nur ein Geier«, sagte Moritz beschwichtigend. »Er hat sich wohl genauso erschrocken wie du.«

Ich zitterte am ganzen Körper, obwohl es mir im nächsten Moment peinlich war.

»Komm her!« Moritz zog mich sanft in seine Arme und strich mir vorsichtig über die Haare. »Jetzt ist doch alles wieder gut.«

Der Geier gab ein schrilles Geräusch von sich, dann hörte ich, wie seine Flügel raschelten und er davonhüpfte.

»Schau, jetzt sucht er das Weite«, sagte Moritz.

»Vielleicht mag er keine Pärchen«, nuschelte ich in sein Shirt.

Er lachte leise und legte seinen Kopf an meinen. Ich atmete seinen Duft ein und ließ ihn auf mich wirken. Er roch männlich, ganz dezent nach Parfum und seiner Haut. Er roch einfach richtig. Wie von selbst legten sich meine Arme enger um seine Taille, hielten ihn fest und wollten ihn nicht mehr loslassen. Ich seufzte leise und spürte, wie er mit einer Hand mit meinen Haaren zu spielen begann, während die andere meinen Rücken streichelte. Alles, was er tat, fühlte sich richtig an.

Ich verlagerte mein Gewicht, sodass ich mich noch etwas näher an ihn lehnen konnte. Er schob das Becken vor und nun passte wirklich kein Blatt Papier mehr zwischen uns. Dann hob ich den Kopf, wollte ihn ansehen und nicht mehr damit aufhören. Als sich unsere Blicke trafen, lächelte er nicht. Sein Gesicht war ernst und fast meinte ich, darin ein wenig Unsicherheit zu erkennen. In diesem Moment wurde mir klar, dass ich ihn küssen wollte. Sofort! Vor dem blöden Geier, vor den anderen Besuchern, im schummrigen Zwielicht mitten im Zoo.

Ich lächelte ihn an und das Herz klopfte mir bis zum Hals. Langsam hob ich den Kopf noch ein wenig mehr. Er lächelte immer noch nicht, stattdessen sah er auf meinen Mund. Ich ging auf die Zehenspitzen, legte meine rechte Hand auf seine Schulter und spürte, wie er nervös atmete. Für einen Moment verharrten wir kurz – es kam mir wie eine Ewigkeit vor. Dann spürte ich seine streichelnden Finger an meinem Nacken und wir küssten uns. Unsere Lippen verschmolzen miteinander, zuerst noch zaghaft und suchend, dann immer leidenschaftlicher.

Erst als sich jemand energisch hinter uns räusperte, ließen wir voneinander ab.

»Hier sind auch Kinder«, brummelte ein Rentner und bedachte uns mit einem strafenden Blick, bevor er weiterging.

Ich kicherte. Moritz grinste, ließ mich aber nicht wirklich los. Kaum war der Rentner weg, begannen wir wieder zu knutschen. Moritz drehte mich, sodass ich mit dem Rücken am Geländer lehnte. Meine Hände strichen über die Haut zwischen seinem Hosenbund und Polohemd. Er seufzte in meinen Mund und ich spürte seinen festen Griff um meine Taille. Und an mein Becken gedrückt spürte ich noch etwas anderes.

Irgendwann ertönte eine Klingel und eine Lautsprecherdurchsage kündigte an, dass der Zoo bald schließen würde.

»Wir müssen gehen«, murmelte ich zwischen zwei Küssen. »Sonst schließen sie uns ein.«

»Im Moment könnte ich mir Schlimmeres vorstellen«, sagte Moritz ernst.

Dann lachten wir beide und machten uns auf den Rückweg. Er hatte einen Arm um mich gelegt und wir spazierten gemütlich in Richtung Ausgang. Mein Körper war so voller Endorphine, dass ich das Gefühl hatte zu schweben.

»Möchtest du noch irgendwo etwas trinken gehen?«, fragte Moritz, als wir wieder vor dem Wagen standen.

»Sei nicht böse, aber ich muss morgen wieder arbeiten.«

»Ist doch nicht schlimm, der Abend war auch so perfekt.«

»Das fand ich auch.«

»Dann bringe ich dich jetzt nach Hause.«

»Ja, bitte, das wäre lieb.«

»Gerne«, sagte er und ich sah an seinem Blick, dass er schon wieder ans Küssen dachte.

Ich lächelte ihn an, sein Kopf kam näher und ich lehnte mich an das kühle Metall des Wagens. Sein Körper drückte sich gegen meinen und seine Lippen lagen herrlich weich und fordernd zugleich auf meinem Mund. Als meine Zunge auf seine traf, stöhnte er leise. Ich bewegte mein Becken und er stöhnte noch mal. Dann riss er sich von mir los.

»Das ist …« stammelte er. »Das ist toll, aber … Du meine Güte.«

Ich sah auf seine Lendengegend, wo sich eine deutliche Erektion abzeichnete.

»Peinlich«, sagte Moritz, der meinem Blick gefolgt war.

»Das ist doch ganz normal«, antwortete ich und dachte im nächsten Moment daran, wie er wohl nackt aussehen würde.

»Ich bringe dich jetzt nach Hause«, entschied er und öffnete energisch die Autotür.

»Okay«, sagte ich lächelnd.

Er seufzte erneut, als mein Köper seinen beim Einsteigen verführerisch streifte. Als wir dann endlich im Wagen saßen, hatten wir auch die nötige Distanz, um wieder klar denken zu können.

Während der Fahrt spielte er mit meinen Fingerspitzen. Irgendwann waren wir vor meiner Haustür angekommen. Ich sah, wie er tief durchatmete.

»Schlaf gut«, sagte er, »und träum was Süßes. Es war ein toller Abend.«

»Das fand ich auch«, erwiderte ich.

»Ich melde mich«, flüsterte er.

»Mach das«, flüsterte ich zurück.

Dann küsste er mich noch einmal kurz auf die Lippen und verschwand in der Dunkelheit. Ich schloss die Haustür auf und konnte vor Verliebtheit kaum atmen.

In der Wohnung war es still. Offenbar war niemand zu Hause. Ich ließ mein Kleid auf den Boden gleiten und fiel mit klopfendem Herzen ins Bett. Es war perfekt gewesen. *Er* war perfekt gewesen! Ich lag eine ganze Weile wach, weil ich dachte, er würde mir noch eine SMS schreiben. Doch als mein Handy ruhig blieb, schlief ich irgendwann ein.

17. KAPITEL

DAS LEBEN
und so

Am nächsten Morgen wachte ich auf und war mir sicher, dass Moritz mir in der Nacht eine SMS geschickt hatte. Ich griff nach meinem Handy und ließ es nach einem Moment der Ungläubigkeit wieder sinken: keine neue Nachricht. Ich schaltete es aus und wieder an. Doch das Ergebnis blieb dasselbe.

Ich stand auf, um ins Bad zu gehen, aber auf halbem Wege drehte ich um, denn dem rauschenden Wasser und dem schiefen Gesang nach zu urteilen, duschte Isabelle gerade. Also ging ich in die Küche, hätte fast Tee in unsere Kaffeemaschine gefüllt und vergaß beinahe, sie anzustellen. Warum hatte er mir keine SMS geschickt? Ein profanes »Danke für den schönen Abend« hätte mir gereicht. Vielleicht hatte er ja aus Versehen meine Nummer gelöscht. Oder eine falsche Nummer abgespeichert, an die er dann die SMS geschickt hatte. Und nun dachte er, dass ich nicht geantwortet hatte, weil ich ihn nicht mehr attraktiv fand. Oh, bitte nicht!

Ich ließ die blubbernde Kaffeemaschine zurück und schlich in mein Zimmer, um mein Handy zu holen. Wieder nichts.

»Er hat sich nicht gemeldet«, sagte ich zu Isabelle, die ich in der Küche antraf.

Sie war nur in ein Handtuch gewickelt und aus ihren feuchten Haaren fielen Tropfen auf den Fußboden.

»Ihr habt euch doch gestern bis nachts gesehen, oder?« Sie ließ sich auf einem der Stühle nieder. »Erzähl! Wie wars? Habt ihr euch geküsst? War es romantisch?«

»Ja«, sagte ich kurz. »Aber wieso meldet er sich nicht?«

»Er hat doch keine Meldepflicht!«, lachte sie.

»Das ist nicht lustig«, erwiderte ich beleidigt.

»Ach, Louise«, seufzte sie. »Er wird sich schon melden. Sei nicht so ungeduldig.« Dann griff sie nach der Kaffeekanne und goss sich einen Schwung von meinem schwarzen Gebräu in einen von mir bereitgestellten Becher. »Und jetzt sag: Ist er süß? Kann er gut küssen?«

»Ja.«

»Wie, ja?«

»Ja, eben.«

»Beides?«

»Ja.«

Isabelle seufzte.

»Du bist ja heute Morgen zu gar nichts zu gebrauchen. Ich schiebe das jetzt einfach mal auf deine Hormone und den außergewöhnlich verwirrenden Zustand frischer Verliebtheit. Wir reden heute Abend noch mal.« Mit diesen Worten griff sie nach meinem Kaffeebecher und verschwand in ihr Zimmer.

Ich blieb zuerst ein wenig unschlüssig sitzen, aber dann fiel mir ein, dass das Bad ja nun wieder frei sein sollte. Also gönnte ich mir endlich, was ich wohl dringend brauchte: eine erfrischende Dusche.

Nach einem spartanischen Frühstück in Form eines Kirschjoghurts machte ich mich auf den Weg zur Arbeit. Draußen vor der Haustür schlug mir die Hitze wie eine Welle entgegen. Bauarbeiter mit nacktem Oberkörper und unschön verbrannten Schultern schwitzten in der Sonne, während sie sich laut grölend unterhielten und dabei ganz nebenbei den Asphalt unserer Straße aufrissen. Ich hustete und sofort tränten meine Augen. Ein offensichtlich wichtiger Mensch im Oberhemd flitzte hektisch zwischen den Arbeitern umher und ich sah, wie sie Grimassen hinter seinem Rücken schnitten. Auf dem Kragen seines Hemds leuchtete der grelle Schriftzug einer Telefongesellschaft.

Im Bus war die Luft nicht besser. Ich streifte zufällig den bloßen Oberarm der Frau neben mir – er war nass vor Schweiß. Ich schloss die Augen und wartete sehnsüchtig auf das Ende der Fahrt.

Im Laden lehnte Gisi an der Theke. Jede Locke ihres wirren Kraushaars stand in eine andere Richtung ab.

»Dieses Wetter!«, seufzte sie, als ich gerade Bodo begrüßte. »Auf Ibiza, da war es auch immer warm. Aber das hier!« Sie zeigte anklagend durch eines der großen Schaufenster. »Das ist eine Zumutung! Es ist heiß, es ist schwül und gerade zieht sich der Himmel wieder so zu, als würden wir noch mal so einen schrecklichen Regen wie am Donnerstag bekommen. Danach werden die Leute mit einem empfindlichen Kreislauf umkippen wie die Fliegen. Fürchterlich! Sind wir hier auf Borneo?«

»Borneo?«, fragte ich und dachte unwillkürlich an Oma. »Klingt wie eine Kaffeesorte.«

»Das ist eine der indonesischen Hauptinseln. Neuguinea, Java, Sumatra, Borneo, Sulawesi?« Gisi sah mich fragend an, doch ich konnte nur vage mit den Schultern zucken. »Egal. Schau dir nur mal an, was mit meinen Haaren passiert! Sobald die Luftfeuchtigkeit steigt, macht sich jedes einzelne selbstständig. Ich sehe aus, als hätte ich versucht, meinen Herzschrittmacher an der Steckdose aufzuladen.« Als sie mein erschrockenes Gesicht bemerkte, winkte sie lachend ab. »Das war natürlich nur ein Scherz.«

Sie zupfte an einer Locke und als sie sie wieder losließ, teilte sich diese in zig einzelne Spiralen.

»Ähm … Fass sie am besten gar nicht mehr an«, schlug ich vor. »Ignorieren hilft manchmal auch.«

»Ja, du hast recht«, sagte sie leichthin, vollführte eine fast kokett anmutende Halbdrehung und holte ihren Kalender aus einem der Fächer unter der Theke.

Während sie scheinbar zerstreut darin blätterte, fiel mir auf, dass sich ihr Benehmen irgendwie geändert hatte. Früher war sie einfach nur meine etwas verpeilte Tante gewesen, die sich in unvorteilhafte Sachen gehüllt hatte, die eher amüsierten als verführten. Doch nun trug sie ein kurzes, einfarbiges Kleid, das in seiner Schlichtheit ihre zarte Figur vorteilhaft zur Geltung brachte. Um ihre schmalen Handgelenke wanden sich ein paar Armbänder aus bunten Steinen und wären ihre Haare aufgrund des Wetters nicht so explodiert, hätte ich sie vermutlich von hinten gar nicht erkannt. Noch während ich darüber nachdachte, hatte ich plötzlich das Bild des Herrn Star-Astrologen vor Augen.

»Wie geht es Leopold?«, fragte ich deshalb.

Überrascht ließ Gisi den Kalender sinken. Eine zarte Röte huschte über ihre Wangen.

»Ach, er ist so ein reizender Mensch«, sagte sie dann ausweichend.

»Reizend?«

»Er hat so außergewöhnlich gute Manieren.«

»Soso.«

»Und er ist so gebildet!«

Sofort erinnerte ich mich an die Biografie aus dem Internet und beließ es deshalb bei einem interessierten Nicken.

»Hach ja«, seufzte Gisi. Dann wurde ihr wohl klar, dass ich immer noch vor ihr stand. »Er hat wirklich gute Manieren«, wiederholte sie und ihre Wangen glühten noch stärker.

Zum Glück rettete sie das alte Ladentelefon, dessen lautes Klingeln sie zurück in die Realität holte. Sie stürzte zum Hörer und noch während sie abnahm, ging ich ins Lager, um meine Tasche abzulegen. Mein Handy steckte ich in die Tasche meiner Shorts. Auf keinen Fall wollte ich es verpassen, wenn Moritz mir eine SMS schickte. Ich freute mich schon total darauf, obwohl ich nicht einmal wusste, was in etwa er mir so texten würde.

Fakt war: Mein Handy schwieg den ganzen Tag über. Immer wieder zog ich es hervor, schaute aufs Display, kontrollierte, ob ich Empfang hatte, doch dieses kleine Ding wollte einfach nicht piepen. Auch am Abend blieb das Handy stumm. Ich saß im Dunkeln in meinem Zimmer und schaute auf das silberne Plastikgehäuse. Im Flur hörte ich Sandy und Isabelle lachen, doch ich ließ meine Tür zu.

Warum schrieb er mir nicht? Hatte ich etwas falsch gemacht? Als ich im Internet nach Rat suchte, wurde mir ganz schwindelig. Einschlägige Ratgeber warnten eindeutig davor, einen Mann bereits beim ersten Date zu küssen. Und was hatte ich Naivling getan? Hätte ich es nicht ahnen können? Nervös tickte ich mit einem Bleistift auf meinem Schreibtisch herum. Ich hatte ihn geküsst – weil ich es gewollt hatte, weil es in der Situation super gepasst hatte, weil es sich richtig angefühlt hatte. Es war doch alles perfekt gewesen, wie also konnte es so falsch sein?

Ich tauchte tiefer in die Materie ein und las, dass man »Männer jagen lassen«, es »ihnen schwer machen« und sie »eine Weile abblitzen lassen« sollte. Ich lehnte mich auf meinem Stuhl zurück und starrte nachdenklich auf den flirrenden Bildschirm. Warum sollte man zu jemandem, den man gern hatte, freiwillig so blöd sein?

*

Ein weiterer Tag verging und nichts passierte. Als ich am Donnerstagmorgen aufstand, war ich nicht mehr enttäuscht, ich war sauer. Aus der Küche hörte ich Sandy und Isabelle. Den Gesprächsfetzen nach zu urteilen, die bis in mein Zimmer drangen, erzählten sie sich wohl, wen sie alles zu unserer Party eingeladen hatten. Mir war absolut nicht nach Feiern.

Nachdem ich meinen Rechner hochgefahren hatte, lächelte mich Jerômes gut geschnittenes Gesicht an. Ich schaute ihn eine Weile an. In meinem Kopf begann es zu rauschen und meine Fingerspitzen kribbelten. Ich war immer noch sauer – und im nächsten Moment stürzte ich zur Maus. Es dauerte genau vier Sekunden, um Jerômes Antlitz mit einem Klick aus meinem Zimmer zu verbannen. Mit bösem Blick schaute ich auf meinen schwarzen Desktophintergrund. Männer waren alle doof. Und Moritz, der scheinbar nichts mehr von mir wissen wollte, war der allerdoofste!

Ein Klopfen an der Tür riss mich aus meinen Gedanken.

»Alles in Ordnung?«, fragte Sandy. Als sie meinen wütenden Blick und den schwarzen Desktop bemerkte, entspannte sich ihr vorher besorgtes Gesicht. »Jerôme ist ausgezogen?«

»Er wurde zwangsgeräumt«, brummte ich.

»Richtig so«, erwiderte sie. »Wer braucht schon lästige Mieter im Herzen, wenn sie nur Raum in Anspruch nehmen, den sie gar nicht verdient haben.«

»Das hast du aber schön gesagt«, antwortete ich lächelnd.

»Tja, manchmal habe ich meine poetischen Momente. Möchtest du vielleicht zu uns in die Küche kommen? Wir wollten noch ein bisschen was wegen der Party morgen besprechen.«

»Klar doch.«

Ich ließ meinen schwarzen Desktop zurück und folgte ihr in die Küche, wo Isabelle am Küchentisch saß und Listen schrieb.

»Morgen!«

»Guten Morgen, Schnarchnase!«

»Wusstest du, dass Listenschreiben zu Isabelles Hobbys gehört?«, grinste Sandy und reichte mir einen Kaffeebecher.

»Wirklich?«

»Das ist sehr praktisch. Ich hab es von meiner Mutter gelernt. Sie macht auch für alles Listen.«

»Was man nicht alles von seinen Eltern lernen kann …«

»Hier!« Isabelle schob mir ein beschriebenes Blatt zu. »Trag doch mal bitte alle Leute, die du eingeladen hast, namentlich ein. Nur für den Überblick.«

Ich schaute auf den Zettel. Er war schon ziemlich voll. Nur – wen sollte ich eintragen? Meine zwei einzigen wirklichen Freundinnen standen neben mir. Und Moritz, den ich gern dabeigehabt hätte, meldete sich nicht mehr. Viel zu lange hatte ich meine gesamte Energie auf Jerôme verschwendet, sodass an sozialen Kontakten außer Rebecca im fernen Heidelberg niemand geblieben war. Und selbst mit ihr war es nun irgendwie vorbei. Klar hatte ich auch mal was mit Stefan und Felix unternommen, aber wirklich geredet hatten wir nie. Ich hatte nicht mal ihre Geburtstage im Kopf.

Isabelle bemerkte wohl meinen ratlosen Blick, denn mit einem schnellen Griff zog sie die Liste wieder zu sich und schob sie unter einen Stapel Papiere.

»Das ist ja gar nicht so wichtig: Von den Leuten, die man einlädt, kommen eh nur die Hälfte und dafür bringen sie andere Leute mit, die man gar nicht eingeladen hat. Oder man lädt spontan kurz vorher noch jemanden ein. Dafür braucht man wirklich keine Liste. Das ist ja keine Silberhochzeit oder so«, plapperte sie hektisch.

Ich lächelte gerührt und auch Sandy schmunzelte.

»Komm her«, sagte ich und bedeutete ihr aufzustehen. Dann zog ich sie in meine Arme.

Sandy legte einen Arm um uns beide, wie sie es auch schon in Gisis Laden getan hatte.

»Ich bin froh, dass ich euch habe«, murmelte ich in Isabelles Haare.

»Ich bin auch froh, dass ich euch habe!«, schluchzte diese prompt.

»Ihr beide« sagte Sandy, »seid echt 'ne Marke.«

In diesem Moment piepte das Handy in meiner Tasche. Wir drei erstarrten.

»Das ist deins«, flüsterte Isabelle dicht an meinem Ohr.

»Ich weiß«, erwiderte ich mit zitternder Stimme.

»Das ist er eh nicht«, sagte Sandy und entließ uns aus ihren Armen. »Das ist keine Männer-Zeit. Viel zu früh. Um so 'ne Uhrzeit simsen sie nur, wenn sie in Schwierigkeiten sind.«

»Oh nein! Hoffentlich ist ihm nichts passiert!«, rief ich.

»Er ist es nicht«, wiederholte Sandy. »Aber wenn du nicht draufguckst, werden wir es nie erfahren.«

»Ja, guck drauf! Schnell!«, drängelte nun auch Isabelle.

Mit nervösen Fingern zog ich das Handy hervor und hob die Tastensperre auf. »Eine neue Nachricht« stand auf dem Display. Endlich! Wie lange hatte ich sehnsüchtig darauf gewartet! Ich klickte auf »Lesen«.

»Hi Louise! Ich hoffe, dir gehts gut. Hast du vielleicht noch mal Lust auf ein Treffen in der Bib, ich könnte deine Hilfe gebrauchen. Das wäre supertoll! Viele liebe Grüße, Anne«

Mein Gesichtsausdruck spiegelte wohl meine innere Enttäuschung, denn Sandy machte eine wegwerfende Geste.

»Ich habs ja gesagt.«

»Und wer ist es nun?«, fragte Isabelle.

»Anne. Sie will sich mit mir in der Bibliothek treffen.«

»Oh. Das tut mir leid.«

»Schon okay.« Ich seufzte.

Etwas Gutes hatte es doch gehabt, dass ich auf mein Handy geschaut hatte. Die Zeitanzeige verriet mir nämlich, dass ich mich dringend auf den Weg machen musste, wenn ich nicht zu spät zur Arbeit kommen wollte.

»Du könntest sie zur Party einladen!«

»Wen?«, fragte ich gedankenlos.

»Anne! Wir waren doch auch bei ihr auf der Wohnheimparty.«

Das war eigentlich keine schlechte Idee. Sie könnte ihre beiden Freundinnen mitbringen und dann hätte ich immerhin schon drei Leute eingeladen! Was für eine Quote …

»Sims ihr doch!«

»Ja, das mache ich gleich in der Bahn. Ich muss jetzt eh los. Wir sehen uns dann nachher.«

»Sei nicht traurig!«, rief Isabelle mir hinterher, während ich meine Schläppchen im Flur suchte.

»Nein, keine Sorge!«, erwiderte ich lächelnd. Denn noch mehr an Traurigkeit passt eh nicht in mich hinein, fügte ich in Gedanken hinzu.

*

Als ich am Laden ankam, hatte sich der Himmel bereits wieder zugezogen. Schwarze Gewitterwolken türmten sich bedrohlich auf und die Luft war stickig und warm. Nicht einmal ein schwacher Wind strich um die Häuserecken. Kein Vogelgesang war zu hören. Es war die typische Ruhe vor dem Sturm. Die Menschen hasteten mit eingezogenen Köpfen die Straße entlang, Kinder wurden vom Spielen hereingeholt und von irgendwoher erklang die Sirene eines Rettungswagens. Dann zuckte der erste Blitz über das schwarzgraue Firmament. Ein fernes Grollen folgte kurz darauf. Ich flüchtete in den Laden.

Kaum war die Tür hinter mir zugefallen, begann ein Platzregen. Tropfen groß wie Wachteleier hämmerten gegen die Ladenfront. Bodo flüchtete mit eingezogener Rute unter die Ladentheke. Von Gisi hatte ich noch nichts gesehen. Innerhalb weniger Sekunden fielen die Temperaturen und ein kalter Wind drang durch das geöffnete Kippfenster über der Ladentür. Ich stürzte zu dem Hebel seitlich am Türrahmen und musste erst ein wenig herumprobieren, bevor das schlecht geölte Scharnier sich bewegte. Nur mit Mühe schaffte ich es, im Kampf gegen den Wind das Fenster über mir zu schließen. Dann hörte ich im Lager etwas knallen und kurz darauf die Stimme meiner Tante. Sie war ganz offensichtlich ziemlich erbost.

»Gisi, alles in Ordnung?«, rief ich quer durch den Laden.

Draußen begann es zu hageln.

»Sternchen, gut, dass du da bist!«, erscholl Gisis Stimme. Dann hörte ich ihre Schritte und sie erschien im Verkaufsraum. »Stell dir nur vor, du wärst in diesen Wolkenbruch gekommen! Dieses dumme Fenster im Lager klemmte mal wieder. Und wo ist Bodo?«

Ich deutete stumm in Richtung Theke, unter deren massivem Holz nur eine hellbraune Pfote hervorlugte. Gisi nickte erleichtert.

»Ein typisches Sommergewitter«, sagte sie und schaute zu den großen Fensterfronten. »Danach wird die Luft wie frisch gewaschen sein.«

»Und das im wahrsten Sinne des Wortes!«, grinste ich.

Gemeinsam sahen wir nach draußen, wo die Natur einen tosenden Auftritt hatte. Doch so schnell, wie das Gewitter gekommen war, so schnell zog es auch wieder weiter. Nach knapp zehn Minuten war der Spuk vorbei. Ich hatte noch nicht mal meine Tasche abgelegt.

Plötzlich polterte ein offensichtlich sehr esoterischer Mensch durch die Ladentür. Nicht nur seine Jodhpur-Hosen und die wilde Mähne waren tropfnass vom Regen.

»Widerlich!«, sagte er zur Begrüßung in meine Richtung und begann dann, die Gläser seiner Nickelbrille an seiner ebenfalls tropfenden Tunika abzutrocknen – mit mäßigem Erfolg, wie ich bemerkte.

»Harald!«, strahlte Gisi.

»Ach, da bist du, Gisela. Ich bin ohne Brille doch mehr oder weniger blind. Fast hätte ich deine Angestellte begrüßt.« Er drehte sich erst zu Gisi und dann entschuldigend wieder zu mir. »Das heißt natürlich nicht, dass ich dich mutwillig nicht begrüßen würde. Nur kennen wir uns ja noch nicht. Die Gisela und ich, wir kennen uns schon ewig.«

»Harald und ich haben zusammen auf Ibiza gewohnt«, erklärte Gisi. »Also, nicht zusammen in einem Haus, aber zur selben Zeit. Und wir hatten dieselben Freunde.«

Mich wunderte nur, dass er sie statt mit »Giselle« mit »Gisela«, ihrem Taufnamen, ansprach. Galt im Laden nicht die Giselle-Regel?

»Das waren noch Zeiten!«, lachte Harald.

Er zog einen speckigen Lederslipper von seinem Fuß, entblößte ein paar nicht ganz saubere Zehen und kippte einen Schwung Regenwasser aus dem Schuh auf Gisis guten Holzfußboden. Dann stieg er zurück in den quietschenden Slipper und verfuhr mit dem zweiten Exemplar ungerührt auf die gleiche Weise. Ich schaute von ihm zu Gisi und von Gisi wieder zu ihm. Es war ganz offensichtlich, dass wir weder auf bloßer Erde noch auf Sand standen. Oder machte man das vielleicht auf Ibiza immer so?

Gisi übersah sein Benehmen.

»Harald, das ist meine Nichte Louise. Sie hilft mir im Laden, aber eigentlich studiert sie.«

»Wie die Zeit vergeht«, sagte Harald nicht besonders interessiert und betrachtete ein Regal hinter Gisis Rücken.

»Und wie gehts dir so? Wo kommst du eigentlich so plötzlich her?«, fragte meine Tante, wohl um das Gespräch in Gang zu halten.

»Ich bin gerade aus Indien zurückgekommen. Dort habe ich die letzten fünf Jahre gelebt.«

»Faszinierend«, flüsterte Gisi. »Davon musst du mir ausführlich berichten!«

»Gerne – wenn du ein bisschen Zeit mitbringst.«

»Ja, aber sicher doch! Wir könnten etwas essen gehen, jetzt gleich, was hältst du davon?«

Harald nickte, während es weiter aus seinen Haaren tropfte.

»Möchten Sie vielleicht ein Handtuch?«, fragte ich höflich.

»Danke, das wäre sehr nett«, erwiderte er und ich stiefelte Richtung Lager. »Wieso siezt sie mich?«, hörte ich ihn verwundert fragen.

»Das ist die Er-zie-hung«, wisperte meine Tante.

Ich grinste in den fast blinden Spiegel im Bad, während nach dem Handtuch griff. Die beiden waren wirklich unterhaltsam als Duo.

Zurück im Laden reichte ich Harald das Handtuch. Bodo hatte die Lage inzwischen wohl wieder als so stabil eingestuft, dass er sich aus seinem Versteck hervorgetraut hatte. Gerade schnüffelte er an der Pfütze, die Haralds Schuhe produziert hatten.

»Hier um die Ecke gibt es einen hervorragenden kleinen Imbiss! Sie kochen rein vegetarisch. Der Koch war schon in ganz vielen Zeitschriften. Und er schwört auf rein ökologisch angebautes Gemüse. Er verzichtet auf Convenience-Produkte, künstliche Aromen und Glutamat. Oder lieber doch vegan? Die Adresse des Restaurants müsste ich allerdings erst raussuchen«, plapperte Gisi.

Harald tauchte unter seinem Handtuch hervor.

»Gibts hier auch 'nen Laden, wo sie Burger servieren?«, brummte er.

»Bitte was?«, hauchte Gisi.

Ich musste lächeln und Harald kam mir plötzlich nicht mehr so wunderlich vor wie gerade noch.

»Er hat Appetit auf 'nen deftigen Hamburger«, übersetzte ich.

»Aber du bist doch schon seit Jahren …«, flüsterte Gisi fassungslos.

»Ja, aber heute nicht«, erwiderte Harald endgültig und zwinkerte mir verschwörerisch zu.

Ich grinste zurück.

»Tja, also, da bin ich etwas überfragt«, murmelte Gisi und ging zur Theke. »Aber ich könnte die Auskunft anrufen, vielleicht können die mir ein passendes Restaurant nennen.«

Harald verdrehte die Augen, gab mir lächelnd das Handtuch zurück und zog dann ein ziemlich schmuckes Smartphone aus seinem Brustbeutel.

»Mach dir nicht die Mühe, ich habe hier 'ne App, die mir automatisch alle Restaurants in der Nähe anzeigt.« Er berührte ein paarmal den glänzenden Touchscreen, dann nickte er zufrieden. »Das hier sieht doch gut aus! Amerikanische Küche, Burger vom Feinsten und sie haben total gute Onlinekritiken bekommen. Lass uns dort hingehen, das ist nur 'ne halbe Stunde von hier. Ich geh mal eben raus und rufe uns ein Taxi!« Mit diesen Worten polterte er zur Tür hinaus – so laut, wie er zuvor reingekommen war.

Gisi stand immer noch regungslos hinter der Theke.

»Was hatte er da?«, fragte sie schließlich.

»Ein Handy.«

»Er hat aber nicht telefoniert.«

»Ja, aber heutzutage …«

»… und auch nicht ge … ge … gesimstdings!«, unterbrach sie mich.

»Er hat Internet auf dem Handy.«

»Der Harald?«, fragte sie mehr sich selbst als mich.

»Sieht so aus.«

Gisi schüttelte ungläubig den Kopf.

»Und so, wie es aussieht, will er mit dir essen gehen. Du solltest vielleicht deine Tasche nehmen und zu ihm nach draußen gehen; er wollte doch ein Taxi rufen.«

»Aber er ist doch Vegetarier«, sagte Gisi matt. »Eine Zeit lang hat er sogar vegan gelebt. Ich verstehe das gar nicht …«

In diesem Moment winkte Harald von draußen.

»Du sollst rauskommen.«

»Hamburger«, flüsterte meine Tante. »Ich fasse es nicht.«

»Gisi, nimm deine Tasche und dann los.«

»Hattest du schon mal kurz nach 11 Uhr Appetit auf Hamburger?«

»Ja.«

»Wirklich?«

»Ja.«

Sie hängte sich ihre Tasche um.

»Ich hoffe, die haben dort auch Salate.«

»Bestimmt. Und nun viel Spaß!«

»Danke, Sternchen. Ich denke, so in zwei Stunden bin ich wieder da.«

»Lasst es euch schmecken!«

»Danke!«

Gisi stürzte aus dem Laden, Bodo und ich sahen ihr nach. Sie unterhielt sich eine Weile mit Harald, dann kam das Taxi und die beiden brausten davon.

Die nächsten Stunden passierte rein gar nichts und ich langweilte mich ziemlich. Gisi kam einfach nicht wieder. Ich simste Anne und lud sie und ihre zwei Freundinnen zu unserer Party ein. Sie schien sich ehrlich zu freuen und simste direkt eine Zusage zurück. Da ich nun gedanklich beim Thema »Party« war, dachte ich natürlich wieder an Moritz. Was hatte ich bloß falsch gemacht? Ich grübelte darüber nach, während ich die Ellenbogen auf der Ladentheke und den Kopf auf den Händen abstützte.

Inzwischen hatte sich das Wetter total geändert. War es am Morgen noch trüb, dunkel und regnerisch gewesen, so präsentierte sich nun ein strahlend blauer Himmel ohne eine einzige Wolke. Die grelle Nachmittagssonne brannte durch die Fensterfronten, sodass ich zuerst niemanden erkennen konnte, als die Glocke an der Tür ankündigte, dass jemand den Laden betrat. Immer noch geblendet, blinzelte ich die große Gestalt an. Ich war mir sicher, bereits Halluzinationen zu haben, denn das konnte er nicht sein, ganz bestimmt nicht. Auch wenn ich meinte, an seinem Arm eine Tätowierung zu erkennen. Nein, er war es ganz bestimmt nicht. Mein Wunschdenken projizierte einfach nur wirre Bilder in meinen Kopf. Ich sollte dringend aufhören, so viel an Moritz zu denken.

»Guten Tag, schöne Frau«, sagte eine wohlbekannte Stimme lachend.

»Moritz?«, fragte ich total perplex.

»Höchstpersönlich!«, grinste er und beugte sich über die Theke, um mir einen Kuss auf die Lippen zu hauchen.

Ich ließ es geschehen wie eine Puppe, denn so richtig glaubte ich noch nicht an seine Anwesenheit. Gleich würde es klick machen und ich würde aufwachen.

»Alles gut bei dir?«, fragte er.

»Ja«, antwortete ich vage. Ich wollte ihn fragen, warum er sich nicht gemeldet hatte, aber als er so direkt vor mir stand, war es mir total egal.

Er griff zaghaft nach meiner Hand.

»Das am Montag, das hat mich umgehauen«, sagte er. »Es war gar nicht wie ein erstes Date. Es war eher so, als würde ich dich schon ewig kennen …«

»Möchtest du morgen zu unserer Gartenparty kommen?«, unterbrach ich sein Gestammel.

»Ja, gerne«, strahlte er. »Total gern!«

Ich beugte mich ihm ein Stückchen entgegen und wieder berührten sich unsere Lippen. Meine Zunge glitt in seinen Mund und Moritz legte eine Hand um meinen Nacken.

»Das macht mich verrückt«, murmelte er.

»Hm.«

»Oh verdammt!« Er löste sich von mir und zog sein Handy hervor. »Ich muss morgen noch auf 'nem anderen Geburtstag vorbeischauen! So ein Mist, das hatte ich vergessen. Ist es okay, wenn ich später komme?«

»Kein Problem«, flüsterte ich. »Hauptsache, du kommst vorbei.«

»Auf jeden Fall«, sagte er.

Dann machte er zwei große Schritte um die Theke herum und küsste mich wieder. Als er von mir abließ, fühlten sich meine Lippen schon leicht wund an. Es war herrlich.

»Ich geh jetzt«, sagte er und grinste.

»Mach das«, erwiderte ich lächelnd.

»Dann bis morgen!«

»Bis morgen!«

Er küsste mich noch ein letztes Mal und dann sah ich ihm zu, wie er den Laden verließ. Es war alles wie im Traum – einfach herrlich! Perfekt! Unvergleichlich! Ich war so glücklich wie schon seit Langem nicht mehr. Erneut stützte ich den Kopf auf meinen Händen ab und störte mich nicht im Geringsten an dem Dauergrinsen, das meine Gesichtszüge beherrschte. Alles war perfekt!

*

Erst Gisi, die federnden Schrittes durch die Tür kam, riss mich aus meinen Tagträumen.

»Aaaahaahaaa!«, jubelte ich, hüpfte durch den Laden und riss sie in meine Arme. »Es ist ja alles so wunderbar!«

»Wie schön, dass dir die Arbeit hier so viel Freude macht«, sagte sie leicht verwundert.

»Nein, Gisi! Nicht die Arbeit«, erwiderte ich und ließ sie wieder los. Als ich ihr enttäuschtes Gesicht sah, lenkte ich ein. »Natürlich macht mir die Arbeit Spaß, aber jetzt geht es um etwas anderes.« Ich drehte eine Pirouette durch den Laden und Bodo schnaufte begeistert. »Er mag mich! Er hat mich nicht vergessen! Er hat mich wieder geküsst! Und er kommt zu unserer Party!«

»Wer?«

»Na, Moritz natürlich!«

»Wer ist Moritz?«

»Der große Dunkelhaarige, der ein paarmal hier im Laden war. Der für seine Mutter Tarotkarten kaufen wollte.«

»Oh, wirklich?« Gisi schaute durchaus angetan. »Ich erinnere mich an ihn. Ein reizender junger Mann.«

»Ja!«, jauchzte ich und drehte mich gleich noch einmal um mich selbst. »Ich flipp aus!«

»Sternchen, ich freue mich für dich. Du wirktest in letzter Zeit oft so niedergeschlagen. Und jetzt strahlst du wie ein kleiner Stern!«, sagte Gisi und hatte tatsächlich feuchte Augen.

*

Am Freitag war die Stimmung alles andere als rosig.

»Ich will aber Deko!« Isabelle hatte die Augenbrauen finster zusammengezogen, sah jedoch in ihren rosa Gummistiefeln in Kindergröße und den Millefleurs-Shorts wenig beeindruckend aus.

»Draußen sind 35 Grad, heute Abend geben wir eine Party und haben noch nichts dafür besorgt und Madame möchte jetzt Firlefanz für den Garten kaufen gehen?!«, rief Sandy empört.

Hektor und ich schauten uns das Spektakel an und dachten beide nicht daran, einzuschreiten.

»Dekoration ist wichtig! Was wäre eine Wohnung ohne Möbel?«

»Das ist ja wohl nicht das Gleiche!«, schnaufte Sandy. »Im Übrigen haben wir dank deinem Vater diverse Gartenmöbel. Was du hingegen meinst, ist so vernachlässigbares Zeug wie bunte Steinchen, kleine Figürchen oder Windlichter. Das staubt doch alles nur zu!«

»Es macht alles schön! Und draußen staubt es nicht, nur drinnen!«

Ich musste mir den Mund zuhalten, um nicht zu lachen.

»Von draußen kommt doch der Staub!«

»Gar nicht wahr!«

»Ach ja? Und wie funktioniert das dann? Atmen den die Möbel aus, oder was?«

»Das ist …«

Ich beschloss, nun doch einzuschreiten, um unsere Party am Abend nicht noch zu gefährden.

»Wenn du magst, fahre ich mit dir zum Baumarkt.«

»Aber nicht mit meinem Auto«, brummte Sandy.

»Es ist nicht deins, es gehört deinen Eltern«, sagte Isabelle hoheitsvoll.

»Ja und? Hast du etwa eins? Nein. Und das, obwohl du direkt nach Rockefeller zu kommen scheinst.«

»Ich wollte keins. Es belastet mich nur.«

»Das kannst du deiner Oma erzählen.«

»Wir könnten doch einfach mit dem Bus fahren«, warf ich ein.

»Gut, dann besorge ich mit Tom schon mal die Getränke«, überlegte Sandy laut.

»Wie, mit Tom?«, fragten Isabelle und ich wie aus einem Mund.

Sandy schien ein wenig ertappt.

»Oh … Ähm … Ich habe ihn auch eingeladen.«

»Du hast ihn gar nicht auf die Liste geschrieben. Gehst du wieder mit ihm?«

Sandy schaute demonstrativ auf ihre leuchtend orangefarbene Armbanduhr.

»Es ist jetzt kurz nach 13 Uhr. Wenn wir noch alles schaffen wollen, sollten wir uns beeilen.« Sie ließ den Arm wieder sinken und kramte den Schlüsselbund aus ihrer Tasche. »Alles Weitere später.«

»Aber …«, wollte Isabelle erwidern, doch ich hakte mich bei ihr unter und zog sie zu ihrem Zimmer.

»Hol schnell deine Tasche, der Bus geht um 14 nach. In Richtung Hauptbahnhof gibts einen Baumarkt, da schauen wir uns mal um.«

»Ja, aber …«, sagte sie ein zweites Mal und sah Sandy nach, die gerade die Wohnungstür hinter sich zuzog.

»Alles Weitere später, hast du doch gehört. Zieh schnell deine Gummistiefel aus, dann machen wir uns auf den Weg.«

»Nein, die lasse ich an.«

»Wir haben über dreißig Grad draußen. Dass du sie im Garten anziehst, wenn du in den Beeten stehst, kann ich ja verstehen. Aber jetzt?«

»Wir fahren in einen Baumarkt. Etwas könnte mir auf die Füße fallen.«

»Ah ja.« Mir war ihre seltsame Logik egal, solange wir den Bus nicht verpassten. »Dann komm!«

Sie hängte sich eine Tasche um, die scheinbar halb so groß war wie sie selbst, und setzte sich ihre übergroße Sonnenbrille auf. Zusammen mit den Gummistiefeln sah sie aus wie etwas, das man versehentlich aus *Herr der Ringe* hatte entkommen lassen.

∗

Im Baumarkt kauften wir ein paar schöne Lichterketten, Windlichter, Lampions und stimmungsvolle Gartenfackeln. Als wir wieder zu Hause ankamen, lagen wir noch ganz gut in der Zeit. Sandy hatte mit Tom die Getränke besorgt und während Isabelle den Garten dekorierte, begleitete ich die beiden zum Lebensmittel-Einkauf. Wir wollten ein paar Salate machen, Fladenbrot rösten und natürlich grillen.

Martii, der sich als Grillmeister geoutet hatte, würde seinen eigenen Grill mitbringen. Er hatte sich angeboten, das Fleisch für uns zuzubereiten. Am späten Nachmittag trafen wir wieder zu Hause ein. Martii war bereits im Garten beschäftigt, Isabelle mit ihrer Schmückerei zum Glück schon fertig. Selbst Sandy, die für Deko ja nicht viel übrig hatte, schien von Isabelles geschmackvoll arrangiertem Gesamtkunstwerk beeindruckt.

Ich fing mit den Salaten an, während Sandy und Tom sich mal wieder halbherzig in der Wolle hatten. Später half Isabelle mir in der Küche. Als wir fertig waren, wurde es höchste Zeit, sich umzuziehen.

Ich duschte kurz und noch während ich mich schminkte, klingelten die ersten Gäste. Auch Anne und ihre Freundinnen kamen vorbei, ein Freund von Isabelle brachte noch einen ganzen Schwung Klappstühle für den Garten mit und jemand hatte sogar eine Torte gebacken.

Martii entpuppte sich als wirklich exzellenter Grillmeister. Isabelle stand meist tapfer neben ihm, hatte einen Finger in seine Hosentasche gehakt und ignorierte tapfer den Qualm, der ihr in den Augen brannte. Tom und Sandy saßen in fast unheimlicher Eintracht nebeneinander und nachdem sie die ersten Biere getrunken hatten, begannen sie zu knutschen. Zwischendurch stritten sie sich immer mal wieder etwas. Der Himmel hatte sich leuchtend orange gefärbt. Es würde eine sternenklare, warme Nacht werden.

Als Moritz ankam, stellte ich ihn vor und alle schienen ihn sympathisch zu finden. Ich war einfach nur glücklich. Es reichte schon, dass er neben mir stand. Und wenn er mich anlächelte, dann musste ich ihn küssen, jedes Mal.

Irgendwann wurde es dann etwas ruhiger. Alle waren satt, saßen im Gras auf Decken und unterhielten sich oder standen in lockeren Grüppchen zusammen. Die ersten Teelichter waren verglüht und auch die Fackeln spendeten nicht mehr ganz so viel Licht. Martii und Isabelle lagen zusammen in der Hängematte, er hatte einen Arm um sie gelegt und sie erzählte ihm etwas. Tom und Sandy unterhielten sich mit ein paar Leuten und selbst ein Blinder hätte gemerkt, dass die beiden zusammengehörten. Sandy strahlte wie schon lange nicht mehr.

Moritz und ich hatten es uns auf ein paar weich gepolsterten Liegestühlen bequem gemacht. Unsere Hände hingen locker ineinander verschlungen über den Lehnen. Ich ließ meine Gedanken schweifen – zurück zu der Zeit, als Felix und Stefan so Hals über Kopf ausgezogen waren, zu Jerôme, den ich so verehrt hatte, und natürlich zu Hannes. Ich war oft traurig gewesen, aber es hatte sich gelohnt. Ich hatte dazugelernt, ich hatte losgelassen, aber vor allem hatte ich viel gewonnen.

»Du lächelst plötzlich so geheimnisvoll, ist was passiert?«, hörte ich Moritz' Stimme neben mir.

»Ob was passiert ist?«, fragte ich und schaute ihn an.

Er nickte und sein Piratenohrring blitzte im Licht der Fackeln. In seinem Blick lag so viel Zuneigung, dass in meinem Bauch sofort wieder Schmetterlinge zu tanzen begannen. Ich musste den Kopf von ihm wegdrehen, um einen einfachen Satz zu formulieren.

»Das Leben«, sagte ich leise. »Mir ist einfach nur das Leben passiert.«

GEWITTERSOMMER

WOHER WEISS MAN, WIE SICH DIE BESTMÖGLICHE BEZIEHUNG ANFÜHLT?
EIN TRÄUMERISCHER, SINNLICHER UND KLUGER ROMAN

GEWITTERSOMMER
ROMAN. ANAIS BAND 32
Von Xóchil A. Schütz
ca. 320 Seiten, Paperback
ISBN 978-3-86265-187-0 | Preis 9,95 €

Sinai ist Malerin, Mitte dreißig und lebt in Berlin. Seit einem Jahr ist sie mit dem Ingenieur Marek zusammen und verbringt immer mehr Zeit auf seinem alten Weingut in der Pfalz. Bald geraten Sinai und Marek in ein erstes Gewitter: Marek stört sich plötzlich an Sinais lässigem Umgang mit ihrem Aussehen. Sinai hingegen findet Mareks Perfektionismus anstrengend und beginnt, von anderen Männern zu träumen.

Derweil gestalten beide ihr Leben, reisen, genießen und arbeiten. Sinai ist mit einer anstehenden Einzelausstellung beschäftigt, die lang schlummernde Erinnerungen in ihr wachruft. Und Marek, dessen Arbeitsvertrag bei einem Rennwagenhersteller ausläuft, bewirbt sich in Warschau. Wird es Sinai und Marek gelingen, ihre Krise zu überwinden? Und können sie einander überhaupt so lieben, wie sie es sich erträumen?

Peter Schellenbaum
im dtv

Das Nein in der Liebe
Abgrenzung und Hingabe in
der erotischen Beziehung.
Warum der Wunsch nach
Abgrenzung für eine beständige
Liebesbeziehung notwendig ist.
dtv 35023

Gottesbilder
Religion, Psychoanalyse,
Tiefenpsychologie
dtv 35025

**Abschied von der
Selbstzerstörung**
Befreiung der Lebensenergie.
Heilung für Menschen, die das
Leben ein Leben lang vermeiden,
die sich verschließen und
anderen gegenüber abblocken.
dtv 35016

Die Wunde der Ungeliebten
Blockierung und Verlebendigung
der Liebe
dtv 35015

Tanz der Freundschaft
Faszinierend, zu entdecken,
was in unserem Leben Freundschaft ist und was sie sein
könnte.
dtv 35067

Homosexualität im Mann
Eine tiefenpsychologische Studie.
»Ein Buch, das aufräumt mit
dümmlichen, aus der Angst
geborenen Vorurteilen, das jeden
Mann einlädt, seiner geschlecht-
lichen Identität nachzuspüren.«
dtv 35079

Nimm deine Couch und geh!
Heilung mit Spontanritualen.
Wer sich verändern will, muß
sich bewegen! Die Therapie-
methode der Psychoenergetik
in der Praxis.
dtv 35081

Peter Schellenbaum

Aggression zwischen Liebenden

Ergriffenheit und Abwehr in der erotischen Erfahrung

Peter Schellenbaum wendet sich an Menschen, die sich durch alle Verschüttungen hindurch in ihrer ursprünglichen Lebendigkeit ansprechen lassen und in denen die Sehnsucht stärker wirkt als alle beharrende Bequemlichkeit. Er lädt dazu ein, der erotischen Spur im Leben zu folgen und die Liebe wieder zu einem Abenteuer zu machen. *272 Seiten. gebunden*

Die Spur des verborgenen Kindes

Heilung aus dem Ursprung

Das verborgene Kind in uns ist der Urquell positiven Lebens. Peter Schellenbaum weist in diesem Buch den Weg zurück zum Ursprung unserer individuellen Existenz, zur Erschaffung im Moment der Empfängnis und zur Kindheit als Ort der größten Offenheit für das Kommende. *288 Seiten. gebunden*

HOFFMANN
UND CAMPE

Das Buch

»Aggression ist der Prüfstein der Liebe. Nur zu bezogener Aggression fähige Partner lieben sich wirklich«, schreibt Peter Schellenbaum. Dabei bewertet
er Wut und Aggression als durchaus positive Gefühle, die, wenn wir konstruktiv mit ihnen umgehen, Ausdruck einer unmittelbar empfundenen, einer
leidenschaftlichen Liebe sind: Sie wecken Ekstase
und grenzensprengende Verrücktheit, jene schöpferischen Impulse also, die als Antrieb für alles Unbe-
rechenbare, Spontane und Anspornende in der erotischen Beziehung so unverzichtbar sind. Schellenbaum lädt dazu ein, mit dem »Spürbewußtsein« für
die aggressiven Kräfte der viele Beziehungen lähmenden Traurigkeit zu begegnen und die Liebe
wieder zu einem erotischen Abenteuer zu machen.
Mit ›Aggression zwischen Liebenden‹ knüpft Peter
Schellenbaum unmittelbar an seinen großen Erfolg
›Das Nein in der Liebe‹ an.

Der Autor

Peter Schellenbaum, am 30. April 1939 geboren,
hat Theologie studiert und eine Ausbildung zum
Psychoanalytiker am C. G. Jung-Institut in Zürich
absolviert. Er ist heute freier Autor, Lehranalytiker
und Dozent sowie Psychoanalytiker in eigener Praxis. 1992 gründete er im Tessin sein Institut für
Psychoenergetik. Zahlreiche Veröffentlichungen,
zuletzt: ›Die Spur des verborgenen Kindes‹ (1996).

Peter Schellenbaum

Aggression zwischen Liebenden

Ergriffenheit und Abwehr in der
erotischen Erfahrung

W0052665

Deutscher Taschenbuch Verlag

Von Peter Schellenbaum
sind im Deutschen Taschenbuch Verlag erschienen:
Die Wunde der Ungeliebten (35015)
Abschied von der Selbstzerstörung (35016)
Das Nein in der Liebe (35023)
Tanz der Freundschaft (35067)
Homosexualität im Mann (35079)
Nimm deine Couch und geh! (35081)

Ungekürzte Ausgabe
Juli 1996
Deutscher Taschenbuch Verlag GmbH & Co. KG, München
© 1994 Hoffmann & Campe Verlag, Hamburg
ISBN 3-455-08586-5
Umschlaggestaltung: Boris Sokolow
Gesamtherstellung: C. H. Beck'sche Buchdruckerei, Nördlingen
Printed in Germany · ISBN 3-423-35109-8

INHALT

VIERTER TEIL

VERBINDENDE AGGRESSION ZUR LIEBE HIN

Vorwort

Aggression ist der Prüfstein der Liebe. Nur zu bezogener Aggression fähige Partner lieben sich wirklich. Die anderen verlieren sich entweder in der Verschmelzung oder zerstören sich in der Ablehnung. Der dritte Weg spürender und bejahender Verbindung auch im Konflikt jedoch läßt die Liebe wachsen.

Meine Faszination beim Schreiben dieses Buches bezog sich nicht auf die Aggression an sich, sondern allgemein auf die Liebesbeziehung. Doch führt kein Weg zu dieser an der Aggression vorbei. Der springende Punkt in einer Partnerschaft heißt immer wieder Aggression. Diese Einsicht brachte mich dazu, dieses Buch über die »Aggression zwischen Liebenden« zu schreiben, gerade weil mir das Thema Begegnung und Beziehung am Herzen liegt.

Beim Schreiben wurde ich schnell über das »private Glück« hinausgeführt. Immer klarer merkte ich, daß das Thema Modellcharakter für unser ganzes In-der-Welt-Sein hat. So kam ich nicht umhin, nebst Einzelschilderungen auch philosophische Überlegungen einzubeziehen. Mit der Beschränkung auf den Buchstaben des Themas hätte ich zu kurz gegriffen und dieses aus einem Zusammenhang gerissen, der nicht nur theoretisch notwendig, sondern auch für die psychotherapeutische

Wirksamkeit unerläßlich ist. Deshalb stelle ich es vor den passenden Hintergrund und gebe ihm die erforderliche »Tiefenschärfe«.

Dies hat für mich das Schreiben dieses Buches zu einem Abenteuer gemacht. Begriffe wie Ekstase, Ergriffenheit, Geheimnis, Sehnsucht, Angst, Todeslust, Destruktivität, Spaltung, verbundene Entwicklung, Wahrhaftigkeit, Lust am Zupacken, Kreativität und viele andere gerieten in der Zuordnung zu meinem Thema in einen sinnvollen Zusammenhang. So präzise dieses Thema ist, so umfassend erscheint sein Hintergrund. Die Spannung vom Punktuellen zum Ganzen habe ich aufrechtzuerhalten versucht. Sie rückt Psychotherapie ins richtige Licht, nämlich aus der Perspektive einzelner Störungen in den Zusammenhang gemeinsamen Wachstums von Individuum und Gesellschaft.

Der Schlüsselbegriff in diesem Buch ist *Spürbewußtsein*. Dieses bedeutet leib- und sinnenbezogene Wahrnehmung sowohl der eigenen Person als auch des Du und des sozialen Umfelds. Die Beschreibung der spürbewußten Aggression im Unterschied zur spürunbewußten Destruktivität nimmt einen wichtigen Platz in allen Teilen dieses Buches ein.

Ich erhebe keinen Anspruch darauf, das Thema vollständig ausgeschöpft zu haben. Mein Auswahlkriterium war die persönliche Betroffenheit. Mein Buch ist daher keine psychologische Abhandlung, sondern ein psychologischer Essay, nicht weil ich meine subjektiven Auffassungen für wertvoller als fundierte Forschungen hielte, sondern weil nur in der persönlichen Betroffenheit der springende Punkt der spürbewußten Aggression erfaßt, also der wissenschaftliche Anspruch in bezug auf das Thema erfüllt werden kann.

8

Meine bald zwanzigjährige Erfahrung im Bereich der Psychotherapie verhindert wohl die Verwechslung von Betroffenheit und Borniertheit.

Aus dem gleichen Grund habe ich in diesem Buch zum ersten Mal auf Anmerkungen verzichtet. Welchen Werken ich wichtige Anregungen und Einsichten verdanke, ist aus der Bibliographie ersichtlich. Da diese Impulse nicht direkt zu Papier kamen, sondern erst, nachdem sie einen radikalen persönlichen Transformationsprozeß durchlaufen hatten, schien es mir verkehrt, auf sie in Anmerkungen hinzuweisen. An jeder meiner Aussagen haben verschiedene Einflüsse mitgewirkt. Dieser ungewöhnliche, aber realistische Verzicht förderte in mir Freiheit, Fluß und Phantasie.

Dieses Buch knüpft an Themen meiner früherer Bücher an; Anklänge an diese sind jedoch nie bloße Wiederholungen. Das Thema machte es notwendig, Neuland zu betreten, zunächst bezüglich der Wahrnehmungskategorie des Spürbewußtseins, als Konsequenz auch hinsichtlich von Einsichten über Liebe, Bezogenheit und Aggression. Die Diskretion erforderte die Verfremdung einiger Fallbeschreibungen, jedoch nur in unwesentlichen Punkten.

Mein Dank geht an die vielen Menschen, denen ich dank meinem Beruf begegnen durfte und die mich durch ihre Suche dazu brachten, die Trägheit in eingeschliffenen Mustern des Denkens, Fühlens und Verhaltens zu durchbrechen und zu immer genaueren und umfassenderen unmittelbaren Wahrnehmungen zu erwachen.

Meinen besonderen Dank richte ich an Burkhard Bschor, der den Werdegang dieses Buches in vielerlei Hinsicht geprägt hat.

Locarno-Orselina, im Sommer 1993 PETER SCHELLENBAUM

ERSTER TEIL

ERGRIFFENHEIT IN EINER NEUEN LIEBE

Die Sehnsucht nach dem Spüren

»Ich möchte mehr spüren!« Dieser Satz, den ich in psychotherapeutischen und anderen Begegnungen immer öfter höre, drückt die tiefste Sehnsucht vieler Menschen in unserer Zeit aus. Während noch vor wenigen Jahren das Thema Beziehung im Zentrum der Aufmerksamkeit stand, merken heute viele, daß es ihnen an der wichtigsten Voraussetzung zum Eingehen einer Partnerschaft fehlt, nämlich an der Fähigkeit, intensiv und ausdauernd zu spüren.

Der »Beziehungsmensch« mit seinem Bemühen um flexible Partnerschaftsstrukturen, in denen Bindung und Autonomie Kompromisse schließen, hat dem »geselligen Einzelgänger« mit seiner Spür- und Sinnleere Platz gemacht. Beziehungen zu *haben* ist für die meisten Menschen, vor allem der jüngeren Generation, kein Problem mehr: In der Beziehungsaufnahme sind sie ungezwungener, gewandter und direkter geworden, sexuelle Tabus gibt es immer weniger, psychologische Kenntnisse über gemeinsame »Unliebesspiele«, das heißt, über unbewußt destruktives Beziehungsverhalten, mit dem Liebe zugleich gesucht und verhindert wird, haben sich allgemein verbreitet.

Aber in einer Beziehung spürend zu *sein*, sich also auch in einer länger dauernden, verantwortlichen Part-

nerschaft einem anderen Menschen hinzugeben und in dieser Hingabe selbst zu wachsen, ist zum eigentlichen Problem geworden. Wir realisieren, daß die Entwicklung der Fähigkeit zu spüren fundamentaler als die Lösung einzelner Partnerschaftsprobleme ist. Da diese Fähigkeit vor allem in Konfliktsituationen gefährdet ist, also wenn es um »Aggression zwischen Liebenden« geht, mache ich sie zum ersten Thema dieses Buches.

Diese Verschiebung im zeitspezifischen Menschentypus ist fein, aber bedeutsam. Wenn wir sie nur mit Begriffen aus der Psychopathologie — wie narzißtische Störung oder Borderline-Syndrom — umschreiben, pathologisieren wir eine ganze Generation und tragen dadurch zur Verschärfung des Problems bei. In diesem psychologischen Essay verzichte ich grundsätzlich darauf, um den Mangel an spürendem Bewußtsein aus der Isolierung einer seelischen Störung zu befreien und ihm die Würde eines existentiellen Themas zu geben. Das psychologische Problem wird so gleichzeitig zu einer gesellschaftlichen und philosophischen Fragestellung, und unsere Augen öffnen sich für die wesentliche Verbindung von Individuum und Gemeinschaft.

Wir könnten den oft ausgesprochenen Wunsch »Ich möchte mehr spüren« als ausweglose Egozentrik, als sterile Beschäftigung des Individuums mit sich selbst deuten. Doch zeigt der hauptsächliche Ort, wo dieser Wunsch ausgesprochen wird, daß dies eine Fehldeutung wäre. Der Mangel an eigenem Spüren schmerzt nämlich am meisten in Gefühlsbeziehungen. Zwar wird das Spüren oft auch in oberflächlicheren Kontakten, in der Wahrnehmung der umgebenden Natur, im Lesen eines Buches, im Hören von Musik, im Sehen eines Films vermißt. Doch in der intimen Begegnung mit dem uns

wichtigsten Menschen bündelt sich der Mangel an lebendiger Empfindung zum alles bestimmenden Lebensgefühl. Wir realisieren, daß dessen Ursache nicht in der äußeren Situation liegt, in der wir uns gerade befinden. Nicht die anderen, wir selber hemmen letztlich den Fluß unseres Spürens.

Welche Auswirkungen hat das Fehlen von tiefen, direkten und leidenschaftlichen Empfindungen? Die wichtigste ist *Angst*. Empfindungen, die wir unterdrücken oder verdrängen, erzeugen das Gefühl von Enge, was mit dem gehemmten Atem zusammenhängt: Zahl und Ausmaß der Atemzüge entsprechen nicht mehr dem Ansturm der Erregung. Die den Atem steuernde Muskulatur verkrampft sich. Der Atem wird nicht frei in die Welt hinaus entlassen, sondern ist mit der Gegenbotschaft des Rückzugs besetzt, während die Gemütsbewegung beim Einatmen widersprüchlicherweise einen Anfang von Loslassen, Auftun, Entspannung und Zuwendung zur Außenwelt beinhaltet.

Angst stammt aus dem Zwiespalt zwischen einem ursprünglichen Lebensimpuls und einem gegenteiligen sekundären Impuls zu dessen Vernichtung. Sie entsteht im Zusammenprall von Leben und Tod, in der Kollision einer lebendigen Erregung mit deren Drosselung, vor allem in Situationen, in denen das Leben in neue Erfahrungsbereiche drängt. Die angsterzeugende Zwiespältigkeit äußert sich nicht nur im verkrampften Atem, sondern auch in der gepreßten Stimme, manchmal im Stottern oder unregelmäßigen Herzschlag, in kalten Gliedern und gefangener innerer Hitze, in einem so schnellen Wechselbad der Empfindungen, daß diese sich nicht frei ausschwingen und einzeln kaum wahrgenommen werden können. Der leib-seelische Fluß stockt zwischen Spannung und

Entspannung. Ein flattriges Gefühl von Unruhe, Unrast, Nervosität, Gereiztheit und vulkanartiger Katastrophenbereitschaft ist die Folge davon, oder auch dumpfe Müdigkeit.

Die Angst wird als solche oft gar nicht erkannt. Wir merken nicht, daß hinter einer seelischen Lähmung, einer bleiernen Mattigkeit, hinter hektischer Betriebsamkeit und plötzlich einschießender Ungeduld, hinter Hoffnungslosigkeit und Verzweiflung die Angst lauert. Leicht führen wir das Gefühl von Enge auf äußere Umstände zurück und führen Spiegelgefechte mit diesen. Es ist jedoch heilsam, die Empfindungen beim Namen zu nennen. Die Angst als solche zu identifizieren und zu benennen, läßt einsehen, daß mit dem anfänglichen Wunsch »Ich möchte mehr spüren!« eigentlich etwas anderes gemeint war, nämlich: »Ich möchte etwas anderes als Angst spüren!« Angst ist oft Flucht vor dem, wonach wir uns eigentlich sehnen. Sie löst sich auf, wenn wir das Beängstigende und Ersehnte als das anerkennen, was es ist, nämlich das in die Tat drängende Leben, und wenn wir den Hochmut fahren lassen, anders sein zu wollen als das in uns angelegte Wesen es will.

So wird ein bestimmter Anfall von Angst zum Hinweis auf den Bereich, in dem unser Leben jetzt am kräftigsten pulsieren will. Vor einem neuen Lebensschritt in der Partnerschaft, im Beruf oder in welchem Bereich der Lebensgestaltung auch immer: Gerade weil er so reizvoll ist, kann uns wirkliches Grauen erfassen; vielleicht sträuben sich die Haare und wir haben Gänsehaut. Es ist, als bestünden wir ausschließlich aus gespeicherter Elektrizität. Die Lebensenergie ist auf dem Punkt der Aktivierung. Unser Wesen scheint nur noch ein einziger Ansturm von Dynamik, Erregung und Drängen zu sein. Wenn wir jetzt im

stärksten Energiepunkt bleiben, also das *Spürbewußtsein* gleichsam auf der vordersten Welle unserer Lebendigkeit ungestört reiten lassen, wird aus dem Ansturm ein lustvolles Anschwellen der Lebensenergie.

Spürbewußtsein wollen wir vorläufig als spürende Zentrierung mit wachen Sinnen auf welche Lebensäußerungen auch immer definieren, gleich, ob aus der Innen- oder Außenwelt. Es verstärkt sich, je mehr wir auf den Reflexionsabstand verzichten. Das Denken kommt anschließend; es ist »Nach-Denken«, »Nach-Sinnen« auf der Spur des seiner selbst innewerdenden Spürens.

Das Spürbewußtsein zu fördern ist Hauptanliegen der von mir entwickelten psychotherapeutischen Richtung der *Psychoenergetik*. Überwiegt jedoch der Gegenimpuls zur Flucht, so steigt Angst in uns hoch. Ich spreche hier nicht von der natürlichen Angst, mit der wir auf eine reale Gefahr reagieren und die uns zur rettenden Flucht anstachelt, sondern von der ebenfalls natürlichen Angst, die Lebensprozesse an schwierigen Übergängen begleitet und uns zwar zu erhöhter Wachsamkeit, nicht aber zur Flucht motivieren will.

Oft erleben wir Angst fälschlicherweise als Beengung von außen statt von innen. Dann flüchten wir zu Unrecht und empfinden das, wovor wir die Flucht ergriffen haben, als fremden Druck von außen. Wir rennen zum Beispiel in einem Moment intensiver Begegnung vor der Hingabe fort und fühlen uns gerade von dem Menschen, zu dem hin es uns soeben noch gedrängt hat, unter Druck gesetzt. Menschen, die unter solchen spürunbewußten Fluchtbewegungen leiden, sind daran zu erkennen, daß sie regelmäßig erzählen, was andere von ihnen wollen und fordern, oder wofür andere sie kritisieren. Die Opferattitüde ist die Erkennungsmarke ihrer Angst.

Wer sich bei der geringsten Anforderung bereits unter Druck fühlt, ist ein von Angst geplagter Mensch. In vielen Bereichen mag er mutig, geradezu waghalsig sein, aber da, wo sein Leben sich aus eigenen Quellen entwickeln müßte, flüchtet er und läßt sich von der Angst hetzen. Die Lösung liegt auch hier im Spürbewußtsein der Angst. Sonst werden alle Empfindungen außer der Angst verhindert.

Statt zum Beispiel aus einem intensiven Blickkontakt zu flüchten und auf der Flucht das Auge entweder unruhig schweifen oder erstarren zu lassen, gilt es, die Angst spürend zu identifizieren und zu benennen. Daraus wächst uns die Kraft zu, dem lebendigen Blickkontakt etwas länger als bisher standzuhalten. In der Spannung, die sich jetzt steigert, erfahren wir neue Lebendigkeit. Das spürbewußte Sehen tritt an die Stelle der spürunbewußten Flucht vor dem Sehen. Im kontinuierlich spürenden Sehen erwachen und wachsen Gefühle von ungeahnter Kraft. Nach einigen Erlebnissen dieser Art wird sich der aus der Flucht vor der Empfindung entstandene Druck wieder in den ursprünglichen Drang zur Begegnung zurückverwandeln. Dasselbe geschieht in jedem Sinneskontakt, auch in Berührung und sexueller Verschmelzung, sofern wir unsere Angst spürbewußt wahrnehmen und benennen.

Angst, die sich nicht durch Spürbewußtsein auflöst, bewirkt, wie erwähnt, fortdauernden Druck. Die Außenwelt wird magisch überladen. Wir überbewerten äußere Ereignisse und geraten in übertriebene Abhängigkeit von Wohlwollen und Meinung anderer Menschen. Äußeren Faktoren schreiben wir eine Macht zu, die sie in Wirklichkeit nicht haben. Da wir die Ursachen unseres existentiellen Unbehagens außen sehen, suchen wir auch die

Heilmittel zu dessen Beseitigung außerhalb unserer selbst.

Medikamenten, Heilerpersönlichkeiten, Ratschlägen, Weisheitsbüchern und Sternbildern messen wir einen magischen Wert zu. Doch da wir die Lösung des Drucks am falschen Ort erreichen wollen, nämlich außen statt innen, sind wir ihm nach einer kurzen Erleichterung wieder unterworfen.

In meiner therapeutischen Gruppenarbeit erlebe ich regelmäßig, daß Menschen, die mit ihrer Angst alle anderen Empfindungen neutralisieren, in den *Spontanritualen*, die sie inszenieren, zunächst völlig abhängig von den realen oder vermeintlichen Reaktionen der anderen Gruppenteilnehmer sind. Spontanrituale ereignen sich jedoch nur im Zustand wacher Versunkenheit und spürbewußter leichter Trance. Jedes von ihnen beinhaltet ein Stück neuer, jetzt angezeigter, verdichteter Entwicklung aus dem Wachstumstrieb heraus. Dieser wirkt jederzeit in jedem Menschen. Erst wenn ängstliche Menschen so lange in der Gruppenmitte bleiben, bis ihrer Fixierung auf die Umwelt die Puste ausgeht, und der Druck, unter den sie sich setzen, durch Zermürbung abnimmt, geschieht mit ihnen der Ruck in die eigene Mitte. Dann erleben sie, daß sie ihre Entwicklung nicht selber »machen«, sondern nur mit wacher Hingabe geschehen lassen können. In diesem Moment verschwinden gleichzeitig die Angst und die Abhängigkeit von anderen Menschen.

Kehren wir zur Sehnsucht nach dem Spüren zurück. Wir können sie entweder als Mangel an dem, was fehlt, oder als dynamische Spannung zum Auffüllen des Fehlenden begreifen. Entweder lassen wir uns von der Sehnsucht in lethargische Passivität wegtreiben und leben ganz aus der quälenden Empfindung, nicht zu leben, oder wir

lassen uns von der Sehnsuchtsspannung auf das noch Fehlende zubewegen. Das zweite bedeutet, die Sehnsucht nach dem Spüren realistisch wahrzunehmen, ein Spüren im energiegeladenen Raum zwischen einer bereits teilweise befreiten und einer auf noch mehr Befreiung hin angelegten Empfindung. In diesem Sinne ist Sehnsucht nichts anderes als subjektiv erfahrene Lebensdynamik. Jede Sehnsucht, die ihrer selbst spürbewußt ist, gehört dieser zweiten Art an.

Gerät unsere Sehnsucht jedoch auf den Irrweg einer Todesphantasie und wird ihre Deutung durch die Angst vor dem »Stirb und werde« bestimmt, löst sich die Lebensdynamik in Totenstarre auf. Es sind *thanatophobe* Menschen, die zu Opfern solcher zerstörerischen Sehnsucht werden. Menschen also, die, ohne es zu merken, an einer dauernden und zwanghaften Todesangst leiden, sich deshalb jeden Schritt ins Leben zwangsläufig als endgültigen Schritt in den Tod vorstellen und suggerieren. Dadurch berauben sie ihrer Sehnsucht der ihr eigenen schöpferischen Kraft. Ihr Denken kreist auf fixierten Bahnen und bemächtigt sich gerne solcher Bereiche, in welchen die warme, pulsierende Emotion sie am wenigsten bedrängt. Solche Menschen können nächtelang mit Befriedigung vor einem Computer sitzen und ihr Gefühl mit toten, digitalen Spielen betäuben. Die kühlklare Logik drängt die konfus wellende und drängende Emotionalität ins Abseits. Nichts gegen Computer — ich selber tippe gerade auf einem solchen. Doch wird für thanatophobe Menschen der Computer zum Symbol der eigenen Persönlichkeit, nämlich einer gefühlsentleerten Denkmaschine, obwohl er in Wirklichkeit ein bloß funktionales Instrument ist, dessen wir uns bei Bedarf bedienen können, ohne unsere Lebendigkeit zu gefährden.

Im Blick auf thanatophobe Menschen merken wir, wie wesentlich sich das Spürbewußtsein vom reflexiven, beobachtenden, kontrollierenden Bewußtsein unterscheidet. Letzteres stellt sich gegen das Fließende und bringt zur Erstarrung, was es berührt. Sobald wir uns jedoch vom Spürbewußtsein ergreifen lassen, befinden wir uns mitten im Lebensfluß, der über den Intellekt hinausschwillt, und das Gefühl ist da. Da-Sein ist waches Sein im Fließenden und lustvolle Sehnsuchtsspannung, die in die aktive Verwirklichung des Ersehnten drängt. Kein Druck lähmt uns mehr von außen, sondern ein innerer Drang lenkt uns zielsicher in die für uns stimmige Richtung.

Dies ist die tiefste Erfahrung, die ich seit einigen Jahren in der Arbeit mit Spontanritualen mache: Wenn ein Mensch wach und zentriert am Ort seiner intensivsten Lebensäußerung ausharrt und auch auf kleine Signale seiner Lebendigkeit — ich nenne sie *Energiesignale* — achtet, nimmt das Leben unausweichlich jene Wachstumsrichtung, die jetzt im eigenen Entwicklungsmuster »vorgesehen« ist. Dies geschieht nicht in mitweltblinder, individueller Isolierung, sondern unter instinktsicherem Einbezug des sozialen Umfelds, sei es, daß dieses berücksichtigt oder gesprengt werden muß. Seit ich vor allem in Gruppen angefangen habe, mit Spontanritualen zu arbeiten, beschränkt sich mein therapeutischer Beitrag im wesentlichen auf die Stützung des Spürbewußtseins über alle Formen von Angstwiderstand — die sogenannten *Energieklippen* — hinaus.

In diesem Buch untersuche ich die Sehnsucht nach dem Spüren sowohl in ihrer pervertierten Form als Ausflucht in die anscheinend sichere Welt des bloßen Kopfbewußtseins als auch in ihrer ursprünglichen Form einer zur Lebensgestaltung motivierenden emotionalen und

geistigen Kraft. Auf eine besondere Form von Aggressivität werde ich oft hinweisen. Uneinfühlbare, in keinem Zusammenhang mit äußeren Auslösern stehende und nur lose auf bestimmte Objekte zielende Aggressionen sind immer auf Spürunbewußtsein zurückzuführen. Solche Aggressivität hat sich aus der Umklammerung der beschriebenen Angst vor dem Spüren befreit. Sie zieht den Amoklauf in die Zerstörung des Angsterregenden der lähmenden Angst vor. Obschon sie immer noch Flucht vor dem wachen Spüren ist, steht sie diesem doch bereits näher als die spürunbewußte Angst, setzt sie sich doch den Reaktionen der Außenwelt aus und ist selber schon dumpf drängendes Spüren.

Ich nenne diese Art von Aggressivität *Daseinswut*, weil sie durch die heftige Erregung, die sie mit sich bringt, die emotionale Wirklichkeit des Daseins signalisiert, und vor allem, weil sie sich destruktiv nicht bloß gegen einen Aspekt des Daseins, sondern gegen dieses selber wendet. Die Daseinswut ist radikal in ihrem Ursprung, nämlich der traumatischen Verzweiflung über die verhinderte Entfaltung der Gefühlswelt, und in ihrem Ziel, nämlich der Zerstörung von Leben in der Außen- und Innenwelt.

Die Daseinswut ist die bedeutsamste und folgenschwerste Erscheinungsform destruktiver Aggressivität. Wie sie möglicherweise in konstruktive Aggression und Hingabe an Menschen und Lebensaufgaben, in Eros und Ethos, gewandelt werden kann, wird uns über weite Teile dieses Buches beschäftigen. Sie ist nicht nur aus den traumatischen Kindheitserfahrungen einiger, sondern auch aus der existentiellen Grundbefindlichkeit aller Menschen in unserer Zeit zu erklären. Die Daseinswut ist das destruktive Zeitsymptom par excellence. Die überhandnehmende Mechanisierung, Digitalisierung und Ver-

dinglichung des menschlichen Lebens sowie der ökologische Zusammenbruch lebendiger Systeme bilden ihre Hauptursachen.

Doch ist die Daseinswut nicht ausschließlich ein Zeitsymptom. Gefühle der Ohnmacht und Verzweiflung, des Ausgeliefertseins an Krankheit, Trennung, Tod und Katastrophen aller Art gehören seit jeher zum menschlichen Dasein. Da der Mensch die Fähigkeit hat, sich aus dem mit ihm Geschehenden »zurückzunehmen« und von diesem abzuspalten, steht er in Ohnmachtssituationen vor der Wahl zwischen zwei Möglichkeiten: Entweder wird er spürbewußt mit dem Unbegreiflichen identisch und läßt das Übermächtige wach mit sich geschehen, nachdem er alles getan hat, um sein Geschick aktiv zu lenken; dann wandelt sich das Furchterregende in vielen Fällen in eine lebensfördernde Kraft oder verliert zumindest seinen Schrecken. Oder er agiert spürunbewußt die vermeintliche Zerstörung aus, indem er sich in rasender Daseinswut gegen das Dasein selber wendet und so das Leben, wie es nun eben ist, grundsätzlich verneint. Die Rebellion gegen die nicht änderbare Wirklichkeit ist der Kern jeglicher menschlicher Destruktivität.

Ist ein Anfall von Daseinswut verebbt, wandelt sich diese in *Daseinsscham*: Waren wir soeben noch wütend gegen die Welt, an der wir doch teilhaben, schämen wir uns jetzt vor der von uns verneinten Welt. Der radikal rebellische Mensch schwankt zwischen Daseinswut und Daseinsscham. Das Spürbewußtsein löst beide auf. Es macht den Menschen zum »Fließsubjekt«, das reines Einverständnis mit dem Faktischen ist. Daß dieses Einverständnis nicht Quelle von Resignation und Fatalismus, sondern im Gegenteil von Kreativität, Lebendigkeit und Wandlung ist, wird aus meinen späteren Ausführungen hervorgehen.

Eine Psychologie, die der Daseinswut nicht Rechnung trägt und sich nur mit individuellen seelischen Störungen beschäftigt, würde Flucht aus einem auf alle Seiten hin wachen Spürbewußtsein ins Nur-Individuelle bedeuten. Psychologie muß existentielle Grundeinstellungen und -gefühle, die alle Menschen prägen, miteinbeziehen. Alle Themen, die in diesem Buch im Zusammenhang mit dem Thema »Aggression zwischen Liebenden« zur Sprache kommen — unter anderem Verliebtheit, Partnerschaft, Wandlung von destruktiver Abwehr in konstruktive Aggression und Hingabe, erotische Ergriffenheit und Ekstase, Strukturierung des ekstatischen Impulses in der Liebesbeziehung — werde ich in diesem überindividuellen und existentiellen Sinne angehen, gerade da, wo privateste und intimste Anliegen einzelner zur Sprache kommen. Die Wandlung der Daseinswut in Hingabe an das Leben ist in der Tat sowohl eine individuelle als auch menschheitsgeschichtliche Aufgabe.

Nur Verrückte verlieben sich

In stabilen, zufriedenen Lebensphasen leiden wir weder an Daseinsangst noch — in deren Gefolge — an Daseinswut. Nur in früher Kindheit schwer traumatisierte Menschen kennen solche friedlichen Abschnitte nicht, während derer das Leben wie ein behaglich träger Fluß an Landschaften vorbeiströmt, die sich alle ähnlich sehen. In diesen Zeiten schöpfen wir Kraft für Umbrüche, die sich heimlich in uns vorbereiten. Es sind ruhige Phasen der Fruchtbarkeit und Entfaltung. Bei erwachsenen Menschen ziehen sie sich manchmal über viele Jahre hinweg. Oft müssen sie lange dauern, damit sich ein Lebenswerk entfalten kann, denn ewig Aufbrechende sind auch ewig Abbrechende, und die dem Zauber der Anfänge ganz verfallen sind, werden immer mehr zu entmutigten und resignierten Menschen. Wir leben in einer Zeit der schnellen Auf- und Abbrüche. Deshalb äußert sich die destruktive Seite unseres Lebensgefühls in der ständigen Bereitschaft zur Daseinswut. Wer zu früh weggeht, ist immer unzufrieden, immer in Aufruhr gegen die konkrete Lebenswirklichkeit.

Doch gibt es auch heute noch Menschen, die zu spät aufbrechen und so lange in überlebten Beziehungen oder Berufen bleiben, bis ihr Organismus den Aufbruch mit umgekehrten Vorzeichen als Einbruch von Krank-

heit vollzieht. Der richtige Moment des Auf- und Umbruchs – die alten Griechen nannten ihn *kairos* – kündigt sich mit deutlichen Zeichen an. In unseren Träumen überqueren wir zum Beispiel das Meer, einen See oder Fluß; wir fallen oder springen ins Wasser; entdecken wie im Märchen neue Zimmer in einem Haus; begegnen mit starker Faszination einem unbekannten Menschen oder finden uns in fremden, magischen Landschaften vor. Jedes dieser und anderer Traummotive zeigt eine bestimmte Eigenart der Wandlung auf, die anfängt oder im Gange ist.

Ein anderes Zeichen ist: Wir verlieben uns. Ich meine nicht die häufige Verliebtheit des sich vor Bindung und Verantwortung scheuenden, ewig jugendlichen Menschen – den ewigen Jüngling oder das ewige Mädchen –, sondern den Einbruch einer neuen Art von Liebe, die unser ganzes bisheriges Leben in Frage stellt und sprengt. Eine Liebe, gegen die wir, gerade weil sie so neu und anders ist, allerlei Widerstände empfinden: Wir werden zum Beispiel krank, als würde der alte Mensch in uns einen Hilfeschrei ausstoßen: »Das ist zuviel für mich, diese Beziehung fordert mich zu sehr.« Oder wir flüchten in eine andere oberflächliche, epidermische und in ihrer Art bekannte Verliebtheit, um mit einem neuen Menschen an unserer Seite der Alte bleiben zu können.

Die Verliebtheit, von der hier die Rede ist, ver-rückt unsere ganze Existenz. Das Bild, mit dem wir uns bisher identifiziert haben, verändert sich und sprengt seinen alten Rahmen. Von einer statischen Darstellung wandelt es sich in eine dynamische, bewegliche Wirklichkeit. Im Gegensatz zu unserem früheren Selbstbild betrachten wir diese nicht mehr von außen. Mit ihr sind wir so sehr

identisch, daß wir kaum merken, wie sie unseren bisherigen Daseinsrahmen verbiegt und zerbricht.

Wenn wir es merken, ist es schon um uns geschehen. Der alte Rahmen kann die neue Lebenswirklichkeit nicht mehr einfangen und bannen. Als Rahmen ist er gänzlich relativiert, nicht nur, weil er bloßer Teil eines neuen Bildes geworden ist, sondern vor allem, weil der Flußcharakter in der neuen Erfahrung diesen und alle anderen Rahmen in den Hintergrund drängt. Das Neue ist in seiner ersten Phase reine schmelzende Bewegung, wellende Verbindung und inhaltslose Ergriffenheit. Das Ereignis einer neuen Liebe erleben wir als eine intensive Energieerfahrung, vielleicht die intensivste überhaupt, die nur noch mit Energieerfahrungen in kreativen Sternstunden unseres Lebens oder in radikalen Lebenskrisen verglichen werden kann.

Vor Beginn der neuen Liebe haben wir lange Zeit in fast gleichbleibenden Seelenlandschaften gelebt, so daß wir diese schließlich für die einzigen uns wesensgemäßen hielten und den einmal gesetzten Lebensrahmen mit unserer Identität verwechselten. Deren Festigkeit deuteten wir als Zeichen einer unveränderlichen Wahrheit. Wir konnten uns noch nicht eingestehen, daß wir uns am alten Rahmen nur deshalb so festklammerten, damit in uns kein Zweifel an diesem aufkam. In der neuen Liebe aber wird der lang gehemmte Fluß zur einzigen Daseinswirklichkeit. Den barocken Reichtum des alten Rahmens tauschen wir gegen die neue kräftige Lebensströmung ein.

Zwar werden wir im Ungestüm des neuen Aufbruchs dem alten Rahmen, in dem wir soeben noch gelebt haben, nicht gerecht, gab es doch auch in ihm bis vor kurzem Fluß und Leben. Doch müssen wir wohl eine Zeitlang ungerecht sein, um den Schritt in die neue Liebe zu wagen,

müssen das Alte nur als Rahmen sehen, um das Neue ungeteilt aufnehmen zu können. Auch diese Einseitigkeit ist notwendige Verrücktheit. Wer in Umbruchphasen die gültigen Werte der Vergangenheit allzu sehr berücksichtigt, verrät das jetzt Wesentliche, nämlich den Flußcharakter im jetzigen Übergang. Orpheus verlor Eurydike, die wir hier als Bild seiner Lebendigkeit verstehen können, endgültig, weil er nach ihr zurückblickte. Die Weisheit des zu lange Konservativen, das heißt Bewahrenden, ist eigentlich Torheit, seine Rück-Sicht Zweifel am Sinn der erotischen Ergriffenheit. Nur Verrückte können lieben.

Um Mißverständnissen vorzubeugen, muß ich erklären, was ich hier unter *Verrücktheit* verstehe. Es gibt die Verrücktheit im bloß passiven Getriebensein, in der wehrlosen Verschmelzung mit inneren und äußeren Impulsen, wie dies am erschreckendsten der Wahnsinn zeigt. Dieser ersten Form von Verrücktheit fehlt das wache Spürbewußtsein im Neuen. Ich werde zum Opfer übermächtiger eigener und fremder Kräfte. Ein Zerstörungs- und Vernichtungsprozeß ist mit mir im Gange. Wie von einer Lawine werde ich erfaßt, die mich schließlich begräbt.

Süchtige aller Schattierungen suchen die Getriebenheit, um ihre Verantwortung zu vergessen und trotzdem zu genießen. Sie sind Verrückte des Konsums. In den Suchtphasen haben sie die Illusion einer freien Flußexistenz, und um dieser Phasen willen nehmen sie Depression, Zusammenbruch der Partnerschaft und der beruflichen Existenz in Kauf. Sie sind tragische Verrückte, weil sie eigentlich um die Ausweglosigkeit ihrer Suchtexistenz wissen.

Auch Verliebte können Verrückte dieser ersten Art

sein, wenn sie sich mit dem neuen erotischen Reiz betäuben und von widersprüchlichen Impulsen wie sexueller Anziehung, Angst, Zuversicht, Eifersucht, extremen Hoffnungen und Todesphantasien willenlos treiben lassen. Leicht werden sie zu Opfern unrealistischer Projektionen und fallen in die bereits aus früheren Partnerschaften her bekannten Unliebesspiele zurück.

Was Verrücktheit im zweiten Sinne bedeutet, erläutere ich an einem Beispiel. Eine Frau, die vor kurzem ihren Beruf als Körpertherapeutin wieder aufgenommen hat, schwankt in ihrem Gefühl zwischen ihrem Mann, mit dem sie seit zwanzig Jahren verheiratet ist, und einem Berufskollegen, in den sie sich fast gleichzeitig mit ihrer erneuten Berufsaufnahme verliebt hat. Sie ist sich nicht sicher, ob die junge Verliebtheit nicht eine bloße Flucht aus dem Alltag ihrer Ehe ist. Ihrem Mann gegenüber empfindet sie Schuldgefühle, in bezug auf ihren Freund erlebt sie zwischen Phasen von Faszination und intensiver Anziehung immer wieder unmotivierte, plötzlich ein- und überschießende Aggressionen, die sogar von Tötungsphantasien begleitet sind.

Es ist wirkliche Daseinswut, der sie sich ausgeliefert fühlt: Wut gegen sich selbst und den Freund als Reaktion gegen die Angst, von der sie in dessen Gegenwart plötzlich gepackt wird. Sie realisiert nicht, daß ihre Angst Ausdruck unterdrückter Gefühle ist. Die Frau ist völlig ratlos und entschließt sich, mit ihrer Unentschiedenheit und Verwirrung in die »Gruppenmitte« zu gehen. Ähnlich wie der »heiße Stuhl« in der Gestalttherapie ist die Gruppenmitte in der psychoenergetischen Therapie ein energiegeladener Ort, ein Schnittpunkt, an dem sich die Aufmerksamkeit aller Teilnehmerinnen und Teilnehmer aus dem Gruppenkreis bündelt. Dies trägt dazu bei, daß die Vor-

gänge an diesem zentralen Ort für alle mit besonderer Bedeutsamkeit besetzt sind. Der Mensch in der Mitte ist auch stellvertretend für die anderen da. Seine Stellvertreterfunktion fördert in ihm die erwähnte wache, tranceähnliche Versunkenheit: Voraussetzung für eine stimmige Lösung.

Wenn Menschen sich in einem unlösbar scheinenden Dilemma befinden, schlage ich oft ein *Dreiecksritual* vor. Die Tatsache, daß sich bisher trotz aller Bemühungen keine der beiden bekannten Möglichkeiten durchzusetzen vermochte, weist darauf hin, daß die Lösung nur von einem verbindenden Dritten her kommen kann. Voraussetzung zu diesem ist allerdings, daß der Selbstinitiant − so nenne ich den Hauptspieler in einem Spontanritual, weil dieser sich selbst in eine ihm bisher noch unbekannte Daseinsform initiiert − nacheinander in jede der ersten beiden Positionen ungeteilt und ohne Seitenblick auf die andere hineingeht. Nur in der spürbewußten völligen Identifizierung mit einer bestimmten, eingegrenzten Situation erfahren wir deren Bedeutung und Stellenwert unmittelbar und eindeutig.

Die vierzigjährige Frau begab sich also zunächst auf die *erste Position*: Nun gab es für sie nichts anderes mehr als die Partnerschaft mit ihrem Mann. Mit geschlossenen Augen beschrieb sie viele Details aus ihrem Zusammenleben und in der Person ihres Mannes. Die genaue und möglichst konkrete Beschreibung unterstützt die Bündelung der Energien und verhindert die ständige Relativierung durch Vergleiche, in diesem Fall mit dem neuen Freund der Frau. Anfänglich gelang ihr dies nur mangelhaft; mehrmals schweifte sie in den Vergleich und damit ins beobachtende und kontrollierende Bewußtsein ab.

Während sie sprach, verstärkte sich bei ihr eine spon-

tanc, unbewußte Gebärde: Sie würgte sich mit beiden Händen am Hals. In dem Maße, wie diese Gebärde an Ausdruckskraft zunahm, erzählte sie immer plastischer, wie sie sich in ihrer Ehe eingeengt und gleichzeitig geborgen fühlte. Leise machte ich sie auf die Gebärde aufmerksam und bat sie, ihr ganzes Spürbewußtsein in sich zu lenken und ihren begleitenden Worten weniger Wert als dieser zuzumessen. Nun begann sie, über ihr nur in Ansätzen ausgelebtes inzestuöses Verhältnis zu ihrem Vater zu erzählen. Dabei verkrallten sich beide Hände immer mehr in ihren Hals, bis sie zu husten und dann wütend gegen ihren Vater zu schreien begann. Als ihr Schreien verebbt war, kehrte sie im Sprechen wieder zu ihrem Mann zurück. Diesmal war ihr Ton freundlich und wohlwollend, als würde sie über ihren Bruder sprechen. Zwei Wörter kristallisierten sich schließlich aus ihren Mitteilungen heraus, nämlich »Geborgenheit« und »Vertrauen«.

In der *zweiten Position* gelang es ihr zunächst noch weniger, sich spürbewußt im Spontanritual hinzugeben. Fast bei jedem Satz stellte sie Überlegungen an. Ihre Augenlider zitterten, und immer wieder schweifte ihr Blick zur Decke hin. Ich wies sie wiederholt darauf hin. Nun geriet sie in einander schnell ablösende widersprüchliche Stimmungen: Traurigkeit, Liebe, Aggressivität und Verzweiflung jagten sich wie Wolken an einem stürmischen Himmel. Auch dies dauerte lange Zeit, bis sie vor Ermüdung tief aufatmete und ihre beiden Hände auf die Brustmitte legte. In diesem Moment kehrte zum ersten Mal Ruhe in sie ein. Ich machte sie auf diese neue Gebärde aufmerksam, mit der gleichen Einladung, ihre spürende Aufmerksamkeit ganz in sie zu lenken. Nun kam sie in ein inniges, lösendes Weinen und erzählte, daß sie mit ihrem Berufskollegen zum ersten Mal in ihrem Leben einen

Menschen wirklich liebe. Diese Liebe stelle für sie eine ungeheure Herausforderung dar. Mit diesem Mann zusammen müsse sie ihr bisheriges bequemes und oberflächliches Leben völlig verändern, was ihr große Angst mache. Manchmal treibe es sie, alles kaputt zu schlagen, nur um diese Herausforderung nicht annehmen zu müssen. Während sie erzählte, bekam ihre Stimme einen immer weicheren und wärmeren Klang. Augen und Körperhaltung strahlten Liebe aus. Schließlich bemerkte sie leise: »Bei alledem fühle ich mich sehr verletzlich und schutzlos.«

Dies ist das Signal für die Einnahme der *dritten Position* zur Verknüpfung und Synthese der beiden ersten, nämlich der Geborgenheit, die sie mit ihrem Mann erlebt hat, und der Liebe zu ihrem neuen Freund. Während ihre beiden Hände immer noch auf der Brustmitte ruhen, bitte ich sie, die Augen wieder zu schließen, und weise sie darauf hin, daß sich jetzt die beiden ersten Positionen in ihr auf eine Weise verbinden, von der sie noch keine Ahnung habe. Tiefer noch als zuvor ist sie nun ganz und gar mit ihrer neuen Liebesbeziehung identisch und spricht von ihr, als gebe es sie schon seit langer Zeit. Sie erzählt so direkt und konkret, daß es allen klar wird: Dies ist ihre Lebenswirklichkeit. Gleichzeitig spricht sie mit liebevollen Worten von ihrem Ehemann und wie sie sich auf verantwortliche Art von ihm lösen wird. Und immer noch hält sie die Hände auf ihrer Brustmitte. »Du bist mit deinem Herzen in Kontakt und gibst ihm Schutz«, bemerke ich. Darauf antwortet sie, daß der beste Schutz für sie darin bestehe, behutsam Schritt um Schritt zusammen mit ihrem neuen Partner zu gehen. So könne es nicht geschehen, daß sie von diesem plötzlich verlassen werde. Das sei eine andere Geborgenheit als die ihr von ihrer Ehe her bekannte.

In diesem Moment fühle sie sich ganz ruhig, und ihre Empfindungen für den Freund seien in wacher Verbindung mit dessen Empfindungen für sie.

Diese Frau war daran, ihr ganzes bisheriges Leben zu »verrücken«, obwohl sie eine zufriedene Ehe geführt hatte. Sie wußte, daß die meisten ihrer Freunde und Bekannten dies nicht verstehen und akzeptieren würden. Mit ihrer spürbewußten Verrücktheit aber folgte sie der eigenen Lebensspur.

Dieser Geschichte füge ich noch eine allgemeine Bemerkung hinzu: Ich habe noch nie erlebt, daß eine in bezogener Klarheit und Aufmerksamkeit gefällte Entscheidung schließlich nicht zum Wohl aller Beteiligten gewesen wäre. In diesem Fall ging der von seiner Frau verlassene Mann nach einem Jahr eine neue Partnerschaft ein, die für ihn eine ähnliche Herausforderung wurde wie die neue Partnerschaft für seine Frau.

Auch Verrücktheit ist eine Art von *Ekstase*. Warum wohl sehen sich die mystische und die schizophrene Form der Verzückung im Gesichtsausdruck der Ergriffenen oft so ähnlich? Beide beinhalten ekstatische Erfahrungen. Auch die Verrücktheit der beschriebenen Daseinswut, die sich gegen die Wirklichkeit insgesamt richtet, ist Ekstase, Heraustreten aus den Regelkreisen vorgegebener Lebenstatsachen, allerdings ohne jedes Spürbewußtsein und als destruktive Einstellung.

Sobald die destruktive, spürunbewußte Verrücktheit — ich habe dies selbst mit einigen schizophrenen Menschen erlebt — anfängt, sich in spürbewußte Verrücktheit, nämlich in wache Grenzüberschreitung und emotional erfahrene Lebendigkeit zu wandeln, wird die Ekstase zum eigentlichen Wirkfaktor von Heilung und Entwicklung. Allerdings setzt dies meist einen langen Weg voraus, auf

dem der alltägliche Wirklichkeitsbezug ebenfalls durch Spürbewußtsein gestärkt werden muß. Spürbewußtsein und Ekstase sind untrennbar miteinander verbunden. Sie sind wichtige Begriffe in der psychoenergetischen Therapie.

Es braucht Mut, sich einem anderen Menschen hinzugeben; das Risiko, in eine milde, spürunbewußte Verrücktheit abzugleiten ist groß, wenn diese auch selten bis zur pathologischen »Folie à deux« geht. Unzählige Liebende bauen in Ansätzen gemeinsame Wahnsysteme auf, die nicht ihnen selber, wohl aber Außenstehenden absurd erscheinen. Manchmal sind es bloß hausbackene, verquere Paar-Lebensweisheiten, welche sie mit der Wirklichkeit verwechseln und die oft die Eigenart haben, sich bis zum Tod beider unverändert zu erhalten. Unbeweglichkeit und Wiederholungszwang sind Kennzeichen der spürunbewußten Verrücktheit aller Grade.

Manchmal entwickeln Partner regelrechte Weltanschauungen mit einer irrigen, felsenfesten Paar-Logik, die oft die einzige Grundlage des Zusammenlebens bildet. Paare neigen oft zu Sektenbildung, zu heimlicher Verschwörung gegen die restliche Welt. Wer sich mit einem anderen Menschen in Liebe verbindet, hofft auf Fluß, Lebendigkeit und Ekstase, und doch gehen gerade diese oft verloren. Es ist in der Tat mutig, sich einem anderen Menschen hinzugeben, denn der Gefahr, in ein noch engeres System als das bisherige zu geraten, fallen viele zum Opfer. Liebesgefühle verheißen grenzenlose, flüssige Lebendigkeit. Doch halten sie dieses Versprechen bloß, wenn sich die von ihnen Ergriffenen in spürbewußter Hingabe üben.

Der Titel dieses Kapitels »Nur Verrückte verlieben sich« meint eine positive Sicht der spürbewußten Ver-

rücktheit. Ich bekomme manchmal den Eindruck, daß sich Menschen in Krisensituationen halbbewußt vor die Wahl stellen, entweder weiterhin ein normales, geregeltes Leben zu führen oder eine kräftige Verrücktheit anzusteuern. Daß diese oft einer verzweifelten Flucht nach vorn gleicht, die nicht in eine neue Lebensgestaltung, sondern in zerstörerische Erfahrungen führt, kommt aus dem Mangel an wacher spürender Hingabe in der Übergangssituation. Nur aus ihr aber kann die jetzt besonders notwendige Instinktsicherheit wachsen.

Da nur spürbewußte Verrückte lieben können, sind sie die einzigen, welche die Welt in einem konstruktiven Sinn neu zu gestalten vermögen. Die heute allgemein verbreiteten Weltbilder haben dermaßen destruktive Seiten, daß eine wachsende Zahl von Menschen sie nicht mehr verdrängen kann. Zu offensichtlich sind die Folgen des ökologischen Raubbaus, der Luftverschmutzung, des Ozonabbaus und vor allem des sich verschärfenden wirtschaftlichen Nord-Süd-Gefälles. Systemimmanente Korrekturen helfen nicht weiter. Nur »Systemverrükkungen« — die radikale Relativierung ganzer Denk- und Handlungssysteme — haben noch eine Chance, globale Katastrophen von uns abzuwenden.

Von wirklichen Verrücktheiten ist immer das Ganze betroffen. Es ist auffällig, daß es heute bei Störungen in allen Bereichen — im psychologischen, gesellschaftlichen, ökonomischen und ökologischen Bereich — immer um ganze Systeme geht. In der Psychologie hat dies die Narzißmusforschung als erste erkannt.

Wohl nicht zufällig betrifft die heute heimtückischste Krankheit das Immunsystem, von dessen Gesundheit das Wohlbefinden des ganzen Menschen abhängt. Weil es in allen Bereichen um das Ganze geht, rücken philosophi-

sche Fragestellungen wieder in den Vordergrund. So ist auch das Problem der Aggression nicht mehr bloß Thema der Verhaltensforschung und Psychoanalyse. Darüber hinaus braucht es die Untersuchung existentieller Einstellungen, so auch der Daseinswut, damit sich diese zumindest teilweise in spürbewußte Hingabe wandeln können. In beiden wirkt Verrücktheit, in der ersten im destruktiven, in der zweiten im konstruktiven Sinn.

VERHALTENHEIT DES ANFANGS

Der Anfang einer Liebesbeziehung ist eine merkwürdige Sache. Sobald ich das Wort Anfang ausspreche, schwächt sich die Intensität der momentanen Begegnung ab. Mit diesem Wort habe ich etwas Irreales in die Welt gesetzt, nämlich eine gemeinsame Geschichte, die es noch gar nicht gibt und vielleicht nie geben wird. Ich habe über die Begegnung nachgedacht und diese im Nachdenken aus dem Gespür verloren. Das Ereignis der Begegnung habe ich in die Zukunft geworfen und das jetzt Geschehende verraten. Je weniger ich den Anfang als Anfang bezeichne, desto eher kann er zum Anfang werden.

Es braucht Kraft und Spürsinn, um eine neue Begegnung nicht gleich in eine imaginäre Geschichte hinein zu entrollen. Das Entzücken und Erschrecken im Anfang bezieht sich nicht auf den Beginn an sich, sondern hat seine Ursache darin, daß im Anfang die unmittelbare Intensität und frontale Direktheit noch nicht durch Wiederholungskonstrukte abgedämpft sind. Anfang ist keine chronologische, sondern eine existentielle Kategorie. Anfang bedeutet Einfangen des Augenblicks jetzt und jetzt und jetzt. Beziehungskontinuität entsteht nicht durch Unterscheidung von Anfang und Fortsetzung, sondern paradoxerweise durch Gefühlspräsenz im Gegenwärtigen. Sobald ich mich zu fragen beginne, was ich

mit dem Anfang anfangen soll, habe ich diesen als existentielles Ereignis aus dem Gespür schon verloren und die Beziehungsintensität vermindert.

Bei länger dauernden Beziehungen läßt sich leicht beobachten, daß Menschen gerade in Phasen der gegenseitigen Entfremdung und des Spürverlusts mit selbstzerstörerischer Hartnäckigkeit grundsätzliche Fragen der Partnerschaft angehen und diskutieren und dadurch den Graben nur noch vertiefen. Oder sie suchen vergeblich Halt in allgemeinen Feststellungen, zum Beispiel in der, daß sie sich »trotzdem« lieben. Sobald der gemeinsame Fluß wieder da ist, fällt das Interesse an solchen Erörterungen und Beteuerungen weg.

Wenn ich in der Folge von Anfang spreche, so fasse ich den chronologischen Anfang einer Beziehung als Paradigma für den existentiellen Anfang, also für den Ereignischarakter in jedem Moment einer Beziehung auf. Dieser macht den Zauber des Anfangs aus. Der existentielle Anfang ist jederzeit.

Kürzlich sagte ein Freund zu mir: »Ich beneide dich. Du bist ein unschuldiger Mensch. Ich habe die Unschuld verloren.« Ich antwortete: »Du kannst die Unschuld wiedergewinnen.« Seither habe ich über meine damals unreflektierte Antwort nachgedacht. Ich bin im Lauf meines Lebens mehrmals schuldig geworden: Sicherlich hat das, was mein Freund als »Unschuld« bezeichnet hat, nicht mit der Abwesenheit von Schuld in meiner Biographie zu tun. Zu viele Sprünge, Risse und Wunden, die ich anderen und mir selber zugefügt habe, sind in meiner Geschichte eingeritzt und haben ihre Spuren hinterlassen.

Bis vor etwa zehn Jahren wäre es kaum jemandem eingefallen, mich als »unschuldig« zu bezeichnen. Seit-

her aber habe ich diese Äußerung mehrmals gehört. Sie muß damit zusammenhängen, daß die Gefühlspräsenz im Dasein, die Aufmerksamkeit für den Schritt, den ich gerade ausführe, mich immer mehr prägt. Diese Vermutung macht mich nicht überheblich, sondern verbindet mich mit anderen Menschen.

Ich glaube, daß wir im Zustand einer gleichzeitig erwachsenen und kindlichen Unschuld tatsächlich seltener Schuld auf uns laden, und wenn wir es trotzdem tun, so ist es oft eine notwendige Schuld, die wir auf uns nehmen. Sie kann die unvermeidbare Folge einer früheren Schuld sein. In diesem Fall gehen wir sie in spürender Bezogenheit auch zu den anderen Betroffenen ein, fügen diesen also keinen zusätzlichen unumkehrbaren Schaden zu, sondern tragen im Gegenteil zur längst fälligen Klärung einer unwahrhaftigen Situation bei. So muß zum Beispiel die moralische Schuld einer unehrlichen Beziehung später zur notwendigen Schuld in deren Auflösung führen.

Zauber des Anfangs ist Zauber der *Kindheit*, jedoch nicht der Kindheit, wie sie wirklich war, sondern wie wir sie erinnern. Jeder, der im Lauf einer analytischen Therapie oder eines Spontanrituals die eigene Kindheit nicht nur inhaltlich, sondern vor allem im Gefühl vergegenwärtigt hat, weiß um die abgrundtiefe Verzweiflung, die traumatische Angst und Verlassenheit, die gelegentlich auch Kinder mit einer sonst glücklichen Kindheit überfallen. Außerdem konnten wir die Frische erster erfüllender Erfahrungen als Kinder noch gar nicht in ihrer Neuheit erfassen, weil wir in so vielem, was wir erlebten, Neulinge waren. Den Reiz des Erstmaligen gab es für uns damals noch nicht bewußt. Wir erlebten und erleben ihn erst später in der Erinnerung.

Doch die intensiven Kindheitserinnerungen bloß als

unzutreffende Verklärung der Tatsachen abzutun, trifft den Kern der Sache nicht. In uns lebt eine Ahnung von unmittelbarer Frische, ungetrübtem Glanz und praller Fülle. Wenn wir sie in Beziehung zum Erlebnischarakter eines augenblicklichen Daseins bringen, wandelt sie sich in Ereignis und Gegenwart. Das Bild des Kindes, das aus den Sehnsüchten und Träumen von Erwachsenen auftaucht, hat seinen Ursprung nicht in einer vergangenen Erfahrung, sondern in der gegenwärtigen Möglichkeit, spürbewußt jetzt ganz da und dabei zu sein, selbst in Situationen, die alles andere als heiter und idyllisch sind.

Die Gefühlspräsenz im Jetzt, die offene Grundhaltung des immerwährenden Anfangs bedeutet geballte und gesammelte Kraft. Weder Menschen, die sich ständig verausgaben und bis zum letzten gehen, noch solche, die sich in einem grundsätzlichen Vorbehalt der Welt verweigern, leben in der existentiellen Einstellung kindlichen Anfangens. Die meditative, zentrierte Versunkenheit spielender Kinder gibt ein sprechendes Bild für die Verhaltenheit des Anfangs ab. Verhaltenheit hat nichts mit Unterdrückung und Verdrängung zu tun. Sie ist wache Potenz, ruhige, kraftvolle Bereitschaft, gelassenes und empfängliches Auf-dem-Sprung-Sein, Entspanntheit in der Anspannung und aktive Offenheit in der Entspannung. Auf diese Weise sich verhaltende Menschen zeichnen sich durch natürliche Zurückhaltung aus: Sie sind da, aber drängen sich nicht auf, bewahren ihre Gefühle so lange, bis der andere bereit ist, sie zu empfangen, geben sich intensiv und ohne distanzierende Selbstdarstellung hin.

In vielen Kindheitserinnerungen wird die Verhaltenheit des Anfangs wieder zum Ereignis. Mit welch leidenschaftlicher Intensität und auch mit welcher Verhalten-

heit habe ich als Kind geliebt! Wie einen kostbaren Schatz hütete ich meine Liebe. Wenn mir von einem anderen Kind, und das geschah nicht oft, die gleiche, fast bewegungslos intensive Liebe entgegenkam, durchschauderte mich süßes Glück. Ich glaube, daß damals die Atmosphäre um uns beide herum mit so reinen und starken Vibrationen zitterte, wie das bei erwachsenen Liebenden nur selten der Fall ist. Diese lösen die Spannung früher in die aktive Begegnung hinein auf, oder, wenn eine solche nicht möglich ist, wenden sich schneller in Trauer und Resignation ab. Seit meinem siebten Lebensjahr gab es in meiner Kindheit keinen einzigen Tag, an dem eine solch intensive, innerliche Liebe mich nicht durchatmet hätte.

Die wirklichen Freundschaften, die ich damals pflegte, erreichten bei weitem nicht die Kraft der verhaltenen und meist nur in Andeutungen erfüllten Liebe von damals. In den Jahren meiner Kindheit sammelte sich auf diese Weise eine Liebeskraft in mir an, stärker als alle späteren Abweisungen, Enttäuschungen und Irrwege. Heute noch, in privaten Begegnungen und manchmal mitten in meiner therapeutischen Arbeit, steigt die Atmosphäre früher Liebe in mir hoch und weitet sich zu dem Menschen hin aus, mit dem ich gerade zusammen bin. Dann werde ich frei von ichsüchtiger Erwartung auf eine Antwort und liebe wieder so, wie ich als Kind geliebt habe. Kommt dann eine Antwort, freue ich mich, doch ohne meine Liebe von ihr abhängig zu machen.

Wie verhalten und zart ist Kinderliebe! Lassen wir uns nicht irreführen, wenn Kinder den Eltern oder anderen Kindern ihre Liebe manchmal mit überschwenglichen Gebärden und Worten bezeugen. Dadurch hüten sie das Geheimnis ihrer Liebe nur noch besser. Hinter der auffälligen Inszenierung versteckt sich die leise Verhaltenheit

einer Liebe, die instinktiv um die Unzulänglichkeit aller Liebesbeteuerungen weiß. Ein Kind kann zum Beispiel um ein anderes mit viel äußerem Einsatz werben oder ausgelassene Spiele mit ihm treiben, aber das Eigentliche bleibt unausgesprochen und unausgedrückt. Ein kurzer, scheuer Blick sagt mehr über die Liebe aus als alle lauten Spiele. Das Kind, das soeben noch mit dem anderen Unfug getrieben hat, geht jetzt in stiller versunkener Hingabe ohne ein Wort neben ihm her. Daß sein Herz brennt, verrät es keinem.

In unserer Zeit gilt es, die *Werte des Anfangs* neu zu entdecken. Wer sich an äußeren Erfolgen mißt und eine Ersatzexistenz aus zweiter Hand führt, hält die Unscheinbarkeit und Verhaltenheit der Anfänge für verächtlich. Und doch bereitet sich alles spätere Wachstum in ihnen vor. Viele heutige Menschen beginnen einen neuen Weg mit dem zweiten statt mit dem ersten Schritt. Auf der ganzen folgenden Wegstrecke fehlt ihnen dann der kindliche, unnütze erste Schritt. Mit erwachsener Tapferkeit rakkern sie sich ab. Ihnen fehlt die heimlich siegreiche Kraft der von allen Resultaten unbelasteten ersten Verhaltenheit. Wenn sie Glück haben, werden sie eines Tages schwer krank und gezwungen, nach einer Fahrt durch die »Unterwelt« den seit dem Eintritt ins Erwachsenenalter unterlassenen ersten Schritt schließlich doch noch nachzuholen: aus heilsamer Schwäche verhalten zu lieben, wie sie als Kinder geliebt haben, verträumt anderen Menschen nur zuzuschauen, dem Zwitschern der Vögel zu lauschen, sich im schaukelnden Fall eines Blattes als lebendig zu entdecken.

Für die Gelegenheit zum vergessenen ersten Schritt auch als Erwachsener bin ich sehr dankbar. Sie hat mir die Quellen meiner Kindheit neu erschlossen.

Bei einigen Kindern äußert sich die Verhaltenheit des Anfangs auch in tapsigem, unbeholfenem Verhalten. Es sind oft besonders begabte Kinder, die sich in instinktsicherer Weisheit nicht mit vorgegebenen Bewegungs- und Verhaltensmustern identifizieren »wollen«. Da sie in ihren besonderen, kreativen Begabungen oft nicht erkannt, sondern wegen ihrer vermeintlichen Nutzlosigkeit von Eltern oder Lehrern abgelehnt werden, sind sie für Fehlentwicklungen besonders gefährdet. Ist die in ihrer Verhaltenheit gesammelte Energie jedoch stärker als die Ablehnung, auf die sie stoßen, dann entfalten sie ihr schöpferisches Talent auch zum Nutzen derer, die sie soeben noch abgewiesen haben. Leider geht es später oft verloren, daß der schließlich doch noch erfolgreiche dritte Sohn im Märchen seine Kraft hinterm Ofen geschöpft hat.

Mein Lob des verhaltenen Anfangs soll Liebende dazu ermutigen, sich für die *stille Steigerung des Anfangs* Zeit zu lassen. Warum gleich Pläne machen, sobald die Herzen zu brennen beginnen! Warum sich überstürzt in gemeinsame Aufgaben einspannen, obwohl es zunächst nur um die Energiesteigerung in der neuen Liebe geht. Wie eine Henne ihre Eier, so mögen auch Liebende mit Sorgfalt und Hingabe ihre Liebe bebrüten. Früh genug werden die Notwendigkeiten des Alltags von ihnen ihren Tribut fordern. Werden sie ihn leisten können? Das hängt davon ab, ob sie den ersten Schritt, der eigentlich gar kein Schritt, sondern eher eine innige, lange, gemeinsame Bewegung ist, zusammen ausführen, oder ob sie die Verhaltenheit des Anfangs der Betriebsamkeit aller folgenden so wichtigen Schritte opfern.

Schöpfen wir doch alle Möglichkeiten aus, die Ergriffenheit in einer neuen Liebe gemeinsam zu steigern! Blei-

ben wir solange als möglich in einem Blickkontakt, in einer Berührung der Hände, in Umarmung und sexueller Verschmelzung! Im langen, fast tatenlosen Zusammensein wächst das Beziehungspotential auch für Zeiten an, in denen gemeinsame Taten anstehen. Im Überschwang einer neuen Liebe neigen viele Menschen dazu, zusammen unzählige Dinge zu unternehmen: fast jeden Abend Freunde zu sehen oder ins Kino, Theater oder Konzert zu gehen, jedes Wochenende viele Kilometer zu fahren und tausend Dinge gemeinsam zu erleben. Und die Verhaltenheit des Anfangs, der fast unsichtbar-unmerkliche erste gemeinsame Schritt gerät darüber in Vergessenheit.

Laufen zwei Menschen bereits zu Beginn ihrer Beziehung von der intensiven Verhaltenheit des Anfangs weg, dann werden sie wohl auch später von allem wegrennen, was sie einander näherbringen könnte. Warum sollen sich zwei Liebende nicht ab und zu gründlich miteinander langweilen? Vielleicht spüren sie dank der Langeweile, die sie gemeinsam aushalten, wie oft sie bisher in äußere Aktivitäten ausgewichen sind. Möglicherweise steigen in ihnen nun unangenehme Gefühle wie Aggression und Eifersucht hoch. So erfahren sie, wovor sie bisher weggelaufen sind. Vielleicht heißen sie nun auch solche unwillkommenen Emotionen willkommen. In diesem Fall wird sich ihre Liebe intensivieren, allerdings nur dann, wenn sie solche schwierigen Empfindungen nicht blind gegeneinander ausspielen, sondern in spürbewußter Bezogenheit ausdrücken, ohne den anderen dafür verantwortlich zu machen.

Die Verhaltenheit im Anfang einer neuen Liebe, selbst wenn sie durch dunkle gemeinsame Erfahrungen führt, verstärkt die erotische Ergriffenheit und steigert die Instinktsicherheit für den bevorstehenden Weg zu zweit.

DAS DRÄNGEN IN DIE BERÜHRUNG

Wenn zwei Menschen sich lieben, drängt es sie in die Berührung. Infolge der Reizüberflutung, der wir alle fast ständig ausgesetzt sind, leiden wir unter mangelnder Sensibilität für die *feinen Berührungen*, die zwischen Liebenden jederzeit stattfinden. Wir stehen in Gefahr, in kaum empfundene, automatische Berührungen auszuweichen, die uns mehr betäuben als füreinander wach machen.

Der Weg zur freien Berührung führt durch die Angst vor der Leere: Wir befürchten, gar nichts mehr zu spüren, wenn wir uns auf den Impuls zu den gemeinsamen kleinen Berührungen einlassen, in die es uns drängt. Daher die häufige Flucht in gewollte, gemachte, angelernte, mechanische und seelenlose Berührungen, durch die wir unseren Körpern zwar einen neuen Reiz abpressen, aber der spontanen Intensität in der Liebe verlustig gehen. Es gilt, uns der Angst vor der gemeinsamen Leere zu stellen. Mit Geduld und Hingabe in einem sachten, selbstvergessenen Streicheln auch dann ruhig und aufmerksam zu verweilen, wenn Unruhe und Unbehagen uns ergreifen, die uns entweder weg vom anderen oder in eine von Vernunft und Willen gesteuerte Berührung hinein treiben möchten. Mit Ausdauer die Hingabe stärker als die Angst vor Nähe werden zu lassen — nur dies lenkt uns

auf die erotische Spur. Die geduldige Bescheidenheit des Anfangs schafft die Voraussetzung für ebenso spontane, doch jetzt kräftigere, bewegungsintensivere und leidenschaftlichere Berührungen. Auch hier ergibt sich aus der Verhaltenheit des Anfangs, aus dem unscheinbaren ersten gemeinsamen Schritt eine unerwartete Fruchtbarkeit.

Die Sensibilität für die feinen Berührungen zu Beginn einer Begegnung verhindern, daß zwei Menschen sich jetzt und später in unbezogener Weise anfassen. Es gibt Projektionen nicht nur von eigenen Vorstellungen, sondern auch von Bedürfnissen auf den anderen. Wir wähnen, uns mit ihm in einer gemeinsamen seelischen und leiblichen Bewegung zu befinden und merken vielleicht gar nicht, daß zwischen unseren Gebärden und denen des anderen keinerlei Übereinstimmung besteht. Entweder überwältigen wir oder lassen uns überwältigen, aber in beiden Fällen fehlt der verbindende gemeinsame Fluß, die traumwandlerisch koordinierten Bewegungen des »dritten Leibes«, das heißt hier des Paarkörpers, in dem sich beide mit doppelter Lebens- und Liebeslust neu vorfinden.

Es gibt wohl keine quälendere Einsamkeit als die zweier Menschen, die beide monoman und gierig auf je eigenen Wegen gehen und trotzdem zusammen sind. Ihr Drängen ist seines Sinnes beraubt, weil es nicht in die Berührung, sondern in die isolierte Befriedigung führt. Es ist Ausdruck der Angst, zu kurz zu kommen, Flucht vor Beziehung in die erotische und sexuelle Raffgier, blindes Sich-treiben-Lassen statt waches Ineinanderfließen.

Menschen, die unter dem beschriebenen Mangel an Spüren leiden, versuchen, diesen durch zwanghafte Fi-

xierung auf den eigenen Lustgewinn zu beheben. Daß dies nicht gelingen kann, liegt auf der Hand, denn Spüren ereignet sich nie in Isolierung. Wenn ich den Körper des anderen nicht zu empfinden vermag, bin ich auch im eigenen Körper taub und muß jede Lust erzwingen. Spüren geschieht immer in Entspannung der Sinne, selbst und gerade in den Kontraktionen des Orgasmus. Entspannung ist Offenheit und Bereitschaft für Begegnung und Berührung. Einsamkeit als Selbstisolierung jedoch führt zu Verspannung der inneren Organe und abwechselnd zu Über- oder Unterspannung der oberflächlichen Muskulatur, was den Eindruck von Nervosität oder Leblosigkeit erweckt. Die Verbindung von innerer Verkrampfung und äußerer Über- oder Unterspannung verursacht im sich selber isolierenden Menschen die Empfindung bleierner Müdigkeit.

Wir haben die bequeme Gewohnheit angenommen, dieses Erscheinungsbild als ein depressives Symptom einzuordnen. Auch hier erweist sich die Pathologisierung existentieller Fehlhaltungen als schädliche Entfremdung von der direkten Wahrnehmung. Es ist keineswegs gleichgültig, wie wir ein Symptom benennen. Sobald in einem Spontanritual das Symptom eindeutig spür- und erfahrbar geworden ist, muß es vom Selbstinitianten so konkret und präzise wie möglich ohne den Umweg einer Kategorisierung benannt werden. Die klare Bezeichnung verstärkt die passende Emotion. Nun gilt es, solange auf der Welle dieser Emotion zu reiten, das heißt im inneren Gewahrsein der sich verändernden und klärenden Emotion zu verweilen, bis sich daraus ein neues Wahrnehmungs- und Eigenbewegungsmuster ergibt, das aus der existentiellen Fehlhaltung herausführt. Die spätere regelmäßige Wiederholung des neuen Musters schafft eine

Bahnung, die nach und nach von den alten Wiederholungszwängen befreit.

So wandelte sich im Spontanritual eines dreißigjährigen Mannes der Satz »Ich isoliere mich selbst« nach etwa einiger Zeit spontan in die drei Worte »Ich spüre mich«, was schließlich zu einer weit ausladenden Gebärde beider Arme, zum Gefühl inniger Verbundenheit mit den anderen Gruppenteilnehmern und zum Wunsch, einige von diesen zu umarmen, führte. Diesen Ablauf konnten weder der Selbstinitiant noch wir vorhersehen. Er kam aus dem ruhigen, zentrierten Verweilen in dem Sätzchen »Ich isoliere mich«, das eine zunächst quälende, dann lösende Traurigkeit auslöste, die schließlich zum Sätzchen »Ich spüre mich« führte.

Die atmosphärisch belastete und in ihrer Nicht-Faßbarkeit lähmende Bezeichnung »Depression« hätte als Ausgangspunkt des Spontanrituals diesen Prozeß nicht auslösen können. Vielmehr hätte es die traumatische Spur noch tiefer eingekerbt, wie dies bei allen Kategorisierungen aus der Psychopathologie der Fall ist. Diese zu kennen, ist zwar für die psychotherapeutische Ausbildung notwendig, aber dann müssen Psychotherapeuten in der klinischen Arbeit den zusätzlichen Schritt zu passenden spürbewußten Benennungen der Symptome erlernen. Dabei hilft es, auf die emotional geladensten Wörter in der Beschreibung der Symptome durch die Betroffenen zu achten, und zwar nicht ein für allemal, sondern jeweils am entsprechenden Punkt im Heilungsprozeß.

Spürbewußtes Drängen in die Berührung geschieht immer in der Wahrnehmung eines Dritten, das mich und den anderen umfaßt. Oberflächlich gesehen scheint es, als stelle jede Begegnung und Berührung, auch jede gemeinsame sexuelle Erfahrung einen Kompromiß zwischen

den Bedürfnissen des einen und den Bedürfnissen des anderen, zwischen dem Lustprinzip und dem Realitätsprinzip in jedem der beiden dar: Ich verzichte auf vieles, das mir an sich Lust bereiten würde, um wenigstens die mir mit dir mögliche Lust auskosten zu können. Denn diese ist immerhin größer als die begleitende Frustration.

Wer so denkt, hat noch nicht erfahren, was wirkliche Beziehung heißt. Er faßt die Begriffe »meine Lust« und »äußere Realität« so eng, daß sie als Gegenspieler erscheinen müssen. Wer sich jedoch in liebevoller, offener Hingabe auf einen anderen konkreten Menschen bezieht, wird, solange diese Bezogenheit sein Spüren ausfüllt, nicht zwischen eigener Lust und fremder Realität, zwischen den eigenen Bedürfnissen und denen des anderen unterscheiden: Seine Lust ist umfassender als seine Triebimpulse, und er erlebt die Realität des Du nicht als der eigenen Realität entgegengesetzt. Die Liebe bezieht die Einschränkungen durch das Du mit ein. Zwei begrenzte Menschen lieben sich mitsamt ihren momentanen Grenzen.

Liebe meint nicht einzelne Teile, sondern das Ganze des anderen. Jedes Paar bildet ein neues lebendiges System, das alle Eigenschaften eines Organismus hat. Daher bezeichne ich es mit dem Ausdruck »*dritter Leib*«. Zwar fehlt auch im dritten Leib die Erfahrungsebene der unterschiedlichen Bedürfnisse und der daraus folgenden notwendigen Abgrenzung vom anderen nicht. Auf dieser Ebene tragen wir die notwendigen Konflikte aus. Doch im gemeinsamen Wurzelgrund herrscht *Resonanz*: die gemeinsame Schwingung des dritten Leibes, das Zusammenspiel auch der Persönlichkeitsunterschiede und der abweichenden Bedürfnisse, die gegenseitige *Tiefen- oder Leitbildspiegelung*, durch die zwei Menschen aus der ver-

bindenden Energie der Liebe in wechselseitiger Bezogenheit ein bisher noch unbekanntes und unausgeschöpftes Lebenspotential wahrnehmen und in dieser Wahrnehmung bereits aktivieren. Der dritte Leib bedeutet keine Relativierung, wohl aber eine Integrierung der bestehenden Paarkonflikte. Er ist die unbedingte Voraussetzung zu deren Bewältigung.

Aus dem Zusammenhang des dritten Leibes ergibt sich, daß in der psychischen Basisschicht der Drang zur Berührung des Du nicht vom Drang zur Berührung des eigenen Selbst zu unterscheiden ist. *Fremd-* und *Selbstberührung* sind die beiden Seiten der gleichen leib-seelischen Wirklichkeit. Wer mit sich selbst im Spürkontakt ist, befindet sich gleichzeitig im Spürkontakt mit dem Geliebten, auch mit anderen Menschen, denen er begegnet, und mit seiner sonstigen Mitwelt. In jeder konkreten Begegnung gestaltet sich eine Facette des dritten Leibes.

Die Identität von Fremd- und Selbstberührung läßt sich am leichtesten daran ablesen, daß der Versuch zur Isolierung einer der beiden notwendigerweise zum völligen Verlust jeglicher Berührung führt. Wer sich in seinem Drang nach Berührung ganz von den Bedürfnissen des andern leiten läßt und sich selber aus dem Gespür verliert, vermag auch den anderen nicht mehr zu spüren. Seine Anpassung an den anderen, seine Fixierung auf die obere Beziehungsebene der unterschiedlichen Bedürfnisse verhindert bei ihm die Bereitschaft zu einer gemeinsamen Schwingung und das Eingehen in den Organismus des dritten Leibes: Er verliert das Spürbewußtsein nicht nur für diesen, sondern im gleichen Zuge auch für sich selber und für das Du.

Das trifft auch für den zu, der die Berührung des anderen nur als Mittel zum Zweck der Berührung mit sich

selber benutzt — also die Lust des anderen mit dem einzigen Ziel weckt, selber Lust zu empfinden —, der »liebt«, um geliebt zu werden. Durch seine Fixierung auf die eigenen Bedürfnisse, die er im Gegensatz zu denen des anderen sieht, verbaut er sich den Zugang zur Wahrnehmung des dritten Leibes und zum Spürbewußtsein. In seiner Sucht nach eigener Bedürfnisbefriedigung wird er immer gieriger, weil sich ihm das Begehrte bei jeder Annäherung in dem Moment entzieht, da er es ergreifen und sich einverleiben will. Er gleicht dem *Tantalos* der griechischen Mythologie, dem sich die über ihm schwebenden Leckerbissen und Getränke in eben dem Augenblick entziehen, da er sie packen und essen bzw. trinken will.

Das tragische Schicksal des Tantalos-Menschen liegt in einer existentiellen Fehlhaltung. Es wird sich auflösen, sobald er seine Bedürfnisse in natürlicher Verbindung mit denen des anderen wahrnimmt und im gemeinsamen Spürbewußtsein jene Erfüllung findet, nach der er in seiner isolierten Gier vergeblich gelechzt hat. Nicht zufällig zielt das Begehren des Tantalos auf Eß- und Trinkwaren: Auf die Befriedigung der eigenen Bedürfnisse fixierte Menschen sehen im anderen und allgemein in der Umwelt eine Ware, die es sich einzuverleiben gilt. Die orale Bedürftigkeit heutiger Menschen stammt nicht nur aus frühkindlichen Erfahrungen der Versagung und Verlassenheit, sondern auch aus dem emotionalen Hunger in einer gläsernen Welt: Die Gefühle der einzelnen verkümmern infolge der wachsenden Instrumentalisierung und Funktionalisierung der Beziehungen. Zur Anamnese heutiger Menschen gehört nicht nur die private Biographie, sondern ebenso die existentielle Situation in einer entpersönlichten und vergegenständlichten

Welt, welche die Wahrnehmungskategorie des Spürbewußtseins dringend notwendig macht.

Das Drängen zweier Liebender in die Berührung zeigt,
daß jede Kontaktaufnahme leiblicher und sinnlicher Natur ist. In der entleiblichten und entsinnlichten Welt bloß
funktionaler Bezüge kann es keine wirkliche Kontaktaufnahme, und somit auch nicht das Gespür für die Welt
als Ganzes — das verbindende Spürbewußtsein — geben.
In alltäglichen Beziehungen sind körperliche und emotionale Berührungen spärlich geworden. Wir finden uns
als Sklaven der von uns geschaffenen Automatisierung
und Digitalisierung vor. Daher verkörpert die Liebesbeziehung nicht nur den Ort sinnlicher und sinnenhafter
Berührung, sondern wird darüber hinaus zum Paradigma
für eine neue Welt. In dieser ist das Spürbewußtsein die eigentliche kreative Kraft: Wir fällen alle wichtigen Entscheidungen im Zusammenhang mit einem dritten Leib,
das heißt, mit einem verbindenden, den isolierten Einzel-
interessen übergeordneten Organismus, und schließlich
auch mit der Erde als unserem »Mutterboden«, ohne den
es kein Leben gibt.

Das Drängen in die Berührung, falls es spürbewußt ist,
macht nicht beim Partner Halt. Die leibliche Verschmelzung, die ich mit diesem erlebe, der gleichzeitig ihn und
mich ergreifende und befreiende gemeinsame Fluß motiviert mich zu weiteren Gestaltungen des dritten Leibes in
meiner Mitwelt. Die gleiche Qualität spürender Berührung wird dann jede Beziehungsaufnahme mit anderen
Menschen, mit Tieren und Pflanzen und auch mit der un-
belebten Materie prägen. Jeder neue Kontakt, jede neue
Hingabe hat eine neue Identitätserfahrung zur Folge.
Identität in einem isolierten Ich ist ein Angstkonstrukt.
Wirkliche Identität dagegen ist immer umfassender und

übergeordneter Art. Das Wort »Ich« sollte eigentlich nur die Haltung wacher Aufmerksamkeit für Zusammenhänge und das Spürbewußtsein für Beziehungen in allen Bereichen bezeichnen. Auf diese Weise hat das Ich nicht mehr sich selber im Sinn, sondern sein Tun in der Welt. Es ist spürbewußte Tatbezogenheit.

Liebende mögen sich Zeit für Berührungen aller Art lassen. Sinnliche Liebe ist eine große Kostbarkeit, durch sie tauchen wir in die Realität eines dritten Leibes ein. Nirgends ist es so fruchtbar, den Erfinderreichtum zu aktivieren, als in der leib-seelischen Berührung und Verschmelzung. Dem Drängen in die sinnliche Berührung setzen wir keine Grenze, auch nicht durch standardisierte, aus Gewohnheit verfestigte Modelle der erotischen Begegnung. Damit sei nichts gegen lieb- und vertraut gewordene Wege des sinnlichen Kontakts gesagt. Doch verlassen wir ab und zu diese Wege auch wieder und betreten gemeinsam Neuland. Lassen wir uns auch von den geordneten Pfaden weg- und in Verrücktheiten locken! Ideen taugen nur dann etwas, wenn sie an der Kreativität verrückter sinnlicher Erfahrungen teilhaben.

Mein Reden über das Drängen in die Berührung ist eigentlich ein Plädoyer für die *alltägliche Ekstase.* Jeder lebendige Schritt ist auch ein heimlicher Fehltritt, nicht in sich, doch in Bezug auf den Alltagstrott. Schon als Kinder haben wir uns eingeübt, beim Gehen das Treten auf Ritzen, Spalten und Grenzlinien zu vermeiden. Dies entsprach unserem Bedürfnis nach Ordnung, Strukturierung und Anpassung. Als Erwachsene haben wir auch das Gegenteil zu lernen, nämlich bei entscheidenden Schritten auf eine Grenzlinie zu treten. Wo sonst finden Berührungen und Begegnungen statt? Ekstase ist Spürbewußtsein in der Berührung.

ANGREIFEN UND SICH ERGREIFEN LASSEN

Ekstatische Menschen sind nicht höflich. Freundlich und warmherzig können sie zwar durchaus sein, wenn es in die Situation paßt. Doch auf durchgehendes Wohlverhalten kann man bei ihnen nicht zählen. Selbst in banalen Begegnungen springt uns im Kontakt mit ihnen manchmal unerwartet etwas Wildes an. Mit jedem Satz, den sie aussprechen, sprengen sie eine kleine Grenze. Dagegen haben ekstasefeindliche Menschen in ihr Verhalten einen automatischen Emotionsdämpfer eingebaut. Eben noch haben sie gelacht, und jetzt zieht sich der rechte Mundwinkel nach unten. Eben noch waren sie wütend, und jetzt schlucken sie und lächeln wieder. Eben noch haben sich ihre Augen mit Tränen gefüllt, und jetzt runzeln sie die Stirn und reden vernünftig.

Zwei Partner, die seit längerem friedlich zusammen leben, entwickeln mit Vorliebe aufeinander abgestimmte Emotionsdämpfer. Zuviel Leidenschaft, zuviel Aggression, zuviel Traurigkeit und Verzweiflung stören den geregelten Gang des Zusammenlebens. Was zuviel ist, bestimmt eine wortlose Übereinkunft, die sich nach anfänglichen Turbulenzen eingespielt hat. Am verbreitetsten sind die Aggressionsdämpfer. In der Gruppenarbeit ist es manchmal erschütternd festzustellen, daß eine Teilnehmerin oder ein Teilnehmer vor niemandem

mehr Angst hat, sich niemandem gegenüber mit der eigenen Aggressivität mehr zurückhält als dem eigenen Partner. Sobald er oder sie sich jemand anderem als diesem zuwendet, entspannen sich Gesichtszüge, Stimme und Haltung. Aus der ängstlichen Beflissenheit mit dem Partner wird natürliche Spontaneität. Die verkrampfte Höflichkeit weicht einem direkten, der Situation angemessenen Ausdruck.

Die meisten Partnerschaften werden mit der Zeit zu Regelkreisen von Dämpfung und Unterdrückung. Darum beschleicht viele Alleinlebende Unbehagen im Zusammensein mit Paaren. Diese verbreiten oft eine Atmosphäre ängstlicher Rücksichtnahme und Unfreiheit. Von außen gesehen sind es »glückliche Paare«, wie ich sie in meinem Buch »Das Nein in der Liebe« karikiert habe. Dringen wir aber in das bürgerliche Heiligtum ein, schlägt uns Sektenmief entgegen. Paare müssen sich ihrer Unechtheit weniger stellen als alleinlebende Menschen, weil Verdoppelung der gleichen Hemmung die Illusion von Natürlichkeit geben kann.

Zwei Menschen, die sich bei passender Gelegenheit nicht anschreien können, langweilen sich auch im Bett. Fehlt in der Aggression die ekstatische Grenzüberschreitung, dann bleibt sie auch in der sexuellen Begegnung aus. Menschliche Emotionalität ist ein Ganzes; wird sie an einem Ende gekappt, dann sind bei ihr alle Ausgänge verbarrikadiert, wie in einer mittelalterlichen Stadt abends nicht nur ein Tor, sondern alle geschlossen wurden. Nur die Feuersbrunst zerstörerischer Emotionalität sprengt bei sonst gehemmten Menschen alle Verbarrikadierungen auf einmal.

Zur Ergriffenheit braucht es Mut, weil Ergriffene nicht voraussehen, was mit ihnen geschehen wird. Lang

Gedämpften fehlt es an Erfahrung mit spürbewußter Ergriffenheit und Ekstase. Sie kennen nur die zeitweilige willenlose Überwältigung durch einbrechende Emotionen. Das kontinuierliche Mitschwimmen auf der Welle der jeweils stärksten Empfindung ist ihnen unbekannt, und somit auch die Lust in der emotionalen Frische und Unmittelbarkeit. Wenn sie in der therapeutischen Arbeit anfangen, ihre Gefühle auszudrücken, möchten sie es gleich richtig machen. Sie setzen anstelle des Spürbewußtseins die Kontrolle und statt des wachen Geschehenlassens die willentliche Steuerung. Sie verhalten sich also auch in der therapeutischen Situation wie bisher in allen anderen. Daher spreche ich in der Therapie anfänglich kaum von Spürbewußtsein, auch wenn es ständig darum geht. Vielmehr frage ich nach Körperempfindungen und Emotionen.

Bei in allen Bereichen lange gehemmten Menschen bricht zuerst die radikale Wut gegen alle Wirklichkeit — die Daseinswut — aus. Nachdem sie sich jahrzehntelang rundum gebremst haben, setzen sie nun zum Rundum- und Kahlschlag an. Haben sie bisher nach allen Seiten hin gebuckelt und hofiert, ist jetzt nichts und keiner mehr sicher vor ihnen. Die elementare Wucht solcher Daseinswut ist für Menschen, die sie weder an sich selbst noch an anderen erlebt haben, unvorstellbar. Teilnehmerinnen und Teilnehmer mit einer ähnlichen Aggressionshemmung geraten bei der Wut-Eskalation eines anderen manchmal an den Rand der Panik. Wenn sich diese gelegt hat, erwacht oft Zorn gegen den Therapeuten. Sie merken zunächst noch nicht, daß sie selber zum ersten Mal seit langem ihrer Aggression freien Lauf lassen. Unbewußt sind sie in Resonanz mit dem Menschen getreten, der in der Gruppenmitte auch stellvertretend für sie seiner Da-

seinswut freien Lauf gelassen hat. Solange die Resonanz spürunbewußt bleibt, ist die Aggression destruktiv und braucht ein Opfer.

In der therapeutischen Situation verdient die Daseinswut ihren Namen meist nicht wirklich. Es ist selten, daß Menschen das Gespür ganz und gar verläßt, mit dem Therapeuten in einer sinnvollen Beziehung zu stehen. Deutlichstes Zeichen dafür ist dieses: Bis auf zwei Ausnahmen, auf die ich gleich eingehen werde, habe ich noch nie erlebt, daß Menschen im Verlauf ihres sonst hemmungs- und erbarmungslosen Rundumschlags versucht haben, gegen mich, den Therapeuten tätlich zu werden. Der bei aller sonstigen Blindheit fortbestehende Kontakt mit mir beweist, daß sie das Vertrauen zu mir nie verlassen hat. Insofern war ihre radikale Wut gar keine Daseinswut, die ja eine totale Sinnverneinung bedeutet. In der Beziehung zu mir war Spürbewußtsein am Werk. Der Spürsinn für einen noch nicht benennbaren konstruktiven Prozeß relativierte von Anfang an die destruktive Grundhaltung.

In zwei Fällen nur erhoben Menschen, mit denen ich therapeutisch arbeitete, gegen mich die Hand. Doch noch während dies geschah, stellte sich der klare Blickkontakt, der eben noch gefehlt hatte, zwischen uns wieder ein, und es kam nicht zum Schlag, sondern vielmehr zu einem sinngerichteten Spontanritual.

Ich vermute, daß sich auch zwischen Liebenden, die in eine alles ein- und mitreißende Wut geraten, in vielen Fällen etwas ähnliches abspielt wie bei einem Menschen, der im Lauf seiner Therapie in radikaler Wut alles in Frage stellt und verneint, in der Beziehung zu mir. Sie wollen die Atmosphäre von aller Verlogenheit, allem Aufgesetzten und Lebenshemmenden gründlich reinigen. Dabei nehmen sie in Kauf, daß alles, auch die Part-

nerschaft selber, in die Brüche geht. Doch treten sie mit ihrer Wut immerhin in Verbindung zueinander. Ihre Wut ist also eine paradoxe Mischung von Destruktivität und sinnsuchender Verbindung. Oft behalten auch Liebende den heimlichen Spürsinn für die Tatsache bei, daß sie selbst durch Wut in eine sinnvolle Verbindung zueinander treten, also dafür, daß ihre Wut letztlich doch keine Daseinswut ist. Dies zeigt sich darin, daß die vor keinem bisher heiligen Wert der Partnerschaft haltmachende, sondern das ganze gemeinsame Leben in Grund und Boden negierende Wut manchmal in die grenzenlose wilde Daseinslust zu zweit umschlägt.

Eigentlich haben die beiden schon im vorangehenden Wutgewitter die ungestüme, hemmungslose, gemeinsame Daseinslust mit blinder Zielsicherheit angesteuert. Spürbewußtsein hat auch insofern wenig mit reflexivem Bewußtsein zu tun, als es in Extremsituationen nur am ausdauernden, unbeirrbaren Verharren in einem emotionalen Fluß zu erkennen ist, allerdings in Bezogenheit wenigstens zu einem einzigen Menschen. Doch solange die Wut ihrem Höhepunkt zustürmt, erleben Liebende selbst diese Bezogenheit nur negativ. Der eigentliche Unterschied zur wirklich destruktiven Beziehung liegt darin, daß in dieser kein Umschlag zur gemeinsamen Daseinslust stattfindet. Warum wohl geschieht dieser Umschlag? Verbirgt die Sinnverweigerung den gemeinten Sinn? Das wäre zu idealistisch gedacht. Spürbewußtsein kann nicht einfach mit Ausdauer herbeigezwungen werden. Destruktivität läßt sich durch ein sinnvolles Leben nicht ganz vereinnahmen. Menschliche Existenz bleibt geheimnisvoll, gerade in der verbleibenden Sinnlosigkeit.

Es ist nicht ungefährlich, wenn Liebende regelmäßig das beschriebene Wut-Lust-Ritual zelebrieren. Manch-

mal eskaliert ihre Wut so weit, daß sie entgegen ihrem inneren Spürsinn gewalttätig werden, was den Umschlag in gemeinsame Daseinslust erschwert oder gar verunmöglicht. Daher sollten diese wild Liebenden so oft wie möglich das wache, ruhige, von gegenseitigem Respekt und Hingabe gewärmte Spürbewußtsein fördern, indem sie gemeinsam auf Zeichen achten, die auf ihre Verbundenheit im gemeinsamen Wurzelgrund hinweisen. Ich fasse diese Zeichen als Energiesignale des dritten Leibes auf: ähnliche oder sich ergänzende Empfindungen, innere Bilder und Gedanken im gleichen Moment, verwandte Traummotive, gemeinsamer Atemryhthmus, Herzschlag und Schritt, Dasein für den anderen im richtigen Augenblick und auf die richtige Weise, wohltuende gemeinsame Ausstrahlung im gesellschaftlichen Umfeld und vieles mehr.

Die direkte Konfliktbewältigung von Situation zu Situation macht solche elementaren Aggressionsausbrüche nur zum Teil überflüssig. Gerade Menschen mit einem großen emotionalen Potential neigen manchmal zu radikalen Gefühlsausbrüchen, um den spürenden Zugang auch zu jenem Kraftreservoir zu gewinnen, das zur Bewältigung alltäglicher Aufgaben und Konflikte nicht benötigt wird. Mit diesem Kraftreservoir ist es wie mit einem Vulkan: Mit Umsicht können wir vielleicht an seinen Hängen wohnen und die fruchtbare Lavaerde für den Anbau von Wein nutzen, aber es wäre vermessen, über seinem Krater Spiegeleier braten zu wollen. Welche Erleichterung, zu realisieren, daß ein wesentlicher Teil der Lebensenergie sich nicht instrumentalisieren und in Kosten- und Nutzenrechnungen einfangen läßt! Nichts Langweiligeres als eine Psychologie, die den Menschen hauptsächlich im Griff zu haben meint. Das

Gefühl von Freiheit hängt mit dem Spürbewußtsein für den überschäumenden, überbordenden, ekstatischen, nicht ausbeut- und nutzbaren Anteil der Lebensenergie zusammen.

Gleichwohl ist es offensichtlich, daß in vielen Liebesbeziehungen der Grund für ausufernde destruktive Aggressionsausbrüche bei einem oder beiden in der Unfähigkeit zu gezielten, situationsbezogenen Aggressionen im Alltag liegt. Während die großen Wut- und Lustekstatiker sich durch die Talphasen ihrer Partnerschaft oft ziemlich gleichgültig und lustlos schleppen, leben die Meister der situationsbezogenen Konfliktbewältigung in einer durchgängig leise geschürten Ekstase der Liebesbeziehung. Immer wieder schlägt Aggression in erotische Ergriffenheit um: Der eben noch angegriffen hat, läßt sich nun vom anderen ergreifen und führen.

In allen Liebesbeziehungen besteht ein natürlicher Zusammenhang zwischen aktivem Ergreifen, zu dem aggressionsgehemmte Menschen nicht wirklich fähig sind, und erotischer Ergriffenheit. Auch hier gilt das Gesetz, daß es ohne Spannung keine Entspannung gibt. Die sanften Ideologen des Loslassens mögen nicht vergessen, daß nur der loslassen kann, der auch zuzupacken weiß. Viele lassen los, bevor sie richtig angepackt haben.

Der biblische Jakob kämpfte so lange mit dem Engel, bis dieser ihn im Morgengrauen losließ und segnete. Wohlverstanden: Der Engel ließ Jakob los, nicht umgekehrt. Wir brauchen nicht willentlich loszulassen. Es reicht, wenn wir lang genug in der Auseinandersetzung bleiben. Dann entläßt uns das Leben von allein in einen neuen Bereich. Ein Muskel, der willentlich bis zum letzten angespannt wird, lockert sich schließlich von allein und wird wieder ganz verfügbar.

Die tiefste Sehnsucht des Menschen gilt der Ergriffenheit in allen Lebensbereichen. Auf sie zielt alle Eigenbewegung, alle Anspannung, alles Angreifen und Begreifen hin. Ganz kurz vor dem Orgasmus geschieht unwillkürlich der letzte Ruck in die vollständige Entspannung aus der heraus dann die lustvollen Entladungskontraktionen stattfinden können. Der ganze Mensch willigt in das mit ihm Geschehende, in sein Ergriffenwerden und Ergriffensein ein. Auf dem Höhepunkt des fraglosen Einverständnisses ereignet sich die intensivste Lust. Die Dynamik zum Sichergreifenlassen gehört nicht nur zur sexuellen, sondern zu jeder Begegnung, auch jeder Auseinandersetzung und jedem Streit zwischen Liebenden. Authentische Ergebenheit kommt nicht aus Unterwerfung, wohl aber aus der notwendigen Ergriffenheit durch ein Größeres. Dieses ist nicht der Partner, sondern der dritte Leib, nicht nur als Paarleib, sondern auch als Menschheitsleib und Weltleib. Mystiker aller Religionen und Kulturen haben die grenzüberschreitende Ergriffenheit besungen. Liebende leben sie in allen Emotionen, mit denen sie sich verbinden, auch in der Aggression.

Zweiter Teil

Erfahrung der Fülle

Meditation zwischen Liebenden

Emotionen sind seelische Bewegungen, durch die der Mensch mit der Außenwelt in Kontakt tritt. Jede ist auf eigene Art gestimmt. So beruht die konstruktive Aggression auf einer zupackenden, fordernden, vorwärts stürmenden Stimmung, die es uns ermöglicht, Ängsten und Widerständen zum Trotz Beziehung aufzunehmen. Meditation scheint zunächst nichts mit der seelischen Orientierung nach außen, also mit Emotionalität, sondern vielmehr mit der Zentrierung nach innen zu tun zu haben. Muß ein meditativer Mensch nicht frei von Emotionen sein? Viele sehen ihn als einen ruhigen, gelassenen, heiteren, gleichmütigen, dieser Welt ein wenig entrückten Menschen, ohne heftige Gemütswallungen und weitgehend unabhängig von äußeren Lebensbedingungen — im Gegensatz zu einem in alltäglichen Umtrieben tätigen Menschen, der Erschütterungen, Unruhe und selbst Schuldigwerden riskiert. In diesem Sinne wäre Meditation ein Akt der Introversion: ein aufmerksames Sich-nach-innen-Wenden und dadurch ein Sich-Abschirmen gegen die Außenwelt. Wir haben vielleicht das Bild des indischen Heiligen Ramakrishna vor Augen, der in der vor Verkehrslärm tosenden, von Menschen wimmelnden heißen Großstadt Kalkutta, auf dem nackten Asphalt sitzend meditierte und nichts von den Fliegen

bemerkte, die seine Haut zu einer einzigen schwärenden Wunde machten.

Es scheint, daß wir es mit zwei entgegengesetzten Richtungen zur Heilung zu tun haben: Die eine will den *Aus-druck*, das heißt, die Lösung von innerem Druck. Sie wird von allen Therapierichtungen befolgt. In Freuds Psychoanalyse geht es darum, das Verdrängte ans Tageslicht des Bewußtseins zu bringen; in Jungs analytischer Psychologie, innere Urbilder zu äußeren Dialogpartnern zu machen; in den Körpertherapien, zurückgehaltene, eingefrorene Emotionen im körperlichen Ausdruck zum Fließen zu verhelfen.

Der Weg der Meditation dagegen ist *Sammlung* der in tausend Äußerlichkeiten verstreuten und gefangenen Energien. Dies geschieht durch Achtsamkeit nach innen in die eigene »Mitte«.

Es gibt eine Verbindung zwischen diesen beiden Richtungen zur Heilung, zwischen dem emotionalen und dem meditativen Weg. Deshalb dürfen wir von Meditation *zwischen* Liebenden sprechen.

In meiner psychotherapeutischen Arbeit mache ich immer wieder zwei höchst merkwürdige, sich ergänzende Beobachtungen. Sobald ein Mensch nach einer langen und leidvollen Phase von Oberflächlichkeit, Verzettelung, Anpassung, äußerer Betriebsamkeit und innerer Einsamkeit endlich doch noch, der Not gehorchend, den Ruck nach innen vollführt, in meditativer Zentrierung zu seiner persönlichen Wirklichkeit erwacht und dadurch eine klare, kraftvolle und gesammelte Ausstrahlung bekommt, dann geschieht gleichzeitig etwas Auffälliges zwischen ihm und seiner Umwelt. Soeben noch bestand keine wirkliche, krisenfeste, emotionale Verbindung zwischen ihm und den Menschen, mit de-

nen zusammen er seine Aktivitäten entfaltet hat. Nun aber, da er durch das nicht wertende Einverständnis in seine Lebenswirklichkeit ins Lot gekommen ist, erwacht er zu den Begegnungen, die gerade anstehen. Es ist, als würden sich seine Augen auch für die Menschen um ihn herum öffnen. Sein Gefühl fließt nicht nur in die so lange unter Verschluß gehaltenen seelischen Innenräume, sondern im gleichen Zuge auch in die ebenso lange gehemmten zwischenmenschlichen Beziehungen. Indem er mit sich selber ins reine kommt, beleben sich auch seine Fühler im sozialen Umfeld. Dies ist die erste Beobachtung.

Eine zweite: Ein Mensch, der seine Wahrnehmung mit allen Sinnen auf einen anderen richtet, der mit seinem Gefühl ganz und gar bei diesem ist und sich nur von ihm bewegen läßt, der mit intensivem, hellem Spüren dessen Wirklichkeit tief erfaßt und liebt und im Akt ungeteilter Hingabe sich selber vergißt, ein solcher Mensch macht gleichzeitig die Erfahrung, ganz bei sich und im Lot zu sein. Im wachen Sich-Verlieren findet er sich. — Im Hinduismus ist dies der Weg des Bhakti-Yoga, des Yoga der Hingabe.

Beide Wege also — der nach innen gerichtete Weg der Hingabe ans eigene Selbst und der nach außen gerichtete Weg der Hingabe ans Du — führen zur gleichen Erfahrung von Richtigkeit und Stimmigkeit. Sie sind in allen Hochreligionen bekannt, zum Beispiel im Christentum als *actio* und *contemplatio*. Doch würde es den entscheidenden Punkt nicht treffen, sie bloß als alternative Möglichkeiten zu Seligkeit, Erleuchtung oder Heilung zu bezeichnen. Die Berücksichtigung des inneren Zusammenhangs zwischen beiden hat direkte Folgen nicht nur für unsere Auffassung von Meditation, sondern für unsere gesamte Lebensgestaltung. Eigentlich sind es nicht

zwei Wege, sondern bloß zwei Perspektiven auf einem einzigen Weg, oder genauer: in einer einzigen Grundeinstellung. Diese ist Spürbewußtsein: spürend fühlen, denken, empfinden, sehen, hören, tasten, schmecken, riechen, sich bewegen, handeln, in Beziehung zu sich und anderen treten, kurz: mit offenen Sinnen in der Mitwelt da sein und die Aufmerksamkeit zu eben jenem Punkt lenken, wo sie am meisten gefragt ist, nämlich dahin, wo die Lebensenergie jetzt gerade erwacht. Ob in mir oder außerhalb von mir, ist in der Haltung des Spürbewußtseins keine Frage mehr.

Wie bereits erläutert, ist der Begriff »Spürbewußtsein« untrennbar mit dem Begriff »dritter Leib« verknüpft: unsere Identität ist jederzeit eine *Beziehungsidentität*. In Momenten oder Phasen, wo wir uns in einem Widerstreit zwischen Ich und Du befinden, sind wir weder in diesem noch in jenem richtig da. Es fehlt das Spürbewußtsein und somit auch die Wahrnehmung eines dritten Leibes.

Vom Spürbewußtsein ist also nichts, was Menschen verbindet, ausgenommen. Emotionen sind seelische Bewegungen des ganzen Menschen innerhalb eines sozialen Umfelds. Es gibt keine guten und bösen, keine lobens- und verdammenswerten Emotionen, keine, die ich besonders fördern bzw. unterdrücken müßte. Emotionen entstehen nie nur innen oder nur außen, sondern irgendwo im Zwischen oder – in meiner Begrifflichkeit – in einem dritten Leib. Solange ich wirklich spürbewußt in der jetzt intensivsten Emotion verweile, besteht keine Gefahr, daß diese sich gegen mich oder die Umwelt richtet, ist sie doch von ihrem Ursprung und Sinn her eine Emotion des dritten Leibes. Ich hoffe, daß ich durch die Beispiele in diesem Buch davon eine Ahnung vermitteln kann.

Wenn von einem anderen Menschen her etwas Neues auf mich zukommt, so erwacht in mir die Emotion der Aggression in einem doppelten Sinn: Aufgrund der Anziehung, die ich verspüre, habe ich Lust zuzupacken und das Neue zu ergreifen; es drängt mich, auf den anderen Menschen zuzugehen und mich mit dem, was er an Unbekanntem für mich verkörpert, zu verbinden. Die Aggression als zupackende und ergreifende Kraft äußert sich in diesem Sinne als Eros im Geiste Platos: als Drang zu dem mich Ergänzenden.

Aufgrund der Angst jedoch, welche die Annäherung des Neuen in mir wachruft, regt sich in mir gleichzeitig der Reflex zur Selbstverteidigung; ich wehre mich gegen das, was mich in meiner bisherigen Identität in Frage stellt und bedroht. Die Abwehr ist als solche oft gar nicht erkennbar, kann sie doch auch im Gewand offensiver Brutalität erscheinen, als Wille zur Vernichtung des anderen und neuen.

Beide Formen der Aggressivität bedingen und brauchen sich gegenseitig: Aggression als bloß zupackende und ergreifende Kraft für sich allein genommen gefährdet die Kontinuität in der Entwicklung eines Individuums und somit die für die seelische Gesundheit notwendige Erfahrung von Identität. Der einzelne riskiert, sich in seiner Umwelt aufzulösen oder diese in sich aufzulösen, das heißt, sie sich einzuverleiben, etwa durch Vereinnahmung anderer Menschen. Umgekehrt isoliert die Aggression als bloß defensive und im Extremfall vernichtende Kraft das Individuum in seinem sozialen Umfeld und verhindert so jegliche Entwicklung.

Die meisten Menschen pendeln zwischen den beiden Formen von Aggressivität hin und her, die einen mit dem Schwerpunkt auf der ersten, die anderen auf der zweiten.

Dieses Wechselspiel hemmt den Gefühlsfluß: Wir schwanken zwischen Täuschung und Ent-täuschung und sind in unserem gesamten Gefühlsleben verunsichert. Binden wir uns an einen Menschen, blinkt sogleich ein Warnlicht vor uns auf: Das kennst du doch, auch diesmal wird die Liebe in ihr Gegenteil umschlagen, bleibe vorsichtig, um dir den schon mehrmals durchlebten Schmerz zu ersparen.

Und befinden wir uns dann wirklich einmal mehr im Stadium der Abwehr, in dem es nur noch darum geht, die nackte Haut zu retten, überkommen uns schließlich Bitterkeit und Resignation. Das Pendeln zwischen den beiden Formen von Aggression ruft nach einem organischen Miteinander. Dieses ist nur durch die meditative Einstellung des Spürbewußtseins zu erreichen.

Ich habe es bereits hervorgehoben: Eine spürbewußte Beziehung ist nie destruktiv. Manchmal werde ich gefragt, ob ich keine Angst habe, daß jemand in einem Spontanritual alles krumm und klein schlägt. Die Antwort ist immer die gleiche: Sobald ich bemerke, daß der Mensch, mit dem ich gerade arbeite, aus dem Spürbewußtsein seiner Aggression in zwiespältige Empfindungen und Gefühle fällt – dies ist daran zu erkennen, daß der direkte Kontakt mit mir verlorengeht –, weise ich ihn auf eine feinere, eindeutige Energiebewegung hin, bei deren Wahrnehmung das Spürbewußtsein erneut einsetzt und der Kontakt mit mir wieder hergestellt wird. Dann bricht die Aggression von allein wieder aus und steigert sich nach und nach zu ihrem vollen Ausdruck, und es besteht keine Gefahr, daß der Selbstinitiant sich oder anderen Schaden zufügt. Dieses therapeutische Vorgehen entspricht einer Grundregel der Psychoenergetik, nämlich daß Energiesignale nur durch das einsetzende Spürbewußtsein wirksam werden.

Spürbewußtsein ist meditative Präsenz in eben der Emotion, die daran ist, sich zu befreien. Es verändert diese grundlegend, weil sie die Spaltung in eine konstruktive und eine destruktive Tendenz, die in jeder spürunbewußten Emotion herrscht, aufhebt. Auf welche Weise geschieht dies in der Aggression? Spürbewußte Aggression ist sowohl wach als auch warm. Ihre Wachheit hat also nichts mit glasklarer, distanzierter *coolness*, und ihre Wärme nichts mit schläfrig-symbiotischer Nestwärme zu tun. Sie packt zu, nicht um zu vernichten, sondern um zu verbinden. Sie grenzt ab, nicht um zu isolieren, sondern um auf der Berührungslinie Begegnung zu ermöglichen. Die warme Wachheit oder wache Wärme ist Gefühl und Bewußtheit in einem. Dadurch werden wir zu instinktsicheren, spürsinnigen Menschen.

Wenn ich einem Spontanritual assistiere, achte ich einzig und allein auf mein Spürbewußtsein im Kontakt mit dem Selbstinitianten und stelle keinerlei analytische Überlegungen an. Mittlerweile weiß ich, daß ich mich auf mein Spürbewußtsein verlassen kann. Für die Analyse des Geschehenen ist nach dem Spontanritual noch genügend Raum. In der gleichen Weise können sich auch Liebende darauf verlassen, daß ihre Auseinandersetzungen in der richtigen Weise verlaufen, solange sie gleichzeitig wach und warm, mit Bewußtsein und Gefühl, also mit Spürbewußtsein in der Verbindung zentriert sind. Sobald sie aber bemerken — und das werden sie immer wieder tun —, daß ihre Auseinandersetzungen in spürunbewußte Stellungskämpfe abdriften, besteht noch die Kraft, auszusteigen und die Fortsetzung auf später zu vertagen. Dazu reicht es, wenn einer von beiden beispielsweise mitteilt: »Jetzt beginnt es, mir an Spürbewußtsein zu mangeln.« Es kommt vor, daß bereits auf

diese Bemerkung hin das Spürbewußtsein wieder einsetzt. Wenn nicht, heißt es zu warten.

Hilft es der Entwicklung des alltäglichen Spürbewußtseins, wenn wir uns in einer der traditionellen Formen von Meditation üben? Ja, sofern die gewählte Meditationsform Wachheit mit Wärme, Bewußtheit mit Gefühl verbindet. Meditation als bloß geistige Konzentration, oder umgekehrt, Meditation als halbbewußtes tranceartiges Verschmelzen mit einem Bild oder Laut sind nicht dazu angetan, das Spürbewußtsein zu stärken. In einer Lehrrede Buddhas heißt es, daß es in der Meditation darum geht, den ganzen Körper empfindend aus- und einzuatmen. Diese Aufforderung wurde in der japanischen Zen-Meditation aufgenommen und weiterentwickelt. In dieser Art von Meditation fällt der Unterschied zwischen Empfindung und Wahrnehmung, Gefühl und Erkenntnis weg. Daher benutze ich diese Begriffe in der gleichen Bedeutung. Ähnlich bezeichnet »Aisthesis« auch in der postmodernen Philosophie Wahrnehmung und Empfindung in einem. Das ist »ästhetisches Denken«. Ohne meditative Qualität kann es kein ästhetisches Denken und kein Spürbewußtsein geben.

In der therapeutischen Arbeit stelle ich fest, daß meditationsgeübte Menschen müheloser in den Zustand wacher Versunkenheit gelangen, durch den ein Spontanritual erst möglich wird. Sie finden schneller zur natürlichen, flüssigen Verbindung von Leib und Geist. Dasselbe gilt für Beziehungspartner. Es fällt leichter, »den ganzen Körper empfindend« sich heftigen Auseinandersetzungen mit dem Partner zu stellen, wenn das Spürbewußtsein bereits in der Meditation regelmäßig geübt wurde.

Allerdings ist dabei auch auf eine Gefahr hinzuweisen.

Die Tatsache, daß die traditionellen Meditationsformen von bestimmten Grundbedingungen, etwa der Körperhaltung oder der ausschließlichen Aufmerksamkeit für den Atem ausgehen, hat zur Folge, daß sie nicht nur zur Einübung in ein spürbewußtes Leben benutzt, sondern auch zur Flucht vor diesem mißbraucht werden können. Am wenigsten ist dies wohl bei der Zen-Meditation der Fall; ihre Lehrer weisen immer wieder ausdrücklich darauf hin, daß Zen und Lebensgestaltung identisch sind. Und doch kenne ich Menschen, die sogar diese Meditationsform im Sinne einer Vernachlässigung alltäglichen Tuns mißverstehen. Die Abspaltung der Meditation vom Alltag wird dadurch ermöglicht, daß jede überlieferte Meditationsart eine eigene Form hat, die sich von anderen Formen der Lebensgestaltung unterscheidet.

Eben diese Abspaltung ist von der Bedeutung des Spürbewußtseins her ausgeschlossen. Dieses hat keine Form, die es mit Vorliebe annimmt. Zum Beispiel bevorzugt es keine bestimmte Sitzhaltung, und es ist für jede Art von Bewegung nicht weniger als für das Sitzen geeignet. Alles menschliche Tun kann spürbewußt oder spürunbewußt ausgeführt werden. *Meditation zwischen Liebenden* muß also nicht heißen, daß sich diese gemeinsam in einer bestimmten Meditationsform üben. Ich verstehe darunter die gegenseitige spürbewußte Bezogenheit in allen Facetten der Begegnung. Zwar können gemeinsame Rituale dazu günstige Bedingungen schaffen, etwa das gemeinsame Meditieren im üblichen Sinne des Wortes oder der tägliche gegenseitige Ausdruck von Achtung in einer gleichbleibenden Formulierung. Doch machen diese Rituale noch nicht die gemeinsame Lebensgestaltung aus.

In Krisen der Partnerschaft hilft es, die Empfehlung Buddhas, den ganzen Körper empfindend aus- und ein-

zuatmen, auf alle Formen der Begegnung, auch auf die gegenseitige Aggression hin auszuweiten: »Meinen ganzen Körper empfindend streite ich mit dir. So bleibe ich, während ich mit dir streite, im Sattel meiner Spüraufmerksamkeit.« Doch was heißt dieses »den ganzen Körper empfindend«? Ist es überhaupt möglich? Ja, sofern wir nicht versuchen, alle Teile des Körpers gleichzeitig und gleich intensiv zu empfinden, sondern mit dem ungerichteten Spürbewußtsein an jener Körperstelle verweilen, die sich jetzt gerade am deutlichsten meldet: durch Ziehen oder Druck, eine schmerzliche oder lustvolle Empfindung oder einen Bewegungsimpuls. Diese Stelle verkörpert den momentanen *Energiepunkt*, in dem sich das Empfinden des ganzen Körpers bündelt. Auch eine bestimmte *Energiebewegung*, zum Beispiel der Atem oder der Herzschlag, kann, wenn sie sich im Körper am dringlichsten ankündigt, die notwendige Verdichtung der Körperempfindung bedeuten. In jedem Fall geht es um ein sich spontan meldendes Signal. Dies gilt natürlich nicht nur für die Meditation zwischen Liebenden, sondern für jedes Miteinandersein, vor allem dann, wenn wir in Gefahr sind, uns in eine Emotion hinein zu verlieren.

Die *therapeutische Beziehung* ist eine besondere Form gemeinsamer Meditation. Als Therapeut gehe ich davon aus, daß Heilung nur im Zustand wacher und gesammelter Versunkenheit, also im meditativen Zustand erfolgen kann. Ich habe aber darauf zu achten, daß dieser nicht mit Unbeweglichkeit verwechselt wird. Es gibt viele Menschen, die sich aus dem Gespür verlieren, kaum gehen sie aus der Unbeweglichkeit in die Bewegung und alltägliches Tun über. Sie erleben die meditative Gestimmtheit bloß im Ausnahmezustand des ruhigen, ungestörten Beisichseins. In ihren Gebärden und allgemein in ihrem Tun

dagegen sind sie unzentriert, zerfahren und durch andere Menschen leicht störbar. Heilung kann aber nur dann erfolgen, wenn wir in unseren alltäglichen Aktivitäten und Begegnungen spürbewußt bleiben.

Welchen Beitrag kann die Psychotherapie zu dieser Erweiterung des Spürbewußtseins leisten? Der Therapeut hat auf spontane Bewegungsimpulse der Menschen, mit denen er arbeitet, und auf deren Weiterführung in vollständigen Gebärden zu achten: Die geballten Fäuste dürfen schlagen, die sich öffnenden Arme umarmen, die zuckenden Füße gehen. Wir setzen täglich tausendmal zu verschiedensten Bewegungen an, ohne es zu merken, und lassen es bei diesen kleinen Anfängen bewenden.

Einige dieser Bewegungsimpulse sind besonders bedeutsam, fassen sie doch in sich die momentane Bewegung des ganzen Körpers zusammen. Es handelt sich dabei immer um seit langem, oft seit der Kindheit unterdrückte Bewegungsimpulse. Sie als Therapeut bloß wahrzunehmen und zu deuten, verändert gar nichts. Die Bewegungs- und Lebenshemmung bleibt bestehen. Die Aufgabe des Therapeuten besteht darin, das Spürbewußtsein für die unterdrückten Impulse so lange und so ausdauernd zu vermitteln, bis diese spontan in Handlung und Gebärde übergehen. Der Moment, da dies geschieht, ist der Augenblick, in dem die Heilung einsetzt. In dem Maße, wie das Spürbewußtsein in eine lang verhinderte alltägliche Lebensbewegung einfließt, erweist es sich als der eigentliche Heilungsfaktor. Eine neue, natürliche, auch in Zukunft immer wieder begehbare Bahnung entsteht.

Menschen in Beziehungen erfahren viel über ihre Bedürfnisse und Impulse, wenn sie im Zusammensein mit dem anderen auf eigene spontane Bewegungsanfänge

achten und diese in die passenden Gebärden hinein ver-
längern, allerdings in spürbewußter, also auch auf den
Partner bezogener Weise. — Meine gelegentlichen Hinweise über die therapeutische Beziehung sollen vor allem
auf Vorgänge hinweisen, die sich in allen Beziehungen ab-
spielen können und müssen.

Meditation wird oft als Harmonisierung der männlichen und weiblichen Kräfte im Menschen — Yin und
Yang in der altchinesischen Philosophie — beschrieben.
Die beiden Prinzipien werden mit Bildern verdeutlicht,
die in Analogie zum biologischen Ergänzungsverhältnis
von Frau und Mann stehen. Dabei unterstreichen vor allem psychologische Autoren, daß es sich um Prinzipien
sowohl in der Frau als auch im Mann handelt. Zu selten
werden Bilder des Männlichen und Weiblichen in seelische Grundhaltungen übersetzt, die ihren Sinn erst in der
Verbindung offenbaren. Ich meine die Kategorien des
Erkennens und Spürens, die dem männlichen und weiblichen Prinzip, bzw. den Urprinzipien Yin und Yang zugeordnet werden. Mir scheint es passender, die Vergleichs-
größe nicht in der Polarität eines männlichen und eines
weiblichen Prinzips, sondern in der Polarität der Wahr-
nehmungskategorien von Erkennen und Spüren, von
Wahrnehmung und Empfindung zu suchen.

Die Verbindung beider, wir haben es gesehen, ist das
Spürbewußtsein. Solange wir vor allem in Bildern, Vor-
stellungsinhalten und Kategorien des Denkens psycholo-
gisieren, bleibt die existentielle Einstellung, die unsere
momentan angezeigte Entwicklung auf den Punkt bringen kann, auf leichter Distanz im Hintergrund, und der
Schritt zu bloßen Glaubensinhalten ist jederzeit leicht getan. Psychotherapie ist nicht Sache von Inhalten, sondern
von Wahrnehmungen. Deshalb ordne ich alle inhaltli-

chen Polaritäten der in der existentiellen Einstellung des Spürbewußtseins ausgedrückten Wahrnehmungs-Polarität unter.

Die Erfahrung der Fülle zwischen Liebenden – und es gibt keine Erfahrung der Fülle, die im weiteren Sinne nicht zwischen Liebenden stattfindet – liegt nicht im gemeinsamen Besitz von geistigen, sinnlichen und materiellen Reichtümern, sondern im Spürbewußtsein, das Menschen in ihrem Dasein verbindet.

AUF DER EROTISCHEN SPUR
DER LEBENSENERGIE

Es gibt kaum eine bewegendere Feststellung als die, daß nicht nur ich dich liebe, sondern auch du mich liebst, und dies jetzt, in diesem Moment. Gegenseitige und gleichzeitige Liebe ist eine aufwühlende Erfahrung. Menschen, die in der Kindheit zuwenig oder nicht richtig geliebt wurden, glauben den eigenen Sinnen nicht, wenn sie dies erleben. Verharren sie zulange in ihrem Mißtrauen, dann zerstören sie das Geschenk, bevor sie es angenommen haben, und bestätigen sich in der Erwartung, daß es für sie keine Liebe gibt. Das ist die traumatische Lebensspur, von der noch die Rede sein wird. Sie haben nicht realisiert, was sich *zwischen* ihnen und dem geliebten Menschen ereignet hat. Ihre Wahrnehmung war verfälscht, weil sich ein altes Erlebnismuster vor sie geschoben hat. Durch die verzerrte Wahrnehmung haben sie sich an der Entfaltung der Liebesbeziehung gehindert.

Jede Wahrnehmung bewirkt ein Tun, genauer gesagt: Sie ist selber ein Tun. Jede Wahrnehmung drückt sich von allein und im gleichen Augenblick in einem Tun aus, und jedes Tun ist Ausdruck einer Wahrnehmung. Eine verfälschte Wahrnehmung führt in ein falsches Tun: Wir handeln, als würden wir auf einem Stern leben, der doch längst erloschen ist, nämlich auf dem Stern

unserer Kindheit; unser Tun paßt nicht in die derzeitige Lebens- und Beziehungssituation.

Eine im wesentlichen stimmige, das heißt auf spürbewußten Sinneseindrücken und Empfindungen beruhende Wahrnehmung dagegen führt in richtiges Tun. Dieses stützt und fördert die Verbindung nach außen, in der wir uns gerade befinden.

Jede Wahrnehmung ist also mit einem Tun gekoppelt. Das Problem besteht nicht darin, Wahrnehmung und Tun zu verbinden, sondern richtig wahrnehmend zu handeln, oder richtig handelnd wahrzunehmen. Das ist Tatbezogenheit. Spürbewußtsein kann nur da erwachen, wo bereits etwas im Tun ist, und dadurch, daß es erwacht, verändert es das, was im Tun ist. Es kann sich gar nicht auf etwas beziehen, was nicht im Tun ist; als waches Spüren ist es unmittelbar und sinnlich. Spürbewußtsein ist Dasein auf der *erotischen Spur.*

In einer Liebesbeziehung kommt wie in einem Fokus alles zum Ausdruck, was Wahrnehmung überhaupt ausmacht. Die reife Liebesbeziehung ist der eigentliche Ort menschlicher Wahrnehmung. Was wir in ihr wahrnehmen, gibt den treffendsten Aufschluß über die Wahrnehmung überhaupt, weil sie Modell für unser In-der-Welt-Sein ist. Nirgends erfassen wir das Wesen des Spürbewußtseins — der Wahrnehmung im beschriebenen Sinn — besser als im Durchleben einer Liebesbeziehung. Alles, was ich über die Liebesbeziehung — über das, was sich *zwischen Liebenden* ereignet — schreibe, gilt im Kern für jede Form von Beziehung, also von Menschsein, denn dieses bedeutet, in spürbewußter Beziehung sein.

Bevor ich näher erkläre, was ich unter der erotischen Spur verstehe, wenden wir uns der *traumatischen Spur* zu.

Daseinsblinde Menschen drehen sich im Kreis von unwirklichen Vorstellungen, die auch negative Programme genannt werden, zum Beispiel: »Ich komme zu kurz«, »Ich muß mich schrecklich anstrengen, um geliebt zu werden«, »Ich bin dumm«, »Ich schaffe es nie, glücklich zu sein«, »Ich kann meinen Partner sexuell nicht zufriedenstellen«, »Ich bringe es nicht fertig, mich beruflich durchzusetzen«, »Ich werde an Krebs sterben« und unzählige andere mehr. Solche Sätze sind fixe Ideen, die zu wiederholen wir uns gezwungen fühlen. *Wiederholungszwang* ist ein Kennzeichen der traumatischen Spur. All diese Sätze fangen mit dem Wörtchen »Ich« an; sie drücken die Isolierung in einer beziehungslosen Ich-Identität aus. Dazu paßt, daß sie Denkzwänge sind, die vom unmittelbaren Spüren in der Jetzt-Situation abschneiden. Anstelle des Spürbewußtseins steht ein von der Wahrnehmung abgespaltenes Denken innerhalb fixierter Erlebnismuster aus der Vergangenheit und ein ebenfalls von der Wahrnehmung abgetrenntes unfreies Spüren.

Egozentrik, Beziehungslosigkeit, Wiederholungszwang, Spürunbewußtheit sind synonyme Begriffe, die von verschiedener Warte aus die traumatische Lebensspur beschreiben. Das Tun hat zwanghaften Charakter, weil es nicht von einer realistischen Wahrnehmung getragen ist. Beim Auftauchen neuer Handlungsimpulse, die von der traumatischen Spur wegführen würden, entsteht starker Druck und die Tendenz, das heute Anstehende auf morgen zu verschieben. Die vorübergehende Erleichterung infolge der Verschiebung täuscht nicht darüber hinweg, daß die traumatische Endlosbewegung aus dem erneuten Lebensaufschub gestärkt hervorgeht. Die Zukunft erscheint wechselweise in rosigen oder in grauen Tönen. Die daraus entstehende grandios oder depressiv

gefärbte Stimmung entzieht der Gegenwart viel Energie: ein Teufelskreis von Phantasielosigkeit, Konsumhaltung und Lebensöde.

Zum Wechsel von der traumatischen auf die *erotische Spur* gibt es nichts zu tun. Es reicht, so wie ich gerade da bin, ins Spürbewußtsein zu kommen. Eine zwanghaft in sich eingeschlossene Bewegung oder Emotion ändert sich, sobald sie spürbewußt wird, in eine lebendige, befreiende, nach vorne hin offene Gebärde oder eine von Druck und Verspannung lösende Emotion. Alles, was wir tun, fühlen oder denken, kann entweder traumatischen oder erotischen Charakter haben, je nachdem, ob wir es spürunbewußt oder spürbewußt tun, fühlen oder denken.

Dazu zwei Beispiele: Ein Mann litt unter dem Zwang, sich, sobald ein Problem auftauchte, an der Stirn so heftig zu kratzen, bis diese zu bluten anfing. In einem Spontanritual lernte er, sein Kratzen mit ungeteilter, spürender Aufmerksamkeit zu füllen, bis es sich schließlich von selbst in ein angenehm belebendes Reiben der Stirnpartie wandelte, der soeben noch gebremste Denkfluß wieder einsetzte und die Problemlösung in Gang kam.

Eine Frau, die manchmal stundenlang in einem abwesenden Trancezustand weinte, ohne zu merken, daß sie weinte, wandelte ihre Trauer mit einsetzendem Spürbewußtsein in spontan ausbrechende Wut über ihre Lebenssituation. In meinem Buch »Nimm deine Couch und geh!« habe ich viele Beispiele spontaner Wandlung durch einsetzendes Spürbewußtsein ausführlich beschrieben.

Daß das Einfachste oft das Schwierigste ist, brauche ich nicht hervorzuheben. Es erfordert manchmal viel Zeit, Geduld und therapeutische Kunst, bis sich jemand am neuralgischen Punkt seiner Existenz spürbewußt erfährt. Nicht selten gehen diesem Umschlag schlimme Angstzu-

stände voran. Die Annäherung eines von Zwängen freien Lebens stürzt viele Menschen in Bangigkeit und Verunsicherung. Sobald jedoch das Spürbewußtsein richtig einsetzt, verschwinden Angst und Zaudern, ein Gefühl von stimmiger Lebendigkeit durchrieselt den ganzen Leib, und überwältigende Dankbarkeit steigt hoch. Die eigentliche Kunst der psychoenergetischen Therapie besteht im Wecken und Stützen des Spürbewußtseins. Dies ist das wichtigste Ziel der Ausbildung in Psychoenergetik, die ich in Orselina bei Locarno neben offenen Therapiegruppen für Psychotherapeuten und Ärzte anbiete.

Die Lebensspur eines Menschen ist immer die *erotische Spur*. Unter Eros verstehe ich im Sinne Platos die Macht einer spürbewußten Beziehung, die bisher Getrenntes zu einem natürlichen Ganzen zusammenführt. Die Lebensspur führt ein Individuum nicht in die Isolation und zu Einzelzielen, sondern immer in die empfundene Bezogenheit. Auf der erotischen Spur gibt es keinen Verzögerungsabstand zwischen Erkennen und Tun, weil das Erkennen sinnliche Wahrnehmung im Tun und das Tun in seinem Vollzug wahrnehmendes Handeln ist. Die Identität von Wahrnehmung und Tun gibt unserem Dasein unmittelbare Frische, Wachheit, Gefühlspräsenz und ständige Bezogenheit zum ganzen Feld, in dem wir uns gerade bewegen. Die erotische Spur ist die Spur warmen und wachen Spürens. Sie äußert sich im kontinuierlichen Spürsinn für feine Beziehungsfäden, die uns mit der Mitwelt verbinden. Wer auf ihr geht, befindet sich jederzeit wach an eben dem Punkt, wo sich in ihm neue Lebensmöglichkeiten regen, und er ermutigt durch sein Sosein andere zur Beziehungsaufnahme mit ihren bisher ungenutzten Ansätzen zur Entfaltung. Er begegnet ihnen an dem Ort, wo sie ihren wichtigsten Lebens-

impuls zurückdrängen. Auf diese Weise belebt er andere im kostbarsten und gefährdetsten Bereich des Existenzvollzugs.

Der Mensch auf der erotischen Spur hat seinen Platz im Zwischen, das heißt, er erlebt seine Identität auf der jeweiligen Berührungslinie mit der Außenwelt, die so zur Mitwelt wird. Die erotische Spur verläuft immer auf einer Berührungslinie; sie ist eine Berührungsspur. Wir erleben die Berührung auf der erotischen Spur in dem sich jetzt ereignenden stärksten Sinneskontakt.

Erotische Spur ist gelebte Sinnlichkeit in allen Bereichen menschlicher Entwicklung. Alles, was ich hörend, sehend, tastend, denkend oder wie auch immer wahrnehme, ist sinnlicher Genuß oder sinnliche Qual, jedenfalls sinnliches Erleben. Die bloß gedachten Beziehungen auf der traumatischen Spur werden zum wach sinnlichen Mitsein auf der erotischen Spur.

Wer sich auf der erotischen Spur befindet, geht wach auf einer haarscharfen Grenzlinie, das heißt, er ist gleichzeitig völlig verbunden und völlig einsam. Mit seiner Verbundenheit und seiner Einsamkeit fühlt er sich dem anderen nahe. So bleibt er wach für eigene und fremde Unzulänglichkeiten und Verstörung. Auch damit liebt er sich und den anderen: Die erotische Spur ist kein Weg der idealen Begegnungen. Die Liebe umfaßt auch trübe und zerstörerische Bereiche bei sich und dem anderen. Sie deckt diese nicht zu, sondern auf: Was mit Liebe aufgedeckt wird, findet am leichtesten Anschluß ans Leben. Oft ist es gerade ein zerstörerischer Bereich, dem sich der Liebende bei sich oder dem anderen besonders zuwendet, dann nämlich, wenn sich in diesem das Leben am kräftigsten regt. Die erotische Spur ist in der Tat die Spur der stärksten Lebensenergie, ein wertfreies Mitgehen in der

Energie, also in der momentanen Intensität des Daseins. Daher ist es überhaupt kein Widerspruch, wenn Liebende durch tiefe Konflikte hindurch die gemeinsame erotische Spur entdecken und verstärken.

Die erotische Spur zu halten ist besonders dann nicht einfach, wenn unser Gefühl sich wie ein dünnes Rinnsal durch eine öde und wasserlose Seelenlandschaft schlängelt. In welcher länger dauernden Partnerschaft ereignen sich solche trockenen, spürarmen Zeiten nicht! Dann ist die Versuchung groß, sich von der leblosen Öde beeindrucken und lähmen zu lassen und den feinen, aber lebendigen, flüssigen Faden zu verlieren. Wir würden uns wieder auf die traumatische Spur verirren, wenn wir in solchen Belastungsphasen, durch was auch immer sie ausgelöst wurden, den Weg des Wahrscheinlicheren einschlügen.

In solchen Situationen ist Bescheidenheit gefragt, nämlich Hingabe an das Unscheinbare und Unwahrscheinliche, an das Winzige und die »quantité négligeable«, also Spürbewußtsein für den winzigen Punkt, wo dein und mein Leben jetzt gemeinsam fließen. Nun sind viel Mühe und Durchhaltevermögen vonnöten, werden wir doch nicht gleich mit einem reich strömenden Lebensgefühl belohnt. Wieviel einfacher wäre es, in neue Reize oder alte Süchte zu fliehen, statt da auszuharren, wo vieles verlebt anmutet.

Ich spreche hier nicht von Partnerschaften, die in wachsender Versandung absterben, sondern von solchen, die in schwierigen Übergangsphasen nach einer neuen gemeinsamen Orientierung suchen. Zwar haben auch diese keine Garantie, daß es nach der Durststrecke weitergeht, aber manchmal führt die geduldige gemeinsame Aufmerksamkeit für das wenige jetzt noch Verbindende

in einen neuen Beziehungsstrom unter völlig anderen Vorzeichen als vor der Krise: Nicht nur die Partnerschaft, auch zwei Menschen haben sich gewandelt.

ÜBERSCHWANG UND EROTISCHE EKSTASE

Die Sehnsucht nach Überschwang und Ekstase kann dazu verleiten, vom Boden alltäglichen Gehens abzuheben und gleich das Ganze zu wollen, ohne zu realisieren, daß dieses nur im jetzt belebten einzelnen erfahrbar wird. Daß in diesem Detail der Teufel liegt — Widerstand, Unlust, Gefühl von Sinnlosigkeit und vieles mehr von dem, was wir auf der traumatischen Spur erleben —, macht die Versuchung, in die aufschiebende Phantasie des total glücklichen morgigen Tages zu entschwinden, doppelt süß. Hier ist der Ursprung auch von unechter religiöser Verzückung. Mystik meint den entgrenzenden Einklang von Ich und Welt, doch wenn sie nicht in einer sinnlichen, sinnenfälligen Erfahrung wurzelt, ist Gott als Sinnbild dieses Einklangs Zeichen einer das Leben aufschiebenden Sehnsucht. Religion befindet sich immer auf der Kippe zu solcher Realitätsflucht. Was als Gott bezeichnet wird, ereignet sich nur in spürbewußter Tatbezogenheit. Ganzheitlichkeit ist kein inhaltlich zu füllender Begriff, sondern die existentielle Haltung mutigen Anpackens dessen, wonach jetzt der Sinn steht. Insofern ist Ganzheitlichkeit ein Wort, das die gesunde aggressive Lust weckt, das sofort anzugehen, wonach es uns drängt.

Diese Überlegung war dem neuen Kapitel voranzu-

stellen, um zu vermeiden, daß das Wort Ekstase in uns die Versuchung nährt, uns auf den rosa Wolken einer unwahrhaftigen Sehnsucht aus dem Leben zu verabschieden. Aus dem gleichen Grund verbinde ich in der Titelformulierung den Überschwang mit erotischer, sinnlicher Ekstase.

Das Wort Überschwang weckt Assoziationen von Begeisterung, Getragenwerden durch eine nicht in alltäglicher Pflichterfüllung absorbierte, sondern überflüssige Energie, von Verbindung über das Alltägliche hinaus, von erfüllender und beglückender Schwingung und überschäumender Lebendigkeit. Sprechen wir dagegen von einem überschwenglichen Menschen, steigt wohl etwas Abwehr in uns hoch: Die Übertreibung ist uns peinlich; wir neigen zur ironisch distanzierten Reaktion und werten die Intensität des anderen als südländische Dramatisierung ab. Nur eben: Der Süden ist Symbol für den seelischen Ort, wo Sinnlichkeit und Sexualität regieren, und in unserer Abwehr ist der Ruf zur Ordnung auch in bezug auf diese unüberhörbar.

Die Erfahrung der Fülle stellt sich nur in der Überfülle ein. Im Überschwang und in der Ekstase ist die entscheidende unvernünftige oder besser: übervernünftige Grenzüberschreitung eingebaut. In der Übergangszone herrschen widersprüchliche Gefühle von Scham und beginnender Schamlosigkeit, von Peinlichkeit und durchbrechender Aggressivität, von Ekel und Wollust. Der Körper öffnet und verschließt sich gleichzeitig. Solange es beim Widerstreit zwischen der Hingabe an das überwältigende Geschehen und dem ängstlichen Vorbehalt bleibt, klingt in der ekstatischen Erfahrung ein banger und bitterer Unterton mit. Viele kennen nur ihre individuelle Mischung von Ekstase und Absicherung. Ironi-

sche und vor allem zynische Menschen zeigen, daß der eine Fuß sie über die Grenze lockt, während der andere sie zurückhält.

Doch ist Ekstase nicht einfach mit Erregungsabfuhr und Energieentladung gleichzusetzen. Die subjektiv empfundene höchste Intensität muß nicht identisch mit vollständiger Triebabfuhr sein. Ekstase hat auch eine geistige, spirituelle Qualität, die mit den Kategorien von Ladung und Entladung, Spannung und Entspannung, Triebstau und Triebabfuhr nicht zu erfassen ist. Zwar ist Ekstase immer eine sinnliche Erfahrung, doch scheint es, daß die Sinne Instrumente und Leitsysteme von Vorgängen sind, die wir mit physiologischen Kategorien nur mangelhaft erfassen können.

Kürzlich erzählte mir ein Mann von der ersten Liebesnacht mit seiner Freundin. Die beiden kannten sich schon seit zwei Monaten. Ungeklärte Beziehungsverhältnisse auf beiden Seiten hatten ihnen bisher Zurückhaltung auferlegt. Eines Tages jedoch war es beiden klar, daß sie miteinander schlafen würden. Sie trafen sich in einem französischen Restaurant, und vom ersten Moment dieser Begegnung an gerieten sie in eine intensive gemeinsame Schwingung. Beide zitterten sie leise am ganzen Leib, auch wenn sie sich beim Essen nur gelegentlich und beiläufig berührten. Ihre Haut war gleichmäßig gerötet und ihre Augen glänzten. Zusammen formten sie wirklich einen dritten Leib. Die beiden Herzen bildeten ein einziges Herz, das in *einem* lustvollen Rhythmus schlug. Sie atmeten mit den gleichen Lungen, bewegten sich in einem einzigen mit sich versöhnten Organismus. Gemeinsam hatten sie eine Wärmestrahlung wie ein sonnendurchwärmter Stein im Sommer. Einige Leute sprachen sie an und wünschten ihnen alles Gute. Die sich ihnen nä-

herten, wurden von ihrer verhaltenen Ekstase transformiert, bewegten sich und sprachen wie sie. Eine
Atmosphäre von Glück und glühendem Einswerden ver-
dichtete sich um sie herum. Als sie nach dem Restaurant-
besuch zu später Stunde in der S-Bahn saßen, wurde ein
anderes Paar durch ihre Gegenwart aus nächtlicher
Schläfrigkeit geweckt, setzte sich zu ihnen, schien dankbar und zufrieden, wünschte ihnen eine gute Heimkehr
und eine schöne Nacht. In der Wohnung angekommen,
konnten sie sich aus überwältigender Liebe zunächst
kaum bewegen. Angekleidet lagen sie nebeneinander. In
süßer Ekstase bebten sie mit wachsender Heftigkeit.
Plötzliche Schauder durchjagten ihre Körper von Kopf
bis Fuß. Etwa nach einer Stunde zogen sie sich aus, streichelten sich langsam, mehrere Stunden lang mit ehr-
fürchtigem Staunen. Nach und nach wurden ihre Körper
in einer tiefer und dunkler werdenden Schwingung ruhiger, näherten sich einander, ihre Berührung war sanft und
von fast bewegungsloser Intensität. Ohne Koitus versan-
ken sie miteinander in bodenloser Glückseligkeit, und
keiner konnte den eigenen Orgasmus von dem des anderen unterscheiden. Die ekstatische Entrückung beider
dauerte noch weiter bis zum Morgengrauen. Ihre gesamte
Hautoberfläche blieb aufs Extremste sensibilisiert. Dann
schliefen sie ein und erwachten zwei Stunden später in der
gleichen Empfindung.

In körpertherapeutischen Abhandlungen über den
Orgasmus und den Orgasmusreflex kommt das Wort
Liebe selten vor, und wenn es vorkommt, dann ohne eigene Bedeutsamkeit und Wirksamkeit. Deshalb haben
darin Beschreibungen wie die meines männlichen Gesprächspartners keinen Platz. Ich kenne Menschen, die
sich zum ungehinderten Orgasmusreflex befreit haben

und trotzdem gefühlskalte, unekstatische Menschen geblieben sind. Und mir sind andere bekannt, die trotz früh entstandener und nur teilweise gelöster körperlicher Verspannungen ihrem Liebespartner mit ekstatischer Intensität begegneten. Warum liegt mir daran, dies zu unterstreichen? Nicht, um die Notwendigkeit körpertherapeutischer Arbeit zum Beispiel an den Verspannungen von Muskelkomplexen zu relativieren. Ganz im Gegenteil: Nach einer gelungenen Körpertherapie habe ich einige Menschen mit großer Dankbarkeit über ihr völlig verändertes Leben in Beziehung und Beruf gesehen. Vielmehr geht es mir um folgende Erfahrungstatsache: Leib und Seele lassen sich trotz letztlicher Identität praktisch nicht über einen therapeutischen Leisten schlagen. Spiritualität ist kein Ausweichmanöver vor handfester Körperarbeit. Auch Hingabe läßt sich nicht auf ein Kapitel der Neurophysiologie reduzieren. Dichter und Mystiker aller Zeiten wissen Wesentlicheres darüber zu berichten.

In der Arbeit mit Spontanritualen erleben wir ein natürliches Zusammenspiel von Spiritualität, tiefenpsychologischer Arbeit und Körpertherapie. Ähnlich wie in der ekstatischen Liebesbegegnung geht es zunächst um den leichten Trancezustand spürbewußter Versunkenheit. Ist dieser eingetreten, so melden sich mit innerer Folgerichtigkeit die passenden Energiesignale in organischer Reihenfolge aus einer dieser drei therapeutischen Richtungen: Einmal bildet ein körperlicher Schmerz oder eine unwillkürliche Eigenbewegung das Energiesignal, dann ein Krankheitssymptom oder eine bestimmte Emotion, darauf eine Kindheitserinnerung oder ein archetypisches Bild, schließlich eine spirituelle Erfahrung, etwa in der Verbindung beider Hände auf der

Herzmitte oder im Gefühl der Liebe zu einem anderen Menschen. Die Reihenfolge variiert entsprechend der Lebenssituation.

Das Ausdrucksinstrument Mensch gleicht einer Orgel mit einer praktisch unerschöpflichen Zahl von Registern. Das einzige, was uns zu tun bleibt, ist, die Wahrnehmung von deren Vielzahl und Vielfalt ständig zu erweitern. Therapeutische Systematisierungen, aus welcher Richtung auch immer, bei allem offensichtlichen Nutzen, den sie bringen, stehen immer in Gefahr, diese simple Grundwahrheit zu vergessen.

Das Paar, dessen erste Liebesnacht ich geschildert habe, fand in der Folge Zugang zu ganz »normalen« sexuellen Begegnungen. Auch hatten beide auf seelischem und körperlichem Weg gewisse Komplexe und Verspannungen anzugehen. Bei alledem jedoch blieb die ekstatische Erfahrung der ersten Liebesnacht, die sich in kein Schema einfangen ließ, Nährboden und Entwicklungsspur für ihren dritten Leib und ihre Liebe. Ekstase ist der erste und entscheidende Entwicklungsfaktor im einzelnen und im Paar.

Keinem Menschen sind ekstatische Erfahrungen, die wir auch Energieerfahrungen nennen können, ganz fremd. Sie zeichnen sich durch die hellwache, vibrierende Verbindung aus, durch die ein einzelner in Körper, Seele und Geist mit anderen Menschen und der im Moment erfahrbaren Welt zu einer einzigen dynamischen Lebensgestalt verschmilzt. Wir vermögen sie nicht herbeizuzwingen; sie ereignen sich von allein. Wir können höchstens günstige Voraussetzungen für sie schaffen. Die wichtigste ist die kontinuierliche, zentrierte Bezogenheit auf den Ort der jeweils stärksten Lebensströmung, wie wir es in Spontanritualen üben. Manchmal ist es ein Duft, manch-

mal ein Bild oder ein Musikstück, bisweilen ein Wort oder Satz oder eine menschliche Begegnung, dann eine traumatische Erfahrung oder ein Schmerz, die zum Sprungbrett für eine ekstatische Erfahrung werden. Immer aber hat die Ekstase erotische Qualität, das heißt, sie schafft eine zugleich sinnliche und sinnvolle Verbindung, in der wir gänzlich aufgehen.

Mit der Erinnerung nach ekstatischen Erfahrungen zu forschen, verstärkt die Sensibilität für diese und erleichtert das Aufleuchten einer neuen ekstatischen Spur. Nicht Glück ist der Sinn menschlichen Daseins, wohl aber Ekstase. Sie kann sich auch im Unglück ereignen. In diesem Fall löst sie unsere klaustrophoben Bewertungen von Glück und Unglück, positiv und negativ in nichts auf.

Ekstase vermag auch da durchzubrechen, wo wir unseren Energiefluß deutlich gebremst haben. Eine Frau erzählte mir ihre häufige Reaktion auf einen sexuellen Reiz. Eine ihr unverständliche aggressive Reizbarkeit habe sie jeweils überfallen, und es sei dadurch zu ernsthaften Störungen zwischen ihr und ihrem Mann gekommen. Gestern sei ihr Mann von der Arbeit nach Hause gekommen und habe sie liebevoll geküßt. Einmal mehr sei sie gereizt und aggressiv geworden, doch diesmal habe sie sich dafür nicht verurteilt, sondern mit Aufmerksamkeit und Ausdauer ihrer Reizbarkeit nachgespürt. Auf einmal sei diese verschwunden, und wie durch ein Wunder habe sie ein strömendes Gefühl der Liebe zu ihrem Mann durchströmt. Es sei ihr gewesen, als würde sie schweben. So leicht habe sie sich noch nie gefühlt. Ihr Mann habe später gesagt, etwas wie elektrischer Strom habe durch sie pulsiert. Nach einer Weile seien sie an Ort und Stelle buchstäblich miteinander zu Boden gesunken. Wie lange die innige Umarmung und die sexuelle Begegnung dann ge-

dauert haben, könne sie nicht sagen. Das Gefühl der Leichtigkeit sei nach und nach einem wunderbaren Gefühl der Schwere gewichen. Eine solche Empfindung völliger Verbundenheit habe sie noch nie erlebt.

Das mutige, nicht wertende Einswerden mit einer den Lebensfluß stauenden Emotion ist in vielen Fällen die Voraussetzung, durch welche die ekstatische Erfahrung ausgelöst wird. Dann gilt es, deren Verlauf nicht zu beeinträchtigen, das heißt, mit jeder eventuell auftretenden weiteren Störung auf die gleiche Weise spürend identisch zu werden, wie die Frau mit ihrer nervösen Reizbarkeit.

ANZIEHUNG DURCH DAS GEHEIMNISVOLLE

Die Suche nach Ekstase wirkt auch da, wo wir sie kaum vermuten, nämlich im Heraufbeschwören von völlig überflüssigen Beziehungsproblemen. Indem wir Probleme aufstöbern, wie Hunde Fliegen nachjagen, folgen wir der unbewußten Anziehung durch das Geheimnisvolle. Dieses ist das Land, das wir mit der Ekstase suchen. Gemeinsame Probleme schenken die Möglichkeiten, uns zusammmen aufzuregen, die Erregung bis zur Verzweiflung zu steigern, uns im Gefühl des Unlösbaren aneinander zu klammern und, indem wir uns gegenseitig wegstoßen, uns nur umso heftiger festzuhalten.

Manche Partner schauen sich bereits am Frühstückstisch düster und sorgenvoll in die Augen, als wollten sie sagen: »Wir sehen noch kein Problem, wie problematisch!« Und haben sie sich lange genug bedeutungsschwer angeschaut und hat jeder für sich nachgedacht, finden sie, wenn sie Glück haben, endlich das seit dem Erwachen hartnäckig gesuchte Problem. Keines ist klein genug, um nicht größer zu werden.

Andere gelangen zur gewünschten Problemfindung, indem sie ohne Notwendigkeit probeweise so lange brenzlige Themen anschneiden, bis der Partner anspringt, und die Eigenbewegung des gefundenen Zündstoffs endlich jedes weitere Grübeln überflüssig macht.

Wie blitzen dann plötzlich die Augen auf, wenn sich beide nach einem tiefen gemeinsamen Atemzug anschicken, anderer Meinung zu sein! Der unerlöste Ausdruck ist aus den Minen verschwunden, wenn sie das gefunden haben, was sie nicht lösen können. Auch ein konfus und allgemein Leidender entspannt sich, wenn er endlich erfährt, wo die konkrete Ursache seines Schmerzes liegt. Auf ähnliche Weise finden zwei Liebende durch die im Problem konkret gewordene Spannung Entspannung.

Ohne Spannungsaufbau wird jedes Liebesleben kurzatmig. Die Problemspannung ist am einfachsten zu erreichen. Es braucht dazu wenig Einsatz von Verstand und Gefühl. Der Weg der Trägheit zum ersehnten Spannungsaufbau hat seinen Ausgangsort in hochgepuschten Problemen. Oft genügt ein kleines Stich-Wort, und zwei Menschen geraten in Fahrt. Was danach kommt, fordert totales Engagement, und wir können nicht umhin, die geistige Virtuosität zweier hoffnungslos Streitender zu bewundern. Doch eine andere Fähigkeit darf dabei ruhig schlafen, nämlich das Spürbewußtsein. Die Spürfaulheit ist verbreiteter als die Denkfaulheit. Allerdings hat die spürunbewußte Problemspannung den Nachteil, daß das eigentlich Gesuchte, das, was uns in jedem Problem anzieht, nämlich das Geheimnisvolle, weiterhin im Dunkeln bleibt.

Es ist das Geheinnisvolle, das zwei Menschen die Mühsal auf sich nehmen läßt, sich in Beziehung zueinander zu setzen. Daß dabei das Gefühl der wichtigste Motor ist, gerät später oft in Vergessenheit. Die Beziehung wird zunehmend verobjektiviert und problematisiert, das von allem Anfang an motivierende Gefühl weitgehend unbewußt. Dieses aber möchte sagen: Sucht

mit- und ineinander die auf Umschlagpunkte zustrebende Spannung, das Entgrenzende und Geheimnisvolle. Nehmt wahr, daß ihr es anpeilt. Sucht es mit dem Herzen. Sonst kippt die lebendige Spannung in gefühlstrockene Zänkerei um. Seid stärker als eure Gefühlsträgheit und Abstumpfung durch Gewohnheit. Es lohnt sich. Ihr braucht dazu weniger Energie als für die aufreibende Suche nach neuen Problemen, die ihr ohnehin durch Diskutieren nie lösen werdet. Und vor allem: Die Spannkraft im Geheimnisvollen ist eine ständige Quelle von Lebensenergie.

Worin besteht das Geheimnisvolle an einer Liebesbeziehung? Ist es der Hinweis auf eine metaphysische Realität, einen objektivierbaren »Gott«, der reine Liebe ist und für den die menschliche Liebe ein Zeichen setzt? Liegt das Eigentliche jenseits vom Tatsächlichen, und ist das der Grund, warum dieses uns so geheimnisvoll und tief erscheint? Die Antwort lautet nüchtern: Das Geheimnis liegt darin, daß wir uns gegenseitig nur mangelhaft verstehen, selbst wenn wir uns lieben. Ja, gerade wenn wir uns lieben, merken wir, daß die Intensität des Gefühls in keinem Verhältnis zu unserem Verständnis füreinander und unserer Einfühlung ineinander steht. Unsere Empfindung wird von etwas im anderen bewegt, womit wir nie friedlich zusammenleben werden, weil es uns immer fremd sein wird. Lieben wir jemanden *trotz* allem, was wir mit ihm nicht teilen können? Keineswegs, denn dieses andere ist die Ursache unserer Liebe. Das Gemeinsame ist nur die Gefühlsbrücke, damit wir das andere, das uns fremd ist, lieben können, und vielleicht ist die Brücke des Gemeinsamen selber eine Vorspiegelung. Eine ausschließlich narzißtische Liebe, die nur das Eigene spiegelt, gibt es nicht, ebensowenig wie eine reine Objektliebe,

die nur den anderen meint. Ausschließlich narzißtische »Liebe« wäre keine Liebe, sondern Isolierung. Auch bloße Objekt«liebe« wäre keine Liebe, sondern distanzierte Beschäftigung mit einer Sache.

Seit ich mit Paaren psychotherapeutisch arbeite, ereignet sich in meinem Denken eine Schwerpunktverlagerung. Zunächst ging ich zwar nicht ausschließlich, aber doch vorwiegend davon aus, daß der Sinn der Liebe zu einem anderen Menschen darin liegt, daß sie eigenes, noch brachliegendes Entwicklungspotential belebt und auf diesem Weg die Persönlichkeit vervollständigt. In diesem Zusammenhang prägte ich die fast synonymen Begriffe *Spiegelkommunikation* und *Leitbildspiegelung*. Die von Liebe bewegte Tiefenspiegelung mit einem Menschen betrachtete ich als den wichtigsten Entwicklungsfaktor des erwachsenen Menschen überhaupt.

Dann stellte ich neben dieses integrierende Beziehungsmodell das der *paradoxen Kommunikation*, die gerade durch die spürbewußte Einsicht zustande kommt, daß das Du letztlich nicht integrierbar ist.

Jetzt neige ich dazu, das erste Modell dem zweiten unterzuordnen: Zwar stelle ich nach wie vor fest, daß Menschen aufgrund von Leitbildspiegelung eine wesentliche Persönlichkeitsentwicklung durchlaufen, doch stammt die Liebe nicht aus dem Bedürfnis nach dieser — das käme einem sich als Liebe gebärdenden Narzißmus gleich —, sondern aus der Dimension des Fremden, Unverfügbaren, Unbekannten und Unkennbaren. Die Anziehung erfolgt durch das Geheimnisvolle. Nur dieses setzt die Leitbildspiegelung in Gang.

Diese Behauptung ist psychologisch zu begründen. Jede länger dauernde Beziehung gelangt zu dem Punkt, an dem der andere bei aller alltäglichen Vertrautheit wie-

der fremd, oder genauer: in seiner Fremdheit wahrgenommen wird. Vielleicht signalisiert er, daß er sich in keiner Weise vereinnahmen läßt, weder durch Entwicklungsimpulse, die er gegeben hat, noch durch Erwartungen an seinen eigenen Weg. Diese Entwicklung ist nicht mit dem Rückzug aus der Beziehung gleichzusetzen, wie er nach einer anfänglichen Phase der verliebten Verschmelzung in vielen Partnerschaften, meist vorübergehend, stattfindet. Sie ist im Gegenteil Ausdruck realistischer Reife und Selbständigkeit. An eben diesem Punkt entscheidet es sich, ob eine Partnerschaft wirklich durch Liebe motiviert wird oder nicht.

Auf die notwendige Einsicht in die Fremdheit des anderen sind zwei Reaktionen möglich. Die erste stammt aus dem destruktiv aggressiven Bedürfnis, sich des Partners zu bemächtigen, die zweite aus der Liebe. Ihnen wenden wir uns nun nacheinander zu.

Die erste, lieb-lose Reaktion ist Macht in allen Varianten. Weicht der andere einen Schritt zurück, so rücke ich einen Schritt vor. Oder rückt der andere einen Schritt vor, weiche ich einen Schritt zurück. Unser Spürbewußtsein versagt an dem Punkt, wo die Erfahrung des Gemeinsamen aufhört. *Harmoniesucht* verbirgt immer einen Machtanspruch. Anstelle der Wahrnehmung dessen, was der andere braucht, setzen wir den zerstörerischen Akt, ihn so zurechtzubiegen, wie wir ihn haben wollen, oder die selbstzerstörerische Bereitschaft, uns zurechtbiegen zu lassen. Soeben noch schien alles leicht und frei, und jetzt herrscht nackte Gewalt. Diese hat viele Masken, zum Beispiel die Berufung auf objektive Wahrheiten, der Appell ans Mitleid, falsche Rücksichtnahme und anderes mehr. Destruktive Aggression zwischen Liebenden entsteht an diesem Scheideweg, wenn die Liebe, falls sie in

Ansätzen überhaupt da war, dem Bemächtigungstrieb geopfert wird.

Das atavistische »Und bist du nicht willig, so brauch' ich Gewalt« kann fürchterliche Folgen haben. Ein mir bekanntes Ehepaar lebte in scheinbarem Frieden, bis die Frau sich nicht mehr auf den Bannkreis ihres Mannes beschränken, sondern auch eigenen Interessen nachgehen wollte. Zu diesen hatte der Mann keinerlei Zugang. Nun begann er, einen solchen Gesinnungsterror auszuüben und setzte seine Frau durch Drohungen derart unter Druck, daß sie ihre Pläne ganz zurücknahm. Darauf wurde sie in den häuslichen Aufgaben so passiv, daß sie nur noch Arbeiten verrichtete, die ihr Mann ihr befahl. Dieser wiederum machte ihr die Antriebsarmut und Unselbständigkeit zum Vorwurf. Die Frau verfiel in apathische Gleichgültigkeit, was den Mann veranlaßte, ihr jeden Morgen einen Tagesplan aufzustellen, den sie zu befolgen hatte. Am Abend mußte sie darüber Rechenschaft ablegen. Die Frau wurde zwischen unterdrückten Aggressionen und Schuldgefühlen hin und her gerissen. Letztere traten als Aggressionen gegen sich selbst in Erscheinung: Fast täglich verletzte sie sich in der Küche, meistens mit einem Messer. Ab und zu wurde sie von Suizidphantasien geplagt. Als sie diese ihrem Mann anvertraute, geriet er in unsägliche Wut, sprach von Erpressung und hysterischem Getue. Darauf verzichtete sie, ihm über ihre selbstzerstörerischen Zwangsgedanken zu erzählen. Sie machte nur noch Schritte zurück, und ihr Mann nur noch Schritte vorwärts. Durch diese Frontverschiebung fühlte sie sich zunehmend in die Enge getrieben. Wie bei Gebietseroberungen rückte der Mann jeweils an den Ort, wo sich seine Frau soeben noch befunden hatte.

Eines Tages kaufte er sich ein neues, kostspieliges Auto

und teilte ihr am Abend mit, daß er von nun an das ihr zur Verfügung gestellte Geld kürzen werde. Mitten in der Nacht stand die Frau heimlich auf, nahm den Autoschlüssel aus der Hosentasche ihres Mannes, stieg in das neue Auto, fuhr in einen Abgrund und war auf der Stelle tot.

In solchen fatalen Beziehungsgeschichten gibt es immer zwei Opfer und zwei Täter. Deshalb müssen wir versuchen, den Ablauf auch aus der Verantwortungsperspektive des scheinbar ausschließlichen Opfers, nämlich der Frau, zu erzählen, so schwer uns dieser Perspektivenwechsel auch fallen mag. Kehren wir also zum entscheidenden Krisenpunkt der Partnerschaft zurück. Nachdem sie ihr Anliegen vorgebracht hatte, daß sie von nun an auch eigenen, ihrem Mann fremden Interessen nachgehen möchte, und sie in der Folge mit dessen Widerstand konfrontiert wurde, bekam sie es mit der Angst zu tun: Sie befürchtete, den Schutz ihres Partners und manche Bequemlichkeiten zu verlieren. Viele Jahre lang hatte sie sich an ein Leben in Luxus und ohne klare Auseinandersetzungen gewöhnt. Ihren Mann hatte sie geliebt, wie ein kleines Mädchen seinen Vater liebt. Die entsprechende »Liebe« ihres Mannes — die eines Vaters zu seiner Tochter — wollte sie nicht verlieren, und eine andere kannte sie nicht. Kein Preis war ihr dafür zu hoch, selbst nicht der Verrat an ihrer Selbständigkeit. Ein Leben ohne kindliche Unterordnung war ihr unvorstellbar, so daß sie im Tod die einzige Alternative sah. Sie wählte ihn in einer Form, die ihr Mann als aggressiven Akt gegen sich empfinden mußte. Doch gleichzeitig entzog sie sich dessen Folgen.

Welches ist die zweite mögliche Reaktion auf die Einsicht gegenseitiger Fremdheit in einer Liebesbeziehung? Und weiter gefragt: Wie stellen wir fest, daß zwei Menschen sich wirklich lieben?

Zur Antwort spielen wir das Szenario im obigen Beispiel anders durch. Gehen wir wieder vom Bild des Schrittes aus, den einer von beiden als erster tut, entweder vorwärts oder zurück. Angesichts der plötzlichen Selbständigkeit des einen beschleicht den anderen auf einmal Angst: »Mein Partner tut etwas ohne mich, ich verliere die Kontrolle und fühle mich verlassen, was wird aus mir werden?« Solche Gedanken tauchen ansatzweise auf. Vielleicht blitzt auch ein kurzer, wütender Impuls der Wut zur Unterdrückung des rebellischen Partners auf. Doch setzt sich dieser im neuen Szenario nicht durch. Das Spürbewußtsein für den anderen, der den unerwarteten Schritt getan hat, wird stärker. Ein Gefühl von Achtung, vielleicht bei gleichzeitigem Unverständnis, breitet sich aus. Die Achtung wächst zur stärksten Empfindung an, füllt sich mit Wärme und wird zu Liebe, die den anderen freiläßt und selbst da fördert, wo er Wege geht, die unter Umständen sogar von der Partnerschaft wegführen könnten. Weichst du einen Schritt zurück, mache also auch ich einen Schritt zurück, statt dir auf die Pelle zu rükken, und bleibe so mit dir verbunden. Trittst du mit einem neuen Schritt auf mich zu, stelle ich mich diesem, entweder, indem auch ich auf dich zugehe, oder indem ich dir standhalte und nein sage.

In diesem Beziehungsklima vertieft sich die Erfahrung des Geheimnisvollen. Der andere wird für mich zum Symbol für die unbegrenzten Möglichkeiten, Mensch zu sein. Indem ich das Risiko der Einsamkeit auf mich nehme, nicht nur in diesem Moment, da mir der Partner sein Anderssein signalisiert, sondern auch als mögliche Perspektive eines Lebens ohne ihn, erfahre ich mit wachen Sinnen, daß Lieben und Freilassen dasselbe bedeuten. Solange die Gemeinsamkeiten in der Beziehung

überwogen haben, konnte ich diese Verbindung erst in Ansätzen herstellen. Doch jetzt, da das Fremde stärker geworden ist, wird mir die Identität von Lieben und Freilassen augenfällig. Noch nie zuvor hat die Liebe mit solcher Kraft mein Herz geöffnet und meine Kreativität in allen Lebensbereichen geweckt. Das Geheimnisvolle nährt die Liebe.

Die Einheitssehnsucht der Liebenden kann sich nur in der Achtung für ihre vielfältige Verschiedenheit erfüllen. In der gegenseitigen Offenheit und Freiheit wächst die Liebe. Jetzt wird auch der moralische Appell zur Verantwortung überflüssig, denn dieser ist nur so lange notwendig, als Menschen sich gegen die Freiheit wehren. Der freie Mensch übernimmt Verantwortung aus eigenem Antrieb. Nach und nach merken beide, wohin die eigene Freiheit und die des anderen führt. Entweder läßt die Liebe das Vertrauen in die Beziehung wachsen, oder das Bedürfnis zu deren Auflösung setzt sich durch. Auch dann muß die Liebe nicht zu Ende sein. Sie kann sich sogar im Vollzug der Trennung als echt erweisen. Liebe ist ja nicht identisch mit Ehe, Partnerschaft und Zusammenleben.

Paare, die sich von ihrer Suche nach dem Geheimnisvollen durch nichts, auch nicht die Angst vor Einsamkeit, abbringen lassen, bekommen Lust zu experimentieren. So fremd wir beide uns sind, so vielfältig tun sich Möglichkeiten auf, uns in vielerlei Hinsicht zu begegnen. Statt vor der Perspektive einer neuen Situation in die stets gleichen Zwangsrituale einer öden Partnerschaft zu flüchten, suchen wir neue Rahmen, in denen wir uns gemeinsam neu ins Bild setzen. Natürlich halten auch uns tausend liebgewonnene Gewohnheiten zusammen; wir können das Leben nicht jeden Tag neu aus dem Nichts erschaffen. Doch

drängt es uns, auch diese zu sprengen, wenn das Herz durstig und der Geist träge werden. Du bist das Bild einer geheimnisvollen Welt, die ich nur lieben kann, wenn ich sie in stets neuen Facetten wahrnehme und mich ihr furchtlos stelle.

TRENNENDE AGGRESSION STATT LIEBE

ANGST VOR HINGABE UND
KONTROLLVERLUST

Es ist ein fataler Teufelskreis: Menschen, die sich nicht hingeben können, wecken in denen, die sich von ihnen zurückgewiesen fühlen, Aggressionen. Daß die Zurückstoßenden als Kinder selber Zurückgestoßene und Zuweniggeliebte waren, wird von denen, die die Kränkung der Abweisung durch Wut überspielen, nicht wahrgenommen. Zu sehr sind sie mit ihrer Verletzung beschäftigt, als daß sie ihr Herz für die Wunde derer öffnen könnten, die sie für die ihre verantwortlich machen. So werden die früh Verlassenen einmal mehr verlassen und bleiben im traurigen Bannkreis von Verlassen und Verlassenwerden. Sollten sie jedoch einmal einem Menschen begegnen, dessen Liebe stärker als die Kränkung ist, nicht mit gleicher Intensität und Kontinuität wiedergeliebt zu werden, einem, der sie lange genug liebt und nicht in die Elternrolle fällt, zumindest nicht auf Dauer und vorwiegend, dann haben sie eine Chance, die Isolierung im Liebesmangel zu durchbrechen und nach und nach Hingabe zu lernen.

Die Angst vor Hingabe stammt also aus dem Mangel an Liebe bei den frühen Bezugspersonen, meist den Eltern. Früh Verlassene und Ungeliebte klammern sich über die passende Zeit der Ablösung hinaus mit verzweifelter Hartnäckigkeit vergeblich an ihre Eltern, um die

lange entbehrte Liebe schließlich doch noch zu bekommen. Oder sie suchen sich andere Elternfiguren, deren Liebe sie sich, falls sie ihnen überhaupt gegeben wird, aufgrund ihres Urmißtrauens oft nicht nehmen können. Der ungestillte Durst nach Elternliebe bewirkt, daß die früh Zukurzgekommenen auch in ihren späteren Partnerschaften mehr die Eltern- als die Partnerliebe suchen. Aus welchen Gründen verhindert eben dieser Umstand ihre Hingabe an einen Partner? Ich erwähne die drei wichtigsten.

Der erste liegt auf der Hand: Sie suchen mehr die Liebe des anderen als die eigene Hingabe. Diese ist für sie oft gar kein Thema. Mit ihrer »Liebe« wollen sie vor allem verhindern, daß der andere sie nicht mehr liebt. Sie ist keine Liebe aus innerer Quelle, sondern Reaktion auf die vorwegnehmende Vorstellung, verlassen zu werden. Sie kontrollieren den Partner, damit das nicht geschieht: Ihre Angst vor Hingabe gründet in der Angst vor Kontrollverlust.

Der zweite Grund liegt im Zwang, das alte Unliebesspiel, das ihre Eltern einst mit ihnen gespielt haben, mit vertauschten Rollen zu wiederholen: Haben sich die Eltern dem Kind nicht ausreichend hingegeben, so gibt sich das erwachsen gewordene Kind seinerseits den Menschen, zu denen es sich hingezogen fühlt, nicht genügend hin. Der Impuls zu lieben wird durch den Gegenimpuls, sich vor Liebesverlust zu schützen und die Partnerschaftssituation unter Kontrolle zu halten, zunichte gemacht.

Der dritte Grund geht am tiefsten: Wer im Partner unbewußt in erster Linie den Vater oder die Mutter sucht, stößt in seiner Hingabe an eine natürliche Grenze, nämlich das Inzesttabu. Inzestuöse Verschmelzung mit

der Elternfigur würde die eigenständige persönliche Entwicklung verunmöglichen. Daher gilt es, die Kontrolle nicht durch Hingabe abzugeben.

Von Menschen, die sich trotz der inneren Inzestsperre in die Hingabe an einen »Vater« oder eine »Mutter« werfen, wissen wir, daß sie sich dabei bis zur Selbstaufgabe verlieren. Indem sie ihrer klebrigen Sehnsucht nach Elternliebe mit Haut und Haar verfallen, verpassen sie ihr Leben und verlieren ihre seelische und geistige Gesundheit. Sie versklaven sich an Eltern, die sie nie richtig gehabt haben, und verdeutlichen die früh erlittene Lieblosigkeit im Todesurteil gegen sich selbst.

Die meisten früh Verlassenen und nicht ausreichend Geliebten wählen den innerhalb ihres beschränkten Wahrnehmungshorizonts »natürlichen« Weg: Sie nehmen ihre Angst vor Hingabe und Kontrollverlust ernst und richten sich in einem Dasein mit dem zum Überleben gerade noch notwendigen Minimum an Liebe ein. Dieses zunächst bestmögliche Arrangement beschäftigt uns nun. Es tritt in zwei gegensätzlichen und sich ergänzenden *Formen der Angst vor Hingabe* auf.

Die *defensive*, passive Form der Angst vor Hingabe und Kontrollverlust äußert sich im Grundgefühl, jederzeit bedroht, in die Enge getrieben, unter Druck gesetzt, beeinträchtigt und an die Wand gedrückt zu werden. Im Hintergrund lauert immer der potentielle Verfolger. Das paranoide Lebensgefühl ist die Umkehrung des Gefühls der Hingabe: Die eigene Lebensenergie strömt nicht zum anderen Menschen hin, sondern wird auf diesen projiziert und fließt folglich in der verkehrten Richtung, nämlich vom anderen her zur eigenen Person hin, als wäre sie die Lebensenergie des anderen. So verfüge ich nicht mehr über genügend Energie, dem Gegenüber etwas Eigenes

entgegenzusetzen. Die Verbündung der Energien aus uns beiden im Fluß einer Begegnung wird vereitelt. Das Eigene wird zum Fremden und Gefährlichen, die konstruktive Lebenskraft zur destruktiven Zerstörungsmacht.

Die Übermächtigkeit der Angst erstickt im Keim jeden Ansatz eigener Hingabe. Ich erlebe meine defensive Grundhaltung als bloße Reaktion auf die offensiv erfahrene Welt. In Wirklichkeit ist sie deren Ursache. Da das eigene Selbst nur spiegelverkehrt in der Welt gesehen und nicht im Inneren erspürt wird, erfahre ich dann alle eigenen Gefühle mit ins Gegenteil verkehrten Vorzeichen: Hingabe wandelt sich in Bedrohung, Liebe in Haß, zupackende, gesunde Aggression in das Gefühl, verfolgt zu werden, die Schwere eines menschlichen Verlustes in die Erleichterung, von nun an weniger Ansprüchen und äußerem Druck ausgesetzt zu sein. Ich bin blind dafür, wie ich mit meiner Opferpose die Welt um mich herum kontrolliere, immobilisiere und manipuliere.

Zu Beginn des Spontanrituals eines knapp vierzigjährigen Mannes kristallisierte sich das Sätzlein »Ich bin Opfer« als auslösendes Energiesignal heraus: Unter allen Äußerungen des Mannes hatte es die stärkste Energieladung. Während er den Satz wiederholt aussprach – die Wiederholung ist ein Weg zum Spürbewußtsein –, belebte sich seine Stimme und gewann an Tiefe und Volumen. Die drei Worte waren nicht nur Ausdruck eines sich einkapselnden Komplexes und einer traumatischen Lebensspur, sondern enthielten auch einen heimlichen Befreiungsimpuls. Diese beiden Komponenten – stärkste Energieladung auf der traumatischen Spur und gleichzeitiger Befreiungsimpuls auf der erotischen Spur der Verbindung mit dem Leben – machen, wie bereits erwähnt, das Wesentliche am Energiesignal aus.

Während der Mann durch die Wiederholung des Sätzchens »Ich bin Opfer« und durch die gleichzeitige ausschließliche Zentrierung auf spontan auftretende Körperempfindungen und Bewegungsimpulse immer mehr in den Zustand leichter, wacher Trance geraten war, kauerte er sich hin, beugte seinen Kopf, bis dieser den Boden berührte, legte die Hände an beide Seiten des nun mit Stirn und Nase auf dem Boden ruhenden Kopfes und begann, vor Angst zu zittern. Gierig atmete er ein und hielt jedesmal die Luft lange an, bis er sie verstohlen und zögerlich ruckweise wieder losließ. Ein schmerzliches Wimmern ließ sich vernehmen und steigerte sich. Ab und zu wiederholte er noch die drei Worte »Ich bin Opfer«, doch mit verminderter Intensität.

Nun schlug ich ihm vor, diesen Satz wieder öfter zu wiederholen, doch die spürende Aufmerksamkeit nicht in dessen Wortlaut, sondern die eigene Körperhaltung zu lenken. Diese veränderte sich auf höchst auffällige Weise, während er meinem Vorschlag folgte. Zwar blieb er nach wie vor in Kauerstellung, auch sein Kopf berührte immer noch den Boden. Doch die angstvolle Verkrampfung löste sich völlig. Weich und entspannt lag nun der tiefer gebeugte Kopf mit dem Scheitel auf dem Boden. Rücken und Nacken, die sich soeben noch gegen ein unsichtbares Joch aufzubäumen schienen, bildeten einen harmonischen Bogen. Der Atem strömte in langsamen und tiefen Zügen. Die Hände lösten sich vom Kopf und legten sich neben ihn, mit den Handflächen nach unten auf den Boden. Die Haltung war nicht mehr die eines verzweifelten, versklavten Opfers, sondern eines Menschen in dienender Verehrung, ja, Anbetung.

Noch immer wiederholte er das Sätzchen »Ich bin Opfer«, auf einmal jedoch änderte er die Formulierung und

sagte mit warmer, begeisterter Stimme: »Ja, ich bin Opfer, und es ist richtig so. Ich opfere mich, ich gebe mich hin.« Kaum hatte er dies ausgesprochen, richtete er sich auf, schaute mit intensivem Blick in die Gruppenrunde und ließ seine Augen schließlich auf der jungen Frau ruhen, die seine Freundin war. Lange blickte er sie an und sagte endlich mit weicher Stimme und einem zarten, feinen Lächeln: »Wie schön, daß wir zusammen hier sind. Zuerst wollte ich nicht mit dir in diese Gruppe kommen. Jetzt freue ich mich, daß du da bist und daß ich da bin.«

Ich schlug vor, daß die Freundin sich dem Mann gegenüber in die Gruppenmitte setzte. Beide waren einverstanden. Nun wandte er sich mit ungefähr folgenden Worten an sie: »Ich spüre ganz viel Liebe zu dir. Das macht mich glücklich. In den letzten zwei Jahren habe ich mich ständig gegen dich gewehrt und kaum noch etwas für dich empfunden. Eigentlich dauerte die Anfangszeit unserer Beziehung, in der ich mich mit dir wohl gefühlt habe, ganze zwei Wochen. Zum ersten Mal seit jener Zeit sehe ich dich heute wieder richtig: Was du für schöne, lustige Augen hast! Du gefällst mir. Deine weiche Haut liebe ich am meisten. Seit meiner Kindheit habe ich mich immer gegen irgend jemanden gewehrt. In den letzten zwei Jahren warst du es. Ich hatte kaum mehr Kraft zum Leben. Jetzt ist es schön. Ich liebe dich. Ich konnte es dir seit langem nicht mehr sagen. Jetzt werde ich es dir oft sagen: Ich liebe dich.«

Auf einmal kamen dem Mann die Tränen. Eine Zeitlang schwieg er. Dann fing er wieder an zu sprechen: »Ich bin so traurig über die lange Zeit, in der ich nichts gespürt habe, fast nichts, außer Angst und Bedrohung. Es tut mir leid für dich. Du hattest es nicht gut mit mir. Ich ließ dich ganz allein. Heute abend werde ich dich sehr lange strei-

cheln. Du bist eine so liebevolle Frau. Ich liebe und verehre dich.« Je länger er seiner Freundin gegenübersaß, desto offener und bezogener wurde auch seine Körperhaltung. Nun öffnete er seine Arme. Die beiden umarmten sich und weinten lange in einem ruhigen gemeinsamen Fluß.

Im Kern jeder traumatischen Selbstverschließung schlummert das Gegenteil: eine erotische Öffnung zur Welt hin. So versteckt sich hinter der defensiven Opferhaltung die Fähigkeit zu Hingabe und Verzicht auf Kontrolle. Es reicht, lange genug die erste mit Spürbewußtsein zu füllen, damit sich schließlich die zweite aus ihr befreien kann: Der sinnlos sich selber Opfernde wird zum wirklich opfer- und hingabefähigen Menschen. Wir können jahrelang über frühkindliche Traumata sprechen, und es verändert sich in unserem Leben nichts. Spontanrituale wie das eben Beschriebene weisen die Spur zur Wandlung des Traumas in eine Geburtsöffnung.

Jetzt ist es an der Zeit, durch analytische Aufhellung des in der Kindheit Geschehenen die neue Spur auch reflexiv bewußt zu machen und zu vertiefen. Das Spontanritual ist keine magische Formel, um eine seelische Wandlung ein für allemal herbeizuzaubern. Es geht in ihm nicht um das Happy End. Denn jetzt fängt eigentlich alles erst richtig an. Das Entscheidende im Spontanritual ist nicht ein in jeder Beziehung abgerundetes Resultat, sondern die neue Richtung, in der es nun weitergeht.

Die *offensive*, aktive Form der Angst vor Hingabe und Kontrollverlust äußert sich in der Grundüberzeugung, daß Angriff die beste Form von Verteidigung und es jederzeit notwendig ist, sich anzustrengen, um nicht unterzugehen. Sie ist eine Reaktionsbildung auf die defensive Existenzerfahrung: Thema der ersten, passiven Form der

Angst vor Hingabe und Kontrollverlust. Der Angegriffene ergreift die Flucht nach vorne, der Verfolgte wird zum Verfolger. Während Menschen, die in der defensiven Form gefangen sind, leicht an Müdigkeit, Schlappheit, Kälte und Antriebsarmut leiden, erwecken Menschen der offensiven Form den Eindruck ständig gespannter Wachheit und Kontrolle. Sie sind immer auf dem Sprung und bereit zu Kritik, Angriff und Ausfälligkeit.

Ein Ehepaar wies im mangelnden Zusammenspiel der sexuellen Begegnung die für die beiden Formen der Angst vor Hingabe typischen Verhaltensweisen auf. Der Mann klagte über verfrühten Orgasmus, die Frau über die Schwierigkeit, auch nach längerer Zeit überhaupt zum Höhepunkt zu kommen. Beide wurden sie als Kinder viel zuwenig berührt, gestreichelt, gehalten, getröstet, beruhigt. Aus der daraus entstandenen Angst vor Hingabe ergriff der Mann die Flucht nach vorne in die widerstandsorientierte Haltung des Karrieristen und die Frau die Flucht nach hinten in die Dulderhaltung der angepaßten Hausfrau. Doch beide litten sie am selben Grundübel, nämlich an der Angst vor Kontrollverlust, Beeinträchtigung und Bedrohung von außen und deshalb auch vor ruhiger, kontinuierlich sich vertiefender, selbstvergessener Hingabe in der sexuellen Verschmelzung. In der Sexualität kam am spürbarsten zum Ausdruck, was die ganze Beziehung belastete.

Daher arbeitete ich mit beiden gemeinsam in ähnlicher Weise, wie ich es mit dem Mann in der letzten Geschichte getan hatte, nämlich mit dem spürbewußten Gewahrwerden der defensiven bzw. offensiven Fehlhaltung. Ich brachte also nicht von außen Vorschläge zu verändertem Verhalten ein. Damit wäre auch ich zum bedrohlichen Angreifer geworden. Beide realisierten mit der Zeit, daß

es nichts zu ändern, vieles jedoch zu erspüren gab, und zwar in allen Lebensbereichen, in denen sie sich begegneten. Das innewerdende Spürbewußtsein bringt von allein die Wandlung, von der alle forcierten Willensanstrengungen nur noch weiter entfernen.

Dank wachsender Spürbewußtheit merkten beide, wie nahe sich ihre Fehlhaltungen eigentlich waren. Die Frau, die, wie gesagt, dem defensiven Grundtypus angehörte, nahm sich nun auch als versteckt aggressiv und offensiv wahr, etwa im Sticheln, giftigen Kritisieren, heimlichen Manipulieren, in der Provokation des Ehemannes, er müsse alles für die Beziehung tun, und nichts von dem, was er tue, sei genug, also im raffinierten Wecken von Schuldgefühlen bei ihm. Der Mann, Angehöriger des offensiven Grundtypus, lernt seine Verzweiflung, sein Gefühl des Ausgeliefertseins, sein hoffnungsloses Sich-wehren-Müssen innerlich in unzähligen Verhaltensweisen zu erspüren. Auch in der sexuellen Begegnung schlug ich den beiden vor, nichts zu verändern, sondern das im Moment Geschehende wach, ohne Distanz und Selbstkritik spürend wahrzunehmen und sich anschließend gegenseitig ohne Deutung und Wertung sorgfältig und ausführlich ihre Wahrnehmungen mitzuteilen.

Die Angst vor Hingabe beruht auf der Verdrängung einer Aggression, ohne die es keine Hingabe gibt, nämlich der natürlichen Aggression nicht nur im Anfassen, Zupacken, Vor- und Eindringen, sondern auch im bejahenden Empfangen und Aufnehmen. Bei Frau und Mann handelt es sich mit zum Teil unterschiedlichen Ausdrucksformen um die gleiche notwendige Aggression, ohne welche die Sehnsucht nach Hingabe in defensive oder offensive Angst abrutscht! Der Mangel an lebendiger, warmer Berührung im Kindheitsalter führt später

beim Erwachsenen im Anpacken der anstehenden Lebensaufgaben zu Unsicherheit und Anspannung. Das ruhige Sich-Erspüren in eben dieser Unsicherheit ist der Anfang eines sicheren Spürbewußtseins.

In der psychotherapeutischen Arbeit berührt es mich stets von neuem, mit welcher Hingabe sich Menschen um die Fähigkeit zur Hingabe bemühen. Sobald sich die Anstrengung dank Spürbewußtsein in Entspannung wandelt, erwacht die Liebe. Der einzig wirkliche Reichtum des Menschen ist seine Fähigkeit zu lieben.

Ausrasten und weglaufen

Wer kennt ihn nicht: den Menschen, der in Belastungssituationen plötzlich Verantwortung, Aushalten einer kreativen Spannung, konstruktives Durchstehen von notwendigem Einsatz mit dem Kopf voran wutentbrannt durchstößt, wie der Stier in der Arena durch das rote Tuch stürmt. Ein klarer Schritt war angezeigt, doch jetzt liegt roter Nebel über der Schlachtstätte, die eigentlich ein Begegnungsfeld hätte werden sollen. Die Wut hat es fertiggebracht, genau jene Spur zu verwischen, die weitergeführt hätte. Die Mitbeteiligten sind konfus, vor den Kopf gestoßen, wissen nicht mehr, worum es eigentlich gegangen ist. Genau dies war die heimliche, unbewußte Absicht des Blindwütigen: ein Verwirrspiel mit den anderen und vor allem mit sich selber zu treiben, mit lautem Getöse und Gerassel alle guten Geister zu vertreiben und jeden Ansatz zu einem neuen authentischen Schritt in Grund und Boden zu stampfen.

Immer, wenn etwas Wichtiges bevorsteht — eine Begegnung, eine zu lösende Aufgabe, eine notwendige Einsicht oder Entscheidung — wächst in uns die Spannung: Der Blutdruck steigt an, das Blut fließt in jenes Organ, das jetzt am meisten gebraucht wird, Vorstellungen und Gedanken gruppieren sich um den bevorstehenden Einsatz, all unsere Lebenskräfte beginnen, sich auf diesen

hin zu zentrieren. Der Sinn solcher Spannung liegt in dieser Zentrierung. Gelingt sie, werden wir zu ganzheitlicheren Menschen. Mißlingt sie, schwächt uns eine Spaltung.

Die Spannung macht es möglich, Dinge zu vollbringen, zu denen wir mit unserem normalen Energiepegel nicht imstande wären. Auch der Hormonhaushalt richtet sich darauf ein: Adrenalinstöße mobilisieren die jetzt notwendigen Energiereserven.

Der Blindwütige reagiert wie ein in Panik ausbrechendes Pferd: Kräfte, die für eine entscheidende Aktion geweckt wurden, verpuffen und verstreuen sich in unkoordinierten, ziellosen Bewegungen. Die anschließende Erschöpfung ist nicht Folge eines bewältigten Engagements, sondern eines bombastischen Ausweichmanövers. Daher auch die Scham, die manchen aus dem Toben in die Ermattung Sinkenden überfällt: Scham über sinnloses Vergeuden der Lebensenergie. Die Blöße war bei dem, der sie sich gegeben hat, schon vorher da, doch jetzt wird sie ihm spürbar. Eine Gelegenheit zu wachsen ist vertan.

Entsteht in uns ein innerer Druck, so bedeutet dies, daß wir einen präzisen Punkt in der Lebensgestaltung anzugehen haben. Dieser ist der Energiepunkt; er bildet das Energiesignal. Das Anschwellen der Energie ist weniger Ausdruck von Stauung als Anstoß zu einem Prozeß, den es nun zu durchlaufen gilt. Die jetzt wachsende Aggression kann in zwei Richtungen laufen: entweder in die beschriebene destruktive Verwirrung — nach außen und innen — und Neutralisierung der mobilisierten Energie, oder ins sofortige Anpacken des zu Erledigenden. Wir wenden uns nun näher dem Menschen zu, der dieses durch Ausrasten vermeidet.

Für ihn ist der steigende innere Druck nicht Signal zum Anpacken, sondern Weglaufen. Als Kind lebte er in einer kalten Welt, in der es nicht genug Wärme, Zuwendung und zuverlässige Liebe gab. In den entscheidenden Momenten der Not war er allein und verlassen. So wurde die Welt für ihn bedrohlich. Es gibt keine schrecklichere Bedrohung als die Abwesenheit von Liebe. Zupacken würde für ihn heißen: in die Leere greifen, sich der Dunkelheit und Kälte der Lieblosigkeit aussetzen, einmal mehr im Nichts aufzulaufen. Ihm fehlt sogar das Restvertrauen des Geschlagenen und Unterdrückten. Dieser stieß wenigstens auf Widerstand; zwar kannte auch er nicht die Begegnung, doch immerhin die »Vergegnung«, das heißt, die mißglückte Begegnung. Menschen, denen die Angst früher Abwesenheit unbekannt ist, können sich nicht vorstellen, wie jemandem zumute ist, der an ihr leidet.

Die früh geprägte Angst durch Abwesenheit bedrängt den Betroffenen dann besonders heftig, wenn er Druck empfindet. Er vermag nicht zwischen einem Druck von außen, dem er Widerstand bieten könnte, und einem Druck von innen zu unterscheiden, der eigentlich inneren Drang zu neuem Wachstum bedeutet. Als Kleinkind war er noch so sehr mit seiner Umwelt verschmolzen, daß die Unterscheidung von innen und außen, von innerem Drang und äußerem Druck unmöglich war. Außerdem war er ganz und gar auf seine Bezugspersonen angewiesen und im Durchsetzen seiner Entwicklung aus sich selber heraus noch schwach. Daher bedeutete für ihn jedes Druckgefühl Bedrohung von außen. Das Zusammenspiel von innerem Angewiesensein und äußerer Abwesenheit schuf in ihm ein paranoid gefärbtes Weltbild und die Tendenz, vor jedem Anspruch zu flüchten, statt ihm standzuhalten.

Nicht alle Menschen, die in Belastungssituationen ausrasten und weglaufen, empfinden Beschämung. Andere isolieren sich im Amoklauf ihrer Ausbrüche so total, daß sie anstelle der Beschämung ein lustvoll zerstörerisches Gefühl anarchistischer Freiheit überkommt, und dies nicht nur in Wutausbrüchen. Unterschwellig ist es jederzeit da. Ein davon betroffener Mensch scheint zu sagen: »Ihr habt mich von Anfang an verlassen. Ich schulde euch nichts. Ich bin in einer kalten, gleichgültigen Welt groß geworden. Ihr verdanke ich die Anonymität einer grenzen- und rücksichtslosen Freiheit. Nie habe ich mit euch Verbundenheit erlebt. Nun bin ich frei von allen Bindungen. Auf meine Empfindungen habt ihr nicht reagiert; sie wurden vom Weltall verschluckt. Jetzt bin ich frei auch von ihnen. Kein Gefühl für andere hindert mich an der Unabhängigkeit. Ihr habt mich nicht beachtet. Ich profitiere von meiner Isolierung. Ohne Verantwortung herrsche ich im luftleeren Raum. Stoße ich hier auf einen anderen, ist er ein Nichts, und ich kann ihn durchstoßen, wenn es mir nützt.«

Diese Worte, nie ausgesprochen und meist ganz unbewußt, prägen aus der Tiefe solche Menschen, für die das Ausrasten und Weglaufen die eigentliche, typische Lebensbewegung – das negative Energiemuster – bedeutet. Die meisten kennen sie nur in Andeutungen und vermischt mit lebensfördernden Verhaltensmustern. Sie wurden in der Kindheit zwar nicht ausreichend, aber immerhin einigermaßen geliebt. Doch brechen auch bei ihnen immer wieder anarchistisch unbezogene Verhaltensweisen durch. Es sind Menschen, die in ihrem Lebenslauf punktuell unerwartete Katastrophen aufweisen, sei es in ihrer eigenen Person, sei es in ihrer näheren Umgebung. Etwas in ihnen ist süchtig, von Zeit zu Zeit abzustürzen.

Überhaupt zeigt sich die destruktive Freiheit der Daseinswütigen aller Schattierungen und Stärkegrade in der Neigung zur *Sucht*. Die Ausrastenden und Weglaufenden wollen den Lebensfluß passiv konsumieren, statt ihn aktiv zu nähren. Ihre Gier ist Antwort auf frühe Versagungen. Sie nehmen sich unmäßig viel, weil sie in den entscheidenden Momenten ihres Lebens das Notwendige nicht bekommen haben.

Ein Mann, der in den Phasen gierigen Ausrastens dazu neigte, wahllos zu stehlen, was sein Auge gerade anzog, sagte zu mir: »Ich habe ein Recht darauf zu klauen.« Die Sucht meldet sich immer dann besonders stark, wenn die Spannung im Vorfeld einer sich aufdrängenden Entscheidung oder Handlung zum Gipfel ansteigt.

Der ständig Ausrastende und Weglaufende ist beziehungsunfähig. Wie aber gestalten sich Partnerschaften, in denen der eine diesem Typus in abgeschwächter Form angehört? Es ist natürlich nicht zufällig, daß eine Frau oder ein Mann – häufiger sind es Frauen – sich in einen immer wieder Flüchtenden verlieben und mit ihm zusammen ihr Leben verbringen wollen. Ausnahmslos verkörperte bei ihnen bereits ein Elternteil diesen Typus. Weniger offensichtlich als ihre Partner weichen auch sie aus, allerdings nicht nach außen, sondern nach innen. Sie flüchten nicht in die Spuren verwischende Wut, wohl aber in die ebenfalls Spuren verwischende innere Gefühllosigkeit und Versteinerung. Ebenso wie ihre Partner sind auch sie übermäßig von Suchtangeboten abhängig, auch wenn ihnen dies nicht bewußt ist. Während zum Beispiel der Mann trinkt, konsumiert die Frau Religion oder Esoterik. Entscheidend dabei ist, daß beide das Gefühl prägt, ohne Energiespritze von außen unterzugehen, ob diese nun Nikotin oder Astrologie heißt.

Wohlverstanden: Es sind nicht diese oder andere Impulse, die ich negativ bewerte. Wir können auf alle äußeren Angebote als abhängige oder freie und unabhängige Menschen reagieren. Ich kenne viele Menschen, die sich in einer persönlich bereichernden Weise ohne Abhängigkeit mit Astrologie oder esoterischer Spiritualität beschäftigen. Natürlich gibt es Bereiche, zu denen sich abhängige und zum Konsum neigende Menschen besonders angezogen fühlen. Doch muß uns nichts in die Abhängigkeit führen, obgleich uns alles in die Abhängigkeit führen *kann*. Hier geht es bloß um die Feststellung, daß in einer Partnerschaft, in welcher der eine zur Flucht nach außen neigt, auch der andere flieht, meist nach innen. Das Prinzip der »Mit-Abhängigkeit« — *co-dependency* — spielt und wirkt auch hier.

Es ist in einer Partnerschaft unmöglich auszumachen, wer als erster wegläuft: Ist es der, welcher am neuralgischen Punkt einer Auseinandersetzung die Tür von außen zuwirft, oder der andere, der in der gleichen Situation die Tür seines Herzens von innen verschließt? Solange zwei Partner sich mit dieser Frage beschäftigen, herrscht ein Machtkampf. Allein wichtig ist es für beide, immer spürbewußter zu werden, also mit bezogener Wachheit — Kennzeichen von Unabhängigkeit — das zu erspüren, was zwischen beiden geschieht, und sich die Frage zu stellen: »Wie machen wir das? Wie verhalten wir uns in den für unsere Beziehung entscheidenden Momenten?«, und zwar jeder nur in bezug auf sein eigenes Verhalten. Dann merken sie allmählich, daß sie nicht einem äußeren, sondern inneren notwendigen Anspruch ausweichen. Kraft und Fähigkeit wachsen in ihnen, den inneren Druck, den sie immer mehr als lustvollen Drang empfinden, so lange sich steigern zu lassen, bis eine Begegnung zwischen ih-

nen stattfindet. Mit der Zeit lernen sie, das heiße Thema gemeinsam fühlend zu umkreisen, bis sich die Lösung abzeichnet. So wandelt sich die destruktive, dem Leben ausweichende, in eine konstruktive, das Leben beim Schopf fassende Aggression. Sie erfahren eine von der anarchistischen Bindungslosigkeit ganz verschiedene Freiheit der Herzenswärme und Bezogenheit.

Solange eine Partnerschaft noch vom Beziehungsstil zwanghaften Weglaufens bestimmt wird, nährt jeder in sich heimlich die irrationale Hoffnung, daß der andere die ganze Last der Beziehung tragen möge: Zwei verheiratete Kinder frönen der abwegigen Sehnsucht, doch noch den Vater oder die Mutter zu finden, bei denen sie sich ausruhen könnten und die ihnen die Verantwortung fürs eigene Leben abnehmen würden. Doch ist in einer Weglaufbeziehung diese Sehnsucht noch illusorischer als in anderen Partnerschaften. Jeder erlebt bei anderen das Gegenteil von seiner Erwartung, nämlich die Neigung, Eigenverantwortung abzugeben. Deshalb kocht in beiden offene oder versteckte Wut gegeneinander. Der Partner spielt die Rolle des Sündenbocks für alle im Leben erlittenen Frustrationen.

Die gegenseitige Aggression hat noch eine weitere Ursache: Die Abhängigkeit, in der sich beide befinden, mindert in ihnen das Selbstwertgefühl: »Ich bin nichts wert, weil ich auf dich angewiesen bin.« Auf diese empfundene Minderwertigkeit reagieren sie vielleicht, indem sie durch Projektion den Spieß umdrehen: »Du bist weniger wert als ich, folglich bin ich mehr wert als du.« Im System gegenseitiger Entwertung und Abhängigkeit nimmt die Tendenz zu, wegzulaufen, der eine durch Ausrasten, der andere durch Einschnappen. Wie jedes Unliebesspiel verstärkt sich auch dieses durch Rückkoppelung.

Es gibt auch gleichgeschaltete Flucht-Partnerschaften, in denen beide entweder in blindwütiger Wut ausrasten und sich gegenseitig Kissen, vielleicht auch harte Gegenstände an den Kopf werfen und sich unter Umständen sogar prügeln, oder nach innen in Sprachlosigkeit und Gefühlsbetäubung flüchten. Diese kommen selber zum Punkt, wo die Selbstzerstörung des Paares unübersehbar wird und zur Entscheidung zwingt: Machen wir uns weiterhin kaputt, trennen wir uns, oder suchen wir den dritten Weg des Spürbewußtseins?

Weglauf-Beziehungen sind deshalb oft so zählebig, weil sich beide Partner mit Schuldgefühlen plagen. Eigentlich wissen sie, daß sie in kritischen Situationen aus der Beziehung wegrennen. Zwar versuchen sie verzweifelt, nicht zu flüchten. Je mehr sie trotzdem flüchten, desto quälender werden ihre Schuldgefühle. Diese verstärken noch den Druck, unter dem beide ohnehin schon leiden, und führen immer weiter von der Lösung weg. Schuldgefühle intensivieren den Weglaufimpuls, statt ihn zu mildern. Sie gehören zu den hartnäckigsten Ausweichmanövern, durch die sich Menschen am Leben hindern.

Fluchtwege aus dem Dasein

Mit einer Therapiegruppe ging ich der Frage nach, welches die häufigsten Fluchtwege im kritischen Moment eines sich meldenden Entwicklungssprunges sind. Da sie immer Ausweichbewegungen weg vom Ort der stärksten Energieströmung, also aus dem spürbewußten Dasein bedeuten, nenne ich sie *Fluchtwege aus dem Dasein*. Zwei von ihnen, nämlich die extravertierte Regression ins Ausrasten und Weglaufen und die introvertierte Regression in Abkapselung und Versteinerung waren Thema des letzten Kapitels. In diesem nun werde ich neun weitere Fluchtwege darstellen, wie wir sie in der besagten Gruppe wahrgenommen und beschrieben haben. Der neunte Fluchtweg, nämlich die Rebellion gegen das Tatsächliche ist die Quintessenz aller anderen. Deshalb müssen sie in einem Buch über Aggression ihren Platz finden. Da sie außerdem immer Fluchtwege aus der Beziehung zum Du bedeuten, bilden sie einen wichtigen Aspekt im Thema der Aggression zwischen Liebenden.

Menschen neigen dazu, immer am gleichen Punkt eine Lebensbewegung abzubrechen. Diese Unterbrechungen — in der Psychoenergetik nennen wir sie *Selbstunterbrechungen* — werden so sehr Teil unseres Charakters im Sinne Wilhelm Reichs, daß wir sie mit unserer

Natur verwechseln und große Angst empfinden, wenn wir ihre Schwelle einmal überschreiten. Wir haben dann den Eindruck, das ungewohnte Erleben gehe über unsere körperlichen, geistigen oder seelischen Kräfte. Angstvorstellungen von Krankheit und Tod werden in uns wach. Daß diese nicht den realen Tod, sondern den symbolischen Wandlungstod meinen, erfassen wir erst, wenn wir die Schwelle spürbewußt überschritten und die neue Lebensbewegung bis zu ihrem natürlichen Ende ausgeführt haben.

Die Schwelle des Wandlungstodes nenne ich *Energieklippe*, weil hier die Gefahr besteht, daß die Lebensenergie auf einen inneren Widerstand prallt und sich in widersprüchlichen Ersatzbewegungen zersplittert und aufreibt. Das psychoenergetische Begriffsbild der Energieklippe entspricht dem psychoanalytischen Begriff des Abwehrmechanismus.

Die risikoreichsten Energieklippen gehen auf die Kindheit zurück: Immer wieder unterbrachen frühe Bezugspersonen am gleichen Ort unseren Lebensschwung. Eine *Wachstumsgebärde* blieb gleichsam in der Luft hängen. Nach und nach haben wir dann die von außen induzierte *Flußunterbrechung* verinnerlicht, bis sie Teil unseres Charakters wurde. Sie tritt in seelischen Komplexen, emotionalen Blockierungen und körperlichen Verspannungen und Fehlhaltungen — drei Aspekte des gleichen Sachverhalts — unmißverständlich in Erscheinung. Die enge und gefährliche Spur zwischen Scylla und Charybdis zu verfolgen heißt, bei allem süßen Sirenengesang, der ins Abseits lockt, unbeirrt und mit voller Aufmerksamkeit mitten in der stärksten Strömung drinzubleiben und weiterzufahren. Dann öffnet sich vor uns auf einmal eine neue Wahrnehmungsperspektive des Daseins. Von

der *traumatischen Spur*, auf der wir stets die gleichen Fluchtwege beschritten haben, sind wir zur *erotischen Spur*, auf der wir uns immer tiefer mit uns selber und den anderen verbinden, übergegangen.

Wohl in jedem Menschen sitzt mehr oder weniger dominant ein kleiner abstrakter Satz mit sehr konkreten autosuggestiven Wirkungen fest, ein Satz, der ein bestimmtes psychisches Ausweichmanöver verbirgt. Ich beschreibe zwei Grundmuster eines solchen Satzes — die ersten beiden Fluchtwege aus dem Dasein.

Das erste Grundmuster tritt vor allem in zwei Varianten auf: *Ich möchte, aber ich kann nicht*, und: *Ich will, aber ich kann nicht*. Menschen, die diese Grund-Sätze befolgen, leiden an einer Spaltung zwischen einem dominanten Intellekt und Willen einerseits, und einem schwachen Spürbewußtsein andererseits, zwischen Kontrolle und Geschehenlassen. Sie erfahren ihren Lebensschwung als bloße Kopfgeburt ohne Rückhalt im leiblichen Organismus. Ihr Bedürfnis nach Leben ist stark, doch ihr Vertrauen ins Leben schwach. Sie spüren nicht, daß das, was sie wollen und möchten, wenigstens zum Teil Ausdruck dessen ist, was in ihnen zur Entwicklung angelegt ist. Ihr Gespür für das Mögliche und Notwendige ist gleichsam narkotisiert, weil sie oft in ihrem spontanen Elan entmutigt und gebremst wurden.

Das Spiel, das andere mit ihnen gespielt haben, spielen sie nun mit sich selbst. Streckenweise mögen sie durchaus im Einklang mit sich selber leben. Doch wenn eine kritische Situation eintritt — *Krisis* bedeutet auf griechisch Entscheidung —, weichen sie in die altbekannte Spaltung aus: Einmal mehr denken sie zuviel und fühlen zuwenig. Sie versuchen, die ungewohnte Situation im Griff zu behalten, und bleiben dadurch im Gewohnten fixiert. So

vereiteln sie den gerade jetzt unerläßlichen Übergang vom Kontrollbewußtsein zum Spürbewußtsein, das aktiv in das von allein Geschehende einstimmt.

Oft lasse ich dann den hemmenden Satz »entmischen«, das heißt, ich schlage vor, zunächst ausschließlich in den geladeneren Teil des Satzes hineinzugehen und ihn durch ständige Wiederholung zu verstärken. Die Eindeutigkeit fördert das Spürbewußtsein. Vielleicht bricht das »Ich will« nach und nach zusammen und macht einer starken Empfindung Platz, zum Beispiel der Ohnmacht. In diesem Fall nimmt der zweite Teil des Satzes, nämlich »Ich kann nicht«, den ganzen Seelenraum ein, und wer es lange genug in ihm aushält, erlebt vielleicht die Wandlung der Ohnmacht in heilsame Ergebenheit. Der wichtigste Beitrag des Therapeuten liegt im Stützen des emotionalen Durchhaltevermögens.

Der zweite Fluchtweg aus dem Dasein drückt sich ebenfalls in einer widersprüchlichen Mitteilung aus, und auch diese tritt in zwei Varianten auf: *Ich will, aber ich darf nicht* und: *Ich muß, aber ich will nicht.* Das frühere Verbot bzw. Gebot einer äußeren Autorität, zur Instanz des Über-Ich verinnerlicht, tritt wiederum von außen her auf uns zu, doch nicht mehr in der Wirklichkeit, sondern als Projektion auf diese. Wer die Welt nur als entfremdenden Anspruch und einengendes Muß, und sich selber nur im Widerstand erlebt, fixiert sich in der Rolle des aussichtslosen Rebellen. Diese ehrenvolle Rolle maskiert eine andere, beschämende, nämlich die des passiven Opfers, das die Ruhe anstelle des Sturms sucht.

Nachdem ein junger Mann die beiden Teile dieses Grund-Satzes einen nach dem anderen durchgelebt hatte, sank er in einer spontan eingenommenen dritten Position erschöpft zu Boden und gönnte sich die ersehnte Ruhe.

Da er dies im Gegensatz zu seinem gewohnten Verwirrspiel offen und bewußt tat, war seine Ruhe diesmal schöpferisch: Er sammelte Kraft für ein drittes Sätzlein, das er schließlich aussprach, nämlich: »Ich kann.«

Wer sich auf den Satz »Ich will, aber ich darf nicht« eingeschworen hat, gesteht offen seine Opferrolle ein. Seine Verschleierung bezieht sich nicht auf diese, sondern auf die Tatsache, daß er eigentlich gar nicht will. Sein unechtes »Aber ich will« dient der Stärkung seines lädierten Selbstwertgefühls. Solange uns eine bloß verinnerlichte, unserem Wesen eigentlich fremde Instanz bestimmt, können wir weder wollen noch nicht wollen. Nur der freie Mensch will wirklich.

Eine Frau wiederholte mit verschiedenen Modulationen der Stimme und variierenden Gebärden »bis zur Bewußtlosigkeit« so lange die drei Worte »Ich darf nicht«, bis sie plötzlich in ein ungeheures Lachen ausbrach, dem sich niemand in der Gruppe entziehen konnte. Schließlich stieß sie immer noch lachend hervor: »Ich darf zwar nicht, aber ich tue es trotzdem.« »Was denn?« fragte ich, und sie antwortete schnell und präzise, indem sie aussprach, was sie in ihrem Leben bisher unerledigt hatte liegenlassen.

Ein dritter, sehr häufiger Fluchtweg aus dem Dasein besteht in der *Verallgemeinerung* einer momentanen seelischen Hemmung, zum Beispiel im Satz: »Ich mache das immer so« oder »Ich kenne das schon«, wenn sich etwa in einem Spontanritual eine bestimmte Erfahrung durchsetzt. Verallgemeinerungen setzen eine Distanznahme vom sich jetzt Ereignenden voraus, und eben darin zeigt sich die Fluchtbewegung. Wer sich kurz vor der Schwelle zu einem neuen Fühlen und Verhalten zurücksetzt und sagt: »Ich kenne das schon«, meint eigentlich: »Ich bleibe bei dem, was ich schon kenne.«

In dieser Situation stehen Therapeuten in Gefahr, ebenfalls wegzugehen, nämlich in die Verunsicherung und Kränkung. Dies verleiht der Fluchtbewegung des anderen zusätzliche Energie. Gerade jetzt gilt es, unbestechlich weiter dazusein und durch diese klare Haltung dem Gegenüber zu ermöglichen, ins eigene spürbewußte Dasein zurückzukehren und den Schritt über die Schwelle hinaus erstmals zu tun.

Ein weiterer, vierter Fluchtweg ist die *Fixierung auf eine einzige Wahrnehmungsperspektive.* In einem Partnerspiel, in dem es um die Entwicklung von Resonanz und Hingabe ging, begann sich ein Mann in Gegenwart der Frau, die ihm gegenübersaß, sichtlich zu entspannen. Seine Haltung entkrampfte sich, seine Stimme wurde weich und seine Augen begannen, warm zu glänzen: Mehr, als ich es je zuvor bei ihm beobachtet hatte, entfaltete sich seine Fähigkeit zur Hingabe. Als er seine Arme in einer natürlichen, liebevollen Gebärde zum Umarmen öffnete, hielt er im letzten Augenblick inne, schaute von seiner Partnerin weg und zu mir hin und sprach den Satz aus: »Ich schaffe es nie, mich hinzugeben.«

Diese Worte bewirkten, daß sein Lebensschwung in der Hingabe völlig erlahmte. Vor der kurz bevorstehenden neuen Erfahrung war er in die ihm wohlbekannte Fixierung auf die Aussichtslosigkeit jeglicher Bemühung um die Hingabefähigkeit ausgewichen: ein ebenfalls sehr verbreiteter, raffinierter Fluchtweg aus dem Dasein.

Ich schaute nicht ihn an, sondern lenkte stellvertretend für ihn meinen Blick auf seine alleingelassene Partnerin und blieb unverwandt im Blickkontakt mit ihr, während er mich zunächst irritiert, dann betroffen anschaute, wie mir ein Gruppenmitglied anschließend mitteilte. Schließlich merkte ich, daß er seinen Blick von mir ab-

wandte und erneut den Augenkontakt mit seiner Partnerin suchte. Da wandte ich mich von beiden ein wenig ab und sah aus dem Augenwinkel, daß er nach langem, spannungsgeladenem Schauen wieder offen und weich wurde und auf einmal mit einem Seufzer der Erleichterung seine Partnerin fest und innig in die Arme nahm.

Der fünfte Fluchtweg aus dem Dasein ist die *Fixierung auf Reaktionen von außen*, zum Beispiel auf Anerkennung oder Kritik. Menschen, die ihn unbewußt gewählt haben, treten nicht in die verbindende Resonanz mit ihren Bezugspersonen, sondern pendeln unruhig und schnell zwischen ihren eigenen Empfindungen, Gedanken, Handlungen und der Beobachtung der Reaktionen bei den anderen hin und her. Oberflächlich gesehen könnte es scheinen, daß die Menschen auf diesem Fluchtweg über viel Empathie und Einfühlung verfügen, und das trifft auch zu, allerdings nur in bezug auf das Erspüren der anderen in den Reaktionen auf sie selber: Sie haben eine feine Nase dafür, was andere über sie denken und für sie fühlen, reagieren sensibel auf jede atmosphärische Veränderung. Leicht lassen sie sich von außen mitreißen oder herunterdrücken. Sie verführen die ihnen nahen Menschen, sie trotz ihres zeitweilig abstoßenden Verhaltens immer noch zu mögen, versprechen viel, um gute Stimmung zu schaffen, und halten nur dann ein Versprechen, wenn sie sich noch in der gleichen Stimmung wie zum Zeitpunkt, als sie das Versprechen abgelegt haben, befinden, was eher selten vorkommt. Ihre Unzuverlässigkeit und Launenhaftigkeit kompensieren sie mit vielen spontanen Sympathiebekundungen, Liebesbeteuerungen und Geschenken. Diese kommen jedoch keineswegs aus kalter Berechnung. Innerhalb ihres reaktiven Lebensstils können sie es durchaus ehrlich meinen und sind beleidigt,

wenn die Ernsthaftigkeit ihrer Gefühle in Frage gestellt wird. Da sie ganz allgemein von äußeren Reaktionen abhängen, trennen sie sich von ihren Partnern, wenn sie in einer anderen Beziehung mehr geliebt werden. Überhaupt liegt ihnen mehr daran, geliebt zu werden als zu lieben. Von den Reaktionen der anderen machen sie sich so sehr abhängig, daß es ihnen manchmal selber unerträglich wird. Dann neigen sie dazu, rücksichtslos und plötzlich Brücken hinter sich abzubrechen, um bis zur nächsten Abhängigkeit Luft zu holen. Da es ihnen an der notwendigen Abgrenzung innerhalb einer bestimmten Beziehung fehlt, suchen sie, vielleicht nach langer Zeit, einen Platz außerhalb von dieser und setzen anstelle der Abgrenzung die Trennung.

Sie leben ganz im Augenblick, allerdings nicht im Sinne eines eindeutigen spürbewußten Da-Seins, in dem die wache Empfindung für die eigene Lebensgeschichte und -dynamik ihren Platz hat, sondern eines völligen Aufgehens und Sich-Aufgebens im atmosphärischen Fluidum des Moments.

Viele Menschen der jungen Generation ergreifen am häufigsten diesen Fluchtweg. Wir leben in einer Welt, in der Technik, Elektronik und die damit verbundene Relativierung individueller Impulse und Verantwortung uns verleiten, nur noch wie Automaten auf Inputs von außen zu reagieren. Es sind oft wendige, in jeder Hinsicht bewegliche, oberflächlich gesehen sympathische Menschen, die diesen Fluchtweg aus dem Dasein bevorzugen. Wenn sie dies immer wieder in allen Lebensbereichen tun, werden sie, vielleicht nach einer glücklichen, leichten Jugend mit vielen Kontakten, immer unzufriedener, weil sie das in ihnen zur Entwicklung Angelegte nicht nutzen und unter ihrem Begabungsniveau leben. Das

Vermeiden von Eigenaktivität, Selbststrukturierung und persönlichem Durchsetzungsvermögen macht sie in ihren Abhängigkeiten immer rebellischer und fordernder. Doch immer noch suchen sie die Lösung ihres Unbehagens innerhalb statt außerhalb der Abhängigkeit. Es gelingt ihnen kaum, andere Menschen in ihrer Eigenart wahrzunehmen und zu lieben und sich für die Entfaltung der eigenen Talente solange einzusetzen, bis sie das Gefühl bekommen, ihr individuelles Leben zu leben. Weil sie den jetzt konstellierten kleinen Schritt nicht tun, träumen sie vom ganz großen Schritt, der ihnen zum Durchbruch verhelfen würde.

Für diese Menschen gilt es, das Spürbewußtsein in einem sozialen Feld zu entwickeln, indem sie anstelle der unsicheren Hin-und-her-Bewegung zwischen dem Ich und den anderen das sichere Gefühl im Aushalten der polaren Spannung einer Begegnung lernen. Anstelle des Entweder-Oder — entweder du oder ich — haben sie das *Und* zu setzen. Dies kann zum Beispiel dadurch geschehen, daß sie in einer Begegnung ihre Aufmerksamkeit physisch in den Zwischenraum lenken, in den offenen Raum zwischen Du und Ich, und nun mit diesem Bewußtseinsanker in der Mitte des gemeinsamen Raumes auf ihre eigenen Empfindungen und Impulse achten. Auf diese Weise entwickeln sie das Gespür für Resonanz. Im *Und* der Mitte erwacht der Sinn für das *Wir*.

Der sechste Fluchtweg aus dem Dasein ist das *Ausweichen in die metaphysische Sinnfrage*. Menschen, die ihn benutzen, beschäftigen sich so lange nicht mit der Sinnfrage, als alles in den gewohnten Bahnen rund läuft. Auch äußern sie sich nie bejahend über den Sinn des Lebens. Wenn jedoch der Einsatz im Überschreiten einer bestimmten Lebensschwelle angezeigt ist, seufzen sie auf und sagen:

»Es ist doch alles sinnlos.« So finden sie einen Grund, um den erforderlichen Einsatz doch nicht zu leisten. Sie verneinen den Sinn des Ganzen, um es sich zu ersparen, im Sinne des jetzt Gemeinten einen Schritt zu tun. Ihre Aussage »Es ist doch alles sinnlos« ist eine Schutzbehauptung, um den Sinn des Lebens nicht selber erfüllen zu müssen.

Auch dieser Fluchtweg bewirkt, was er beklagt, nämlich den Mangel an Sinn. Der Sinn des Lebens wird in der richtigen Richtung erfahren, die wir Tag für Tag einzuschlagen versuchen. Er liegt nicht in der Verlagerung des Bewußtseins in ein virtuelles Ziel, sondern in der Lebensdynamik, die sich im Tun verwirklicht. Die metaphysische Sinnfrage nimmt Abstand vom sinnlich realisierten Sinn und hat dessen Vermeidung zum Ziel. Metaphysik ist aber nicht mit Religion gleichzusetzen; deren ursprüngliches Ziel ist die Verbindung mit den in uns und der Welt wirkenden Kräften. Transzendenz verwirklicht sich in jeder Schwellenerfahrung durch das Einstimmen in diese Kräfte. Menschen, die die Sinnfrage als Vermeidungsstrategie mißbrauchen, leiden an einem Mangel sinnlicher Welterfahrung und Selbstverwirklichung. Sinnerfahrung dagegen entsteht durch Hingabe an ein Du oder ein Werk.

Die metaphysische Sinnfrage als Fluchtweg ist ein Einzelfall innerhalb einer umfassenderen Fehleinstellung, nämlich das jetzt Anfallende erstmal aufzuschieben. Ich behandle den *Aufschub* als siebten Fluchtweg aus dem Dasein. Wer kennt das beklemmende Lebensgefühl nicht, das durch den wiederholten Aufschub eines Telefongesprächs, einer Steuererklärung, eines klärenden Beziehungsgesprächs entsteht! Kennzeichnet der Aufschub nicht nur die Reaktion auf einige unangenehme Verpflichtungen, sondern prägt er darüber hinaus den gesamten Lebensstil, haben wir es mit einem bestimmten

Menschentypus zu tun. Viele schieben den Tag auf, indem sie regelmäßig spät aufstehen. Am Abend merken sie, daß sie viel verpaßt haben, und werden unruhig und getrieben.

Welche Befriedigung gibt der ständige Aufschub des jetzt Notwendigen? Die Vorwegnahme des Aufgeschobenen in der Phantasie! Mit viel Einbildungskraft und emotionaler Wärme beschreiben Menschen, die diesen Fluchtweg benutzen, den Zustand nach der Erledigung des Aufgeschobenen. Eben noch fühlten sie sich durch den Anspruch des auszuführenden Schrittes in die Enge getrieben, haben gereizt, unruhig und ausweichend reagiert. Doch jetzt ist dieser leidige Zustand vorbei. Entspannt und glücklich schildern sie das noch Ausstehende, als wäre dieses bereits erledigt.

Ein Student erzählte mir mit leuchtenden Augen, was er alles lernen werde, nachdem er einmal mehr die längst fällige Prüfung aufgeschoben hat. Oder eine Frau, die vor einem halben Jahr beschlossen hatte, sich von ihrem Mann zu trennen, schilderte glücklich und entspannt, wie sie ihr Leben nach der Trennung gestalten würde, nachdem sie einmal mehr das offene, kritische Gespräch mit ihrem Mann auf die kommende Woche verschoben hatte. Die vorwegnehmende passive Phantasie kompensiert den in diesem Moment notwendigen aktiven Schritt.

Es reicht nicht, diesen und andere Fluchtwege aus der Distanz zu analysieren, um von ihnen loszukommen. Nur das wiederholte, sorgfältige, wache, innerliche Erspüren des gesamten Ablaufs vom Anspruch bis zur Vermeidung kräftigt unsere Psyche in genügendem Maße, um das hemmende Lebensmuster aufzulösen. Das Spürbewußtsein für den ganzen Prozeß vermindert immer mehr den Lustgewinn aus dem Fluchtweg und vermehrt die Energie für den direkten Individuationsweg.

Menschen, die sich durch die Phantasie des Morgen um das Heute betrügen, neigen allgemein zur passiven Befriedigung. Wie ich im letzten Kapitel ausgeführt habe, sind sie suchtgefährdet. Besonders nach einem folgenschweren Aufschub weichen sie nicht nur ins Fabulieren, sondern oft auch in süchtiges Verhalten aus, zum Beispiel in Drogen-, Alkohol-, Nikotingenuß oder süchtig promiskes sexuelles Verhalten. Einzig die Leistungssucht bleibt ihnen erspart.

Der achte Fluchtweg wird von Menschen bevorzugt, die gerne in intensiven Gefühlen schwelgen, ohne gelernt zu haben, diese in die verantwortliche Gestaltung von Beziehungen zu kanalisieren. Er betrifft die *Flucht in die Ganzheitserfahrung.* Sie beruht oft auf einer deutlich wahrnehmbaren Aggressionshemmung. In esoterischen Kreisen ist sie besonders verbreitet. Ich wurde einmal zu einem esoterischen Kongreß eingeladen, auf dem indianische Einweihungen und buddhistische »Zufluchtnahmen« angeboten wurden. Ein Teil derer, die daran teilgenommen hatten, saßen anschließend bei mir im Workshop. Nun geschah etwas, was ich in meiner langjährigen Gruppenarbeit noch nie erlebt hatte: Niemand meldete sich, um in der Mitte zu arbeiten. Einige sagten: Wir sind hier, um zuzugucken, wie Peter Schellenbaum therapeutisch arbeitet. Aber keiner wollte sich dieser Arbeit aktiv aussetzen. Alle warteten darauf, meine Nummer zu konsumieren. Doch diese blieb aus; ich beschränkte mich darauf, zu erklären, was ich in dieser blockierten Gruppensituation empfand und wahrnahm. Einige äußerten nun leicht aggressiv ihre Ungeduld. Doch es war nicht die schöpferische Ungeduld unmittelbar vor einem Tun, sondern die passive Ungeduld des Kindes, das nicht bekommt, was es sich wünscht. Ich tat

nichts, um die Stimmung zu verbessern. Die Luft wurde immer dicker. Eine Frau entfernte sich mit Magenkrämpfen; nicht nur sie, sondern auch alle anderen wurden offensichtlich immer unerträglicher von jenem konkreten Punkt in ihrem Leben bedrängt, den sie seit langem durch die Flucht in allgemeine, ozeanische Gefühlswallungen vermieden hatten. Plötzlich krümmte sich die Frau, die links von mir saß, zusammen und brach in heftiges Schluchzen aus. Als erste hielt sie es nicht mehr aus, vom kritischen Punkt in ihrem Dasein wegzurennen. Nach fünfundsiebzig Minuten durchbrach sie als erste die passive Anspruchshaltung in der Gruppe und bahnte den Weg zu aktiven Schritten auch bei anderen.

Gott ist in der Mystik gleichzeitig der unfaßbar kleine Punkt und die unendliche Sphäre, so bei Dante in der »Göttlichen Komödie« und im indischen Shivaismus. Es gibt Menschen, die in der Sphäre unendlicher Lebensmöglichkeiten zerfließen und sich passiv auf deren Ozean treiben lassen. Ihnen fehlt der Punkt: die Zentrierung ihrer Ganzheit am Ort der stärksten Energiebewegung, also da, wo sich der nächste Lebensschritt ereignen will. Sie suhlen sich im Urschlamm vor Beginn der Schöpfung und verwechseln die unstrukturierte, zerfließende Einheit des Anfangs mit der verwirklichten Ganzheit ihres Lebens. Wer diesen unbewußten Zustand in einen spürbewußten wandelt − durch waches Wahrnehmen der Körperempfindungen und Emotionen − wird erleben, daß sich immer deutlicher eine einzige Emotion oder Empfindung herauskristallisiert. Diese weist die Spur zum Punkt, auf den es ankommt. Immer steht ein einziger Punkt stellvertretend für die Ganzheit. Wer auf den Punkt kommt, erschließt sich den Zugang zum Ganzen.

Es gibt auch den umgekehrten Fluchtweg, nämlich sich

in einem einzigen Punkt so sehr zu verbohren, daß die Entscheidung unmöglich wird, ob es sich wirklich um den springenden Punkt handelt. Wahre Konzentration kann nicht durch den bloßen Intellekt, sondern nur durch Erspüren des Feldes geschehen, in dem sich der Punkt befindet, das heißt des eigenen Körpers und der sozialen Umwelt. Das spürbewußte Im-Körper-und-in-der-Welt-Sein führt von allein in den jetzt kritischen Punkt.

Während die Flucht in die Ganzheit oft von aggressionsgehemmten Menschen gewählt wird, ist die Flucht in die Fixierung oft Ausdruck einer angespannten, übertriebenen Aggression, die über ihr Ziel hinausschießt, indem sie den spürenden Kontakt zu dem, was sie um jeden Preis verändern will, verliert.

Der neunte Fluchtweg faßt alle anderen zusammen. Er betrifft die *Rebellion gegen die konkrete Wirklichkeit*. Darunter verstehe ich nicht die natürliche und notwendige Rebellion gegen unhaltbare Zustände innen und außen, eine Rebellion, die zur aktiven Veränderung anspornt. Vielmehr meine ich mit der Rebellion als Fluchtweg das immer neu wiederholte Nein zu einem Lebensschritt weg von überlebten Bedingtheiten – implizit das Nein zum Leben überhaupt. Alle Menschen, die einen Fluchtweg aus dem Dasein beschreiten, sind heimliche, unbewußte Rebellen. Ihre Aggression ist die beschriebene Daseinswut. Ihr Nein zum Leben ist unbewußt und deshalb so allgemein und schwer faßbar. Dies trifft sogar für Menschen zu, die ihrem Leben ein Ende setzen wollen. Sie wissen zwar, daß sie sterben wollen, sind sich jedoch ganz unbewußt darüber, was sie eigentlich in ihrem Leben beenden, das heißt, welchen Punkt sie verändern wollen. Die Wirklichkeit ist für sie so überwältigend, daß sie nicht anders können, als gegen sie zu rebellieren.

Die Alternative zum Fluchtweg der Rebellion ist die Spürbewußtheit im Nein. Ein Mann, der dem Typus des flüchtenden Rebellen angehörte, konkretisierte in der Gruppenmitte zunehmend sein Nein. Nach jeder Aussage forderte ich ihn auf, dieses genauer zu fassen. So entstand folgende Nein-Reihe, die ich in Verkürzung wiedergebe: Ich sage nein zu meiner Frau; ich sage nein zur zeitweiligen Kälte und Lieblosigkeit meiner Frau; ich sage nein zu meiner Kindheit; ich sage nein zu meiner Mutter, die mich nur selten gehalten und gestreichelt hat und in Momenten der Angst nicht da war.

An diesem Punkt brach der Mann in Tränen aus. In seiner Rebellion nahm ich die verzweifelte Wut des alleingelassenen Kindes wahr. Schon seit Beginn seines Spontanrituals war in seinem Gesicht etwas Tieftrauriges, Resigniertes, Uraltes, wie wir es von Fotos ausgehungerter Kinder her kennen. Jetzt war er wirklich das affektiv ausgehungerte, verlassene Kind; Stimme und Gebärden wiesen darauf hin. Während er verzweifelt schluchzte, schaute er zunächst von mir weg zur Decke, auf einmal jedoch wandte er mir den Blick zu und hielt bis zum Schluß den Blickkontakt mit mir aufrecht. Von diesem Moment an wurde sein bisher hoffnungslos gequältes Schluchzen immer mehr zu einem erlösenden Weinen. Der in der Kindheit abgebrochene Kontakt zur Mutter war wiederhergestellt.

Das spürbewußte Nein hat ihn zunächst zu dem Punkt geführt, wo die Welt in Gestalt seiner Mutter zu ihm nein gesagt hatte. Dadurch wurden früh betäubte Gefühle in ihm neu belebt. Das Spürbewußtsein für den wunden Punkt in seinem Leben war geweckt. Die gefühlsmäßige Wahrnehmung seiner frühen Verlassenheit bedeutete das Ur-Ja, das er brauchte, um sein Nein zu konkretisieren.

Jede Veränderung geht von der Wirklichkeit aus, wie sie nun einmal ist. Das Ja zu dieser macht ein konstruktives Nein, nämlich den Schritt über die frühe Energieklippe der Verlassenheit hinaus, erst möglich. Das Nein, das jetzt ausgesprochen wird, kommt immer weniger vom Opfer aus der Vergangenheit und immer mehr vom Täter in der Gegenwart. Der Mann übernahm die Verantwortung, weiter zu gehen als sein verinnerlichtes Nein zum Leben. In der Partnerschaft erspürte er immer deutlicher, in welchem Ausmaß sein früheres pessimistisches Lebensgefühl zur Schutzreaktion des emotionalen Rückzugs bei seiner Frau beigetragen hatte. Vom hoffnungslosen wandelte er sich in allen Bereichen nach und nach zum zupackenden Rebellen.

Die Rebellion gegen die Wirklichkeit schafft in uns eine lähmende Spaltung zwischen dieser und unserem Nein. Die Spaltung führt im leib-seelischen Organismus zur Vermischung von Emotionen, Bewegungen und Körperhaltungen, von denen jede sich nur für sich allein in der Eindeutigkeit entfalten könnte. So vermischt sich zum Beispiel die Wut gegen eine frühe Kindheitserfahrung mit der Trauer darüber, oder die Bewegung des Dableibens mit jener des Weglaufens, oder in der Körperhaltung die offenen Arme mit den geballten Fäusten. Der Vorgang der Entmischung der Emotionen, Bewegungen und widersprüchlichen Ausdrucksformen des Körpers führt in die Spürbewußtheit und somit in eine neue, bisher vermiedene Entwicklung.

Die Fluchtwege aus dem Dasein zeichnen sich durch *Wiederholungszwänge* aus. In einer geschlossenen Kreisbewegung findet unaufhörlich ein Aufbruch ins Leben und ein Abbruch statt. Das Rad der Wiedergeburten — *sansara* im Hinduismus — ist dafür ein Bild. Immer wieder wer-

den wir in Unerledigtes hineingestoßen, gehen ein Stück voran, stoßen an die altbekannte Energieklippe und brechen hier die Lebensbewegung ab, bis wir wieder am wunden Punkt ins Leben aufbrechen, ein Stück weit vorstoßen, vor der entscheidenden Schwelle stocken und abbrechen. Auf diese Weise ist es sehr wohl möglich, sein Leben zu verbringen und zu vertun.

Anstelle der Wiederholungszwänge setzen wir eine Wiederholung, die eine neue Lebensspur dauerhaft anbahnt und vertieft. Sie öffnet den Daseinshorizont, während der Wiederholungszwang ihn verschließt. Spontanrituale eignen sich dazu, wiederholt zu werden, nicht unbedingt als Ganzes, so doch in einzelnen Teilen, und zwar immer in denen, die zur momentanen Lebenssituation passen.

Selbstzerstörung aus
Abhängigkeit

Menschen, denen vor allem in der Kindheit, aber auch in der Jugend und im Erwachsenenalter, über längere Zeit die Stillung eines natürlichen Bedürfnisses versagt wurde, neigen später dazu, sich in Abhängigkeitsverhältnisse zu begeben, von denen sie sich meist unbewußt erhoffen, das Fehlende doch noch zu bekommen. Abhängigkeit, falls sie nicht von den gegenwärtigen äußeren politischen, sozialen, beruflichen und familiären Bedingungen tatsächlich gegeben ist, hat ihren Ursprung in vergangenen Frustrationen. Diese betrafen lebensnotwendige Dinge wie Liebe, Anerkennung, Einfühlung, Geborgenheit, Struktur, Sinnlichkeit, Lust, Gemeinschaft, geistige Anregung, materielle Sicherheit und vieles andere mehr.

Der Preis für die Abhängigkeit ist hoch, höher als der Gewinn, denn was wir verlieren, falls wir es überhaupt je gekannt haben, ist das Gespür für unsere Entwicklung aus eigenem Potential und eigenem Impuls. Selbst wenn das, was wir bekommen, mehr ist als alles, was wir je aus eigenen Kräften erlangen könnten, so ist es doch weniger als das Geringste, was aus unseren eigenen Wurzeln wächst. Mehr noch: Wir können nicht mit offenem Herzen nehmen, wenn sich in unserem Leben Geben und Nehmen nicht die Waage halten.

Jede Abhängigkeit geht auf eine frühere Betäubung eigener Lebensmöglichkeiten zurück und lähmt diese noch mehr. Im Bereich der Abhängigkeit sind wir immer spürunbewußt, sowohl für unser eigenes Leben als auch für das der anderen. Abhängigkeit ist nicht mit realem Angewiesensein auf eine bestimmte Unterstützung zu verwechseln. Niemand kann alles aus sich selber heraus leisten. Stellvertretung ist ein Grundprinzip der menschlichen Gemeinschaft: In einigen Bereichen sind wir mehr Gebende, in anderen mehr Nehmende, je nach eigenen Begabungen und Bedürfnissen der Gemeinschaft. Die natürliche Grenze der Stellvertretung liegt da, wo wir zu eigener Initiative und eigenem Tun aufgerufen und fähig sind. Wirkliches Angewiesensein muß nicht zu Abhängigkeit von den Menschen führen, die uns stellvertretend die unerläßliche Hilfestellung geben. Es beschränkt sich auf eine klar umrissene Unterstützung, ohne daß wir uns in die Rolle des Ohnmächtigen einem Mächtigen gegenüber begeben. Weil das Prinzip der Stellvertretung auf Gegenseitigkeit beruht, bewirkt es kein Machtgefälle. Menschen, die eigentlich nur in begrenztem Ausmaß auf andere angewiesen wären, begeben sich manchmal trotzdem in umfassende Abhängigkeiten, durch die ihr ganzes individuelles Wachstum auf Eis gelegt und immer wieder auf morgen verschoben wird.

Warum suchen wir Abhängigkeit? Weil wir Angst haben, das Eigene zu verlieren, und weil wir Schutz suchen. In repressiven politischen Systemen ist diese Angst durchaus gerechtfertigt. Wer sich nicht duckt, wird in seinen menschlichen und beruflichen Entfaltungsmöglichkeiten beschnitten, sofern er nicht sogar umgebracht wird. Machthaber wie Stalin betrieben gezielte Zerset-

zungskampagnen, um die Angst um den Verlust des Eigenen in den Untertanen zu nähren. Dabei verschleierten
sie, daß gerade sie ihre Abhängigen ständig um ihr Eigenes
brachten, auch wenn sie sie nicht töteten oder in ihrer beruflichen Entfaltung einschränkten. Derjenige, dessen
Vater und Mutter ebenfalls Machthaber waren, steht in
Gefahr, sich auch später, wenn keiner mehr ihn von außen
und oben drückt, wie ein Subjekt – das heißt wörtlich:
Unterworfener – in einer repressiven Diktatur zu verhalten: Er redet anderen nach dem Mund, kennt nur Arrangements durch Lügen statt Freiheit und Verantwortung
durch Wahrhaftigkeit, nur Schwimmen im Schlepptau
anderer statt Lust an der gelebten Eigendynamik und -in-
itiative.

Die Angst ist der Leim, mit dem Menschen sich anein-
anderheften und in ihrer Bewegungsfreiheit verkleben.
Angst hat schlimme Folgen: Sie wirkt über die Zeit der
Bedrohung hinaus, wie wir bei Menschen etwa aus dem
ehemaligen Ostblock beobachten, die lange unter einem
totalitären Regime gelebt haben und nun, da die Unterdrückung von außen gewichen ist, immer noch ähnliche
oder kompensierende Abhängigkeiten suchen. Der verinnerlichte Unterdrücker ist zählebiger als der äußere, sowohl im Individuum mit autoritären Eltern, die vielleicht
längst tot sind, als auch in einer Gesellschaft mit totalitä-
rer Vergangenheit.

Abhängigkeit entsteht aus dem Schmerz an einer
wesentlichen Versagung. Ein Kleinkind spürt sein Angewiesensein auf die Mutter so lange nicht, als diese für
es »genug gut« ist, das heißt, in ausreichendem Ausmaß
zuverlässige Nähe vermittelt. Das verlassene Kind jedoch
empfindet seine Abhängigkeit im brennenden Schmerz
darüber, daß ihm das Allernotwendigste und Natürlichste

versagt wird. Zwischen betäubenden Ohnmachtsgefühlen, über denen es einschläft, und ohnmächtiger Wut schwankt es hin und her. Auch Erwachsene, die verlassene Kinder waren, pendeln zwischen »matschiger« Müdigkeit und aggressiver Gereiztheit hin und her, die sich bis zu gewalttätigen Wutausbrüchen steigern kann. Finden sie die gesuchte Abhängigkeit, etwa in einer Partnerschaft, atmen sie zunächst einmal auf und beruhigen sich im Gefühl, endlich das früh Vermißte doch noch zu bekommen. Aber dann — oft schon nach kurzer Zeit — holt sie die Vergangenheit mit doppelter Wucht wieder ein: Fast willenlos fühlen sie sich hin- und hergerissen zwischen dankbarer Verschmelzung mit dem Partner und unerklärlicher Aggression gegen ihn. Letztere zielt unbewußt darauf hin, die Partnerschaft zu zerstören. Dauert dieser zerrissene Gemütszustand länger an, versinken sie vielleicht in tatenloser Apathie, wissen sie doch nicht mehr ein noch aus: Der lang ersehnte Ort ist zur Hölle geworden. Sie realisieren nicht, daß im Zerstörungsimpuls gefangen eine heilsame Absicht wirkt, nämlich die Abhängigkeit selber, und nicht den Partner und auch nicht unbedingt die Partnerschaft zu zerstören.

In der Kindheit verlassene Menschen müssen ihr frühes Ungeliebtsein, im Gegensatz zu damals, spürbewußt durchleben, um frei von seinen Folgen zu werden. Jedesmal, wenn dies in einem Spontanritual geschieht, werden die Betroffenen auch von ihren Lebenspartnern ein Stück weit unabhängiger. Denn Abhängigkeit ist die Auswirkung einer noch spürunbewußten frühen Verlassenheit.

Ich habe geschrieben, daß zwischen der Abhängigkeit und der Art der früheren Versagung ein unmittelbarer Wirkzusammenhang besteht. Die Wohlstandskompensation zu den wirtschaftlichen Einschränkungen in der

Planwirtschaft veranschaulicht dies. Doch kann die Kompensation auch symbolischen Charakter haben: Wer in der Kindheit zuwenig affektive Wärme und Geborgenheit bekommen hat, macht sich als Erwachsener vielleicht von Essen, Alkohol oder Nikotin abhängig. Abhängige Menschen holen sich außen das, was sie selber nicht bekommen haben und jetzt anderen nicht geben. Letzterer Umstand macht sie zu Schmarotzern. Sie fixieren sich auf Energiespender in der Außenwelt und versäumen, anderen das zu geben, was sie könnten und müßten.

In jedem abhängigen Menschen brodelt eine ungeheure Wut. Diese ist Daseinswut, also grundsätzliche Rebellion gegen die ganze Wirklichkeit. Bezeichnend für abhängige Menschen ist die Mischung zwischen dieser immer präsenten, immer zum Ausbruch bereiten Wut und einer tiefen Verbitterung und Resignation. Stellen wir bei einem Menschen diese psychische Mischung fest, wissen wir, daß sein Grundthema die Abhängigkeit ist.

Es gibt zwei Gründe für die Wut des abhängigen Menschen: erstens den erwähnten Impuls zur Auflösung der Abhängigkeit, zweitens die Angst, das, wovon wir abhängig sind, erneut zu verlieren. Der erste Grund verleiht der Wut die zerstörerische Kraft, der zweite die Aufstauung durch Unterdrückung. Abhängige Menschen sind voll innerer Spannungen. Das Körperorgan, in dem sich die Spannung am stärksten äußert, gibt Aufschluß über die Art der Abhängigkeit. Abhängigkeit von Lob und Anerkennung zum Beispiel ist oft mit Rückenschmerzen, vor allem im Kreuzbein, verbunden. Diese zeigen auf, daß sich zwei Kräfte in uns bekämpfen: das Bedürfnis zu buckeln, um von oben her Zustimmung zu finden, bis zum Brechen des eigenen Rückgrats und die gesunde Kraft, uns aufzurichten und als unabhängige, freie Menschen dazustehen.

Solange wir uns von anderen Menschen und allgemein äußeren Kicks, nach denen wir süchtig sind, abhängig machen, sind wir unserem Dasein entfremdet: Wir leben nicht in der Wirklichkeit, sondern in einer Pose. Selbst wenn der Selbstausdruck in Worten, Mimik und Gebärden spaßig und albern wirkt, bleibt er leer, wie wir es von Menschen her kennen, die unter Alkoholeinfluß zu traurigen Spaßvögeln werden. Von Ideologien abhängige Menschen entwickeln die Pose hohler Erhabenheit: Sie schwelgen im Dunstkreis der Großen, denen sie ihre Lebendigkeit opfern. Viele Bildungsbürger verwechseln die Pose ornamentalen Wissens mit Bildung und Kultur. Ihre Begeisterung für Große der Geistesgeschichte ist nicht schöpferisch, bezieht sie ihre Energie doch aus der geistigen Unterordnung. In jeder Pose ist die Belohnung – und die Abhängigkeit! – eingebaut. Die Identifikation mit der »Schutzgottheit«, die eigentlich eine Identifikation mit dem Aggressor (Sandor Ferency) bedeutet, ist heimliche Energiequelle für jede Abhängigkeit. Auch Drogen können solche Schutzgottheiten sein, wie sie es tatsächlich in indianischen Kulturen auch sind.

Doch erinnere ich daran: Nichts muß, aber alles kann uns in die Abhängigkeit führen. Wir können uns auch, in Zwangswiederholung des Konkurrenzverhaltens am Familientisch, von der Gier abhängig machen, bei den Mahlzeiten die größte Portion zu bekommen. Andererseits können wir auch von großen Dingen, die uns geschenkt werden, etwa Ruhm und Ehre, unabhängig werden. Sobald wir in einer bestimmten Lebenssituation Enge und Zwang empfinden, heißt dies, daß wir daran sind, uns von etwas oder jemandem abhängig zu machen.

In Partnerschaften kann die Abhängigkeit des einen nur aufgelöst werden, wenn auch die Abhängigkeit des ande-

ren und das System gegenseitiger Abhängigkeit — *co-dependency* — aufgedeckt und aufgelöst wird. In einer Partnerschaft ist nie einer allein abhängig. Auch der andere befindet sich in einer ähnlichen oder komplementären Abhängigkeit. Die Familiengeschichten beider zeigen frühe Versagungen durch ebenfalls abhängige Eltern.

Mit Willensanstrengung allein ist es unmöglich, eine Abhängigkeit aufzulösen, vor allem, wenn diese ihre Wurzeln in einer Zeit hat, als unser Wille noch schwach und ohne Durchsetzungsvermögen war. Wie können wir trotzdem freie Menschen werden? Zunächst, indem wir die Pose der Abhängigkeit in unseren Worten, Gebärden, Körperhaltungen und -empfindungen, sowie im Ausdruck unserer Emotionen sorgfältig selber erspüren. Die Maske können wir uns nicht herunterreißen, wohl aber lernen, unseren maskenhaften Ausdruck und immer mehr auch das Gesicht unter der Maske zu erfühlen. Weil Spürunbewußtheit die Abhängigkeit ausmacht, führt Spürbewußtsein aus ihr heraus.

Schon zu Beginn meiner therapeutischen Arbeit ist mir das unechte Verhalten abhängiger Menschen aufgefallen. Anfänglich habe ich sie darauf hingewiesen, meist mit dem Erfolg, daß sich die Pose noch verstärkte. Hinter meinem Hinweis versteckte sich die Wertung, daß eine Pose »nicht gut« ist. Doch ist eine Pose weder gut noch schlecht. Sie hatte ihren Sinn und hat ihn für einige heute noch. Eine persönliche Wertung darf nie zu einer therapeutischen Intervention verleiten. Sie muß auch im Menschen, den der Therapeut begleitet, ganz verschwinden, damit das nicht wertende Spürbewußtsein die Pose ganz und gar auszufüllen vermag.

Fast immer ist das erste aufsteigende Gefühl Traurigkeit: So lange habe ich mich leben und lieben lassen; so

lange habe ich nicht selber gelebt und geliebt! In der Traurigkeit erwacht das Spürbewußtsein für die Abhängigkeit und den Impuls, diese aufzulösen. Die ohnmächtige Wut des Abhängigen wandelt sich jetzt in die gesunde Aggression, aus dem Gefängnis, das nicht der andere, sondern ich selber für mich war, auszubrechen und die Selbstzerstörung in die gezielte Zerstörung dessen, wovon ich mich abhängig gemacht habe, zu wandeln.

Wenn sich dieser befreiende aggressive Impuls meldet, gehen Menschen in Spontanritualen meist in die Bewegung: Zum Beispiel stampfen sie und stehen auf, oder sie führen Gebärden des Schlagens oder Zurückstoßens aus, oder sie beginnen, rhythmisch zu tanzen. All dies geschieht spontan im Zustand leichter Trance.

Etwas Ähnliches beobachten wir auch bei Völkern, die sich gegen ihre Bedrücker auflehnen; nach langer angstvoller Unbeweglichkeit suchen sie den gemeinsamen motorischen Ausdruck, in dem ihr Lebensmut erwacht. Während sie die gefährliche Gnade der bisherigen Machthaber ausdrucksstark von sich weisen, befreit sich der Ausdruck ihrer Lebendigkeit. In ihrer jetzigen Tatbezogenheit spüren sie die Befreiungsdynamik.

Wer sich so im Eigenen lebendig erfährt, ersetzt die Pose durch die Wirklichkeit. Wahr sein bedeutet nicht nur die Abwesenheit von Lüge, sondern vor allem das kontinuierliche Spürbewußtsein in der eigenen sich wandelnden Wirklichkeit: einer sich selber wachtanzenden Revolution.

LEBENSLÄNGLICH WUT

In den Beschreibungen dieses Buches sind wir schon mehrmals Menschen begegnet, die in sich eine permanente Bereitschaft zu Groll, Revolte und Zorn tragen. Sie scheinen ständig Anlässe zu suchen, um in Wut ausbrechen zu können. Die äußeren Umstände sind nur vordergründige Ursachen. Das nackte Dasein ist für diese Menschen Grund genug, um in einer Stimmung von Aufruhr, Widerstand und Ablehnung zu leben. Überall, wo Lebensimpulse aufblitzen, reagieren sie reflexartig mit einem unerbittlichen Nein. In der Therapie stellen sie oft Fallen: »Jetzt habe ich endlich gefunden, wozu ich nein sage: zu meiner Mutter, oder meinem Vater, oder meiner frühen Verlassenheit, oder der sozialen Ungerechtigkeit, oder der Lieblosigkeit meines Partners.«

Daß all dies letztlich doch nicht gemeint ist, zeigt sich in einer radikalen Unversöhnlichkeit. Andere Menschen, bei denen es in der Wut tatsächlich um dieses oder jenes geht, geraten, wenn sie es erneut durchlebt haben, unerwartet in eine Stimmung versöhnlicher Liebe. Menschen in Daseinswut jedoch zeigen sich, vielleicht nach einer kurzen Phase der Entspannung, unwillig und gereizt darüber, einen Anlaß weniger für ihren grundsätzlichen Groll zu haben, und verdoppeln bald den Einsatz ihres zersetzenden Neins.

Die Frage nach den Ursachen der Daseinswut in der Lebensgeschichte der betroffenen Menschen ist nie mit letzter Sicherheit zu beantworten. Alle diesbezüglichen Aussagen behalten einen letzten Rest von Unzulänglichkeit. Dies gilt nicht nur für die Schizophrenieforschung, sondern auch für die Ergründung der Psyche bei Menschen, die im Alltag einigermaßen gut »funktionieren« und doch in einer unüberwindlich scheinenden Spaltung zwischen Konstruktivität und Destruktivität, vordergründiger Bejahung und hintergründiger Verneinung leben. Ob diese Unzulänglichkeit damit zusammenhängt, daß der lebensgeschichtliche Ursprung der Daseinswut zu weit zurückliegt, um in Erinnerungsbildern erfaßt zu werden, oder damit, daß sie genetisch bedingt sein könnte, oder daß sie einer besonderen Sensibilität für unsere brüchige Welt entspringt, oder mit all diesen dreien zusammen in unterschiedlicher Gewichtung, läßt sich in keinem Fall ganz ausmachen. Jedenfalls ist es zu einfach, sie mit den doppelten Botschaften der frühen Bezugspersonen und der daraus folgenden Gefühlsambivalenz ganz erklären zu wollen.

Das letztliche Versagen aller Erklärungsmodelle ist für die Psychotherapie über das Thema der Daseinswut hinaus sehr bedeutsam. Es ist ein Hinweis darauf, daß alle kausal arbeitenden Therapiemethoden am gleichen Irrtum leiden, nämlich an der Verwechslung des Erklärungswunsches mit dem natürlichen Drang nach Heilung. Nicht die Erklärung bringt Heilung, wohl aber die Selbstbescheidung im wahrhaftigen, spürbewußten Durchleben des jeweils stärksten Impulses, sei dieser »positiv« oder »negativ«. Daß es bei jedem Menschen jederzeit einen stärksten Impuls gibt, zeigt die Entwicklung der Psychoenergetik in der sich ständig verfeinern-

den Wahrnehmung der Energiesignale. Es treten jedoch Situationen auf, in denen Spürbewußtsein und somit Heilung zeitweilig kaum möglich sind. Dann ist zur Überbrückung das Spürbewußtsein des Therapeuten oder eines anderen nahen Menschen gefragt.

Die Daseinswut scheint, oft zu Unrecht, bei vielen Menschen unausweichliches Schicksal zu sein: das Verdikt »lebenslänglich« über einen in sich selber eingeschlossenen Zwang. Sie wird durch das Gefühl schicksalhafter Willkür und Sinnlosigkeit genährt. Nicht die Anwesenheit von Problemen, sondern die Abwesenheit von tragenden Beziehungen machen ihr Erscheinungsbild aus. Auch darin ist sie Zeitsymptom. Menschen, die in besonderem Maße von ihr befallen sind, zeigen in Vergangenheit und Gegenwart die Auswirkungen einer einzigen großen Abwesenheit: die Abwesenheit von wirklich prägenden Bezugspersonen und von Beziehungen, die stärker als die destruktive Tendenz zu deren Auflösung sind. Sie leben in trockener Wüstenluft, die das Haften von Gefühls- und Stimmungstemperaturen verunmöglicht. In verschiedenen Umgebungen gelten für sie unterschiedliche Verhaltensweisen, und zwar so radikal, daß sie den Vergleich nur in Folge der Reaktionen anderer Menschen ziehen. Für sie bedeutet das Leben im Hier und Jetzt die Abwesenheit von Verbindlichkeit und Kontinuität: Leichtigkeit als Konsequenz bodenfremder Beliebigkeit.

An zwei Beispielen zeige ich, wie sich das Urteil »lebenslänglich Wut« auswirkt. Ein Architekt mittleren Alters wird von Gruppenmitgliedern als zynisch, arrogant und überheblich bezeichnet. In- und außerhalb therapeutischer Gruppensituationen kommt es regelmäßig zum gleichen Szenarium. Er verhält sich anderen Menschen gegenüber freundlich, leutselig und offen. Diese

fassen Vertrauen in ihn, öffnen ihr Herz und kommen in einen »gemütlichen Rapport« mit ihm. Sein Gesicht wirkt lustig und humorvoll. Doch plötzlich, wie aus heiterem Himmel – aus »heiterem Gesicht« –, führt er in aller Lockerheit einen vernichtenden Stich gegen den anderen: durch eine verletzende Bemerkung, eine zu allem bisher Gesagten völlig gegensätzliche Äußerung, eine nach der freundlich aufgebauten Verbindung gänzlich unerwartete Entwertung des Gesprächspartners. Seine treffsichere Aggression drückt sich aber keineswegs mit den üblichen aggressiven Gebärden aus: Hände und Bauchmuskulatur sind entspannt, die Haltung bleibt offen und zugewandt, die Stimme warm und moduliert, die Bewegungen wirken geschmeidig und manchmal sogar anmutig. Nur seine zusammengekniffenen Augen schweifen unruhig umher und weichen jedem direkten Blickkontakt aus. Doch lenken seine schnelle Gestik und Mimik sowie seine Wortspiele virtuos von dieser Wahrnehmung ab. Er wirkt wie bei einem sportlich-freundschaftlichen Schlagabtausch und scheint kein Spürbewußtsein für die vernichtende Macht seiner Worte und Taten zu haben. Dies ist umso befremdlicher, als er bei anderen Gelegenheiten durchaus gemeinschaftsbezogen, hilfsbereit und großzügig redet und handelt und anderen zuverlässige Unterstützung gibt.

Daseinswut äußert sich körperlich oft ganz verschieden von »gewöhnlicher« Wut. Sogar die Augen – anders als beim Mann in meinem Beispiel – können mitten in einem vernichtenden Rundumschlag auffällig warm, weich und glänzend sein. Sie scheinen zu sagen: »Ich tu' dir etwas zuliebe«, während Worte und Taten von eindeutiger Destruktivität geprägt sind. Diese Spaltung zwischen Empfinden und Handeln vertieft sich heute bei vie-

len Menschen, die aus dem Geist der Postmoderne leben. Die Alternative dazu ist allein die Einübung in kontinuierliches Spürbewußtsein: ästhetisches, das heißt, empfindungs- und wahrnehmungsbezogenes Denken und Handeln.

Ich komme zum Mann zurück, der mich auf die seltsame Spaltung zwischen Empfinden und Handeln in besonderem Maße aufmerksam gemacht hat. Aus meiner Beschreibung geht bereits hervor, daß er selber nicht direkt unter dieser Spaltung litt, fühlte er doch nicht, was er bei anderen mit seiner Destruktivität anrichtete. Sein Leiden kam nur aus deren Konsequenz, nämlich der Isolierung, in die er sich mit seinen Kahlschlägen begab. Weil er es nicht fühlte, verstand er auch nicht, warum Beziehungen traumatisch auseinandergingen.

Es liegt mir daran, auch im Zusammenhang mit diesem Mann zu unterstreichen, daß ich nicht auf Etikettierungen aus Neurosenlehre und Psychopathologie anspiele. Der Hauptgrund, warum ich keine Abhandlung, sondern einen psychologischen Essay schreibe, liegt ja gerade darin, daß nur der existentielle Bezug zum Menschen im allgemeinen und zur Zeitsituation im besonderen die psychischen Auffälligkeiten einiger Individuen in ihrer Bedeutung und Tragweite zu erfassen vermag. Diese stehen in direkter Verbindung zu unauffälligeren Erscheinungen bei allen anderen. Auf dem Hintergrund der globalen Vernetzung aller Menschen in unserer Zeit wird es noch offensichtlicher, daß alle sich den gleichen psychologischen Themen zu stellen haben, obgleich die Dringlichkeit nicht bei allen die gleiche ist.

In der Beschreibung seines Vaters hob der Mann weniger das autoritäre und anmaßende Gehabe als die Unberechenbarkeit, Beliebigkeit und vor allem Abwesenheit

hervor. Selbst wenn der Vater anwesend war, wirkte er abwesend. Er war kein zuverlässiger Ansprechpartner, schlug die älteren Geschwister ohne ersichtlichen Grund, kam immer zu spät nach Hause. Auch in der Beziehung zu seinem Sohn kannte er keine Verbindlichkeiten. Bei aller Unberechenbarkeit war er jedoch kein Despot, sondern eher gleich-gültig: Ob er schlug oder gewähren ließ, er tat es nicht aus Lust an der Unterdrückung, sondern eher aus einer »wurschtigen« Launenhaftigkeit heraus. Letztlich war ihm alles egal. Seine Abwesenheit beruhte vor allem auf seiner Standpunktlosigkeit.

Während der Mann mir von seinem Vater erzählt, schaut er mich selten an. Oft blickt er haarscharf an mir vorbei. Obschon ich ihn mehrmals auf Körperhaltung, Ausdruck und Atmungsmuster aufmerksam mache, bleibt er spürunbewußt; dies stelle ich vor allem am mangelnden Kontakt zu mir und zur Gruppe sowie an der abgespaltenen Gestik fest. Plötzlich schaut er mich an und schreit mir wiederholt ins Gesicht: »Scheißkerl!« Ich merke, daß er in diesem Moment überhaupt nicht zwischen seinem Vater und mir unterscheidet. Ich bin nicht sein Begleiter auf einem immer spürbewußteren Weg, sondern als Projektionsfigur Zielscheibe seiner Wut und Verachtung. Noch mehr: Ich habe nicht einmal das Gefühl, daß er mich nur anstelle seines Vaters anschreit, sondern daß in diesem Anwurf »Scheißkerl« seine ganze zerstörerische Haltung lebendig wachsenden Beziehungen gegenüber zum Ausdruck kommt und daß ich eine Schachfigur war, die es stellvertretend auch für andere zu zerstören galt.

Ich versuchte, ihn zunächst ins Spürbewußtsein der realen Situation zu führen, indem ich ihm mitteilte, was ich in Folge seiner Beschimpfung selber spürte: »Ich fühle mich von dir beschmutzt.« Doch wie unter Hypnose fuhr

er fort, mich zu beschimpfen. Es war spürunbewußtes Ausagieren ohne jede befreiende Wirkung. Ich setzte mich aus seiner Schußlinie weg, und lud zwei Gruppenteilnehmer ein, dasselbe zu tun. Nun schrie er eine leere Wand an. Nach einer Weile äußerte er, wie allein und isoliert er sei.

Dann begann er zu weinen; das Kind im gefühlsleeren Raum wurde wach. Doch unterbrach er dieses Erwachen abrupt: Er bedankte sich bei mir und begab sich plötzlich auf seinen Platz im Gruppenraum. Das Problem der Daseinswut blieb so vorläufig ungelöst. Weder nach seiner Beschimpfung und meiner Reaktion, noch im Erleben der kindlichen Verlassenheit hatte er spürende Verbindung mit mir aufgenommen. Die ständige Bereitschaft zur Revolte blieb bestehen, die tiefsitzende Verneinung des Lebens war nicht durchbrochen. Es blieb ihm offensichtlich nicht erspart, noch über eine weitere Zeitspanne die Isolierung in seiner Daseinswut zu durchleben. Aber die glatte, freundliche Maske war gefallen.

Ein anderer Mann brach nach dem Wegfallen seiner Maske sein Spontanritual nicht ab, sondern begann, wie er sich ausdrückte, sein Gesicht zu modellieren: Als bestünde dieses aus weicher Tonerde, formte er es mit sorgfältiger, intensiver Langsamkeit neu. Als er schließlich die Hände vom Gesicht wegnahm, hatte dieses einen ganz neuen, lebendigen Ausdruck. Es schien aus einem einsamen Schlaf erwacht zu sein. So konnte der Mann in lebendigen Kontakt mit seiner Frau treten, die ebenfalls an der Gruppe teilnahm. Die Umarmung zwischen den beiden werde ich nicht vergessen.

Auch in meinem zweiten, kürzeren Beispiel zeigt die lebenslängliche Wut ihren destruktiven Charakter. Ein jüngerer Mann hatte die letzten zwölf Jahre knapp am

Rande gänzlicher Suchtabhängigkeit von Drogen, Alkohol, Nikotin und sexuellem Getriebensein verbracht. Drei längere Beziehungen hatten nicht die Kraft, ihn davon zu befreien. Die zerstörerische Verneinung des Lebens war stärker. Dann lernte er eine Frau kennen, mit der ihn mehr Liebe und Verantwortung als je zuvor verbanden. Die beiden heirateten, und er zog mit ihr aus der Groß- in eine Kleinstadt. Doch unterschwellig wirkte die Daseinswut immer noch in ihm. Kaum befand er sich wieder einmal allein in der Großstadt, in der er seine Jugend verbracht hatte, wich die realistische Verbundenheit mit seiner Frau einem vagen, sentimentalen, unverbindlichen Gefühl, das er mit Liebe verwechselte. Es hinderte ihn nicht daran, sein früheres getriebenes Leben wieder aufzunehmen. Darüber empfand er keine Gewissensbisse. Diese erwachten erst, als er wieder zu seiner Frau zurückkehrte und wahrnahm, wie sehr sie unter dem plötzlichen, unerwarteten Beziehungsbruch litt. Dann erst realisierte er, daß er seine Ehe und auch seine seelische und körperliche Gesundheit gefährdet hatte.

Doch ähnlich wie in meinem ersten Beispiel entwickelte auch er noch über längere Zeit kein genügendes, von der Gegenwart seiner Frau unabhängiges Spürbewußtsein für die Liebesbeziehung mit ihr. Immerhin hinderte ihn die Einsicht in die Konsequenzen seiner Daseinswut daran, wiederum in sein altes selbstzerstörerisches Leben zurückzufallen: Er realisierte, daß seine Frau ihn dann verlassen würde. Er brauchte jedoch noch viel entschlossene Achtsamkeit und Frustrationstoleranz, bis sich in ihm nach und nach eine wahrhaftige, verantwortliche Liebe durchsetzte. Auch dann wußte er, daß er sich in Zukunft weniger Spürunbewußtheit als andere würde leisten können, blieb er doch von Selbstzerstörung bedroht.

Nunmehr kannte er das Muster seiner Selbstzerstörung: Solange er mit seiner Frau zusammen war, spürte er viel Liebe für sie, und es fiel ihm nicht schwer, ihr aus diesem Gefühl der Verbindung heraus zu versprechen, auch an den Tagen, in denen er beruflich in der Großstadt zu tun hatte, auf die erwähnten ungesunden Exzesse zu verzichten. Kaum jedoch befand er sich ohne seine Frau, die berufstätig war und deshalb nicht mitreisen konnte, wieder in seiner früheren Umgebung, empfand er das Versprechen, das er ihr aus Liebe gegeben hatte, als äußeren Druck und Unfreiheit: nicht mehr als eigene freie Entscheidung, sondern als Kette, an die ihn seine Frau legte. Diese Verschiebung von der Eigenverantwortung in die Verantwortungslosigkeit gab ihm die Möglichkeit zur Aggression gegen seine Frau. In seiner zerstörerischen Daseinswut war er gefühlstaub für die Verbindlichkeit seiner Liebe und die getroffene Vereinbarung und gegen die Versuchung zum früheren selbstzerstörerischen Verhalten nicht mehr gefeit.

So stellte sich die innere Logik in dessen Ablauf dar: Die eigene Entscheidung gegen das frühere Suchtverhalten, die er aus Liebe zu seiner Frau getroffen hatte, wandelte sich in die Empfindung eines äußeren Drucks, also in die Projektion seiner Eigeninitiative in eine anscheinend repressive Autorität. Der Druck führte zu Aggression gegen die vermeintliche Verursacherin, nämlich seine Frau, und zum Erlöschen der Liebe zu dieser, so daß der Rückfall ins frühere Suchtverhalten nur noch eine Frage der Gelegenheit war.

Diesen Ablauf begriff er anfänglich nur mit seinem Verstand. Das Spürbewußtsein fehlte noch. Doch schützte er sich vor sich selber, indem er jeweils vor seiner Abreise in die Großstadt telephonisch mit zuverlässigen Freun-

den, die um seine Schwäche wußten, Kontakt aufnahm und sich mit ihnen verabredete, so daß er dort nie längere Zeit allein, sondern immer von verantwortlichen zwischenmenschlichen Beziehungen gestützt war. Im Lauf der Jahre entwickelte sich sein Spürbewußtsein so weit, daß er solche zu seiner Suchtneigung kompensatorischen Strukturen immer weniger brauchte. Doch blieb, wie erwähnt, die Notwendigkeit erhöhter Wachsamkeit und ständiger Einübung ins Spürbewußtsein.

Der letzte Satz gilt nicht nur für ihn, sondern, wenn auch nicht im gleichen Ausmaß, für alle Menschen, die den Halt in überlieferten festen Strukturen des Denkens, Fühlens und Verhaltens verloren haben. Die Einsicht in die Notwendigkeit des Spürbewußtseins ist der rettende Impuls, der aus der Not unserer Zeit wächst.

MODRIGE TRAURIGKEIT UND KLÄRENDE AGGRESSION

Alle Emotionen haben zwei mögliche Richtungen: eine, die nach vorne in Befreiung und Wachstum stößt, und eine andere, die zurück in Abhängigkeit, Fixierung und seelische Lähmung zieht. Schlagen wir die erste ein, so erleben wir wache, spürende Bezogenheit zu unserer derzeitigen Lebenssituation. Wir stellen uns emotional den Tatsachen, die unser Schicksal zur Zeit bestimmen. Befinden wir uns jedoch auf der Rückwärtsspur, verlieren wir den Bezug zur gegenwärtigen Realität und nehmen unsere Bezugspersonen nur durch die Brille verzerrender Projektionen wahr. Wir vermeiden den spürenden Kontakt zu uns selbst und agieren Gefühle aus, deren einzige Funktion darin besteht, andere, tiefer sitzende und stärkere Gefühle zurückzudrängen.

Mit anderen Worten: Wir treiben ein Verwirrspiel mit uns und unserer Umgebung und verursachen lärmige Gefühlswirbel, um der Eigenverantwortung ausweichen zu können.

Die erste Richtung nenne ich die erotische Spur, weil sie uns in eine liebende Verbindung zu uns selber und den uns nahen Menschen führt, die zweite die traumatische Spur, weil sie in monotoner Wiederholung die Folgen früher seelischer Wunden erleben läßt.

Dies stelle ich nun am Beispiel eines Mannes dar, des-

sen unechte, quälende Traurigkeit sich nach und nach in konstruktive und für die eigene Entwicklung frei machende Aggression gewandelt hat. Ähnlich wie der Mann im letzten Beispiel des vorigen Kapitels erlebt auch dieser die äußere Welt als ein einziges »Du mußt!«. Von den Menschen seiner Umgebung fühlt er sich nicht persönlich angesprochen und gemeint und zu einem lebendigen, freien Austausch und Dialog motiviert, sondern steht unter dem ständigen Druck eines fremden Anspruchs, den zu erfüllen er sich außerstande fühlt. Zwischenmenschliche Kommunikation reduziert sich für ihn auf die Einbahnstraße vom fordernden Über-Ich zum überforderten Ich. Zu dessen Ehrenrettung unterstreicht er zwar wiederholt: »Ich muß, aber will nicht«, doch was er wirklich empfindet, ist eher: »Ich muß, aber kann nicht«.

Wie bei vielen Menschen unserer Zeit besteht sein Ausgangsproblem nicht in einem zu mächtigen Über-Ich, wie Freud es beschreibt, sondern in der geschilderten Abwesenheit von langzeitig zuverlässigen, liebevollen Ansprechpartnern in der Kindheit und auch im Erwachsenenalter. Diese Abwesenheit bezieht sich für ihn und unzählige andere nicht nur auf den Mangel an Vater-, sondern ebensosehr auf Mutterfiguren und allgemein auf einen flüssigen, gefühlsstarken Energiekreislauf mit der Umwelt. Nicht die Abwesenheit von Vätern ist das eigentliche Zeitproblem, sondern die Abwesenheit von sich selbstverständlich aus günstigen gesellschaftlichen Verhältnissen heraus ergebenden Begegnungen und menschlichen Verbindungen. Wer therapeutisch mit Gruppen gearbeitet hat, weiß, wie stark die Sehnsucht nach gesellschaftlichen Begegnungsstrukturen ist.

Der erste Reflex des Mannes in meiner Geschichte auf Menschen, die ihm in irgendeiner Weise nahe kamen, war bisher immer: »Ich kann diesen Anspruch nicht erfüllen.« Seine Beziehungsfremdheit machte ihn schüchtern und unruhig. Seine Lebensflamme flackerte schwindlig schnell zwischen Sehnsucht nach Menschen und Menschenscheu hin und her. Seit seiner Kindheit fühlte und verhielt er sich wie ein Einsiedler, der sich nach jahrelanger Einsamkeit in seiner Klause entschließt, wieder in die Welt einzutauchen und wie geblendet am Rande der ersten Stadt, auf die er stößt, stehenbleibt, unfähig, sowohl in seine Abgeschiedenheit zurückzukehren als auch jemanden zu bitten, ihn auf dem Weg zu den Menschen zu begleiten. Die Einsiedler unserer Zeit sind die Großstädter, die im dichtesten Menschengetümmel am meisten unter ihrer Beziehungsferne leiden, sich nicht ansprechen lassen und vor wirklichen oder vermeintlichen Ansprüchen fliehen.

Der Mann beschrieb seinen Fluchtweg genau: Statt den äußeren Anspruch so lange und langsam in sich klingen zu lassen, bis eine innere Stimme auf ihn antwortete und den stimmigen Weg zum anderen hinwies, verkürzte er seinen Reaktionsweg so sehr, daß keine gemeinsame emotionale Schwingung zwischen den ihn Ansprechenden und ihm selber, dem Angesprochenen, entstehen konnte. Jedes äußere Signal ließ er sofort »abblitzen«, damit es nicht in ihm arbeitete.

So lagen vor der Gefühlsscheibe, mit der er sich umgab, unzählige Vogelleichen: die im Anflug schnell umgebrachten Phantasien von möglichen Begegnungen. Sein ganzes Wesen drückte den inneren Widerstand aus: die die ganze Umgebung ständig und flink kontrollierenden Augen, die unpräzisen, unkoordinierten Bewegungen, an

die sich niemand halten konnte, die manierierte, süffisant künstliche, abstrakte Sprache, die nur zum Monolog geeignet war, die verwirrenden Sprünge von einem Thema zum anderen, die beiläufigen Abbrüche von Gedankengängen.

Sein gewohnheitsmäßiger Widerstand gegen alle Annäherungen schuf in ihm ein Gefühl langweiliger Leere. Diese entbehrte der Wachheit und Spannung, die der schöpferischen Leere eigen sind, entstand sie doch nicht wie diese aus der Haltung unvoreingenommener Empfänglichkeit, sondern im Gegenteil aus kontinuierlicher Selbstverschließung. Mit dieser betrieb er eine systematische Überforderungsprophylaxe. Träge Lethargie erfaßte ihn, gleichgültige Beliebigkeit. Leer war ihm zumute, aber seine Leere war nicht ohne Lust, denn in ihr spürte er sich selber, im Gegensatz zu seinen Abwehrmanövern, bei denen er nur die abgewehrten Anforderungen als permanente Bedrohung von außen spürte.

Welche Empfindung nahm er in seiner langweiligen Leere wahr? Eine besondere Art von *Traurigkeit*. Nicht die zu Abschied und Trennung passende, für neue Begegnung empfänglich machende, entspannende und erlösende Traurigkeit, sondern die passive Traurigkeit eines widerstandslosen Sichwegsterbens. Der Widerstand gegen das Leben hatte sich in Widerstandslosigkeit gegen den Tod gewandelt, das natürliche Gefühl des süß fließenden Lebens zum unnatürlichen Gefühl süßer Traurigkeit im selbst verursachten, verfrühten Sterben verschoben. Es war eine herbstliche, modrige Traurigkeit, die nicht zum Sommer seines Lebensalters paßte, eine Traurigkeit, die uns im Kontakt mit Menschen im jungen oder mittleren Alter überkommen mag, die an einer tödlichen Krankheit leiden.

Diese modrige Traurigkeit war die Umkehrung der flüssigen, in den Lebensstrom hineinlockenden, süßen Traurigkeit. Als Umkehrung nahm sie an deren Stimmung des Flüssigen und Süßen teil. Wie alle regressiven Emotionen schmarotzte auch die modrige Traurigkeit von der Gefühlsstimmung der entsprechenden progressiven Emotion, nämlich der frei machenden Traurigkeit.

Um ungehindert von äußerer Bedrohung spüren zu können, suchte und kultivierte der Mann seine modrige Traurigkeit. Ob das Leben auch die Todesrichtung nimmt — immerhin ist es Leben und Spüren auch in dieser. Zur Passivität des Todesflusses paßte auch sein Bedürfnis, die Verflüssigung mit künstlichen Mitteln zu intensivieren, vor allem mit Alkohol. Zwanzig Jahre lang war er aktiver Alkoholiker, bis er von einem Tag auf den anderen mit Trinken aufhörte und Anonymer Alkoholiker wurde. Dies schaffte er mit Hilfe einer Psychotherapie in einem schicksalhaften Moment, als er das »Jetzt-oder-nie« realisierte und den Nebel seiner lethargischen Leere zu durchstoßen suchte.

Abgesehen von der wachsenden Einsicht in die Todesrichtung, die er seit seiner Kindheit immer wieder eingeschlagen hatte, änderte sich in seinem Leben zunächst gar nichts. Im Gegenteil: Seine Lust an der widerstandslosen, passiven, modrigen Traurigkeit verstärkte sich erstmal in einer für ihn unwürdigen Entwicklung einer Jugendfreundschaft. Ein Jugendfreund hatte ihn in einer geschäftlichen Angelegenheit schwer übers Ohr gehauen, und alles, was er zunächst dabei empfand, war die Freude in seiner todessüchtigen Traurigkeit. In einem Spontanritual, bei dem ich ihn in einer Gruppe begleitete, schien es über längere Zeit, daß diese seine stärkste Empfindung war. Es gab keinerlei körperliche und sprachliche Anzei-

chen einer ausbrechenden klärenden Aggression. Auf meine Frage, was er denn eigentlich für diesen »Freund« empfinde, antwortete er: »Zuneigung und Wärme.«

Auf einmal jedoch nahm ich im Ton seiner Stimme einen Anklang von Triumph wahr. Ich hörte genauer hin und vernahm die unausgesprochene Botschaft: »Du kannst mich mal! Ich lasse dich doch total gewähren und bleibe gerade dadurch unangreifbar. Du kannst mich sogar umbringen. Ich bin in jedem Fall dein wehrloses Opfer, und weil ich einwillige, erreicht mich deine Aggression nicht.«

So ähnlich müssen die frühchristlichen Märtyrer empfunden haben: »Den Leib könnt ihr töten, die Seele bleibt davon unberührt. Indem ihr jenen umbringt, triumphiert diese über euch.« Der paradoxe Stolz der Gedemütigten klang auch in der Liebeserklärung des Mannes, mit dem ich gerade arbeitete, an den ihn kaltblütig betrügenden Freund an.

War sein bejahendes Mitschwimmen im Strom des ihm unausweichlich scheinenden eigenen Verderbens die einzige Möglichkeit des Widerstands? Dies war sicherlich in seiner Kindheit der Fall gewesen, als sein Vater ihn ganz unerwartet und grundlos heftig geschlagen hatte. Doch nun hatte er noch ein anderes, bisher ungenutztes Register zur Verfügung. In seinem Märtyrertriumph hörte ich es ganz kurz auftönen. So ließ ich nicht locker, betonte im Spiel die perfide Rolle des ihn verratenden Freundes. Ein zermürbendes, endlos scheinendes Hin und Her zwischen süßem Fatalismus und Ansätzen zu klärender Aggression begann. So lange hatte sich sein Leben auf die attraktive Todesspur eingespielt, daß ihm Klarheit und Eigenverantwortung als emotionales Verlustgeschäft erscheinen mußten: Die Intensität im Spüren konnte er bil-

liger haben; der Einsatz für die klärende Aggression schien mit zuviel Anstrengung verbunden. Es war wirklich höchste Zeit für den Übergang von der traumatischen auf die erotische Spur.

Auf einmal jedoch brach die Aggression durch: »Es ist mir scheißegal, wenn ich deine Freundschaft verliere«, schrie er den anderen an, »jetzt zeige ich mich, wie ich bin und über dich denke.« So begann die längst fällige Abrechnung mit dem »Freund«, stellvertretend für unzählige Einzelsituationen seit seiner Kindheit, in denen er die Waffen gestreckt hatte, bevor es zum Kampf gekommen war. Nach und nach gewann er seine verratene Würde zurück. Auch gegen seinen Vater, der ebenfalls Alkoholiker gewesen war, zeigte er sich nun gewappnet. Die fast lebenslängliche modrige Traurigkeit wich immer eindeutiger der klärenden, für weitere Lebensschritte frei machenden Aggression. Doch die Versuchung, in jene abzugleiten, blieb fast bis zum Ende seines Spontanrituals bestehen. Deshalb sprach ich ihm gegenüber zum Schluß den Satz aus: »Es ist fünf vor zwölf!«, und er realisierte sofort, was ich damit meinte.

Noch ein Wort zur Wandlung in den Gebärden dieses Mannes: Seine anfänglich verwirrend unbestimmten Bewegungen wandelten sich im Laufe der klärenden Aggression in kraftvolle, harmonisch klare Gebärden, die ins Außen griffen, als wollten sie dieses ergreifen und aktiv umformen. In ihnen kam lebensbejahende Bezogenheit und Freude an Eigeninitiative und Gestaltung zum Ausdruck, also jene Faktoren, die er nie zuvor richtig gelebt hatte. Ich konnte mir leicht vorstellen, wie er in Zukunft seine Begegnungen mit lebendigem Spürbewußtsein mitgestalten würde.

Seit der Arbeit mit diesem Mann ist mir vollends klar

geworden, daß ein verwirrender, vieldeutiger Gefühlsausdruck immer der Verschleierung und Unterdrückung der »wahren Empfindung« dient. Die deutsche Übersetzung des altgriechischen Wortes für Teufel — *diabolos* — lautet »Durcheinanderwerfer«, also Verwirrer. Mit meist halbbewußten Verwirrspielen, also Lügen, vermeiden wir das emotionale Deutlichwerden unserer eigentlichen Empfindung und bleiben so auf der traumatischen Spur kleben.

AGGRESSION AUS NEID UND
EIFERSUCHT

»Ich weiß nicht, warum ich in letzter Zeit so viel Groll gegen meine Frau empfinde«, sagte mir kürzlich ein Mann. »Dabei ist es uns noch nie so gut gegangen wie jetzt. Wenn sie mir am Morgen zulächelt, kriege ich bereits eine Wut gegen sie. Wenn wir abends ausgehen und ich sehe, wie schön sie ist, habe ich ein quälendes, bohrendes Gefühl. Ein bißchen kann ich mich zwar immer noch freuen, aber je länger wir dann zusammen sind, desto mehr Lust habe ich, sie zu verletzen, ihre gute Laune zu stören, sie auf irgend etwas hinzuweisen, was sie heute verkehrt gemacht hat. Ich schäme mich deswegen, doch ist es wie ein Zwang. Dann verschließt sich jeweils ihr Gesicht, sie wird still und bedrückt und auch ein wenig aggressiv. Nun bekomme ich Schuldgefühle. Ich versuche, etwas gut zu machen, ohne zu wissen, was es ist. Sobald es jedoch anfängt, ihr besser zu gehen, regt sich bei mir wieder die Aggression. Es ist schrecklich. Am schlimmsten ist es, wenn sie von einem Treffen mit anderen Leuten nach Hause kommt, zum Beispiel mit einer Freundin, mit der zusammen sie auf eine Prüfung hin lernt, oder von einem Wochenende in Ihren Gruppen. Dann möchte ich sie eigentlich ganz fest in die Arme nehmen. Trotzdem fange ich an, sie zu kritisieren, bis die gute Stimmung, die sie mitgebracht hat, wieder verflogen ist.«

Vielleicht kennen wir die Geschichte dieses Mannes auch mit umgekehrten Rollen. Eine Frau schilderte mir ihre derzeitige Ehesituation: »Wie nie zuvor befinde ich mich in einem herzlichen, offenen, lockeren Verhältnis zu meinem Mann. Viel Neues und Bewegendes ereignet sich in meinem Leben, und ich habe Lust, dieses mit ihm zu teilen. Seit einem Jahr nämlich arbeite ich wieder wie vor der Heirat in einer Werbeagentur, und ich liebe es, mit den vielen Menschen in Kontakt zu treten, die da aus- und eingehen. Doch seit einiger Zeit ist mein Mann seltsam zugeknöpft und abweisend. Ich grüble oft darüber nach, woran das wohl liegen mag. Der Graben zwischen meinem sonstigen guten Lebensgefühl und der zähen, gequälten Stimmung zwischen uns beiden vertieft sich von Tag zu Tag. Wie schade, daß ich gerade zu dem Menschen, zu dem es mich am meisten hinzieht, das angespannteste Verhältnis habe. Unmut und Traurigkeit darüber wechseln sich ab. Eigentlich möchte ich gern häufiger mit ihm zusammensein. Aber ich brauche einfachere Kontakte. So gehe ich öfter als früher aus und bin weniger zuhause. Wenn ich dann heimkomme, ist es besonders schlimm. Ich merke, daß er gerne wissen möchte, mit wem ich zusammen war. Dann sage ich es ihm, aber das macht die Sache nur noch komplizierter. Er stellt mir kniffelige Fragen, die nichts mit meinem Leben zu tun haben. Nur wenn es mir einmal richtig schlecht geht, entspannt sich die Atmosphäre zwischen uns. Dann ist es wieder ein wenig wie früher. Nur, weil ich mich nicht wohl fühle, kann ich die Entspannung nicht richtig genießen.«

Neid und Eifersucht gehören zu den häufigsten Ursachen von Aggression zwischen Liebenden. Ich habe die Situation aus den beiden Perspektiven des Neidischen

und Eifersüchtigen und des Beneideten und durch die Eifersucht des Partners Belasteten dargestellt. Ein wesentlicher Punkt fehlt jedoch in beiden Darstellungen. Wenn Neid und Eifersucht sich zwischen zwei Liebenden destruktiv breit machen, war schon vorher ein offenes oder heimliches Machtspiel im Gange. Jedenfalls trifft dies für Neid und gegenstandslose Eifersucht zu. Einer allein kann kein Machtspiel spielen. Neid und unberechtigte Eifersucht des einen bekommen im allgemeinen nur dann Nahrung, wenn auch der andere zum Partner in einem Rivalitäts- und Konkurrenzverhältnis steht.

In bürgerlichen Ehen, in denen der Mann vor allem im Außenberuf und die Frau im Haus arbeitet, geschieht oft eine Entwicklung folgender Art: Bis die Kinder groß sind, ist der Mann frei von Gefühlen des Neides und der Eifersucht. Er konkurriert nie offen mit seiner Frau und freut sich, wenn sie guter Laune ist. In dieser ersten Phase geht es der Frau oft gerade umgekehrt. Sie ist neidisch auf den Erfolg ihres Mannes und vergleicht sich mit ihm. Auch argwöhnt sie manchmal bei ihm ein amouröses Abenteuer.

In der zweiten Ehephase ändern sich die Vorzeichen: Die Frau geht zunehmend nach außen, nimmt vielleicht ihren früheren Beruf wieder auf oder bildet sich weiter. Sie wird unabhängiger und selbstsicherer. Neid und Eifersucht verschwinden aus ihrer Gefühlswelt. Ganz anders der Ehemann: Nun wird er von diesen quälenden Gefühlen heimgesucht; er beneidet seine Frau um die Möglichkeit der neuen beruflichen Entfaltung oder Fortbildung. Schärfer als früher beobachtet er sie, ob sie vielleicht einen anderen Mann liebt.

Meine Darstellung ist natürlich viel zu schematisch. Sie soll veranschaulichen, daß die jeweiligen Machtverhält-

nisse in einer Partnerschaft darüber bestimmen, welcher der beiden gerade neidisch und eifersüchtig ist. Fehlen diese, gibt es auch den neidischen Vergleich und den eifersüchtigen Argwohn nicht. Diese haben ihren Platz in einer Beziehung, die von Ohnmachts- und Machtgefühlen vergiftet wird. Nur die Wandlung in eine reinere Liebesbeziehung kann Abhilfe schaffen. Macht kann nicht durch Macht, sondern nur durch Liebe aufgelöst werden. Davon wird zum Kapitelschluß die Rede sein.

Bei Menschen, die sich mit Gefühlen von Neid und Eifersucht plagen, finden wir ausnahmslos Rivalitäten in der Kindheit, sei es zwischen den Geschwistern, sei es zwischen dem Kind und den Eltern. Der Kampf um den ersten Platz ließ sie schon damals zwischen Ohnmachts- und Machtgefühlen, Triumph und Niederlage hin- und herschwanken. So wie sie als Kinder auf das Konkurrenzgerangel reagiert haben — entweder durch aggressive Unterdrückung des Beneideten oder mit Eifersucht Verfolgten, oder durch selbstzerstörerische Aggression nach innen: Selbstentwertung, Selbstvorwürfe und Versteinerung — so reagieren sie nun auch in der Partnerschaft auf eigene Gefühle des Neides oder der Eifersucht. Die alten Unliebesspiele gehen weiter.

Bevor ich den Faden der destruktiven Neid- und Eifersuchtsbeziehung weiterspinne, gehe ich einen Schritt hinter diese zurück, um eine Lanze für den gesunden Neid und die gesunde Eifersucht zu brechen, auch deshalb, um einmal mehr zu unterstreichen, daß es keine Empfindung gibt, die an sich schlecht ist. Die Rückbesinnung auf den gesunden Kern einer Empfindung trägt dazu bei, diese von destruktiven biographischen Schlakken zu befreien. Das Spürbewußtsein für den Sinn eines Gefühls verhilft diesem zum Durchbruch.

Wenn sich zwei Menschen partnerschaftlich binden, nehmen sie Abschied von der unbeschränkten Offenheit für eine andere mögliche Liebesbeziehung, bedeutet doch die Partnerschaft, die sie soeben eingegangen sind, eine Wahl, also auch eine Auswahl, die andere Möglichkeiten ausgrenzt. Selbst wenn sie vorhaben, eine offene Beziehung zu führen, bedeutet ihre Entscheidung doch für beide eine Neustrukturierung des Lebens. Sie kanalisieren ihre erotische Energie zu einem wichtigen Teil in die Gemeinschaftsstruktur dieser Beziehung.

Der Anspruch, den jeder von beiden nun an sich und den anderen stellt, nämlich auf verbindliche und verantwortliche Weise gemeinsam in die gleiche Richtung zu sehen und zu gehen, muß keineswegs aus dem Sicherheits- und Machtbedürfnis stammen. Im besten Fall entspringt er dem inneren Gespür dafür, daß in Gemeinschaft mit diesem Menschen in ganz besonderem Maß Reifung, Wachstum und Erfüllung möglich sind.

Jede Transformierung der Lebensenergie in die Aufrechterhaltung einer neuen Struktur wird auch da, wo sie Gebot der eigenen Entwicklung ist, von großen Widerständen und Fluchttendenzen begleitet. Diese gefährden die Eindeutigkeit der erotischen Bindung. Die Eifersucht erwacht, wenn wir beim Partner eine solche Fluchtneigung feststellen. Wir werden unruhig, wenn er oder sie nach anderen Frauen oder Männern schaut und in der Hingabe zu uns gestört ist. Es ist angezeigt, dem anderen die eigene Eifersucht gleich mitzuteilen, jedoch ohne den Hintergedanken, dadurch entsprechende Informationen von ihm zu erpressen. So vermeiden wir, daß sich die Eifersucht zu einem quälenden inneren Zwang ausweitet und wir mit ihr den anderen unter Druck setzen.

Haben wir die Eifersucht einmal ausgedrückt, so kön-

nen wir sie leichter loslassen und müssen nicht mehr auf dem Ereignis herumreiten, das zu ihrer Entstehung beigetragen hat. Der andere behält die Freiheit des Verhaltens und wir die Freiheit von Machtspielen. Immerhin hat der Partner gemerkt, wie sehr uns an der Beziehung liegt und daß wir mit bestimmten Arrangements nicht einverstanden sind. Das kann eine Unterstützung für ihn bedeuten, nicht mehr in die »voreheliche« Unverbindlichkeit zurückzurutschen.

Die Struktur einer Partnerschaft ist nicht nur ein Wert für die Gesellschaft, sondern auch für den einzelnen in der Entwicklung seiner Bindungsfähigkeit, Verantwortung und Persönlichkeitstiefe. Die Kunst der Liebesbeziehung besteht in der Verbindung des ekstatischen Moments und der flexiblen Strukturierung, ein Thema, das in diesem Buch mehrmals wiederkehrt.

Im Gegensatz zur gesunden gebärdet sich die ungesunde Eifersucht klebrig, quälend, besitzergreifend. Oft hat sie keinen wirklichen äußeren Anlaß oder sie übertreibt diesen maßlos. Vor allem bewirkt sie das Gegenteil von dem, was sie anstrebt, nämlich die Stärkung der Partnerschaft, entfremdet sie uns doch immer mehr vom anderen. Dann ist nicht ein bestimmter Anlaß zur Eifersucht gegeben, sondern diese selber Ursache für das Scheitern einer Beziehung. Weil Eifersucht in einem Minderwertigkeitsgefühl gründet, kann sie den anderen nicht vom Wert dieser Partnerschaft überzeugen.

Ohne Worte vermittelt der eifersüchtige Mensch seinem Partner: »Ich bin es nicht wert, von dir geliebt zu werden.« Die kranke Eifersucht kann sich bis zum Wahn steigern, dessen versteckte Botschaft so lautet: »Du findest jeden oder jede besser als mich; deshalb verfolge ich dich Tag und Nacht mit meiner Eifersucht, bis du merkst, daß

ich nichts wert bin und du mich verlassen mußt. In meiner Abhängigkeit klammere ich mich an dich, weil ich spüre, daß ich es gar nicht verdiene, von jemandem wie dir geliebt zu werden. Der einzige Weg, der mir bleibt, besteht darin, dich zu zwingen, daß du dich um mich kümmerst. Doch selbst wenn du es tust – und du mußt es tun, weil ich dich mit meiner Eifersucht verfolge –, geschieht es nicht aus Liebe zu mir. Für die Liebe suchst du andere. Wie eh und je bin ich ungeliebt. Lieb mich trotzdem!«

Wir spüren die Wucht der zerstörerischen Aggression, mit welcher der Eifersüchtige sein Gefühl des Ungeliebtseins vergeblich zu durchbrechen sucht und es in Wirklichkeit intensiviert.

Auch der Neid hat zwei Gesichter; er kann die Richtung des Wachstums oder der Selbstzerstörung nehmen. Jeder Neid beruht auf dem Vergleich mit anderen. Im gesunden Neid spornt uns der Vergleich an, das selber zu entwickeln, weswegen wir den anderen beneiden. Eigentlich meint der gesunde Vergleich dasselbe wie Leitbildspiegelung: Gespiegelt im anderen nehmen wir eigenes, bisher noch wenig bekanntes, unentwickeltes Lebenspotential wahr. Der gesunde Neid bedeutet noch nicht realisierte Liebe zum anderen und zu sich selbst. Doch zielt er durch Aktivierung eigener Kräfte auf Solidarisierung und Verbindung mit dem Partner hin. Im allgemeinen sind wir nicht neidisch auf solche Fähigkeiten bei anderen, die zu den unsrigen in keiner Beziehung stehen. Zum Beispiel ist ein begabter junger Musiker nicht auf einen Atomphysiker, sondern einen anderen Musiker, der sein Talent voll entfaltet hat, neidisch.

Der im ungesunden Neid Fixierte dagegen nimmt den anderen aus dem Gefühl eines eigenen Mankos und nicht einer in ihm angelegten Begabung wahr. Der andere ist al-

les, und ich bin nichts. So geht mir die Galle über, und ich werde grün vor Neid. Aus einem Zwang, dem sie nicht entrinnen kann, muß die neidische Königin immer wieder den Spiegel befragen, wer die Schönste im Land ist, und sie weiß schon im voraus, daß nicht sie es sein kann, sondern es immer ein Schneewittchen geben wird: Ihr Problem ist nicht die äußere Schönheit, sondern die Liebe zu sich selbst.

Der ungesund Neidische sucht die Verbindung mit dem Beneideten nicht in der Annäherung an ihn auf dem Weg einer eigenen verwandten Entwicklung, sondern in seiner Vernichtung: Die neidische Königin trachtet Schneewittchen nach dem Leben. Wie oft zerstören neidische Eltern ihre Kinder durch ständige subtile und repressive Entwertung! Sie entziehen ihnen die Liebe aus Mißgunst, handeln also so, wie wahrscheinlich bereits ihre Eltern an ihnen gehandelt haben. Die Kettenreaktion der Lieblosigkeit von Generation zu Generation ist eine der psychologischen Bedeutungen des Rades der Wiedergeburten im Buddhismus. Blinder Neid ist eine zerstörerische Kraft, die den Lebensnerv sowohl des Neidischen selber als auch des Beneideten angreift. Auch unter Geschwistern gibt es solch tödlichen Neid; meist spiegelt er die Rivalität zwischen den Eltern.

Die Aggression des Neides tarnt sich oft mit Moral und gebraucht das Mittel der Lüge. Über den Beneideten werden halbe oder ganze Unwahrheiten erzählt. Verleumdungskampagnen haben ihre Ursache oft im Neid. Die destruktive Logik des blinden Neides lautet: »Wenn ich schon nicht leben darf, sollst auch du nicht leben.« Die Solidarisierung, in die sich der Neid eigentlich wandeln müßte, verkommt zur Schicksalsgemeinschaft in der gleichen Zerstörung.

In der Gruppenmitte saß eine Frau, die durch Neid und Eifersucht bereits zwei Partnerschaften zerstört hatte. Ihr dritter Mann, der sehr unter ihrer Verfolgung litt, saß ihr gegenüber. Ich schlug ihr vor, ihre genaue Wahrnehmung ausschließlich auf ihren Mann zu richten und nur auszusprechen, was sie tatsächlich an ihm wahrnahm. Anfangs gelang es ihr noch nicht, meinem Vorschlag nachzukommen. Wie bereits in ihren früheren Partnerschaften verwechselte sie Wahrnehmung mit Vorstellungen, die aus ihren Projektionen stammten. So »sah« sie zum Beispiel in den Augen ihres Mannes die Gier, mit einer bestimmten anderen Frau in der Gruppe zu schlafen. Bei früheren Gelegenheiten hatte ich bei ihr selber große Sympathie für diese Frau beobachtet. Freuds Aussage, daß Eifersuchtsprojektionen ihren Ursprung in unterdrückten gleichgeschlechtlichen Empfindungen haben, traf in diesem Fall zu, falls wir diese nicht auf die Sexualität einschränken.

Immer wieder wies ich die Frau darauf hin, nichts anderes zu tun, als genau hinzusehen und ihre Wahrnehmungen mitzuteilen. Dank der Fokussierung ihrer Aufmerksamkeit geriet sie allmählich in einen leichten und wachen Trancezustand. Ich forderte sie auf, noch genauer hinzuschauen. Nun erwachte in ihr zum ersten Mal die realistische Wahrnehmung des Menschen, der ihr gegenüber saß, nämlich ihres Mannes. Die etwas schläfrig gewordenen Gruppenteilnehmer wurden plötzlich aufmerksam und setzten sich gerader hin: Was die Frau nun mitteilte, waren differenzierte, präzise Beschreibungen dessen, was auch wir in ihrem Gegenüber wahrnahmen. Zusammen mit ihr sahen wir die tiefliegenden Augen mit dem warmen, hellbraunen Glanz, den schweren Mund mit der geschwungenen Oberlippe, die kräftigen, muskulösen Oberschenkel. Fast eine Stunde lang ermutigte

ich die Frau zur immer genaueren und vertieften Wahrnehmung. Auf einmal brach sie in Tränen aus, stand auf, ging auf ihren Mann zu, der auch aufstand, und umarmte ihn mit großer Innigkeit. Durch die hingebungsvolle Wahrnehmung war die Liebe in ihr erwacht. Spürbewußte Wahrnehmung des Du führt in jene Herzensverbindung, die mit Neid und Eifersucht eigentlich gemeint ist.

Die Sucht nach dem
starken Reiz

Die Sehnsucht nach Grenzerfahrungen ist nicht ein Bedürfnis unter vielen: Sie kommt aus dem menschlichen Entwicklungstrieb. Im Umschlag ereignet sich Wandlung, im Extrem geschieht der Ruck in die Mitte, zwischen Leben und Tod rastet das Leben oder holt uns der Tod ein, im starken Reiz erwachen wir zu uns selbst oder werden vom Schock, den er verursacht, betäubt oder umgebracht, so wie eiskaltes Wasser unseren Herzschlag steigern oder ihn zum Stillstand bringen kann.

Bei Moralisten jeglicher Couleur finden wir einen immanenten Widerwillen gegen starke Reize, Extrem- und Grenzerfahrungen. Denn am Ort der Grenze hört jede äußere Macht, auch die ihre auf. Wer sich mitten im starken Reiz befindet, ist nicht mehr handlich in Griff zu bekommen und manipulierbar. Der starke Reiz entzieht sich völlig dem moralischen Zugriff, weil sein Kernimpuls Befreiung von allen Einschränkungen ist.

Trotzdem müssen wir in bezug auf die Art und Weise, wie wir auf den starken Reiz zugehen, eine Unterscheidung treffen. Sie hat nichts mit Moral, die auf ein bestimmtes Verhalten festlegt, zu tun, wohl aber mit der ethischen Frage, ob wir im starken Reiz den Tod — in jeder Grenzerfahrung wird ein Tod, nämlich der einer alten Struktur besiegelt — um des Lebens oder um des To-

des willen suchen, ob sein Sinn für uns Wandlung oder Zerstörung ist, ob wir uns also, wenn wir uns von ihm packen lassen, auf der Suchwanderung nach einer neuen Wahrnehmung des Lebens oder auf dem Suchttrip befinden, der Leben zwar verspricht, in Wahrheit aber zerstört.

Diese Frage ist gerade heute von allergrößter Bedeutung, da starke Reize und Grenzerfahrungen nicht mehr in sinnstiftende, also Leben fördernde Rituale eingebunden sind, sondern in der anonymen Grauzone zwischen Leben und Tod lavieren. Fassen wir die Frage genauer: Lassen wir uns bis zur Grenze zurückziehen, um ganz hinten und unten mit einem Rückstoß aus eigener Kraft die Richtung des Lebens einzuschlagen oder aber um passiv liegen zu bleiben? Selbst in dieser Formulierung bleibt die Frage nach der ethischen Entscheidung für Leben oder Tod noch unklar, geht es in dieser doch letztlich nicht um zwei verschiedene Absichten und Vorsätze, sondern um Arten des Spürens: Befinden wir uns in der Grenzerfahrung mit aktiv offenem und wachem Gespür — mit Spürbewußtsein — oder mit der passiven Forderung, das zu bekommen, was uns zukommt? Lassen wir uns ansprechen und in die Eigenbewegung bringen oder stellen wir Ansprüche? Das erste ist Suche, das zweite Sucht. Wenden wir uns zunächst der Sucht zu.

Im ersten Kapitel bin ich den Gründen für den allgemein verbreiteten Mangel an Spüren, die zeitspezifische Spürlosigkeit, nachgegangen, und ich habe ausgeführt, daß diese weit über die Biographie einiger Individuen hinausgeht. Sie hat mit der wachsenden Entpersönlichung, Instrumentalisierung der zwischenmenschlichen Bezüge, Digitalisierung der Kommunikation, Funktionalisierung und Überstrukturierung in allen Bereichen

zu tun. Damit verbunden ist ein anhaltender, so hoher Reizpegel, daß wir viele anstürmende Reize nicht mehr organisch aufnehmen und verarbeiten können. Der Arbeiter mit dem Preßluftbohrer, der, falls er seine Arbeit zu lange ausführt, Hörschäden erleidet und impotent wird, ist ein Bild für den reizgeschädigten, spürtauben Menschen, Opfer unserer Zeit.

In uns entsteht so etwas wie ein großes schwarzes Loch: Das Wichtigste, was zum Menschsein gehört, nämlich mit allen Sinnen spürend dazusein, wahrzunehmen und über die Wahrnehmungen mit anderen Menschen in Verbindung zu treten, also die Fähigkeit, wach und offen mit allen Sinnen — auch das Denken hat sinnliche Qualität — spürend in der Welt zu sein, befindet sich in einem Prozeß der Abstumpfung und Abtötung. Unsere Seelenhaut droht zur Hornhaut zu werden. Die Frustration, die wir alle dabei empfinden, ist mit der des Kleinkindes vergleichbar, das um die ihm geschuldete liebevolle Zuwendung, Wärme und Geborgenheit betrogen wird.

Im seelischen Zentrum der Menschheit weitet sich ein dunkles Loch aus, das danach schreit, gefüllt zu werden. Doch das, womit wir es füllen, wird so schnell zu Müll, daß die Frustration noch weiter wächst. Auch deshalb fühlen wir uns alle als Zukurzgekommene, Verlassene und Ungeliebte.

Vor diesem gesellschaftlichen Hintergrund wird es verständlich, daß die Sehnsucht nach dem starken Reiz, der die Spürtaubheit durchschlägt, wächst. Der starke Reiz ist der Gott, nach dem wir uns sehnen. Die Angst vor dem gähnenden Loch der Fühlleere macht unruhig und süchtig, schnell auszustopfen, was uns fehlt. So wird die Sehnsucht zur Sucht nach dem starken Reiz. Die kollektive Versagung läßt uns ungeduldig werden: Ungeduld ist

die Emotion, die zur Sucht verführt. Wir werden zu schweifenden Raubtieren und sehen die Welt als Beute, die uns zum Reißen bestimmt ist. Die Sucht nach dem starken Reiz macht uns zu Zerstörern in der Außen- und Innenwelt: Lieber jetzt zerstören und haben, als lange die Spürleere durchleiden und sein — *paradise now!* In den Träumen vieler Menschen häufen sich Bilder von Destroyern im Himmel und auf Erden. Lieber der große Knall als die endlose, inhaltlose Spannung! So sieht die sich verdeutlichende Todesrichtung auf den starken Reiz zu aus.

Vor einigen Jahren habe ich einen Menschen gekannt, der fast alles, was er anfaßte, mit Unglück und Tod infizierte: In seiner näheren Umgebung häuften sich auffällig Krankheiten, berufliche und andere Katastrophen und Todesfälle. Als er nach einer Scheidung wiederum heiratete, geschah in seiner neuen Umgebung dasselbe. Der Mann war kein Hexer, sondern »nur« in einem ungewöhnlichen Ausmaß allem lebendigen Spüren entfremdet. Im üblichen Wortsinn war er nicht einmal süchtig, höchstens nach Anerkennung und Zustimmung. Er trug die glatte, freundlich bezogene Maske des Menschen, der in psychiatrischen Lehrbüchern als gefühlsarmer Psychopath bezeichnet wird. Ich erwähne dies nicht, um ihn ins Abseits des Krankhaften zu drängen, sondern um ihn als Bild der süchtigen Gesellschaft zu integrieren. Seine Sucht kannte nur wenige Umwege, sie zielte direkt auf Zerstörung und Tod hin.

Die meisten Todessüchtigen wählen Umwege, doch die Todesrichtung bleibt dieselbe. Zwei süchtige Menschen in einer Partnerschaft setzen ein Todeszeichen nach dem anderen, auch wenn sie gleichzeitig zum Teil in die Richtung des Lebens gehen. Ohne es zu wollen, säen sie

vielerorts den Keim der Zerstörung. Es mag schockierend und pathetisch klingen, dies so deutlich auszusprechen. Wer je in näherem, persönlichem Kontakt mit süchtigen Menschen stand, wird meine Ausdrucksweise nicht übertrieben finden.

Menschen suchen einen Weg aus Abstumpfung und Betäubung durch Suchtmittel, betäuben und stumpfen sich durch diese nur noch mehr ab. Die Sucht nach dem starken Reiz kennt in der Wahl der Mittel keine Grenzen. Ob jemand herrschsüchtig ist, aus sportlicher Gewohnheit stiehlt, sich in promiskes Verhalten treibt, Leistung um Leistung erjagt, Nahrung süchtig verweigert oder in sich hineinschlingt, nach stets neuem psychologischem Zuspruch giert, um sich nicht ändern zu müssen, in der Eso-Szene wie im Ur-Ozean des Mutterschoßes schwimmt, in geladenen Situationen zur Flasche oder Zigarette greift, die Nadel zum Spritzen von Heroin als Nabelschnur zur großen Mutter benutzt: Mit Gradunterschieden geht es dabei immer um die ungeduldige Verweigerung der vielleicht langen Suchwanderung nach dem Schatz des Spürens und um die Flucht nach vorne in den süchtigen Raub.

In dem Moment, wenn Menschen ihr Suchtmittel ergreifen, werden sie manchmal auf einmal leicht und beweglich. Mit beiläufiger, routinierter und entspannter Selbstverständlichkeit, die im Gegensatz zur vorausgehenden nervösen Spannung steht, tun sie den süchtigen Handgriff und geben sich dabei und in der Folge, wenn die Sucht wirkt, als Diener einer äußeren, zum Beispiel chemischen Macht zu erkennen, wirken fremdbestimmt und wie getrieben. Mit der Natürlichkeit eines Himmelskörpers, der seine vorgesehenen Bahnen zieht, gehen sie einmal mehr den Weg der Sucht. Schon längst ist diese zu

ihrer »Natur« geworden, und oft finden sie vorübergehend das, was der nicht Süchtige in der Natur findet: Wohlbefinden, Verbindung, Gefühl und Lockerheit.

Manche merken, daß sie jetzt bei sich und im Lot sind, und in gewissem Sinne stimmt das auch, weil sie durch das Suchtmittel ins strömende Gefühl gekommen sind. Gewisse Suchtmittel machen offen und empfänglich für die Mitmenschen. Dann empfinden die Süchtigen Traurigkeit über die lange trockene Phase der Fühlleere, versprechen Besserung, versprechen überhaupt vieles, obwohl sie im Grunde ihres Herzens wissen, daß sie keines dieser Versprechen halten werden. Wenigstens solange die Sucht dauert, stellen sie Liebe, Verantwortung, zuverlässiges Engagement in Aussicht: Werte, die sie in der Sucht intensiv empfinden und deren Verwirklichung sie gerade durch diese wirksam vermeiden. Aufgrund dieses Widerspruchs können ausgesprochen süchtige Menschen nicht anders als beziehungsunfähig sein.

Die Selbstzerstörung durch die Sucht wird manchmal in den suchtfreien Phasen augenfälliger als in den süchtigen: Der Alkoholiker, der seinen »richtigen Pegel« erreicht hat, wirkt oft angenehm belebt und belebend, kommunikativ und locker flüssig, während er fern von der Flasche diese »natürlichen« Eigenschaften vermissen läßt. Eben das macht die Sucht so verlockend. Der Süchtige verdrängt, daß er diese so angenehmen Eigenschaften mit jedem Mal, wenn er zu seinem Suchtmittel greift, um einen Schritt weiter aus seinem Leben verbannt. Durch die Sucht verliert er, was er in der Sucht zu finden glaubt. Da er den starken Reiz von außen her in sich hinein holt, betäubt er den Anreiz und Antrieb von innen.

So stirbt er schließlich immer mehr ab, wird und wirkt er zerstörerisch nach innen und außen. Die Sucht ist der

passive Ersatz für die aktive Suche. Deshalb lähmt sie die Eigenaktivität und -verantwortung. Bewegendste und tiefste Erfahrungen in der Sucht können aufgrund der passiven Grundhaltung des Süchtigen gar nicht in die aktive Lebensgestaltung hinein transformiert werden. Die Sucht ist eine Lüge, die sich mit der Wahrheit tarnt. Mit künstlicher Lebendigkeit steuert sie auf den Tod zu.

Die Tarnung durch Wahrheit und Lebendigkeit in der Sucht ist mehr als bloß Verdrängung, gibt sie doch einen deutlichen Hinweis auf den konkreten Sinn einer bestimmten Sucht. Jede Sucht ist Sinnträgerin einer spezifischen Suche. Wie bei allen Krankheiten hilft auch in der Sucht die Symbolisierung des Symptoms weiter. Was heißt das? Der ohnehin willensgeschwächte Süchtige vermag nur selten durch bewußte Anstrengung seine Sucht zu überwinden. Zu klein ist seine Frustrationstoleranz und zu groß das schwarze Loch seiner Sinn- und Sinnenleere. Es treibt ihn auf den gewohnten Weg zum starken Reiz, mit dem er sich betäubt oder aufweckt oder verflüssigt oder einfach erleichtert. In weniger schweren Fällen motiviert die Liebe zu einem anderen Menschen, auf die Sucht zu verzichten. Doch wenn wir eine Sucht mit Brachialgewalt verbannen, meldet sich leise und unauffällig bereits die nächste; es findet die typische Verschiebung in den Suchtformen statt. Was bleibt, ist der diebische Griff nach dem starken Reiz.

Die Symbolisierung des Symptoms in der Sucht geschieht auf dem Weg des Spürens. Wem es in therapeutischer Begleitung gelingt, nicht nur die Wirkung des Suchtmittels passiv zu erleben, sondern darüber hinaus den ganzen Vorgang vom Einnehmen des Suchtmittels bis zum Abflauen seiner Wirksamkeit so aufmerksam und sorgfältig wie möglich in ständiger genauer Beschreibung

zu verfolgen, wird mit der Zeit immer mehr ein Gespür für das mit seiner Sucht Gemeinte bekommen. Die Beschreibung, die er gibt, ist ein erster Schritt in die Aktivität und dient gleichzeitig dem Wecken passender Gefühle. Es ist keine einfache Methode; sie erfordert ein solides Vertrauensverhältnis zwischen dem Süchtigen und seinem Therapeuten. Doch ist sie die einzig wirklich natürliche Methode, da sie dem Betroffenen nichts Zusätzliches von außen eingibt, sondern ihm das Gespür für das in der Sucht mit ihm Geschehende vermittelt. Bei manchen Suchtmitteln und in manchen Fällen kann sie bloß in Ansätzen angewandt werden. Doch ist sie der entscheidende Wendepunkt zu kontinuierlichem Spüren aus eigenen Quellen, zu mehr Persönlichkeitsstärke und Eigenverantwortung. Natürlich macht sie die notwendigen flankierenden sozialen Maßnahmen nicht überflüssig, doch bekommen nun auch diese einen innerlich empfundenen und bejahten Sinn. Die Weckung und Verankerung des Spürbewußtseins fördert die Fähigkeit, stärkere und schwächere Reize nicht einfach zu konsumieren, sondern in die Lebensgestaltung hinein zu kanalisieren.

So erspürt zum Beispiel ein Alkoholiker, während er trinkt, intensiv die Wärme, die er immer sucht. Er empfindet sie gleichzeitig körperlich und seelisch. In der Sucht ist er immer wieder in die Wärme des Mutterleibes geflüchtet. Doch nun spürt er wach und aufmerksam einfach Wärme und durch diese auch Verbindung und Kommunikation mit seinen Bezugspersonen. Indem er mit wachsendem Bewußtsein das Gespürte beschreibt, gelangt er immer mehr in einen Zustand lebendigen und aktiven Fühlens: Er wird selber zum Wärmespender für andere. Darin liegt eine durch die Sucht verhinderte Begabung des Alkoholikers. Je mehr Wärme und Zuwen-

dung er von nun an anderen gibt, umso mehr realisiert er den Sinn seiner Sucht. Dieser frönt er nicht mehr, sondern befreit Tag für Tag ihre symbolische Kraft im aktiven Spenden von Wärme. In der Raffung dieser Zusammenfassung kann nicht zum Ausdruck kommen, daß es dabei immer um lange, schwierige, oft mit Rückfällen verbundene Prozesse geht.

Ich habe die therapeutische Begleitung nicht nur deshalb erwähnt, weil sie oft unumgänglich ist, sondern aus einem noch tieferen Grund. In seiner Gier nach dem gesuchten Reiz isoliert sich der Süchtige. Isolierung ist der gefährlichste Umstand in der Entwicklung einer Sucht. Die Bindungslosigkeit in der Isolierung macht das verwendete Mittel erst eigentlich zum Suchtmittel. Rituell eingenommene Drogen bei Naturvölkern führen nie in die Sucht, denn Ritus heißt Bindung, Bezogenheit, Struktur, lebendige Wiederholung, Sinnerfahrung — Dinge, die dem Süchtigen fehlen. Die spürbewußte Beschreibung des süchtigen Ablaufs ist ein Ritus, der diese Werte vermittelt, falls er so oft als notwendig wiederholt wird. Wenn wir, wie es heute oft geschieht, Rituale anderer Völker, zum Beispiel der Indianer, einfach übernehmen, können diese ihre rituelle Kraft nur beschränkt entfalten, weil wir nicht im entsprechenden Kulturkreis eingebunden sind. Das Ritual der spürbewußten Beschreibung wirkt auf den Außenstehenden sicherlich viel nüchterner, doch wächst es auf unserem eigenen Boden und hat deshalb mehr Chancen, sich in unserem Leben durchzusetzen.

Die Faszinierung durch den starken Reiz hat sich im Laufe meiner Erläuterungen in mir etwas abgeschwächt. Es ging mir immer mehr um das Spüren überhaupt, ob dieses sich in einem starken oder schwachen Reiz ereig-

net. In der Tat: Die Suche nach Grenzerfahrungen ist mit zunehmender Reifung eines Menschen immer weniger mit der Suche nach dem starken Reiz identisch. Während wir früher vielleicht nur unter extremen äußeren Bedingungen, zum Beispiel im Extremalpinismus mit hohem Risiko oder, in minderem Maße, beim Gleitschirmsegeln, beim Sprung ins Wasser vom Zehnmeterbrett oder sogar beim Bungee Jumping intensiv zu spüren anfingen, erfaßt unser Spürbewußtsein mittlerweile auch die feineren, zarteren Reize. Dabei nehmen wir wahr, daß die Intensität des Spürens nichts mit der Stärke des auslösenden Reizes zu tun hat. Immer öfter erfahren wir im Gegenteil, daß ein Windhauch, ein fallendes Blatt, ein auffliegender Vogel, der Atem eines Kindes, der Blick eines geliebten Menschen intensiveres Spüren in uns auslöst als irgendein starker Reiz und daß uns dieser zarte Lebensimpuls nach innen eine Grenze überschreiten läßt, die wir außen lange vergeblich gesucht haben: Das Kleine spüren heißt spürbewußt sein.

ACHTZEHNTES KAPITEL

JEDE NACHT IST DIE LETZTE:
TODESLUST UND EKSTASE

Destruktive Sexualität entlarvt die vernichtende Kraft der trennenden Aggression besonders deutlich. Sie wird nicht vom Gefühl der Liebe, sondern der Isolierung in Bewegung gesetzt. Nicht die strömende Empfindung: »Wir gehören zusammen«, sondern das quälende Gefühl »Ich bin allein« läßt zwei Menschen die sexuelle Lust suchen.

Kürzlich erzählte mir ein junger Mann wörtlich: »Ich fühle mich fast immer wie auf einem fremden Planeten. Die anderen Menschen berühren mich nicht. Nichts berührt mich richtig. Es kommt vor, daß ich mich heftig kneife, um mich wieder mal zu spüren. Manchmal steigt eine dumpfe Spannung in mir an, so daß ich meine, gleich zu explodieren. Die Zeit kurz vor der Explosion dauert oft Tage. Dann muß etwas passieren: irgendein starker Reiz, am ehesten ein sexueller Reiz, den kann ich mir am leichtesten verschaffen. Wenn ich mir einen runterhole, bringt mir das zuwenig. Kurz nach dem Orgasmus bin ich wieder zum Zerreißen gespannt. Ich brauche dann eine Frau, mit der ich wilden Sex habe, nicht eine, die ich näher kenne, das würde mich bedrücken, sondern eine, die ich noch nie oder höchstens ein paar Mal gesehen habe. Mir ist dann alles egal. Ich denke an gar nichts. Wenn ich anfange, ein bißchen zu denken, ist die

scheußliche Spannung wieder da. Nichts darf mich einschränken. Es ist mir wirklich alles scheißegal. Ich brauche totalen Sex. Ich weiß ein Lokal, wo Frauen sitzen, wie ich sie brauche. Da reiß' ich mir eine auf. Ich kann das gut, stimmt, wirklich gut. Ich schaffe es fast immer. Der Gedanke an Aids geilt mich sogar auf: diese Gefahr, und ich tue es trotzdem! Wenn ich ficke, geht es selten ganz ohne Blut ab. Am liebsten beiße ich oder lasse mich beißen. Besonders kurz vor dem Orgasmus mag ich das, es turnt mich total an. Es ist echt verrückt. Wenn ich solchen Sex nicht hätte, würde ich mich glatt umbringen. Das Scheißleben ist so was von langweilig. Das einzige, was mich nicht ankotzt, ist verrückter Sex.«

Die Sucht nach dem starken Reiz, von der im letzten Kapitel die Rede war, kann auch Sucht nach sexueller Grenzüberschreitung sein. Wie jede Sucht stammt sie aus der Isolierung und führt in diese zurück. Wie jede Sucht ist sie ein einsames Zwangsritual, bei dem der Partner die Rolle des Lusthelfers spielt. Dabei mag im Süchtigen ein zärtliches Gefühl für den anderen aufkommen, doch nach geleisteten Diensten ist auch dieses weg. Die Spürlosigkeit macht die Welt auch für den Sexsüchtigen zu einem einzigen gigantischen Korsett, das ihn mit toten Armen umschließt. Jedes Gefühls- und Beziehungsangebot empfindet er sofort oder nach kurzer Zeit als Druck von außen, dem er, vielleicht nach einer kurzen Phase der Anziehung, zu entfliehen sucht. Wenn überhaupt, kann er nur kurz die Verbindung im Gefühl erleben.

Der Sexsüchtige ist ein Mensch ohne Geschichte, weil er sich entweder in seiner Kindheitsgeschichte bewegungslos gefangenhält oder in ekstatischen Momenten der Lust aus allem, was sein Leben ausmacht, gänzlich

heraustritt. Entweder ist er Opfer seiner Biographie und kann keine neue, ihm entsprechende Lebensgeschichte gestalten, oder er opfert selber die Möglichkeit zu einer sich in der Kontinuität entfaltenden eigenen Geschichte, indem er die geschichtslose Ekstase wählt.

Während der langen Phasen diffuser, dumpfer Spannung hat sich der junge Mann in der Erfahrungsperspektive seiner Kindheit eingeschlossen: Seine Seelenluft war wie damals immer noch dünn, seine Verlassenheit und Isolierung knapp an der Überlebensgrenze. Die Geschichte, die ihm andere in der Kindheit aufgedrängt hatten, verwechselte er mit seiner Wirklichkeit, und aus dieser Geschichte, die er selber noch weniger als die meisten anderen Menschen gewählt hatte, flüchtete er von Zeit zu Zeit in die absolute, das heißt, von allen Bedingtheiten losgelöste Geschichtslosigkeit.

In den kurzen Momenten sexueller Ekstase fühlte er sich frei und lebendig: Er spürte das Leben auf der Folie des Todes. Seine Lust war Todeslust: vorübergehende ekstatische Vernichtung einer von Verlassenheit, notwendiger Betäubung der Gefühle und ohnmächtiger Wut geprägten Kindheit. Er meinte, nur diese zu zerstören, doch zerstörte er mehr, nämlich die Möglichkeit, eine eigene Lebensgeschichte zu schreiben, sich mit dem Dasein spürend zu verbinden, mit einem anderen Menschen zusammen sein Gefühl aus der Isolierung ichsüchtiger Ekstase zu befreien und sich in der Verantwortung einen eigenen Sinn zu geben. Statt das Vergangene spürend zu durchleiden, opferte er der plötzlichen Lust Lebenspotential und vielleicht Gesundheit.

In der zerstörerischen Sexualität fehlen deutliche Hinweise auf deren Charakter als Todeslust nie. Sadomasochistische Praktiken zeigen, daß solche Lust nur durch

Schmerz erzwungen werden kann. Sie sind Ersatz für ein Dasein, das auch dunkle Emotionen wie Trauer, Verzweiflung, Wut nicht vermeidet, sondern wach durchlebt, um frei von ihnen zu werden. Wie immer äfft auch dieser Ersatz das Original nach. Um die realen Schmerzen des Daseins zu vermeiden, wählt er den symbolischen Schmerz durch Quälereien, die keinen Bezug zu seinem Urschmerz haben. Die erzwungene Lust der einsamen Ekstase steht anstelle der strömenden Liebeslust der verbundenen Ekstase. Doch während die einsame Ekstase einen Menschen, selbst wenn er sich mit einem anderen zusammen befindet, wie in einem Glashaus einschließt, öffnet die verbindende Ekstase in zwei Liebenden einen gemeinsamen geschichtlichen Horizont: die Möglichkeit auf gemeinsames Wachstum im Alltag.

Mehr unbescholtene Bürger, als die meisten es für möglich halten, fliehen von Zeit zu Zeit aus der braven, spürarmen, hygienisch abgepackten Welt ihres dürftigen Lebensarrangements in die Todeslust. Am Mittagstisch haben sie vielleicht ihre Kinder noch vor Aids gewarnt und dann, in einer verlängerten Mittagspause, werfen sie alle Vorsichtsmaßnahmen über Bord, stürzen sich ohne Hemmung und Rücksicht in einen kurzen ekstatischen Moment der Lust — ein Kontrastprogramm in ihrem seelenlos durchstrukturierten Alltag —, fordern von einer Prostituierten, keine Kondome zu verwenden, zahlen viel für gefährliche Sexualpraktiken. Soeben noch haben sie sich beflissen und fürsorglich um das Wohlergehen von Frau und Kindern gekümmert, doch nun scheren sie sich einen Dreck um die Frau, die sie für ihre Lust benutzen, und setzen auch deren Leben aufs Spiel. Sie demonstrieren die völlige Trennung von Ekstase und Struktur und mißbrauchen die entgrenzte Lust zu Zerstörung und Tod.

Damit liefern sie anderen »unbescholtenen Bürgern« einen weiteren Vorwand, alles, was nach Ekstase und Kontrollverlust riecht, zu verdammen und Dionysos zum Teufel zu schicken.

Das gleiche gilt für die einsamen Männer, die der Stille und Langeweile ihrer Wohnung, in der sie allein leben, spät abends entfliehen, stumm mit gierigen Augen in Pissoirs herumstehen und auf eine Gelegenheit warten, ihre Isolierung mit einem starken sexuellen Reiz zu betäuben, oft ebenfalls ohne den notwendigen Schutz. Endlich einmal keine Grenze zu spüren, dies eine Mal noch unbedingte Lust zu holen: Das ist es ihnen offenbar wert, zu riskieren, sich mit einer tödlichen Krankheit anzustecken.

Jede Nacht ist die letzte — so lautet die Logik der Todeslust. Das Ausmaß der Frustrationen und Versagungen ist so unerträglich geworden, daß nur die Perspektive des Todes sie für kurze Zeit außer Kraft setzen kann. Um die Logik des Todessüchtigen zu verstehen, müssen wir es spürnaher ausdrücken: Wer über lange Zeit nichts oder fast nichts spürt, so daß Leben für ihn Abwesenheit von Fluß und Gefühl bedeutet, der kann nicht ins Spüren kommen, es sei denn um den Preis einer tödlichen Bedrohung. Erst muß er dieses Leben mit radikal zerstörerischer Aggression — mit Daseinswut — von sich weisen. Dann ist der Weg für die Empfindung eines starken Reizes endlich offen. Diese Nacht muß die erste und die letzte, das heißt, einmalig sein, damit sie überhaupt Lust spenden kann.

Wiederum bemerken wir in der unbewußten Argumentation des Todessüchtigen eine verschleierte Wahrheit: Solange wir uns auf Vergangenes und Zukünftiges fixieren, können wir in der Gegenwart nicht ganz da sein, und unser Leben entbehrt der kräftigen Strömung und

ekstatischen Intensität. Jede, nicht nur die sexuelle Ekstase ist ein kleiner Tod: Ihn vermeiden heißt das Leben verpassen. Doch ist Ekstase auch von ihrem geschichtlichen Ursprung her eine Erfahrung des einzelnen in der Gemeinschaft: Bei allen Völkern war sie immer in Rituale eingebunden, die das Gemeinschaftsleben regelten. Der natürliche Ort der Ekstase ist das Kollektiv. Selbst die Berufungsrituale der angehenden Schamanen, in denen die Ekstase die zentrale Rolle spielte, waren der Harmonie und Gesundheit der Gemeinschaft zugeordnet. Es ist die Macht der Verbindung, nicht die der Isolierung, welche seit jeher Menschen die heilende Ekstase suchen ließ.

Sofern in der sexuellen Ekstase die gemeinschaftsstiftende Orientierung gegeben ist, sind die dazu verwendeten Praktiken zweitrangig. In ekstatischen Ritualen von Naturvölkern gab es manchmal Verletzungen, Selbstverletzungen und lebensgefährliche Bedrohungen, auch wenn diese Rituale die Förderung des Lebens zum Ziel hatten. Wer dies bereits als Nekrophilie — als Liebe zum Toten — bezeichnet, läßt außer acht, daß jeder Schritt ins Leben Widerstand weckt und deshalb oft des spürbaren Opfers bedarf, das in schmerzlichen und risikoreichen Praktiken zum Ausdruck kommt. Die Kulturgeschichte des Opfers zeigt, daß Opfer nicht immer mit masochistischer Unterordnung gleichzusetzen ist, sondern oft das notwendige Korrelat zum menschlichen Widerstand gegen einen neuen Lebensschritt bedeutet. Daher spielt das Opfer während der Initiation in eine neue Lebensstufe überall eine große Rolle.

Das menschliche Dasein spielt sich nun einmal auf der Grenze zwischen Leben und Tod ab, und in ekstatischen Erfahrungen setzt es sich dieser Wahrheit aus, nicht aus Todessucht, sondern aus realistischer Lebendigkeit. Es

gibt nicht nur unter den Theologen, sondern auch unter Psychologen Puristen, die das Leben von allen Verunreinigungen durch den Tod freihalten wollen und dadurch Zerstörerisches durch die heimliche Hintertür hereinlocken. Neues Leben entsteht nur durch Tod und Wandlung eines alten. Um den unumgänglichen Wandlungstod gegen den eigenen Beharrungswiderstand zu erreichen, benutzen Menschen seit jeher auch rituelle Hilfsmittel. Eines ist das Opfer im erwähnten Sinn, ein anderes die Droge.

In diesem geschichtlichen Zusammenhang leuchtet es ein, daß selbst die Verwendung von Drogen zur Erreichung der Ekstase nicht von vornherein abzulehnen ist, wenn die Erfahrungen, die damit gemacht werden, nicht süchtig gesucht, sondern mit Spürbewußtsein wahrgenommen und für die Gestaltung des gemeinsamen Lebens, zum Beispiel im Paar oder in einer anderen Gemeinschaft, nutzbar gemacht werden. Das Spürbewußtsein impliziert, daß Drogen nur ausnahmsweise, nie allein, nach sorgfältiger Vorbereitung und in einem rituellen Rahmen eingenommen werden, und daß sie immer überflüssiger werden, während der Süchtige im Gegenteil die Droge immer weniger entbehren kann.

Ich habe von einem Stamm in den Bergen Thailands gehört, in dem selbst die Einnahme von Opium nicht süchtig macht, weil diese in ein Ritual eingebunden ist. Drogen dürfen bei uns nur deshalb vom Gesetz nicht freigegeben werden, weil die gesellschaftlichen Voraussetzungen für deren allgemeine rituelle Einnahme nicht gegeben sind.

Das Thema Drogenkonsum aufgrund der wachsenden Drogenabhängigkeit in unserer Zeit zu tabuisieren, hieße, uns von einer uralten, bei den meisten Völkern an-

zutreffenden Tradition abzuschneiden. Dann würden wir Ursache und Wirkung verwechseln: Nicht die Droge ist Ursache der Isolierung der Süchtigen, sondern die Isolierung ist Ursache der Sucht. Es geht darum, den Gemeinschaftssinn mit allen Sinnen zu suchen. Auch Drogen können dazu unter den erwähnten Voraussetzungen eine Hilfe sein.

Eine neue Sorte von Manichäern macht sich in unserer Zeit breit: ein Dualismus, nicht mehr zwischen Geist und Materie, aber zwischen einem in jeder Hinsicht geregelten Leben, das als gut gelobt, und einem »verrückten«, ekstatischen Dasein, das als schlecht verurteilt wird.

Daß die Ekstase, mit oder ohne Hilfsmittel, unter Umständen, die ihr das Leben in Offenheit versagen, nur die Pforte des Todes, die Todeslust in aller Heimlichkeit wählen kann, liegt auf der Hand. Wir stehen in Gefahr, an Überstrukturierung zu ersticken. Die gänzliche Strukturverweigerung der Drogensüchtigen ist die kompensatorische, unbrauchbare Antwort darauf. Im Gegensatz dazu muß die Ekstase Wegweiserin hin zu neuen, offenen Horizonten werden.

In der Todeslust fehlt die verbindende Dynamik, letztlich also die Liebe. Wie der thrakische Gott Ares den Kampf um seiner selbst willen liebt und durch seine Schwester Eris Gerüchte verbreiten und Eifersucht stiften läßt, damit neue Konfliktherde entstehen, so suchen Partner, deren Liebe im Moment verschüttet oder gar abgestorben ist, stets neuen Konfliktstoff, der einen Vorwand zum Streit liefert. Durch die Emotion des Kampfes, also der trennenden Emotion, gleichen sie den Mangel an gemeinsamen Anliegen, die es nur durch Liebe gibt, also an verbindender Aggression aus. Solchen Partnern erscheint die Sexualität oft als einzige Möglichkeit, doch noch zu ei-

nem intensiven Erleben zu zweit zu kommen. Doch auch für sie gilt das bereits Gesagte: Die negative Motivation der Isolierung schafft nicht Verbindung und Liebe, sondern ein Mehr an Isolierung.

Oft wählen Partner in blockierten Beziehungssituationen harte Sexualpraktiken, um mit ihnen wieder den Ruck ins Gefühl zu schaffen. Dabei achtet jeder hauptsächlich auf die Steigerung seiner eigenen Lust. Die Liebesbeziehung brennt so noch weiter aus, und am Schluß ist noch mehr Asche — Desillusion und Verbitterung — da.

Dieser Ablauf ist nicht mit einem anderen zu verwechseln: Zwei Partner, deren Liebe etwas eingeschlafen ist, können durchaus durch erotischen Reiz und gemeinsamen sexuellen Genuß wieder füreinander und für die Liebe erwachen. Voraussetzung dazu ist allerdings, daß nicht das Leiden an Isolierung und Einsamkeit, sondern ein Anfang von verbindendem Gefühl die beiden einander in die Arme treibt. Auch Streit kann ein solch verbindendes Gefühl sein: Ares, der Gott des Kampfes, und Aphrodite, die Göttin der Liebe, führten eine wohl abgestimmte Ehe — die Tochter, die aus ihr entsproß, nannten sie Harmoneia.

Es ist immer die Trennung von sich selber, die für die destruktive Todeslust verführbar macht. Vom indischen Gott Shiva wird berichtet, daß er nach dem Tod seiner Geliebten Sati in rasendem Schmerz wütend Zerstörung und Tod um sich verbreitete. Sogar in den heiligen Bezirk einer Opferfeier drang er mit seiner maßlosen Wut ein, trieb die teilnehmenden Götter mit dem Schwert auseinander und verwüstete die Opferstätte. Wir können Shiva in diesem Mythos als Parabel für einen Menschen auffassen, der nach der Trennung vom Geliebten durch Schei-

dung oder Tod jegliches Gespür für das Leben verliert und die einzige Lust in der Destruktivität findet. Die äußere Trennung hat zur inneren Trennung geführt, nämlich vom lebendigen Fluß der Emotionen.

Viele ziehen sich dann in selbstzerstörerische Resignation und Verbitterung zurück. Einige stürmen todessüchtig nach außen und säen Angst und Schrecken. Die Boulevardpresse berichtet regelmäßig von Fällen wie diesem: Eine Frau trennt sich von ihrem Partner. Dieser verfolgt und quält sie auf alle möglichen Weisen, bis er sie schließlich mit ihrem neuen Freund überrascht, beide umbringt und nach vollendeter Tat auch sich selber richtet. Die Todeslust der trennenden Aggression hat ihn den ihm wichtigsten Menschen umbringen lassen. Getarnt hinter einem Herrschaftsverhältnis, muß sie schon immer stärker als die verbindende Lust der Liebe gewesen sein. Brutalität manifestiert den Machttrieb. Die innere Trennung vom Gefühl der Liebe läßt Menschen auch in die äußere Zerstörung gehen.

VERBINDENDE AGGRESSION ZUR LIEBE HIN

AGGRESSION ZWISCHEN SELBSTBEHAUPTUNG UND BINDUNG

Es ist ein Irrtum, Selbstbehauptung in Gegensatz zu Bindungsfähigkeit zu setzen. Menschen, die mutig, ruhig und kraftvoll überall da, wo sie es für nötig halten, Stellung beziehen und sich ohne Feindseligkeit klar durchzusetzen wissen, sind nicht rücksichtslos und egozentrisch, sondern im Gegenteil bezogen und liebevoll. Andere dagegen, die überall eine zögerliche, unentschlossene, defensive Haltung einnehmen, beruflich nicht an ihre Fähigkeiten glauben und im zwischenmenschlichen Kontakt wie Gummi weder faß- noch angreifbar sind, enttäuschen auch in Liebesbeziehungen. Entweder ordnen sie sich servil, devot und anpasserisch unter, oder sie brechen in zerstörerische Wut aus und zerreißen mit einem einzigen Handstreich lang gewobene Verbindungsnetze. Manche lavieren ständig zwischen dem einen und dem anderen Extrem hin und her und setzen sich einem Wechselbild infantil unterwürfiger und tyrannisch dominanter Gefühle aus.

Die ersten, die sich selbstsicher und souverän auch in kritischen Situationen behaupten, sind in klaren, nicht autoritären, liebevoll bezogenen Verhältnissen aufgewachsen, oder sie haben im Lauf ihres Lebens gelernt, sich von ihren autoritären Prägungen unabhängig zu machen. Auf sie trifft die Ursprungsbedeutung des latei-

nischen Wortes *Aggression* zu: Das Verb *aggredi* bedeutet bloß, sich auf etwas zubewegen, auf etwas zugehen. Aggressiv sein meint also, ohne unpassendes Hin und Her auf ein Ziel losgehen. So verstandene Aggression setzt Furchtlosigkeit, Unerschrockenheit, Unbeirrbarkeit und wache, flexible Zielbezogenheit voraus. Ich bezeichne sie als *bezogene Selbstbehauptung.* Der Ausdruck *verbindende Aggression* im Titel des vierten Teils dieses Buches beinhaltet eigentlich eine Tautologie: Jede gesunde Aggression bewirkt Verbindung.

Die zweiten, denen es an Selbstbehauptung mangelt, sind entweder unter der Knute einer Autorität oder vogelfrei aufgewachsen. In Ursprungsfamilie und Gesellschaft haben sie Autorität nur als repressive Macht oder durch relative Abwesenheit kennengelernt. Bindung heißt für sie Gefangenschaft, Selbstbehauptung Rechthaberei. Aggression kennen sie bloß als trennende, abwehrende, feindselige Kraft. So schließen sich für sie Aggression und Liebe, Selbstbehauptung und Bindung aus. Ihre Tragik besteht darin, daß sie die Selbstbehauptung, die sie durch Feindseligkeit gegen andere durchzusetzen suchen, nie erreichen, ebensowenig wie Bindung und Liebe durch profillose Anpassung und Vermeidung von persönlichen Stellungnahmen.

Im sexuellen Verhalten sind die ersten lustvoll auf den Partner bezogen, während die zweiten entweder ihre Lust unbezogen auf diesen zu erzwingen suchen oder an Potenzstörungen leiden. Da sie sich durch ihre Partner immer mehr oder weniger bedroht fühlen, können sie sich nicht voll in die sexuelle Hingabe fallen lassen. Die Verhaltensforschung hat nachgewiesen, daß bei Tieren, die sich im Zustand defensiver, feindseliger Wut befinden, der sexuelle Appetit verschwindet. Die meisten Se-

xualstörungen finden wir bei Menschen, die um ihre eigene unterdrückte Wut gar nicht wissen: Die verdrängte Wut ist der wirksamste Sexualhemmer. Doch auch wenn die feindselige Wut offen ausgelebt wird, verfügt sie immer noch über genügend Hemmkraft auf die geschlechtliche Hingabe. Wie sollte ein trennender Impuls Verbindung bewirken können!

Auch gesunde, nicht feindselige Aggression befindet sich zwischen Selbstbehauptung und Bindung, doch nicht zu deren Trennung, sondern als Brücke. Der nach außen gerichtete energetische Impuls — Aggression im Wortsinn — bewirkt gleichzeitig Selbstbehauptung und Beziehungsaufnahme. Diese sind bloß zwei Perspektiven (die individuelle und die soziale) im gesunden aggressiven Impuls. Das bedeutet auch, daß letzterer keinerlei sadistische Färbung aufweist. Sadistische Sexualität beruht im Gegenteil auf einer Blockierung der gesunden, auf die Mitwelt bezogenen Aggressivität, der Fähigkeit, gleichzeitig in Kontakt zu treten und sich zu behaupten. Sexuelle Befriedigung wird für den Sadisten nur dadurch möglich, daß er seine Aggressionshemmung mit Gewalt durchschlägt. Damit versieht er seine Aggression mit einem destruktiven, lebensfeindlichen Vorzeichen.

Anhand der weiterführenden Verarbeitung von zwei Traumbeispielen im Zusammenhang mit der Lebenssituation der Träumer zeige ich nun praktisch auf, wie einerseits die sich allmählich durchsetzende Selbstbehauptung auch die Bindungsfähigkeit belebt, und andererseits die einsetzende Beziehungsfähigkeit die Selbstbehauptung stärkt. Von zwei entgegengesetzten Seiten — Selbstbehauptung und Bindung — her kommend, versuche ich, die letztliche Identität beider spürbar und verständlich zu machen.

Ein Mann mittleren Alters erzählte im Rahmen einer sechstägigen Therapiegruppe folgenden Traum: »Ein großer Lastzug mit einem D-Zug-Anhänger fährt eine leicht abwärts führende Straße ohne Kurven herunter. Aus einem mir unbekannten Grund schwenkt er in eine Parknische ein und kollidiert dabei mit einer Mauer. Vielleicht haben seine Bremsen versagt. Der Lastzug nimmt jedoch keinen Schaden.«

Der Träumer war ein äußerst hilfsbereiter und liebevoller Mann. Viele in der Gruppe hatten von seiner umsichtigen Fürsorglichkeit profitiert. Seit vielen Jahren lebte er mit einer Frau zusammen, der gegenüber er die gleiche fürsorgliche Rolle einnahm. Seit einiger Zeit mehrten sich in seinem Leben Anzeichen dafür, daß es ihn zu mehr Gegenseitigkeit und Sinnlichkeit hinzog, als er es je mit dieser Partnerin erlebt hatte und nach menschlichem Ermessen je mit ihr würde erleben können. Aus Rücksichtnahme, nach wie vor bestehenden Liebesgefühlen und Unentschlossenheit zögerte er die Auseinandersetzung um eine mögliche Trennung hinaus. Er sehnte sich nach einer neuen Partnerschaft zusammen mit einer sinnlich starken und präsenten Frau, die auf seine Unterstützung nicht mehr angewiesen sein würde als er auf die ihre. Frühere Hemmungen schienen von ihm abzufallen, und er vermittelte zunehmend den Eindruck von Kraft und Entschlossenheit, im Gegensatz zu früher, da der Eindruck von ängstlicher Unentschlossenheit und Anpassung überwog. Auch in seinem Beruf begann er wenigstens zeitweise, sich das zuzutrauen, wozu er tatsächlich auch fähig war.

Vor diesem Hintergrund wird es verständlich, warum ich den Gruppenmitgliedern die Frage stellte, wem unter ihnen der hilfsbereite Mann, von dem die Rede ist, im

Lauf der Therapiewoche einen Dienst erwiesen habe. Vier Fünftel der Anwesenden bejahten dies. Nun fragte ich wiederum alle, wer denn seinerseits dem Mann einen Dienst erwiesen habe. Nur eine Frau meldete sich: Sie hatte es versucht, aber es hatte nicht geklappt.

Nun stellte ich dem Selbstinitianten zwei weitere Fragen: Was hast du deiner Partnerin im Lauf eures Zusammenlebens gegeben, und was hat sie dir gegeben? Die vermutete extreme Unverhältnismäßigkeit erwies sich auch im Vergleich der Antworten auf diese beiden Fragen.

Die Betroffenheit des Mannes auf das Frage- und Antwortspiel war in ihrer Ausdrucks- und Aussagekraft auffällig: Er, der anfänglich wie ein Häufchen Elend zusammengesunken dasaß, richtete sich voll auf, die Augen öffneten sich ganz und gewannen an Leuchtkraft und Klarheit, die anfänglich »gispeligen« Hände legten sich wie zum Zupacken bereit halboffen auf die Knie. Er war nicht mehr ängstlich, sondern entschlossen auf die ungewohnte Situation bezogen, die Ausstrahlung wirkte immer noch liebevoll, doch auf eine neue, unbestechliche Art. Wie ich ihm anschließend mitteilte, vermittelte er mir den Eindruck »flüssiger Unerschrockenheit«. Der Lastzug seines Traumes befand sich offensichtlich nicht mehr im Kollisionszustand mit der Mauer – die Freiheit, Gas zu geben oder zu bremsen, war ihm nun verfügbar. Eine gesunde Selbstbehauptung begann sich in ihm durchzusetzen. Eine Frau bemerkte: »Der D-Zug-Wagen, den du im Traum mit dir führst, das sind wir und überhaupt all die Leute, die du mit dir rumschleppst; du nimmst uns eine Verantwortung ab, die wir eigentlich selber tragen sollten.«

Nun lud ich den Mann ein, seinen Traum wach weiterzuträumen, mit geschlossenen Augen nach innen zu

schauen und den Lastzug zu suchen. Bald fand er ihn: Er fährt nicht mehr eine abfallende Straße herunter, sondern in einer großen Ebene auf einer ebenfalls geraden Strecke. Einen ganz normalen Anhänger führt er mit sich. Eine Weile rollt der Laster ruhig weiter. Auf einmal unterbricht der Wachträumer sein ungestörtes Schauen und sagt unsicher: »Ich bin nur Zuschauer; ich rolle nicht mit.« Ich fragte ihn: »Wieviele Kilometer hat der Laster schon so in dieser großen Ebene zurückgelegt?« »Vielleicht fünfzig«, antwortete er. »Also rollst du mit«, hielt ich ihm entgegen, »sonst könntest du den Lastzug schon längst nicht mehr sehen. Schau wieder genau hin!« Sofort saß der Wachträumer selber am Steuer des starken Lastzuges. Er wirkte dabei lustvoll entschlossen. Freude blitzte aus seinen Augen.

Im Anschluß an seinen Wachtraum erzählte er klar und selbstbewußt mehr über die Beziehung zu seiner Partnerin. Wir spürten alle, daß er daran war, seine Partnerschaft furchtlos und realistisch sehen zu lernen. Dies geschah aber keineswegs auf abwehrende, entwertende Art. Viel Wärme war in seiner Stimme, wenn er von seiner Partnerin sprach. Seine erwachende Fähigkeit, sich selber zu behaupten, kam aus der erwähnten flüssigen Unerschrockenheit. Er brauchte die Tatsachen nicht mehr zu verschleiern: Vielmehr nahm er die Beziehung so wahr, wie sie wirklich ist, und ging dadurch paradoxerweise zu seiner bisherigen Partnerin eine Bindung ein, die sich vielleicht am passendsten durch eine Trennung realisieren ließ.

Nach Beendigung seiner Arbeit in der Gruppenmitte gingen viele andere Teilnehmerinnen und Teilnehmer auf ihn zu. Er hatte eine neue Ausstrahlung, die den direkten, ungezwungenen Kontakt erleichterte. Die sich

durchsetzende Selbstbehauptung hatte bei ihm in Richtung wirklicher Bindungsfähigkeit und gleichzeitiger Freiheit geführt.

Im Zusammenhang mit dem Traum eines anderen Mannes geht es darum, die umgekehrte Entwicklungsrichtung ins Gespür zu bekommen, nämlich von der partnerschaftlichen Bindungsfähigkeit zur Weckung der Selbstbehauptung. Der Traum selber ist nur der mittlere Teil in diesem Prozeß; die Ausgangssituation kommt in ihm nicht direkt zum Ausdruck, und auch die neue Orientierung ereignet sich erst im Anschluß an den Traum in einem Spontanritual. Wir dürfen Träume nie isoliert, sondern müssen sie immer vor dem Hintergrund der konkreten Lebenssituation und im Blick auf die gesamte Entwicklungsdynamik des Träumers sehen.

Der Mann, um den es nun geht, ist Mitte dreißig. Seit drei Jahren befindet er sich in einer intensiven Entwicklung mit therapeutischer Begleitung. In den letzten Monaten hat er in seiner Ehe gleichzeitig zu einer neuen Freiheit und ihm bislang unbekannter erotischer Intensität gefunden. Früher lebte er in ihr voller Angst und schwankte zwischen unterwürfiger Anpassung und jugendlich ungebundener Revolte. Jetzt aber ist er liebevoll bezogen und doch unerschrocken und selbständig. Seiner Frau gegenüber ist er zu einem erwachsenen, beziehungsfähigen Mann geworden. Seine Lebensumstände, auf die ich hier nicht eingehen kann, sind zwar kompliziert, doch scheint er sie zur Selbstbehauptung in seiner Umgebung zu brauchen. Was in seinem Leben zur Entwicklung jedoch noch dringend ansteht, ist das Durchsetzungsvermögen Männern gegenüber, mit denen er bisher oft in einer ängstlich feindseligen Grundhaltung rivalisiert hat. Er fühlt sich von ihnen bedroht und gelähmt.

An diesem Punkt setzt der Traum ein: Der Ort des Geschehens ist ein Amtshaus. Mit anderen Verwundeten liegt der Träumer aufgeschlitzt da, ohne die Ursache für diesen mißlichen Zustand zu kennen. Er empfindet keine Schmerzen. Links von ihm liegen sechs augen- und ohrenlose Männer, rechts ein Mann, der eine Wunde am linken Oberschenkel aufweist. Dieser Mann steht jeden Tag auf, verläßt den Raum und kommt mit einem frischen Verband zurück. Der Träumer selber darf den Raum nicht verlassen.

Nichts ändert sich an diesem Szenario, ein halbes Jahr lang. Dann kommt eines Tages ein Offizier und führt den Träumer zum General. Der begleitende Offizier grüßt diesen ganz nach militärischer Vorschrift. Der General ist darüber hoch erfreut. Der Träumer versucht, es dem Offizier nachzutun und den General korrekt zu grüßen, doch gelingt ihm dies nur mangelhaft.

Ich gehe auf diesen Traum nur im Zusammenhang mit dem Kapitelthema »Aggression zwischen Selbstbehauptung und Bindung« ein und lasse andere wichtige Aspekte, die auch zur Sprache kamen, beiseite. Die Welt dieses Traumes ist eine reine Männerwelt, die der Träumer durchleiden muß, ein halbes Jahr lang, mit all ihrer Zwanghaftigkeit, Sterilität, Borniertheit, Eitelkeit und vor allem ihrem Gewaltpotential. Passiv ist er einem Amt – einer anonymen Autorität – ausgeliefert. Ort und Ablauf des Geschehens zeigen kafkaeske Züge. Der Bauch des Träumers, Sitz der Emotionen, ist aufgeschlitzt: Solange er auf den Vergleich mit anderen Männern fixiert bleibt, ist er unfähig, im Kontakt mit ihnen aus dem Bauch zu leben. Seine Eingeweide liegen offen da. Lange hat er seine Verwundung verdrängt, jetzt zeigt er sie offen und verbirgt auch nicht mehr seine Hilf- und Schutzlo-

sigkeit. So tief und zentral ist also die Wunde, die ihm frühe männliche Autoritätspersonen geschlagen haben! Weil er in dieser Männerwelt seine eigene Männlichkeit nur als klaffende Wunde wahrnimmt, sieht er auch die anderen Männer nur schemenhaft als Verletzte ohne Augen und Ohren. Weder in bezug auf sie noch auf sich selber ist er spürbewußt; bei ihnen nimmt er nur das Fehlen von Sinnesorganen, bei sich bloß die Abwesenheit von körperlicher Unversehrtheit und Eigeninitiative wahr, doch spürt er dabei keinen Schmerz. Sein Lazarett kann nur das Haus einer höheren Gewalt, ein »Amtshaus«, sein, denn seine Wunde besteht ja eben im Gefühl, männlichen Obrigkeiten gegenüber schutzlos ausgeliefert zu sein.

Der verletzte Unterschenkel des Mannes zu seiner Rechten wird zwar täglich verbunden, doch beschränkt sich dessen Bewegungsfreiheit auf den Bittgang um Hilfe. Deshalb kann er nicht gesund werden; die Wunde schließt sich nicht. Auch das kennt der Träumer: andere Männer zu machtvollen Helfern hochzustilisieren und einmal mehr in Ohnmacht und Abhängigkeit zu geraten, aus denen keine Heilung kommen kann.

Der Offizier, der den Träumer zum General führt, verkörpert das Höchste an Beweglichkeit in diesem Traum: Wer sich ganz der hierarchischen Männerwelt unterordnet, wird in ihr zum Offizier befördert; ihm wird eine im Reglement vorgesehene Bewegungsfreiheit zugestanden, denn man kann sich auf ihn verlassen: Er wird nicht aus dem System ausbrechen. Der Träumer möchte es ihm im hörigen Gruß an die oberste Autorität, den General, gleichtun. Er möchte es ebenso korrekt schaffen — und doch: ein Glück für ihn, daß es ihm nicht gelingt. Verbannt in einen Seelenwinkel sitzt unerkannt seine Selbstachtung, die es ihm verbietet, sein Leben ganz

dem Über-Vater zu weihen. Nur von der Selbstachtung aus könnte er seine Fähigkeit, sich anderen Männern gegenüber zu behaupten, zu entwickeln anfangen.

Das Sprechen über den Traum führte den Träumer direkt in ein Spontanritual. In diesem ist er der Mann, der im Traum zu seiner Rechten lag. Im Sitzen legt er nun beide Hände sorgsam und liebevoll auf die Verletzung am linken Unterschenkel. Bald jedoch spürt er einen Schmerz in der Brustmitte – hier, in der Herzmitte, ist seine wirkliche Wunde. Die Verletzung seiner seelischen Bewegungsfreiheit, die in der Wunde am Unterschenkel zum Ausdruck kam, wurde ihm von der schneidenden Gefühlskälte und Lieblosigkeit der Männerwelt, die sein Mannsein traumatisch geprägt hatte, zugefügt.

Nun folgt er dem neuen Energiesignal, löst seine Hände vom Unterschenkel und legt sie warm und fest auf seine Herzmitte. Er gibt sich selber, was er in seiner Kindheit und Jugend nicht bekommen hat: Liebe und Achtung für sich selbst als Mann. Daraus wächst der entscheidende Impuls, der in seinem von männlichen Instanzen geknechteten Dasein bisher gefehlt hat: Er richtet sich gerade auf. So groß habe ich ihn noch nie gesehen; gebückt ist er in unseren bisherigen Begegnungen gesessen, gestanden, gegangen. Nun aber wächst er über sich hinaus. Er setzt den rechten Fuß vor den linken, die Hände greifen nach vorne, die Augen sprühen Feuer. Wie Samson, der die Säulenhalle seiner Unterdrücker zum Einsturz bringt, schaut er um sich und schreit mehrmals aus voller Kehle: »Ich will raus!« Die Worte stacheln ihn zum Tun an: Stampfend stürmt er aus der Gruppenmitte fort zum offenen Fenster, wo er tief atmend stehen bleibt und erleichtert ins Freie, in die Freiheit schaut.

Auch für ihn hat sich der Kreis von Selbstbehauptung

und Bindung geschlossen, wenn auch in der anderen Richtung als beim ersten Träumer. Ausgehend von der in den letzten Monaten gewachsenen Erfahrung der Liebes- und Bindungsfähigkeit zu seiner Frau, wurde er vom Traum mitten in die Wunde seines Mangels an männlicher Selbstachtung geführt, um dann im Spontanritual den Sprung in die Freiheit von der Hörigkeit inneren und äußeren männlichen Instanzen gegenüber zu tun. Durch einen solchen für Spontanrituale typischen Sprung wird zwar kein Ziel erreicht, aber die Richtung gegeben. Der Träumer des zweiten Traumes kennt jetzt die Erfahrung der Freiheit von repressiven Autoritäten, und er weiß, welche Schritte immer wieder notwendig sein werden, um diesen Befreiungsimpuls in seinem Leben zu verankern.

Wirkliche Freiheit und Selbstbehauptung kommt nur aus Liebe. Die Fluchtneigung, die wir bei jedem Konflikt erleben, tarnt sich mit dem Anspruch auf Freiheit, doch wenn wir ihr nachgehen, sind wir unfreier als zuvor, haben wir uns doch im Wegrennen isoliert. Doch geht es darum, uns in der Bindung dem Konflikt so lange zu stellen, bis die Liebe wieder strömt. Die meisten Menschen in Partnerschaften streiten zu oft und zu wenig ausdauernd. Wir müssen so lange streiten, bis der Konflikt soweit wie jetzt möglich bereinigt ist und die Gefühle sich wieder verbinden. Dann erübrigt es sich, immer wieder Streit anzuzetteln. In der Liebe fließen Selbstbehauptung und Bindung in eins.

Zwanzigstes Kapitel

Frieden aus lebendiger Liebe

Frieden ereignet sich in der spürbewußten Auseinandersetzung, also der verbindenden Aggression zwischen Menschen. Deshalb gehört das Thema Frieden in ein Buch über »Aggression zwischen Liebenden«.

Das Wort *Frieden* ist ein zwiespältiger Begriff. Einerseits verbindet es sich in der Sprache mit Vorstellungen, die glauben machen könnten, daß Frieden herstell- und verwaltbar ist: Friedensverträge sind völkerrechtliche Vereinbarungen, die den Kriegszustand zwischen Völkern beenden; sie sind das Resultat von Friedenssicherung, also internationalen Bemühungen, den Weltfrieden zu sichern. Aus einem Tarifvertrag zwischen Parteien in einem Arbeitskampf ergibt sich für die Vertragsdauer eine Friedenspflicht.

Andererseits wissen wir, wie brüchig jeder geschlossene und verwaltete Frieden ist. Deshalb bezieht die Friedens- und Konfliktforschung den subjektiven menschlichen Faktor stets mit ein und mündet in eine eigentliche Friedenspädagogik. Noch mehr: Individuen, die innere Feindesländer haben, also mit Schattenbereichen ihrer Persönlichkeit in Unfrieden leben, sind zu einer authentischen Haltung des Friedens unfähig. In privaten und beruflichen Beziehungen, gesellschaftlicher und politischer Weltanschauung projizieren sie

stets den inneren Feind nach außen. Zum Beispiel schaffen sie der eigenen verdrängten Lust zu quälen ein Ventil im Aufstöbern und Verurteilen von echten oder vermeintlichen Sadisten, und setzen auf diese Weise anstelle der Versöhnung mit dem eigenen Selbst den Krieg mit den Projektionsträgern.

Ohne inneren Frieden ist jeder äußere Friedensschluß Augenwischerei: Von der eigenen Grundstimmung her sind wir nicht motiviert, diesen einzuhalten, und jede Friedensbeteuerung wird zur glatten, spürunbewußten Lüge. Nur Politiker, die um die dunklen Zonen in ihrer Persönlichkeit wissen und mit ihnen Frieden geschlossen haben, sind fähig, von Frieden zu sprechen, ohne zu lügen. Der innere Frieden bedeutet nicht arrogante Selbstzufriedenheit, sondern Demut, die ihre Wurzeln in der Anerkennung, Berücksichtigung und dem verantwortlichen Einbezug der keineswegs stubenreinen Tiere im eigenen Untergrund hat.

Für kein gesellschaftliches und politisches Anliegen ist folglich der subjektive Faktor so unverzichtbar wie für den Frieden in der Welt. Daher ist es auch angebracht, daß Psychologen sich zum Thema Frieden äußern. Aber reicht es dazu aus, Psychologe zu sein? Gerade im Zusammenhang mit dem Thema Frieden zeigt es sich, daß Fachpsychologie, die aus dem lebendigen Zusammenhang der Liebe zum Menschen und zur Welt gerissen wird, eine ebenso gefährliche Farce wie eine Wissenschaft vom Frieden wäre, die erklären würde, daß Technokraten den Frieden produzieren könnten. Das Anliegen eines »Friedens auf Erden« ist untrennbar mit dem eines Friedens im menschlichen Herzen verbunden. Frieden ist letztlich eine Frage konsequenter Liebe, wie Mahatma Gandhi sie gelebt hat.

Es geht mir zunächst darum, das Erleben und die Einsicht zu vermitteln, daß es keinen Frieden ohne Liebe geben kann, und dann, in einem zweiten Teil, Wege zum Frieden aus der Kraft lebendiger Liebe aufzuzeigen.

Obwohl die Konflikt- und Versöhnungsmuster in Politik und Gesellschaft nicht auf solche in der Paarbeziehung reduzierbar sind, so ist doch der Kern beider gleich. Was sich an Konflikten, Konfliktbewältigung und erneuter Annäherung in der kleinen Gemeinschaftszelle des Paares abspielt, wirft sogar ein unverzichtbar deutliches Licht auf entsprechende Vorgänge in größeren Zusammenhängen. Deshalb werde ich mich immer wieder auf die psychologisch durchschaubareren Abläufe im menschlichen Paar zurückbesinnen.

Ohne Liebe kann es keinen Frieden geben. Liebe heißt zunächst Überwindung der geistigen und affektiven Trägheit, real auftauchende Konflikte zu verschleiern. Der *faule Frieden* ist die Frucht, die am Baum der Erkenntnis nicht gepflückt und deshalb wurmstichig wurde. Er ist ein Arrangement mit der eigenen Denk- und Fühlträgheit. Konflikte werden nicht angegangen, sondern verschlafen und betäubt. Die Leidtragenden sind jeweils die anderen, die den Preis für die Scheuklappen derer bezahlen, die vom faulen Frieden profitieren. Dieser ist das Werk der Mächtigen: Sie haben Interesse daran, daß alles beim alten bleibt, ebenso wie ein autoritärer Vater selber keinen Finger rührt, um seine privilegierte Stellung aufzugeben, falls die persönlichen Nachteile aus dieser nicht größer als die Vorteile werden.

Der faule Frieden ist nicht lebendig, sondern tot. Er stinkt nach Moder und Verwesung. Einzig die Aasgeier sind noch lebendig.

Das einzige Gesetz im faulen Frieden ist das der Träg-

heit und somit auch der Macht. Oft gebärdet er sich liebevoll und fürsorglich und täuscht Schutzfunktionen vor, damit sich die Ohnmächtigen als Schutzbefohlene wohlig fühlen. Der faule Frieden ist eine Einbahnstraße, die nur in Richtung der Macht und Mächtigen befahren werden darf. Der allmächtige Familienvater, der allmächtige Vater im Himmel, die allmächtigen reichen Länder der Erde, die um den einzig wahren Weg wissende, autoritäre Kirche, sie alle funktionieren noch nach dem Modell der mittelalterlichen Feudalherrschaft. Auch Demokratien der nördlichen Hemisphäre leben im faulen Frieden insofern, als sich die Stimmbürger über den Primat der Wirtschaft und folglich des eigenen Geldes einig sind. Schulterschluß innerhalb der wirtschaftlichen Interessengemeinschaft und Lieblosigkeit gegenüber den Habenichtsen in der südlichen Hemisphäre, wie auch die ebenfalls wirtschaftlich motivierte kollektive Blindheit in bezug auf die leidende Natur, in die der Mensch Unordnung und Unfrieden gesät hat, sind Zeichen für den faulen Frieden in unserer Zeit. Im Gegensatz zu diesem ist die Liebe bereit, auch unbequeme Tatsachen wahrzunehmen und zu verändern.

Mit dem faulen Frieden verwandt ist der *falsche Frieden*, der auf der willentlichen Verheimlichung der Wahrheit beruht. Im Laufe einer Gruppenarbeit entschloß sich eine Frau, ihrem Mann die Wahrheit über eine Liebesbeziehung, die sie heimlich eingegangen war, zu sagen, sobald sie wieder zuhause sein würde. Kurz danach bekam ich einen Brief mit ungefähr folgendem Inhalt: »Mein Mann war erschüttert, als ich ihm reinen Wein eingeschenkt habe. Er gestand mir, daß auch er vor einem Jahr eine andere Liebesbeziehung eingegangen ist. Diese dauert noch an. Die Ehrlichkeit zwischen uns beiden reinigte die At-

mosphäre und ließ die Gefühle endlich frei strömen. Zum ersten Mal in unserer langen Ehegeschichte weinten wir zusammen. Ich merke, daß wir zusammengehören.«

Die beiden lebten nicht erst seit den verheimlichten »Nebenbeziehungen«, sondern seit viel längerer Zeit in einem falschen Frieden. Ihre wirklichen Gefühle und Nöte haben sie sich verschwiegen. Passive Lügen durch Verschweigen haben oft viel schlimmere Folgen als aktive Lügen durch Aussprechen einer Unwahrheit. Es fällt schwer zu definieren, was Liebe ist. Einfacher ist es, Eigenschaften der Lieblosigkeit zu beschreiben. Aktives oder passives Lügen zeigt die Abwesenheit von Liebe. Zwar müssen wir nicht jederzeit unser Inneres nach außen kehren, doch spüren wir sehr genau, welche Verheimlichungen statthaft, vielleicht sogar notwendig, und welche unausgesprochene Lügen sind. Jedesmal, wenn eine Verheimlichung als praktische Konsequenz eine Lüge in die Welt setzt, zum Beispiel hinsichtlich auf die eigenen wahren Empfindungen in der Beziehung, und wenn sie die Gefühlsintensität in der Partnerschaft schwächt, richtet sie sich gegen die Liebe, ist also Ausdruck von Lieblosigkeit. Das Sätzchen »Ich liebe dich« wird zur kränkenden Floskel, wenn es sich nicht in einem weiteren Satz konkretisiert, nämlich: »Ich sage dir unaufgefordert die Wahrheit.«

Das mag im kritischen Moment mühsam sein; die Trägheit stellt sich in den Dienst der Verdrängung. Doch stärkt sich Liebe gerade dadurch, daß sie nicht den bequemen, sondern den wahrhaftigen Weg wählt. Menschen, die in den entscheidenden, also schwierigsten Situationen lügen, zeigen, daß sie den anderen nicht wirklich lieben, sondern in erster Linie ihre Ruhe haben wollen.

Der falsche Frieden verstößt also gegen die Ethik der

Wahrhaftigkeit. Auch in der Politik schafft das willentliche Verschweigen wesentlicher Tatsachen ein Klima von Mißtrauen, Mißachtung und manchmal sogar zynischer Verachtung der Stimmbürger oder politischen Gegner. Wenn Verträge unter falschen Voraussetzungen geschlossen werden, kann das Resultat nur ein falscher, trügerischer, kurzer Frieden sein. Plato war der Ansicht, daß Philosophen den Staat regieren sollten. Damit meinte er auch, daß nur ethisch hochstehende Menschen einen transparenten, wahrhaftigen Frieden zu schaffen imstande sind. Der ethische Wert eines Politikers läßt sich allerdings nicht an der Abwesenheit »außerehelicher Affären« ablesen, wie uns die Presse mit ihren Sensationsberichten glauben machen will, vielmehr an einer Wahrhaftigkeit, die sich Opportunitätsüberlegungen nicht beugt. Daß Menschen mit der »weißesten Weste« im Sinne eines konventionellen Wohlverhaltens auch die größten Opportunisten sind, liegt auf der Hand.

Eigentlich läuft sowohl der faule als auch der falsche Frieden auf die *pax romana* hinaus: Ich schließe Frieden mit dir, wenn du dich mir unterordnest. Die Wahrheit brauche ich dir nicht zu sagen, nur die Herrschaftsverhältnisse müssen stimmen. Indem ich dich, wenn es mir nützt, anlüge, zementiere ich meine Macht über dich. Manipulation und Wahrhaftigkeit schließen sich aus. Wer seinen Partner manipuliert, lügt ihn auch an, und wer ihn anlügt, tut es mit dem Ziel, ihn zu manipulieren.

Mit der *pax romana* klappt es aber nur so lange, wie die Unterdrückungsmechanismen wirksam funktionieren. Auch die *pax sowjetica* war eine *pax romana*. Als die Herrschaft zusammenbrach, fiel in kürzester Zeit ein Weltreich auseinander, das mit seinen raffinierten Kontrollmechanismen für die Ewigkeit geschaffen schien.

Die Lektion kann von Diktatoren rechter und linker Prägung nicht verstanden werden, denn würden sie sie verstehen, wären sie keine Diktatoren mehr. Auch langjährige Partnerschaften, die sich hauptsächlich durch Unterdrückung und Unterordnung aufrechterhalten haben, brechen oft in wenigen Tagen zusammen, dann nämlich, wenn einer – und das muß nicht in jedem Fall das »Opfer« sein – sich außerhalb des Abhängigkeitssystems stellt und als freier Mensch lebt.

Daraus wird klar, daß Frieden nicht mit Ruhe gleichzusetzen ist. Zwar gibt es in den Beziehungen sowohl von Partnern als auch Völkern relativ störungsfreie Phasen friedlichen Zusammenlebens, doch muß der Satz »Wir haben es friedlich zusammen« noch nicht heißen, daß der Frieden tief genug gegründet ist, um in Krisensituationen als tätige Kraft Bewältigung und Versöhnung zu bewirken. Im Abschlußsegen der Totenmesse wird dem Verstorbenen gewünscht, er möge in Frieden ruhen: *Requiescat in pace!* Doch kann sich dieser fromme Wunsch nicht auf den Toten selber beziehen, bedeutet doch dessen »Ruhe« Abwesenheit sowohl von Ruhelosigkeit als auch von Ruhe. Vielmehr meint er im Wünschenden selber die regressive Sehnsucht zurück in den Mutterschoß, weg von Spannungen und Konflikten, die nach aktiven Lösungen rufen. Das ist kein lebendiger, sondern ein toter Frieden: eine Vorstellung, die lähmt, statt zu aktivieren.

Ohne Wahrnehmung und Aufarbeitung der realen Spannungen gibt es kein Leben. Insofern ist der Krieg tatsächlich Vater aller Dinge. Doch der Aussage Heraklits müssen wir hinzufügen, daß der Frieden – weiblich im Griechischen und Lateinischen – Mutter aller Dinge ist. Die sprichwörtliche Bedingungslosigkeit der Mutter-

liebe ist Bild für die Unbeirrbarkeit, mit der sich Liebe einen Weg zur Lösung der anstehenden Konflikte sucht.

Die *Friedlosigkeit der Außenseiter* ist unmißverständliches Zeichen dafür, daß in einer Gesellschaft kein wirklicher Frieden herrscht. Solange es in einer Gemeinschaft Vogelfreie gibt, wenn auch nicht unbedingt im rechtlichen, so doch im psychologischen Sinn, also Minderheitsgruppen, die die kollektive Verachtung auf sich ziehen und als Sündenböcke in die Wüste der Lieblosigkeit geschickt werden, leben auch die anderen, die zur »richtigen Partei« gehören, in Unfrieden mit sich selbst. Juden, Türken, Drogensüchtige, Homosexuelle, die totgeschwiegen, abgelehnt, verfolgt, umgebracht werden, zeigen auf, daß ihre »guten« Gegenspieler mit sich selbst uneinige, friedlose Menschen sind. Diese geben in der Gesellschaft den Ton an und brauchen Außenseiter, um sich als »Innenseiter«, *Insider*, zu fühlen. Solange in einer Gesellschaft ein einziger Mensch wie ein Friedloser betrachtet und behandelt wird, ist sie als Ganzes ohne Frieden.

Ohne Liebe kann es also keinen Frieden geben. Wie aber gestaltet sich der Frieden aus der Kraft lebendiger Liebe? Solange die menschlichen Waffen noch überschaubare und begrenzte Wirkungen hatten, konnten Menschen in sich die Illusion nähren, daß Konflikte durch Kriege gelöst werden können. Der Krieg sollte dem schwächeren Gegner Räson, also Vernunft beibringen, wobei natürlich immer nur die Vernunftsgründe des Stärkeren zählten: *La raison du plus fort est toujours la meilleur*, sagt ein französisches Sprichwort: Die Vernunftsgründe des Stärkeren sind immer die besten. Diese Regel galt sowohl zwischen Völkern als auch in Partnerschaften. In letzteren verfügte immer der Mann über die be-

sten Argumente. Auf welchen Beziehungsebenen auch immer, es schien sich zu lohnen, Konflikte mit der eisernen Faust zu beenden.

Heute hat sich ein tiefer Wandel in der Auffassung, wie Konflikte im Großen und Kleinen angegangen und gelöst werden, vollzogen. Auf der Ebene einer Partnerschaft erfährt der vermeintlich Stärkere, daß es in der Liebe nie einen Sieger und einen Verlierer, sondern immer entweder zwei Sieger oder zwei Verlierer gibt und daß das Machtvokabular von Sieg und Niederlage aus diesem Grunde ausgedient hat. Seit Partnerschaften auch Liebesbeziehungen sein wollen und, wenn sie dies nicht mehr sind, immer häufiger aufgelöst werden, gründet in ihnen Frieden nicht mehr auf der Basis von Dominanz und Unterordnung, sondern von beiderseitiger, durch Liebe motivierter Versöhnung. In diesem Prozeß kommen beide nicht umhin, einsichtig zu werden, das heißt, innen zu sehen, was sie bisher außen eingeklagt haben.

Die Partnerschaft als Liebesbeziehung ist so zum wichtigsten Entwicklungsfaktor der Individuen geworden. Die Kraft der Liebe bringt das Unmögliche zustande, nämlich das Ich zugunsten des Wir zu relativieren und in der Erfahrung des Wir das Selbst zu wecken. Gerade letzteres ist eine neue Gefühlstatsache, daß nämlich das Selbst nicht durch Isolierung, sondern durch Hingabe an ein Du lebendig wird. In der Hingabe nehmen wir die Persönlichkeit dessen, dem wir uns hingeben, so sehr in uns auf, daß sie gewandelt aus uns selber zu leben beginnt. Das ist Leitbildspiegelung und spürbewußte Resonanz. Frieden mit dem anderen kommt aus der Hingabe an ihn. Uns hingebend schließen wir auch Frieden mit uns selbst: mit Teilen von uns, die wir bisher noch nicht entdeckt, liebgewonnen, entwickelt haben.

Auch im Großen, in gesellschaftlichen und politischen Konflikten, gilt in Anbetracht der neuen Waffensysteme die alte Aufteilung in Sieger und Verlierer nicht mehr. Versuchen wir Konflikte durch Waffengewalt zu lösen, dann verlieren schließlich alle, auch wenn dies bei begrenzten nationalen Konflikten noch nicht für alle offensichtlich ist. So wie der ökologische Kollaps dem ganzen Erdball droht, riskieren wir, uns der unabsehbaren Zerstörungsgewalt der eigenen Waffen selber nicht mehr entziehen zu können. Wie sich für die heutige Psychotherapie in der Behandlung von Einzelstörungen die Heilungsbemühungen immer um das Ganze der menschlichen Psyche drehen, geht es auch in einzelnen gesellschaftlichen Konflikten letztlich immer um die ganze Menschheit.

Gewinnen können wir bei äußeren und inneren Konflikten bloß, wenn wir nicht mehr in den alten Kategorien von Sieg und Niederlage, Macht und Ohnmacht fühlen und denken, sondern uns hartnäckig — nämlich so lange, bis das Resultat des Friedens erreicht ist — in die anderen einfühlen und eindenken und gemeinsam mit ihnen denken und fühlen. Was ist das anderes als Hingabe? Nicht nur in Paarbeziehungen ist Liebe die einzig evolutive Kraft. In Politik und Gesellschaft ist sie realpolitisch der Motor zu Entwicklung und Frieden. Vorbei ist es mit der schwärmerisch todessüchtigen Auffassung, daß etwas wirklich Neues nur aus Blut und Asche wachsen kann. Denn wenn alles nur noch Blut und Asche ist, kann aus der Zerstörung kein Neuanfang mehr werden.

Gezwungenermaßen müssen wir also auf allen Ebenen zu friedlichen Streitern werden. Aber wer geht schon gänzlich freiwillig den Weg einer neuen Entwicklung? Das Leben drängt uns in die Richtung, die uns gerade not

tut. Und wie bei jeder neuen Entwicklung kommen Dinge zusammen, die bisher als Gegensätze erlebt wurden. Streiten muß nicht Unfrieden und Frieden nicht borniert Selbstzufriedenheit sein. Genügend ausdauernde, spürbewußte Bezogenheit im Streiten führt in den Frieden; sie ist selber schon Ausdruck eines dynamischen Friedens. Wahrhaftiger und realistischer Frieden achtet die Unzufriedenheit und nutzt sie als evolutive Kraft.

Der entscheidende Begriff zur Bezeichnung eines Friedens, der sich mit der Unzufriedenheit verschwistert, und eines Streites, der sich mit dem Frieden verbündet, ist wiederum das Wort Spürbewußtsein. Dieses bedeutet wach-sinnliche Verbindung nicht nur zwischen zwei Menschen mit all ihren Persönlichkeitsunterschieden, also bewußte Liebe im Zwischenmenschlichen, sondern darüber hinaus mit anderen ethnischen und politischen Gruppen, im Bewußtsein, daß diese Verbindung das Wesentliche am Menschen, das Zentrale an seiner Identität ausmacht. Im Spürbewußtsein verbinden wir uns mit den anderen, indem wir auf unsere eigenen Emotionen im Zusammensein mit ihnen achten und diese nicht isoliert, sondern als Resonanzphänomene wahrnehmen, als Emotionen, die ihre Ursache weder in uns selber noch in den anderen, sondern im Zusammenspiel zwischen uns und den anderen haben. »Meine« Emotionen sind eigentlich immer »unsere« Emotionen, obgleich sie von jeder der beiden Seiten mit verschiedenen Nuancen erlebt werden. Leben wir auf diese Weise spürbewußt in unseren Gefühlen, so befreien sich diese immer mehr von egozentrischen Schlacken, nämlich einer Haltung, die danach strebt, den anderen auszuschließen.

Wenn mir zum Beispiel im Zusammensein mit einem anderen Menschen die eigene Aggression spürbewußt

wird, nehme ich in dessen Aggression weniger die gegen mich gerichtete Destruktivität als den mißglückten Versuch zu einer Verbindung mit mir wahr. Warum? Dank der Spürbewußtheit in »meiner« Aggression solidarisiere ich mich mit »seiner« Aggression, weil ich wahrnehme, daß meine nicht nur meine und seine nicht nur seine Aggression bedeutet, sondern daß die Aggression gleichsam zwischen uns entstanden, also unsere gemeinsame Sache mit einem gemeinsamen Sinn ist. Durch mein Spürbewußtsein in der Aggression trage ich dazu bei, daß sich die Aggression auch bei ihm von egozentrischen Schlacken reinigt. So können wir uns beide statt gegeneinander in eine gemeinsame Richtung orientieren. Was zuerst wie eine erbitterte Fehde aussah, wird zur Verbündung im Einsatz für ein gemeinsames Anliegen.

In meiner Gruppenarbeit habe ich mehrmals erlebt, daß erbitterte Feinde dank einer ausreichend langen spürbewußten Begegnung zu Freunden mit verbindenden Anliegen wurden. Spürbewußtsein ist wahrnehmendes Erspüren von Emotionen, Stimmungen, Körperempfindungen, Erinnerungen und Bildern, die im Zusammensein mit einem anderen in mir auftauchen. Es führt zur jetzt angezeigten, engagierten Gefühlsverbindung mit diesem. Insofern ist es die Konkretisierung tätiger Liebe. Um der Klarheit willen beschränke ich mich in diesem Kapitel auf die Darlegung der spürbewußten Verbindung durch ähnliche Emotionen.

Ein spürbewußter Politiker läßt sich durch eigene Emotionen weder zur Benachteiligung noch zur Bevorteilung anderer hinreißen. Auch reagiert er nicht komplexhaft auf impulsive Worte oder Handlungen des Konfliktpartners. Im Zwischen der Gegner erspürt er die verbindende Emotion und unter dieser das gemeinsame

Anliegen. Die beiden behält er während einer ganzen Auseinandersetzung, selbst bei gegenteiligen Auffassungen, wie einen gemeinsamen Dialoganker im Gefühl. Bei allen Kompromissen und diplomatischen Absprachen, ohne die es wohl auch in Zukunft keine Politik geben wird, sorgt das politische Spürbewußtsein dafür, daß die Bereitschaft zur friedlichen Lösung unbeirrbar so lange bestehen bleibt, bis diese in der Realität erreicht ist. So wird jede noch so heftige Auseinandersetzung immer mehr zu einer menschlichen Begegnung. Friedenspädagogik darf sich nicht auf das Erlernen von psychologischen Strategien beschränken, wie Frieden zu schaffen ist, beruht sie doch auf der radikalen Wandlung der involvierten Persönlichkeiten. Die gewandelte äußere Welt verlangt nach dem gewandelten inneren Menschen.

Die Menschheitsgeschichte ist Informationsquelle nicht nur über die Grundformen menschlicher Destruktivität, sondern auch über rituelle Möglichkeiten zur Friedensstiftung. Zwei von diesen wenden wir uns jetzt zum Schluß zu und denken darüber nach, wie sie ins Heute übersetzt werden können.

Im Mittelalter gab es das Gesetz des *Burgfriedens*: Auf erhöhten, ummauerten Plätzen war jede Fehde ausgeschlossen und galt der rechtliche Schutz. Friedensbrüche wurden streng bestraft. Auch die Kirche kannte etwas Vergleichbares: Im Friedhof, also im umfriedeten Raum um die Pfarrkirche, herrschte das Asylrecht.

Auch jede menschliche Persönlichkeit ist ein unantastbarer Bezirk. In ihn ungefragt und gegen den Willen des Betroffenen einzudringen, kommt einem schweren Friedensbruch gleich. Der Persönlichkeitsschutz ist nicht nur eine Frage des Rechts, sondern auch der zwischenmenschlichen Ethik. Rechtlich läßt sich diese nur zum

kleinen Teil erfassen. Friedensstiftung fängt beim Respekt für den »Burgfrieden« der Einzelpersönlichkeit an. Auch wenn wir die Gründe für den Rückzug des anderen nicht verstehen oder nicht teilen, haben wir dessen Entscheidung, sich abzugrenzen und einem bestimmten Konflikt nicht auszusetzen, zu achten. Tun wir es nicht, so wecken wir bei ihm durch den Druck, den wir auf ihn ausüben, entweder Widerstand oder Unterordnung aus Angst.

Natürlich gehört es zu einer lebendigen Beziehung, sich auf das abenteuerliche Wechselspiel zwischen Abgrenzung und Hingabe einzulassen. Doch gibt es Situationen, in denen jemand völligen Schutz vor dem Eindringling braucht. Jeder Mensch hat dann das Recht, auf der Forderung nach Schutz zu beharren. Diese muß ja nicht für immer gelten. Liebende werden den Weg finden, sich wieder zu öffnen, wenn es der individuellen und partnerschaftlichen Situation entspricht. Doch die Forderung »Bis hierher und nicht weiter« soll jederzeit als ethische Möglichkeit offen bleiben. Da sie meist in kritischen, geladenen Situationen erhoben wird, ist es hilfreich, dafür ein kleines Ritual vorzusehen. Warum soll der Bedrängte dann nicht einfach seinem Partner gegenüber das Wort »Burgfrieden« aussprechen und so sein Recht auf Achtung für den eigenen Rückzug anmelden? Das könnte bewirken, daß er mit der Zeit zwischen einem wirklich notwendigen und einem überflüssigen Rückzug zu unterscheiden lernt. Außerdem verleiht das kleine Ritual seiner Forderung die Würde eines in der Geschichte bewährten Rechts.

Liebe ist geduldig, schreibt Paulus im ersten Korintherbrief. Wer mit der Tür gleich ins Haus fällt, ist kein Liebender, sondern ein Rüpel, der in seine Schranken ge-

wiesen werden muß. Der Friedensprozeß durch spürbewußte Konfliktbewältigung braucht oft eine lange Zeit, in der das Vertrauen wachsen kann.

Seit der apostolischen Zeit gibt es in der lateinischen Liturgie das Ritual des *Friedenskusses* oder *Friedensgrußes*, der vor dem gemeinsamen Abendmahl ausgetauscht wird. Ursprünglich war er auf die Geistlichkeit und Angehörige klösterlicher Gemeinschaften beschränkt. In jüngerer Zeit wurde er als Händedruck auf alle Mitfeiernden der Messe ausgedehnt. Seine Botschaft lautet: Ohne Versöhnung kann es keine Gemeinschaft geben.

Noch heute begrüßen sich Juden und Moslems mit dem hebräischen bzw. arabischen Wort für Frieden: *Schalom* oder *Salem*. Gerade dieser Hinweis macht deutlich, daß es nicht reicht, das Wort Frieden auszusprechen. Rituale dieser Art werden leicht ihres ursprünglichen Sinns entleert und zu bloßen Hülsen. Deshalb ist es sinnvoll, ein solches Ritual auf doppelte Weise zu vollziehen: Zunächst sollte der gleichbleibende, traditionelle Kern ausgedrückt werden. In bezug auf den Friedensgruß würde dies heißen, daß die Beteiligten als erstes einfach das Wort Frieden aussprechen. An zweiter Stelle könnte dann, von Situation zu Situation verschieden, in einer kurzen Formulierung kundgetan werden, was der einzelne jetzt zum konkreten Frieden beiträgt, zum Beispiel »Ich achte deine Entscheidung« oder »Ich bleibe so lange mit dir im Gespräch, bis wir eine Lösung gefunden haben« oder »Ich tue mein Möglichstes, dich zu verstehen«.

Solche Rituale mit einem gleichbleibenden und einem situativ veränderbaren Teil bilden eine unschätzbare Hilfe, in schwierigen Partnerschaftssituationen nicht regressiv in komplexhaftes Ausagieren abzurutschen.

Wenn zwei Menschen sich lieben, sind sie eher dazu

bereit, solche in ihrer Ungewohntheit lächerlich scheinenden Wege zur Versöhnung zu beschreiten. Wie für jedes Ritual gilt auch für letzteres: Erst die Wiederholung
über einen längeren Zeitraum setzt eine selbstverständliche und dauerhafte Wandlung der Persönlichkeit in Bewegung.

Auch in der politischen Begegnung braucht es neue Rituale. Statt dem Staatschef eines anderen Landes mit der
obligatorischen Truppenparade die Zähne zu zeigen,
könnten verbindende Rituale entwickelt werden, wie wir
sie als Jugendliche in den Beschreibungen von Begeg-
nungsbräuchen etwa der Indianer bewundert haben. Es
muß nicht die Friedenspfeife sein, wohl aber ein Ritual,
das wie diese nicht dem Imponiergehabe des Gastgebers,
sondern dem gegenseitigen Ausdruck von Achtung und
Freundschaft dient. Es ist höchste Zeit, die atavistischen
Abschreckungsrituale politischer Leitaffen abzuschaffen
und neue, emotional verbindende, Versöhnung und Sinn
stiftende Rituale zu entwickeln.

Da-sein der therapeutischen Begegnung

In jeder Phase einer therapeutischen Arbeit ereignet sich *Begegnung*. Sobald der Therapeut dies »vergißt«, wird Therapie zur Alibiübung ohne heilende Wirkung. Die wichtigste Qualität des Therapeuten ist, wie mehrmals unterstrichen, sein Spürbewußtsein. Dies bedeutet waches Gespür auch für die Tatsache, daß in jedem Moment eines therapeutischen Prozesses eine bestimmte Form von Begegnung stattfindet. Wo der Therapeut selber an Schwachstellen getroffen wird, neigt er dazu, das Problem ganz auf den anderen abzuschieben und sich in die distanzierte Diagnose nicht der Beziehungssituation, sondern des Falles zu flüchten, zu dem er den anderen jetzt macht.

Was gleichzeitig in zwei Menschen geschieht, die miteinander in Verbindung treten, hat eine für beide gültige Bedeutung. Der einzige Punkt, in dem der Therapeut den Menschen, die er begleitet, um einen Schritt voraus sein muß, ist das Spürbewußtsein, vor allem in kritischen Situationen, in denen Menschen aus Angst und Selbstschutz ihr Gefühl betäuben und in die den anderen entwertende Projektion flüchten. Projektionen geschehen von der einen oder anderen oder von beiden Seiten immer dann, wenn es noch nicht oder nicht mehr zu einer Begegnung kommt.

Wir könnten Projektionen viel öfter vermeiden, wenn wir in kritischen Beziehungssituationen weniger auf unsere Gedanken und Vorstellungen und mehr auf unsere Empfindungen achten. In diesen kommt nämlich viel häufiger das Verbindende zwischen Menschen zum Ausdruck, während Vorstellungen und Gedanken, vor allem in geladenen Momenten, mehr das Unterscheidende betonen. Das abgewehrte Andere wird dann auf den anderen projiziert. Zwar können auch Empfindungen projiziert werden, doch geschieht dies seltener. Häufiger, als wir vermuten, befinden wir uns mit unseren Empfindungen im heimlichen Gleichklang mit dem Du.

Jedesmal, wenn im Therapeuten ein unangenehmes Gefühl auftaucht, muß er sich fragen: Welche Gemeinsamkeit zwischen mir und dem anderen wird in diesem Moment wach? Die andere Frage, welche eigene spürunbewußte Geschichte der andere gerade auf mich überträgt, und welche ebenfalls eigene spürunbewußte Geschichte ich im Gegenzug auf ihn »gegenübertrage«, muß zwar auch gestellt und beantwortet werden. Doch geht sie noch nicht weit genug. Bleibt es dabei, werde ich zum Opfer einer subtilen Abwehr dessen, was mich jetzt mit dem anderen verbindet. Ich lasse es an Hingabe fehlen, und eben diesen Mangel vermittle ich nun auch dem anderen wortlos, so daß der Fluß der Heilung ins Stokken gerät — in ihm und auch in mir. Statt im offenen Raum der Begegnung gemeinsam spürbewußt zu strömen, strengen wir uns an, trotz abgestorbenem Gefühl Leben zu wecken, wie zwei Fische, die sich bemühen, auf dem Trockenen zu schwimmen.

In diesem Kapitel schildere ich eine einzige therapeutische Begegnung. Da sie anfänglich von gegenseitiger trennender Aggression geprägt war, eignet sie sich,

den Ablauf darzustellen, wie eine trennende Aggression sich durch gemeinsames Spürbewußtsein erstmal in eine verbindende Aggression und dann in eine intensive Begegnung wandeln kann.

Zwischen der Frau, mit der ich mich anschickte, in der Gruppenmitte zu arbeiten, und mir bestanden bereits seit einiger Zeit ungeklärte Spannungen und Aggressionen, über deren Ursache ich zwar nachgedacht hatte, doch ohne eine befriedigende Antwort gefunden zu haben. Bevor die Frau anfing zu sprechen, schickte sie in meine Richtung blitzschnell wütende und auch etwas ängstliche Blicke. Ich selber mußte mich mit ganzem Willenseinsatz zur Konzentration zwingen, um meine eigene Aggression zu beherrschen und meiner Aufgabe gerecht zu werden. Auch schlug mein Herz vor Angst schneller, ich könnte unter solchen Umständen versagen. Eine solche Spannung zu Beginn eines Spontanrituals hatte ich schon lange nicht mehr erlebt, und das Schlimmste war, daß ich von deren eigentlichen Ursache keine Ahnung hatte. An und für sich war mir die intelligente, kreative, originelle Frau sympathisch. Wir befanden uns also beide im leidigen Zustand trennender Aggression.

Ich blieb immer noch an meinem Platz sitzen, während die Frau nun von sich und ihren Lebensumständen erzählte. Mit Mühe folgte ich ihren Worten, immer noch mit meiner eigenen, seltsamen Wut beschäftigt. Doch auf einmal merkte ich auf: Sie hatte ein Wort mit besonderer Intensität ausgesprochen. Nun wiederholte sie es: *Einsamkeit.* Es mußte das auslösende Energiesignal sein, weil im Schmerz, mit dem sie es aussprach, viel Kraft lag; weil überdies, wie mir schien, in dieser Kraft die Stoßrichtung, in der sie sich aus innerer Notwendigkeit weiterentwikkeln mußte, mit enthalten war, und weil schließlich durch

das Wort Einsamkeit der Anfang einer Verbindung zwischen ihr und mir, und auch, wie ich zu spüren meinte, zwischen ihr und der Gruppe entstand: drei wichtige Kennzeichen eines Energiesignals.

Sie erzählte, daß sie trotz des erfreulichen Erfolgs, den sie in vielen Bereichen zu verzeichnen hatte, und trotz der Anerkennung, die sie von vielen Seiten her genoß, einsam blieb, völlig einsam. Auch vermutete sie, daß sie die Lösung ihres Problems mit der Einsamkeit bisher in der verkehrten Richtung gesucht habe.

Während sie sprach, spürte ich die sich steigernde Angst, es würde sich kein Ausweg auftun – eine bei mir eher ungewöhnliche Befürchtung. Üblicherweise befinde ich mich in der Begleitung eines Spontanrituals mit so gesammeltem Vertrauen, daß für diese Angst gar kein Raum bleibt. Ich realisierte noch nicht, daß die Befürchtung in diesem Moment durchaus berechtigt war, befand ich mich doch in der gleichen komplexhaften Spannung und Hemmung wie die Frau.

Es ist gleichgültig, ob das zu Beginn eines Spontanrituals belebte Thema im gleichen Ausmaß das Leben des Therapeuten bestimmt wie das des Menschen, den zu begleiten er begonnen hat. Wichtig ist allein die Tatsache, daß die Störung des anderen ihm auch in bezug auf seine eigene Lebensgeschichte ins Spürbewußtsein rückt: Er muß wahrnehmen, daß eben dieses im Grunde gemeinsame, doch von beiden verdrängte Thema zwischen ihm und dem anderen trennend da war, seit sie miteinander in Kontakt getreten sind.

Mir begann es zu dämmern: Wenn zwar nur selten in diesem Ausmaß, so kannte ich doch dieses Gefühl unruhiger, ängstlicher Spannung zu Beginn eines Spontanrituals. Es wurde mir klar, daß die Frau etwas in mir berührt

hatte, das uns gemeinsam war, und daß die Gemeinsamkeit mit den soeben geäußerten Worten zu tun hatte: »Trotz Erfolg und Anerkennung bin ich einsam.« Zwar wunderte ich mich darüber, daß Einsamkeit in meiner derzeitigen beziehungsreichen Lebenssituation immer noch Thema war, doch mußte ich es zur Kenntnis nehmen: Offensichtlich war spürunbewußte Einsamkeit Ursache für meine Aggression gegen die Frau, wie auch für deren Aggression gegen mich.

Hier lag der kritische, wunde Punkt unserer Beziehung. Ein solcher Knackpunkt fehlt auch in Partnerschaften nie; von seiner Lösung hängt die lebendige Entwicklung jeder Beziehung wie auch die persönliche Reifung der Beteiligten ab. Dieser Punkt wird in vielen Kontakten und Beziehungen, die wir sonst noch haben, nicht berührt, weil er im Zwischenraum anderer Begegnungen gar nicht belebt wird. Doch falls er aktiviert wird, wie jetzt zwischen der Frau und mir, bedeutet er den entscheidenden Wendepunkt einer Beziehung. Auch in dieser Hinsicht bildet die therapeutische Beziehung keinen Sonderfall. In ihr gelangt zeitlich gerafft und mit besonderer Wachheit zum Ausdruck, was jede Beziehung prägt.

Die zweite Emotion, die sich bei mir durchsetzte, war *Wut*, und zwar völlig gleichzeitig mit der Wut, die nun die Frau äußerte. Im Gegensatz zum Gefühl der Angst, das mich ebenso wie die anfängliche Aggression von der Frau getrennt hatte, fühlte ich mich mit der nun geäußerten Wut fraglos solidarisch. Ohne noch zu wissen, worauf sie sich bezog, setzte sie einen Anfang von Begegnung zwischen uns: Die trennende Aggression begann, sich in eine verbindende zu wandeln.

Wie drückte die Frau ihre Wut aus? Breitbeinig und aufrecht stand sie mit durchgedrückten Knien in der

Raummitte. Ihre beiden Arme hoben sich wie Fremdkörper ein wenig von ihr ab. Die Fäuste waren geballt. In dieser Haltung kam zum Ausdruck, daß es nicht die Wut allein war, die sie bewegte. Die Fäuste wirkten isoliert und unbezogen zum restlichen Körperausdruck. Auch in der Stimme setzte sich die nach außen peitschende Wut nur ab und zu durch. So steif, wie die Frau dastand, wäre sie leicht umzustoßen gewesen: Die Wut verfügte noch nicht über das ausreichende Durchsetzungsvermögen.

Wenn sich eine Emotion zusammen mit einer so deutlichen Hemmung äußert, müssen wir uns fragen, welche andere Emotion sie behindert. Der Körperausdruck der Frau wirkte resigniert und entmutigt: Die Wut war ohne Hoffnung auf Entladung. Die Augen verdeutlichten den Eindruck der Hoffnungslosigkeit. Sie waren weit aufgerissen und flackerten unruhig hin und her, als würden sie jemanden anrufen, den es nicht gab. Es war tiefe *Verzweiflung*, die sich der *Wut* entgegenstellte und deren erlösenden Ausdruck verunmöglichte.

Ich bat die Frau, nichts an ihrem Körperausdruck zu ändern, sondern ihn sorgfältig von innen her zu erspüren. Ich begleitete sie so lange auf ihrer Spürwanderung durch den Körper, bis sie die sich gegenseitig behindernden, widersprüchlichen Emotionen der Wut und Verzweiflung in ihrem verschiedenen Ausdruck erfühlend unterscheiden konnte.

Wie auch in anderen vergleichbaren Fällen führte diese Unterscheidung zu einem Szenenwechsel: Die im Moment stärkere Emotion setzte sich durch. Immer eindeutiger äußerte die Frau nun ihre Wut, und nur diese. Nicht mehr verstohlen, ganz direkt schossen ihre Augen Blitze; die Fäuste schlugen und die Füße stampften, während sie sich mit aller Kraft gegen ihre unerträgliche Einsamkeit

aufbäumte. Dann geschah der Umschlag zur tiefer sitzenden Emotion, nämlich zur Verzweiflung. Sie sank zu Boden, krümmte sich zusammen und schluchzte verzweifelt. Da zog es mich zu ihr hin, und ich legte meinen Arm um sie.

Doch blieb sie nicht lange in ihrer verzweifelten Ratlosigkeit. Sie nahm eine neue Körperstellung ein, in der sich die spezifische Ent-zweiung, die ihre Verzweiflung bewirkte, klar offenbarte. Sie kauerte sich nämlich auf den Boden hin, indem sie mit nach vorne gebeugtem Oberkörper und nach oben gerichtetem Kopf ihre gestreckten Hände mit den Fingerspitzen vor sich aufsetzte. Ihr Gewicht ruhte auf diesen und den Fußspitzen, denn auch ihre Füße waren vertikal ausgestreckt: eine äußerst anstrengende Haltung, wie ich ihr mitteilte.

Während sie auch diese Stellung erspürte, kam ihr die Einsicht: »Ich bin auf dem Sprung.« Das war ihre Grundhaltung: immer auf dem Sprung. So wurde es offensichtlich, daß Verzweiflung und Einsamkeit bei ihr ein und dasselbe waren. Die Vermischung zweier Impulse — Dableiben und Weggehen — bewirkte, daß sie weder hier noch dort, sondern nirgends ganz war. Ich teilte ihr meinen Eindruck mit: »Du bleibst und bist gleichzeitig weg: Das ist Einsamkeit.«

Betroffen spürte sie, was ich meinte. Da entschied sich ihr Körper, zu bleiben, das heißt, sie setzte spontan ihre Füße ganz auf die Sohlen und entspannte sich im Hocken. Erst jetzt befand sie sich ungeschützt und spürbewußt in der Verzweiflung. Vorhin war sie, wie schon so oft, in die einsame Verzweiflung, nämlich die emotionale Entzweiung durch Verharren in den gegensätzlichen Impulsen, zu bleiben und wegzugehen, ausgewichen.

Die Verzweiflung, die jetzt zum Ausdruck kam, war

nicht mehr einsam. Ich fühlte mich ihr darin verbunden und merkte, wie auch die Aufmerksamkeit in der Gruppe anstieg: Einige setzten sich auf, Blick und Körperhaltung vieler verrieten Interesse und Teilnahme.

Solange wir eine schwierige Emotion – hier die Verzweiflung – ausagieren, das heißt, in einem widersprüchlichen Selbstausdruck spürunbewußt verharren, um sie nicht in ihrer schonungslosen Wahrheit wach durchleiden zu müssen, trennen wir uns von den anderen. Sobald wir es jedoch wagen, diese Emotion rein zu äußern, schaffen wir ein dichtes Beziehungsfeld um uns herum.

Nun wurde schnell klar, was ihre Verzweiflung bedeutete. Mit gebrochener Stimme sagte sie: »Ich weiß nicht weiter; du und die anderen, ihr langweilt euch.« Letztere Vermutung – daß wir uns mit ihr langweilen – wies darauf hin, daß sie sich in Gegenwart anderer leicht aus dem Gespür verlor. Dann wurde ihr langweilig mit sich selbst, und sie projizierte ihre Langeweile auf die anderen. Daß sie dies in einem Moment äußerte, in dem sie sich stärker als während des ganzen bisherigen Ablaufs ihres Spontanrituals im Gefühl befand, war nicht zufällig: Wenn wir anfangen, einen Mangel zu erspüren, sind wir bereits daran, ihn zu beheben. Doch zugleich, und das war hier der Fall, kann der Beginn eines neuen Spürens Anlaß sein, dieses sogleich wieder abzubrechen, weil die Bedrückung durch den Mangel noch stärker als die Befreiung in dessen Beseitigung erfahren wird und weil die Gedanken und Vorstellungen immer hinter der direkten Körpererfahrung – in diesem Fall hinter dem Spürbewußtsein in der Körperhaltung der Verzweiflung – nachhinken.

Der Anfang eines Heilungsprozesses bleibt noch weitgehend spürunbewußt. In dieser risikoreichen Phase darf sich der Therapeut nicht von der Fixierung auf das Feh-

lende anstecken lassen und selber das Gespür für die
beginnende Befreiung verlieren. Daß dies oft geschieht,
davon kann ich aufgrund meiner Erfahrungen mit therapeutischen Ausbildungsgruppen ein Lied singen. Bei der
Frau hatte die Befreiung tatsächlich bereits angefangen;
dies las ich an der Authentizität und Reinheit im neuen
Ausdruck ihrer Verzweiflung ab.

Nun ging es um die Verankerung des Gefühls, voll da
zu sein. Ich antwortete ihr: »Du bist da. So bist du da.« Sie
weinte: »Ich bin da und weiß nicht weiter.« Diesen Satz
sprach sie mit einer solchen Intensität aus, daß ich merkte:
Dieses ist das zentrale Energiesignal, mit dem das Spontanritual dem Höhepunkt zusteuerte. Sie war daran, die
bisher verdrängte Hilflosigkeit des »Ich weiß nicht weiter« als Teil ihres Daseins, also mit Daseinscharakter und
Daseinsberechtigung, ins eigene Erleben zu holen. Das,
wogegen sie bisher rebelliert hatte, fing an, zu ihr zu gehören.

Nun staunte auch ich: Auf diesen Punkt zu bin auch ich
in dieser Begegnung unbewußt hingesteuert. Beglückt
merkte ich, daß ich da war und nicht weiter wußte. Dies
gab mir ein Gefühl von Freiheit und Ruhe. Die anfängliche Angst, in meiner Begleiterrolle zu versagen, war weg-
geblasen.

Die Frau zögerte noch etwas; sie glaubte noch nicht
ganz an das Glück, das sich so deutlich meldete. Aber in
dem sich öffnenden Gesicht nahm ich Hoffnung wahr.
Mit dem nächsten Satz gab sie sich noch etwas Zeit: »Ich
darf nicht da sein, wenn ich nichts tue.« Da sie aber bereits
da war, ohne etwas zu tun, im Gegensatz zu den vorangehenden anstrengenden Vermischungen von Emotionen
und Gebärden, fiel es mir nicht schwer, zu antworten:
»Auch mit diesem Gedanken bist du da.« Noch während

ich diesen Satz aussprach, merkte ich, daß ich nur in Worte faßte, was sie selber mir mit ihrer eindeutig gewordenen Haltung mitteilte. Dafür war ich ihr dankbar. Doch immer noch kokettierte sie ein bißchen mit dem, was bereits klar gegenwärtig war, nämlich mit ihrem spürbewußten Dasein. Sie brauchte offensichtlich noch etwas Zeit, um auch auf dieses Spielchen zu verzichten. In einem kindlichen Ton fragte sie mich: »Darf ich einfach da sein?« Ich mußte laut auflachen und sagte dann: »Du bist da.«

Da ereignete sich der Umschlag: Plötzlich war sie spürbewußt ganz mit ihrer Wirklichkeit identisch. Ihr tapferes Einverständnis verbreitete sich wie in Wellen in der ganzen Gruppe: die wache, intensive und doch nüchterne und selbstverständliche Verbindung unter allen, die im Raum waren, hatte ihren Höhepunkt erreicht. Die Frau brach in ein langes, befreiendes Weinen aus: »Ich darf da sein mit allem, was ich gerade bin. Ich bin da.« Nach einer Weile fragte ich sie: »Bist du einsam?« Es war eine rhetorische Frage. Sie hätte das Nein gar nicht auszusprechen brauchen.

Während Freuds Psychoanalyse an erster Stelle die Frage nach dem Warum, Jungs Tiefenpsychologie nach dem Wohin und die Gestalttherapie nach dem Wie stellt, fragt die Psychoenergetik nach dem Ob-überhaupt und zielt auf die Feststellung des Daß hin, nämlich auf die Erfahrbarkeit des faktischen, nackten Daseins. Sowohl in der Frage nach dem Warum wie auch in der nach dem Wie geht es um Inhaltliches. Wenn aber die Frage nach dem Tatsächlichen, nach dem, was wir wach spürend mit allen Sinnen als unsere Wirklichkeit wahrnehmen, in den Vordergrund rückt, dann tritt das Inhaltliche hinter das Energetische, und die Wahrnehmung der sich in unzähli-

gen Ausdrucksformen äußernden Lebensenergie setzt sich immer reiner durch. Natürlich stellen wir auch in der Psychoenergetik die Fragen nach den biographischen Ursachen und dem Sinn einer seelischen Äußerung und der Art und Weise, wie wir diese »machen«. Doch werden diese Fragen immer wieder durch das Daß-überhaupt, nämlich die Wahrnehmung der in allen möglichen Ausdrucksformen strömenden Lebensenergie, relativiert.

Vor einer Arbeit weiß ich nie, *wie* ich es mache. Ich weiß nur, *daß* ich es mache und zwar bis zum natürlichen Abschluß. Das Wie ergibt sich nach und nach aus dem spürbewußten Tun. Die Frage nach dem Wie steht nur so lange im Vordergrund, als wir in einem Fehlverhalten befangen sind. Dann hilft sie, in diesem spürbewußt zu werden, worauf die Selbstkorrektur spontan erfolgt. Eben dies hatte ich soeben mit der Frau aus meiner Schilderung erlebt.

Nun schaute mich diese lange mit intensiver Wärme an. Dann sagte sie unvermittelt: »Ich sehe tiefes Leid in deinen Augen.« Das war der letzte kritische Punkt in unserer Begegnung. Therapeuten neigen dazu, sich nach Bemerkungen der ihnen anvertrauten Menschen über ihre Person übermäßig abzugrenzen. Sie geben zum Beispiel zu verstehen, daß es in der Therapie nicht um den Therapeuten, sondern um denjenigen geht, der therapeutische Hilfe sucht.

Diese Art von Abgrenzung muß nicht, kann aber eine Lüge verbergen: In jeder Beziehung geht es jederzeit um beide. Verdrängen wir diese Tatsache, dann unterbrechen wir die therapeutische Begegnung und deren Fruchtbarkeit — auch für uns selber — und weichen in sterile Macht- und Stellungskämpfe aus. Vor allem, wenn solche Bemerkungen über den Therapeuten in Momenten gro-

ßer Echtheit, Direktheit und Innigkeit geäußert werden, dürfen wir ihnen nicht mit der Therapeutenpose ausweichen.

Einen Moment lang berührte mich ihre Bemerkung peinlich. Doch bald befand ich mich wieder in der Verbindung zu ihr, sogar tiefer als zuvor. Infolge ihrer Bemerkung realisierte ich, daß mein teilendes Mitfühlen, das sich in den letzten Jahren entwickelt hatte und in diesem Moment lebendig da war, auch Leiden mit sich bringt. Dieses Mit-Leiden, das im Gegensatz zum Mitleid Stärke bedeutet, ist in mir zu einem zentralen Lebensgefühl angewachsen.

Um Mißverständnissen vorzubeugen, erkläre ich, welche Art von Leiden ich unter Mit-Leiden verstehe. Es hat nichts mit einem bestimmten Schmerz zu tun und ist weder negativ noch positiv. Im teilenden Leiden sind auch alle möglichen Glücksgefühle enthalten. Es stammt aus einer realistischen Wahrnehmung meiner selbst und der anderen Menschen. Vermutlich bedeutet es, in den Schmerzen des Wachstums spürbewußt mit Liebe drin zu sein. Wiederum war ich dankbar erstaunt, daß unsere Begegnung auch zu dieser Einsicht geführt hatte.

Gleichwohl war es für die Frau und auch für mich wichtig, uns nicht dabei aufzuhalten. Sonst hätte die Wahrnehmung des Mit-Leidens uns überwältigen, den Energiefluß hemmen und sich selber zerstören können. Selbst in der Wahrnehmung des Leidens geht es vor allem um die Wahrnehmung der Lebensenergie, also des nackten Daseins, in welcher emotionalen Äußerung auch immer. Daher antwortete ich ihr: »Es ist egal, wie ich da bin. Hauptsache, daß ich da bin und daß du da bist. Du bist da, wie du bist, und ich bin da, wie ich bin.«

Während ich diese Sätze aussprach, fühlte ich den sich

zwischen uns öffnenden Freiraum. An diesem Punkt war es nur natürlich, daß wir unsere Begegnung in der Mitte des Gruppenraumes beendeten. Die Verbindung blieb bestehen. Doch da es nichts Wesentliches mehr gab, das uns mit unerledigten gemeinsamen Geschichten zusammenklebte, konnten wir als unabhängige Menschen auseinandergehen.

Kreativität aus der erotischen Ergriffenheit

Es mag überraschen, daß zum Schluß eines Buches mit dem Thema »Aggression zwischen Liebenden« von Kreativität die Rede ist. Welche Gründe gibt es dafür? Das Wort Aggression in seinem ursprünglichen Sinn von Herantreten und Zu- und Anpacken ist unverfälschte, ungebremste, nicht in die Destruktivität fehlgeleitete Daseinslust. Der kreative Mensch geht frei an die Welt heran und gestaltet im gleichen Zuge sie und sich mit jedem Schritt neu. Doch das ist erst die vordergründige und vorläufige Erklärung für die Verbindung von Aggression und Kreativität. Eigentlich geht der im Wortsinn aggressive Mensch nicht an die Dinge heran, so als gäbe es auf der einen Seite ihn und auf der anderen die Dinge. Indem er auf die Welt zutritt, geht er mit ihr eine spürende Verbindung ein. Während er die Welt wahrnimmt, nimmt er sich als einen in der Welt Tuenden, genauer: als Welt im Tun, wahr, nicht von außen, sondern innerlich im Fluß des Tuns.

So bedeutet Aggression eigentlich spürbewußtes Gehen und spürbewußtes Tun. Nicht Ziel und Resultat machen ihr Wesen aus, sondern der spürbewußte Akt selber. Der Zielsinn im Tun ist Schwung und Zug, die jedem spürbewußten Tun eigen sind, also nicht Orientierung auf ein fernes, noch ausstehendes Ziel. Nicht auf

das Ziel kommt es an, sondern auf das Zielen. Im Fluß des Zielens ereignet sich jetzt die spürbewußte Verschmelzung von Ich und Welt, so daß es weder einen Zielenden noch ein Ziel mehr gibt. Im Zielen sind beide aufgehoben. Eben das verstehe ich unter erotischer Ergriffenheit: Wenn Angreifen und Sich-ergreifen-lassen in eins fallen, befinden wir uns im Fluten von Hingabe und Liebe. Was immer wir dann tun: Wir sind Gestaltende und Gestalt in einem. Was anderes ist Kreativität?

Mein philosophischer Vorspann täuscht nicht darüber hinweg, daß die Identität von Aggression und Kreativität bestenfalls einleuchtend, keineswegs aber ohne weiteres zu realisieren ist. Hier ist die Psychologie gefordert. Praktische, alltägliche Fragen werden laut, etwa »Wie kann ich gleichzeitig kreativ und in einer Partnerschaft sein?« oder »Wie mache ich das, meinen Lebensschwung in einer länger dauernden Beziehung nicht zu verlieren?« oder »Wie ist es möglich, mich einem Werk, bescheidener: einer Arbeit, hinzugeben, ohne meinen Partner zu vernachlässigen, und umgekehrt?« oder »Wie bekomme ich meine Aggression gegen den Partner in den Griff, wenn er oder die Verpflichtungen in der Familie mich davon abhalten, das zu tun, was mir am Herzen liegt?« Wir werden sehen, daß die Klärung solcher alltäglichen Fragen ans Wesentliche der Kreativität heranführt.

Ich habe über längere Zeit mit einem jungen, begabten Künstler therapeutisch gearbeitet. Anfänglich kannte er in seinem Leben zwei deutlich voneinander abgesetzte und zeitlich sich jeweils ablösende Prozesse: Im ersten mied er die Nähe eines anderen Menschen und folgte dem eigenen kreativen Schwung. Dabei erlebte er jedesmal das gleiche: Erstmal schuf er Bild auf Bild aus

innerem Drang, der sich in wachsende Intensität, Konzentration und Ausdruckskraft hinein steigerte. Dann aber wurde er Opfer eines Energieabfalls: Immer antriebsärmer und lustloser fühlte er sich, bis der gestalterische Elan ganz erlahmte.

Nun regte sich in ihm traurige, quälende Sehnsucht nach menschlicher Nähe und kontinuierlicher Bindung. So belebte er vernachlässigte frühere Kontakte oder ging neue Beziehungen ein, bis sich aus diesen eine neue Partnerschaft ergab. In dieser fühlte er sich eine Zeitlang glücklich und aufgehoben, so lange, bis sich unwiderstehlich und übermächtig Abstoßreflexe in ihm meldeten, gleichzeitig mit verlockenden Vorstellungen von Ungebundenheit und Kreativität.

In der Folge wurde er zunehmend reizbar und gereizt, bis er in einem dramatischen Streit alles hinwarf und die Beziehung auf Zeit oder für immer auflöste. Unmittelbar darauf begann eine neue künstlerische Schaffensphase.

Das also war seine aufspaltende Alternative: entweder Kunst oder Liebesbeziehung, entweder das künstlerische Werk oder die Hingabe an einen Menschen. Die Tatsache, daß weder das eine noch das andere zum kontinuierlichen Fluß anschwoll, sondern eins ins andere regelmäßig umschlug, so daß beide sich gegenseitig am vollen Ausdruck behinderten, ließ ihn vermuten, daß es eine dritte, verbindende Möglichkeit geben könnte.

In der Tat lag dem kurzen Atem in seinen Liebesbeziehungen und in seinem künstlerischen Schaffen die gleiche Fehlhaltung zugrunde: Er hatte zu sehr sich selbst im Sinn. Weder im Malen noch Lieben war er über längere Zeit spürbewußt ganz dabei. Zuerst verlor er sich im anderen – im Werk oder im Du –, setzte also anstelle der spürbewußten Hingabe die unbewußte Selbstaufgabe.

Dann erschrak er über seinen Selbstverlust, der sich in Depression oder aggressiver Gereiztheit äußerte, zog sich ins Ich zurück und sah die Lösung darin, den soeben noch verweigerten Weg zu beschreiten, also nach einer schöpferischen Phase menschliche Nähe zu suchen oder nach einer Beziehungsphase den kreativen Impuls. Aus Mangel an Spürbewußtsein im einen und anderen konnte es ihm nicht gelingen, den Schwung in beides über eine bestimmte Hemmschwelle hinaus weiterzutragen und sie zu verbinden. Wie dies geschehen kann, soll uns in der Folge beschäftigen.

Wie finden wir zu spürbewußtem Tun, also zu dem, was den kreativen Menschen ausmacht? In der Hingabe an einen Menschen oder eine Aufgabe ist das Ich nur das Sprungbrett. Was wir Ich nennen – einen klar abgegrenzten Komplex von Vorstellungen, Bildern unserer selbst und der Umwelt, Erinnerungen und Empfindungen, mit denen wir uns identisch erleben, also ein relativ festes Zentrum unseres Bewußtseinsfeldes –, bestimmt nur so lange unsere Wahrnehmung, als wir Zurückhaltung von der Welt üben, also noch vom Rand des fließenden Geschehens zuschauen und dadurch die Illusion nähren, daß wir selber außerhalb der Bewegung fest stehen.

Der Augenblick, kurz bevor wir vom Sprungbrett losspringen, ist ein banger Moment. Er wird dadurch nicht weniger bange, daß wir den Sprung schon tausendmal zuvor gewagt haben. Im bangen Moment, da wir uns der Schwerkraft und dem Fluß anvertrauen, verzichten wir auf die Illusion eines zuverlässig festgefügten Ich. Anstelle dieses definier-, also abgrenzbaren Ich tritt nun das Spürbewußtsein, das heißt das lücken- und abstandslos wache Da-Sein im Fluß der Bewegung. Sobald der Sprung passiert, löst sich der bange Moment ins Spürbewußtsein

hinein auf. Wer den Absprung geleistet hat, dem steht der Sinn nicht mehr nach dem Ausgangspunkt, nach dem Sprungbrett. Die Bangigkeit kurz vor dem Sprung wandelt sich zur kitzeligen Belebung im Sprung. Darin zentriert sich die ganze Aufmerksamkeit.

»Ich komme zu Ihnen, um mein Selbstvertrauen zu stärken«, sagen mir oft Menschen in der ersten Therapiesitzung. Aber Selbstvertrauen ist kein Therapieziel, sondern ein Nebenprodukt der spürbewußten Hingabe. Um diese allein geht es.

Ich muß die soeben gemachte Aussage präzisieren: Wer den Sprung gewagt hat, dem steht *zunächst* der Sinn nicht mehr nach dem Sprungbrett. Es macht Spaß, auf einem Video- oder anderen Film die Bewegung eines Sprungs mittendrin umzudrehen, bis der Springer wieder auf dem Sprungbrett steht. Diesen Spaß leisten sich viele Menschen ein Leben lang. An einem bestimmten Punkt – oft dem gleichen – halten sie mitten im Lebensschwung an und fassen wieder das Ich ins Auge. Gewaltsam wird der Schwung der Lebensenergie gestoppt und wie ein Hund vom Herrn zurückgepfiffen. Das Ich auf dem Sprungbrett meint nun, die Lage wieder unter Kontrolle zu halten, in Wirklichkeit jedoch ist es widersprüchlichen, spürunbewußten Impulsen wehrlos ausgeliefert.

An welchem Punkt geschieht der verhängnisvolle Um- und Rückschlag? Auf diese Frage gibt es zwei Antworten. Die erste habe ich in anderen Zusammenhängen bereits mehrmals gegeben, daher fasse ich mich hier kurz: Im traumatischen Punkt, wo wir als ungeschützte, wehrlose, noch kaum abgegrenzte Kinder am Ausdruck einer wichtigen Wachstumsgebärde durch eine Bezugsperson – meist Mutter oder Vater oder beide – behindert wurden, eben da drosseln wir später voller Angst unsere Lebensbe-

wegung und lassen die Energie in die defensive Abwehr zurückfließen: eine oft lebenslänglich wiederholte »Abtreibung« der zu weitergehendem Wachstum bestimmten Lebensenergie. Wenn zum Beispiel eine Mutter jeden Ausdruck von Freude in dem Moment, da diese den ganzen Körper erfaßt, bei sich selber und ihrem Kind immer wieder bremst, wird dieses im Erwachsenenalter dasselbe mit sich und anderen tun. Der traumatische Punkt ist die Energieklippe, über die das Spontanritual in Richtung des vollen Ausdrucks hinausführt.

Es ist jedoch heute unübersehbar geworden, daß sich der traumatische Punkt des vorzeitigen Energieumschlags zurück in die eigene Person bei einer wachsenden Zahl von Menschen nicht mehr ohne weiteres auf ein frühkindliches traumatisches Erlebnis zurückführen läßt. Der einstmals fixierte ist zu einem gleitenden Punkt geworden. Der Lebensbereich, in dem der heikle Umschlag von der erotischen zur traumatischen Spur geschieht, ist nicht mehr auszumachen, da unvorhersehbare Bewegungen des Hemmpunktes von einem zu einem anderen Bereich stattfinden. Vielmehr entsteht der Eindruck, daß viele Menschen bei Erreichen einer bestimmten Intensität in welchem Lebensbereich auch immer – in einem dichten Gespräch, einem energiegeladenen Blickkontakt, einer hingebungsvollen Umarmung, einer sexuellen Begegnung, einer heftigen Auseinandersetzung, einem beruflichen Druck usw. – den Elan ihrer Lebendigkeit unterbrechen, also automatisch und unbewußt die Selbstunterbrechung wählen und ihr Spürbewußtsein betäuben.

Es sind die gleichen Menschen, deren größtes Leiden, wie ich ausführlich beschrieben habe, darin besteht, daß sie über längere oder kürzere Zeiten nichts oder kaum et-

was spüren. Sie sind zu den destruktivsten Verrücktheiten bereit, um endlich wieder ins Spüren zu kommen und dem Zustand einer lebendigen Leiche ein Ende zu setzen.

In einer von Brüchen, Widersprüchen, Zerrüttungen und Konflikten mehr und mehr geplagten Welt ist die wachsende Bereitschaft zur schützenden Betäubung nicht verwunderlich, sondern nur natürlich. Natur ist immer weniger Zufluchtsort beruhigender Harmonie, sondern mehr und mehr beunruhigende Unnatur. Die versichernde Kontinuität im Objekt hat sich als Trugbild entlarvt. An ihre Stelle kann nur die Kontinuität in der Wahrnehmung, im Spürbewußtsein treten. Selbst die archaischen Bilder des Menschen, die noch vor wenigen Jahrzehnten vielen das Gefühl von Sinn und Geborgenheit vermittelt haben, werden angesichts der konstitutiven Zerrissenheit unserer Welt für viele zu Sehnsuchtsbildern ohne genügendes Wandlungspotential. Deshalb gilt es, uns auf die unmittelbare Wahrnehmung der frei flottierenden Lebensenergie zu besinnen und uns mit ihr zu bescheiden.

Eben dadurch werden wir zu kreativen Menschen. Wir wenden uns gleichermaßen gegen zwei Ausflüchte aus der Realität, nämlich gegen deren Umlügen ins Positive und gegen die um sich greifende Betäubung, die im enormen Konsum von Tranquilizern ihren augenfälligsten Ausdruck findet.

Kurz vor der Schwelle, wo die Betäubung einsetzt, gilt es, das Spürbewußtsein zu aktivieren. Dieses ist also alles andere als ein erhabenes Feiertagsgefühl. Spürbewußtsein tritt im Gegenteil als Mut zum Dasein genau dort in Erscheinung, wo uns die Wirklichkeit in ihrer furchterregendsten Gebrochenheit begegnet, nicht nur im frühkindlichen Trauma, sondern grundsätzlicher in

allen Erfahrungen des Verschiedenen, Fremden, Fernen, Divergenten, Heterogenen, Widersprüchlichen, Brüchigen und Konflikthaften. Selbst in den Lücken des Daseins ist Spürbewußtsein lückenlos. Am Punkt der Zerstörung der Illusion von Kontinuität und Einheit gilt es unerschrocken und wach auszuharren, ohne Gewißheit auf Umschlag ins Lebendige und in den Weiterfluß. Die Rede vom frühkindlichen Trauma kann, so widersprüchlich das zunächst klingen mag, auch als Fluchtweg eingesetzt werden, um den Schrecken und die Bangigkeit einer allseitig gebrochenen Welt durch die Dingfestigkeit im Ruf: »Da ist der Dieb, haltet ihn!« ein wenig zu bannen. Sie wird durch diese Einsicht weder überflüssig noch unwichtig, doch zum Ausdruck einer grundsätzlichen Ungeborgenheit relativiert, der wir nur durch Wahrhaftigkeit gewachsen sind.

Verbildlichen wir nochmals die Energiebewegung, die an einem bestimmten Intensitätspunkt wegdriftet. Zunächst führen wir den Sprung in die Hingabe aus; er ist zum Teil eine Leistung des Ich. An einem bestimmten Punkt des freien Falls wird das wahrnehmend mitfallende Spürbewußtsein durch die wachsende Angst aufgerieben, bis diese die Oberhand bekommt und die Lebensenergie zurückzwingt, fort von der begonnenen Bewegung in Richtung eines Du oder eines Werkes. Die Bremskraft im Angstwiderstand hat die zum vollen Ausdruck der Hingabe bestimmte Lebensenergie vereinnahmt und zur verfrühten Rückkehr mißbraucht.

Ereignet sich diese lebensfeindliche Rückdrehung bei einem Menschen gewohnheitsmäßig, so setzt sich mit den Jahren das Gefühl durch, über immer weniger Energie zu verfügen und mit der verbleibenden Restenergie haushälterisch umgehen zu müssen. Wenn wir glauben, von

unseren Reserven zu leben, suchen wir nach Möglichkeiten, Energie zu speichern. Die übertriebene Ängstlichkeit in bezug auf Ernährung, Schlaf, körperliche und geistige Anstrengung, Freizeit und Hygiene geht auf das Konto solch haushälterischer Energiespeicherung. Doch Belzebub kann den Teufel nicht austreiben. Die Lebensängstlichkeit wird durch derlei Übervorsicht noch weiter genährt, Hingabe und Lebensschwung noch mehr geschwächt.

Die unnötige Energievollbremsung verhindert den freien Energiekreislauf zwischen uns und der Außenwelt. Nur dieser kann das Gefühl eines bei allen Schwankungen doch ständigen, selbstverständlichen und kräftigen Lebensflusses schenken. Falls wir uns in der sexuellen Begegnung ohne Kontrollabstand voll hingeben, fühlen wir uns auch in der Folge über längere Zeit voll praller Lebenslust. Halten wir uns jedoch ein wenig zurück, etwa, indem wir den Orgasmus erzwingen, statt ihn sich ereignen zu lassen, dann fühlen wir uns anschließend gereizt und energielos. Aus Angst vor ungeschützter Hingabe haben wir den Film in der verkehrten Richtung laufen lassen und sind zum Sprungbrett zurückgekehrt: Durch Selbstunterbrechung haben wir alte Energie verloren, statt neue im Austausch zu gewinnen. Diese Erfahrung bewahrheitet sich nicht nur in der Sexualität, sondern in allen Bereichen menschlichen Tuns.

Wer sich jedoch einem Menschen oder einer Aufgabe voll hingibt, wird der ganzen Energie im Kreislauf zwischen Selbst und Welt teilhaftig. Für das wahrnehmende Tun gibt es keine Trennung mehr zwischen diesen beiden. Was wir Selbst genannt haben, bedeutet nunmehr spürbewußte Identität mit dem Energiekreislauf. Nach wie vor haben wir das Empfinden eines »festen Standpunk-

tes«, doch stammt es aus dem lückenlos flüssigen Da-Sein im Energiekreislauf. Da dieser nicht von etwas inhaltlich Rundem, Stimmigem, harmonisch Schönem und Vollkommenem, sondern einzig vom Spürbewußtsein selbst in traumatischen Bruchstellen und Rissen abhängt, gibt es keine nur äußere Bedrohung, die ihn vernichten könnte. Die Bedrohung ist jedesmal außen und innen. Manchmal ist sie stärker als selbst das trainierteste Spürbewußtsein.

Dieser Hinweis auf Übermächtiges unterstreicht endgültig unsere radikale Ungeborgenheit. Spürbewußtsein ist kein Zauberwort, sondern die bestmögliche Hingabe in einer zerrissenen Welt. Wer kann von vergewaltigten Frauen und hungernden Kindern Spürbewußtsein erwarten? Wie bei allen traumatischen Erfahrungen weisen hier Betäubung und Gefühlsverdrängung den einzigen Weg, vielleicht zu überleben. Doch wer diesen Hinweis als Fluchtweg aus dem eigenen, weniger bedrängten Dasein mißbraucht, macht die Welt um eine realistische Möglichkeit zu Spürbewußtsein ärmer: Spürbewußtsein so lange wie möglich, und dann wieder sobald wie möglich!

Ergriffenheit ist die Gestimmtheit im Spürbewußtsein. Innerhalb der grassierenden Tauschmentalität unserer Zeit kann Ergriffenheit nicht erwachen. Nur im flüssigen Austausch von Lebensenergie durch Hingabe spüren wir, daß alles Greifen, Ergreifen und Begreifen letztlich aus der erotischen, das heißt, durch Liebe ausgelösten Ergriffenheit kommt.

Ergriffenheit ist auch die Gestimmtheit im schöpferischen Tun: Dieses ist Innewerden der Wirklichkeit durch Ausdruck und Gestaltung. Nicht etwas nur Äußeres ergreift den schöpferischen Menschen, auch kein bloß innerer Impuls. Kreativität ist der sich selbst wahrneh-

mende und durch Wahrnehmung verwirklichende Kreislauf der Lebensenergie. So ist der Künstler nur ein Einzel-, nicht einmal ein Sonderfall des kreativen Menschen. Er tritt mit dem Anspruch auf, Kunst zu schaffen, stellvertretend für die anderen, die diesen Anspruch verschweigen.

Innerhalb einer in stereotypen, vorgestanzten Bewegungsabläufen erstarrten und betäubten Menschheit ist der kreative Mensch Zeichen für den Mut zu Lebensimpulsen selbst aus den toten Ecken unserer Welt.

Das Spontanritual entsteht nicht aus vorgeprägten Formen. Es stellt nicht dar, ahmt nicht im Spiel nach, repräsentiert und reproduziert nicht. Es verdient seinen Namen nur so lange, als sein Verlauf vom unmittelbar wahrhaftigen Ausdruck des Moments gelenkt wird. Dann aber ist es die sich in intensivierter Wahrnehmung verdichtende Schöpfung des Daseins. Nur wer sich, wie ein Teilnehmer einer meiner Gruppen sagte, dem »kitzeligen Chaos« aussetzt, gleich, ob es ihm im geliebten Menschen oder in einem noch ungeformten Material begegnet, wird zum kreativen Menschen. Der bange Moment des Übergangs von der Darstellung zum Sein ist der springende Punkt im Spontanritual wie in jedem anderen schöpferischen Tun.

Für eine Ethik des
Spürbewußtseins

»Aggression zwischen Liebenden« ist Teilaspekt und Konkretisierung eines umfassenderen Themas, auf das ich im Laufe meiner Schilderungen wie auf ein wegweisendes Leitmotiv immer wieder zurückgekommen bin, nämlich des Themas »Spürbewußtsein«. Insofern dieses spürendes *Bewußtsein* ist, bringt es auch Verantwortung und Verpflichtung mit sich. Weil es *spürendes* Bewußtsein ist, führt es auf die eigene Lebensspur. Beides weist darauf hin, daß es kein von Handeln und Verhalten losgelöstes Spürbewußtsein geben kann. Dieses impliziert im Gegenteil naturgemäß eine bestimmte Ethik. Letztere gilt es, nun zum Schluß näher zu beschreiben.

Die Ethik des Spürbewußtseins geht den ganzen Menschen an. Es hat keine bestimmte Weltanschauung zur Voraussetzung, weil eine solche die Wahrnehmung auf einen einzelnen Ausschnitt der Wirklichkeit zurückbinden würde. Ganzheitliche Wahrnehmung kann allerdings nicht bedeuten, daß wir jederzeit das Ganze erfassen können. Doch da das Spürbewußtsein immer auch Wahrnehmung von Empfindungen und Stimmungen ist, bleibt sie in der einzelnen Situation auf das Ganze des Menschen und seiner Verbindung zur Welt bezogen. Der Körper und mit ihm die Emotionalität ist Stimmungsseismograph nicht nur eines Individuums in

seiner Ganzheit, sondern auch eines sozialen Organismus, des dritten Leibes.

Jederzeit gibt es einen Selbstausdruck des Individuums, der stellvertretend für dessen Ganzheit steht: In ihm verdichtet und gestaltet sich die momentane seelische Entwicklung. Dieser *zentrale Selbstausdruck*, so nebensächlich und beiläufig er auch einem oberflächlichen Beobachter scheinen mag, ist *Energiesignal* für die Wachstumsbewegung eines ganzen Menschen. Durch Spürbewußtsein weitet sich ein Energiesignal nach und nach auf den gesamten Selbstausdruck eines Individuums aus. Wir erkennen das Energiesignal an der Energiekonzentration sowie an der eigentümlichen Mischung einer zum größeren Teil noch gestauten und zum kleineren Teil sich bereits befreienden Lebensbewegung. An verschiedenen Stellen dieses Buches habe ich auf die große Variationsbreite des menschlichen Selbstausdrucks und somit der Energiesignale hingewiesen. Neben der Sprache sind es unter anderem die Körperempfindungen, Körperhaltungen, Emotionen, Stimmungen, Gebärden, Krankheitssymptome, Atmungsmuster, innerhalb derer in einem gegebenen Augenblick ein bestimmter Ausdruck Träger und Vorläufer der gesamten Lebensbewegung ist. Dieser gleicht der vordersten Welle eines neuen, sich ein Bett bahnenden Wasserlaufs.

Indem sich das Spürbewußtsein auf den zentralen Selbstausdruck richtet, gehorcht es dem Gebot des Entwicklungstriebs. Die Selbstbescheidung auf die jetzt entscheidende Wahrnehmung bedeutet Verzicht auf vorgefaßte Meinungen und Vorstellungen. Zwar mag dies nur selten ganz und rein gelingen; die vernebelnden Beimischungen von vergangenen eingeprägten Erfah-

rungen zur direkten, unverstellten Wahrnehmung sind unvermeidbar. Doch je mehr wir körperbezogen in unserem Gefühl sind, desto mehr wandeln sich auch Erinnerungen zu unmittelbaren gegenwärtigen Empfindungen.

Die Ethik des Spürbewußtseins bedeutet erstmal eine Absage an alle Auffassungen und Meinungen, die nicht durch den läuternden und korrigierenden Transformator des Spürbewußtseins gegangen sind. Vom wachen Ereignis entfremdete Vorstellungen lösen sich in der Wärme des Spürbewußtseins in Nichts auf, oder sie wandeln sich zu unerwartet neuen Anschauungen. Die einzige ethische Verpflichtung des Menschen besteht in der konsequenten, wachen Sinnenbezogenheit in allen Bereichen des Menschseins: in der Liebe, im Denken, Fühlen und Handeln. Nicht der Verstand allein ist Medium des Spürbewußtseins, sondern der ganze Mensch als beseelter, das heißt lebendiger Leib.

Die Tiefenpsychologie hat darauf hingewiesen, daß zur Ganzheit des Menschen nicht nur sein Bewußtsein, sondern auch sein Unbewußtes gehört. In diesem Sinne schreibt C. G. Jung, daß die einzige Todsünde des Menschen die Unbewußtheit ist. Die Zweiteilung des Menschen in ein Bewußtes und ein Unbewußtes läßt sich für eine leibliche Psychotherapie nicht mehr in der Weise der bisherigen Tiefenpsychologie aufrechterhalten. Ein Mensch ist dann ganzheitlich spürbewußt, wenn er seine Aufmerksamkeit in einem bestimmten Moment auf die jetzt kreativste Lebensbewegung richtet. Dann gibt es nichts mehr in ihm, was spürunbewußt wäre, auch wenn sein Entwicklungspotential nicht in allen Bereichen belebt ist. Spürbewußtes Denken verzichtet auf Unterscheidungen, die nur aus einer spürunbewußten Distanz heraus getroffen werden können, so auch auf die Unter-

scheidung zwischen einem Bewußten und einem Unbewußten im falschen Moment, nämlich dann, wenn Spürbewußtsein gefragt ist. Diese Unterscheidung ist nur so lange möglich, als wir den Menschen von außen als Objekt ansehen. Die Unterscheidung von Objekt und Subjekt aber kommt aus Spürunbewußtheit.

Dagegen meint die Unterscheidung zwischen Spürbewußtheit und Spürunbewußtheit etwas ganz anderes. Ungleich dem sogenannten Unbewußten, bedeutet letztere nicht einen mit verdrängten Erinnerungen und noch nicht realisierten Lebensinhalten angefüllten Behälter, sondern die Haltung emotionaler Selbstabwesenheit. Deshalb folgt aus dem Spürbewußtsein umgekehrt die Haltung uneingeschränkter Verfügbarkeit für das Leben, wo und wie auch immer es sich bemerkbar macht. Die einzige Todsünde ist die Spürunbewußtheit, weil diese hier und jetzt die Lebensbewegung verhindert. Die »Richtigkeit« des Spürbewußtseins läßt sich nicht aus inhaltlichen Kriterien ableiten, sondern einzig und allein aus der Treue zum eigenen sinnen- und sinnhaft empfundenen Lebensmuster.

Daß Spürbewußtsein keine subjektivistisch eingegrenzte Haltung ist, zeigt sich auch darin, daß, wer in ihm lebt, wach für äußere Lebensimpulse und für die Bedürfnisse des sozialen Umfelds ist. Nie wandelt sich einer allein, immer wandelt sich eine menschliche Gemeinschaft – diese Aussage ist für den spürbewußten Menschen unmittelbare Erfahrung. So bezieht sich die Ethik des Spürbewußtseins immer auf eine menschliche Gemeinschaft, doch nicht auf Grund gemeinsamer vorgeprägter weltanschaulicher Raster, sondern immer durch spürende, direkte Bezogenheit.

Die Kreativität des Menschen beruht auf der unaus-

schöpfbaren Vielfalt seiner Entfaltungsmuster, die eine Auswahl nötig macht. Im Spürbewußtsein treffen wir die richtige Wahl. Das setzt allerdings einen konsequenten und oft leidvollen, langen Weg wachen Spürens voraus. Die Ethik des Spürbewußtseins fordert von uns, diesen nicht durch Selbstunterbrechungen zu verunmöglichen. Solange wir uns spürbewußt auf der eigenen Lebensspur befinden, gleichen wir Tieren, die ihrem Instinkt gemäß leben. Das Spürbewußtsein ist Nachfolger des animalischen Instinkts. Mit ihm hat es vieles gemeinsam, so den Sinn für das eigene Entwicklungsmuster, die innere Zielstrebigkeit und Entfaltungsstruktur. So wie die Spinne nach genetisch festgelegten Regeln ihr Netz baut, gestaltet auch das spürbewußte menschliche Individuum die in ihm angelegte Struktur in seinem sozialen Umfeld. Der wichtigste Unterschied zwischen animalischem Instinkt und Spürbewußtsein liegt darin, daß der Mensch ohne die Entscheidung zur wachen Selbstwahrnehmung sein Leben verpassen kann. Diese Entscheidung macht aus dem Spürbewußtsein eine Ethik.

Spürbewußtsein ist die heute einzig realistische Ethik, weil die Brüchigkeit und Verlogenheit aller partiellen Weltanschauungen zunehmend ins kollektive Blickfeld rücken. Mehr als jede andere Ethik steht und fällt die Ethik des Spürbewußtseins mit der Entscheidung zur *Wahrhaftigkeit.* Allerdings bekommt der Begriff Wahrheit einen neuen Klang und eine neue Bedeutsamkeit. Die ständige Sinnennähe des Spürbewußtseins läßt leichter zwischen Wahrheit und Lüge unterscheiden. Ein Mensch, der lügt, steht neben seinen Schuhen, das heißt, neben seinem Körper. Was er sagt, ist nicht das, was er fühlt. Um eine Lüge aussprechen zu können, muß er sich gefühlstaub, also spürunbewußt machen.

Daß ein Mensch lügt, merken wir daran, daß er die Gefühlsbeziehung im entscheidenden Bereich der Kommunikation unterbricht. Auch der Mensch, der selber an seine Lügen glaubt und die Unwahrheit mit großer Gefühlsintensität ausspricht, befindet sich auf dem einsamen Pfad einer isolierenden Selbstsuggestion. Er hat etwas Unbezogenes, sogar Besessenes an sich. Durch den Gefühlsnachdruck überspielt er die Unbezogenheit zu seinen tieferen, wirklichen Empfindungen und zum Du. Da er den Gefühlskontakt zum anderen unterbrochen hat, strahlt er, vielleicht bei aller Freundlichkeit, menschenverachtende Destruktivität aus.

Mein persönliches Gefühl mit einem Menschen, der lügt, ist Angst: Enge in einer gewaltsam unterbrochenen Beziehung. Der andere läuft weg, selbst wenn er auf mich zugeht. Er unterbindet das Leben, auch wenn er meint, zu lieben. Da ich jederzeit weniger auf den Inhalt der ausgesprochenen Worte als auf die Gefühlspräsenz und den Körperausdruck des mich ansprechenden Menschen sowie auf die Stimmung, die ich in der Beziehung mit ihm empfinde, achte, täusche ich mich kaum mehr in der Antwort auf die Frage, ob jemand die Wahrheit sagt oder lügt. Dies ist besonders für die unbestechliche therapeutische Begleitung von Wichtigkeit.

Der spürbewußte Mensch stärkt sein Ich nicht durch Ausgrenzung solcher Menschen und Auffassungen, die nicht ins derzeitige Selbstbild passen, sondern durch die kontinuierliche, offene Wahrnehmung der zwischenmenschlichen Situation, in der er sich gerade befindet. Die Ichstärkung erfolgt also nicht auf defensivem, sondern kommunikativem Weg. Im wahrnehmenden Tun wird der ganze Mensch, nicht dessen Ichkomplex stark.

Die Ethik des Spürbewußtseins führt zum Verzicht so-

wohl auf eine objektive Wahrheit als auch auf spaltende Wertungen und die krampfhafte Fixierung auf das zu erreichende Positive und das zu überwindende Negative. Insofern steht sie im Gegensatz zu den Ethiken der monotheistischen Religionen, also vor allem des Judentums, Christentums und Islams. Das »sogenannte Böse« wird nicht geleugnet, das heißt, unterdrückt und verdrängt, sondern spürend so lange durchlebt, bis sich entweder aus ihm der lebensfördernde Kern herausschält oder die erlebte Destruktivität selber aufhebt. Wo immer sich Leben ankündigt, sei es mit angenehmen oder unangenehmen Empfindungen, wird es vom Spürbewußtsein begrüßt, geachtet und verstärkt, einzig deswegen, weil es Leben ist.

Die Spaltung, von der das Spürbewußtsein bedroht wird, stammt aus der Selbstunterbrechung. Dieser fallen wir oft kurz vor den bisher gemiedenen Schwellen zu einem neuen Entwicklungsschritt zum Opfer. An solchen Schwellen oder Energieklippen bewährt und bewahrheitet sich das Spürbewußtsein. Schon aus diesem Grunde hat dieses kaum etwas mit einem gemütlichen Gefühlsrapport zu sich selber und anderen zu tun. Wenn zwei Menschen sich nur in ruhigen, krisenfreien Zeiten lieben, lieben sie sich nicht wirklich. Ebenso ist ein Mensch, der nur während friedlicher, problemloser Phasen spürbewußt ist, dies nicht wirklich. Spürbewußtsein ist die spezifische Einstellung in Krise, Umbruch und Wandlung. Nur da offenbart sich der spürbewußte Mensch in Tat und Wahrheit.

Die Ethik des Spürbewußtseins stellt uns jederzeit vor eine klare Wahl, nämlich zwischen Leben und Tod. Wenn wir, etwa in einer harten Belastung, spürunbewußt werden, wählen wir die Todesspur. Eine Weile noch mag un-

ser Leben scheinbar richtig weiterlaufen. Doch weisen uns unvorhergesehene Mißgeschicke immer deutlicher darauf hin, daß wir die Lebensspur verlassen haben. Dann gilt es, die traumatische Spur, auf der wir uns befinden, mutig von innen her zu erfühlen, so lange, bis sie zur erotischen, verbindenden Spur wird. Nichts von dem, was wir erleben, ist falsch, sofern wir es spürbewußt erleben. Dann erübrigt es sich, äußere Ziele mit Zwang und Gewalt anzustreben, weil die Zieldynamik im spürbewußten Leben von allein zum Ausdruck kommt.

In der Aggression fallen Menschen besonders oft in Spürunbewußtheit. Entweder unterdrücken sie den aggressiven Impuls oder agieren ihn destruktiv aus. Das Ziel dieses Buches war es, einen dritten Weg, Aggressivität zu leben, aufzuzeigen, nämlich den spürbewußten Weg der bezogenen Konfrontation. Spürbewußte Liebe setzt spürbewußte Aggression voraus. An letzterer scheitern unzählige Beziehungen. Es nützt nichts, schöne Worte über die Liebe zu gebrauchen, wenn die Schwierigkeit der spürbewußten Aggression übergangen wird. Indem ich das Thema »Aggression zwischen Liebenden« gewählt habe, wollte ich ein wahrhaftiges Buch über die Liebe schreiben und auf diese Weise die Ethik des Spürbewußtseins am gefährdetsten Punkt konkretisieren.

In kollektiven Umbruchzeiten fehlt es an äußeren Fixpunkten, an die wir uns halten könnten. Die Gefahr, in subjektive Versponnenheit oder entseelten Aktivismus abzugleiten, ist groß. Wir brauchen eine Einstellung, in der wir frei von Abhängigkeiten, doch wach und bezogen nach innen und außen sind. Diese Einstellung stammt aus dem Spürbewußtsein. Umbruchzeiten sind voll schreckhafter Momente. In der Panik des Erwachens riskieren wir, umzukommen. Im bangen Moment neigen wir dazu,

uns selber in den Abgrund zu stürzen, nur um die Schrekken der Neuerung und Wandlung nicht durchleben zu müssen. Anstelle der Erstarrung im Schrecken brauchen wir flüssige Unerschrockenheit.

Die Einübung ins Spürbewußtsein bewahrt uns davor, im bangen Moment und springenden Punkt unbeweglich zu werden. Wir können lernen, jederzeit auf kleine Bewegungen in uns und außerhalb von uns zu achten. Da Spürbewußtsein immer Bewegung und Tun ist, gilt es, in der drohenden Erstarrung auf die winzige Bewegung zu achten, aus der Heilung kommt. Deshalb ist Spürbewußtsein untrennbar mit den heilenden Bewegungsmustern verknüpft, die ich Spontanrituale nenne. Sobald Menschen anfangen, ihren inneren Bewegungsimpulsen zu folgen, ist das Schlimmste überstanden.

An einer neuen Entwicklungsschwelle erleben wir uns anders als bisher. Das andere, das auf einmal Lebenstatsache werden will, macht Angst. Wir schämen uns seiner, verlassen wir doch mit ihm die kollektive Geborgenheit. Einem Energiesignal zu folgen, bedeutet immer, ein Anderssein zu wählen. Nur im spürbewußten Anderssein finden wir Heilung und Versöhnung. Dann machen wir eine erschütternde Erfahrung: Wir erleben die offene, freie Gefühlsverbindung mit den anderen, um die wir uns bisher vergeblich bemüht haben. Wer den Mut zur Einsamkeit aufbringt, findet Bezogenheit und Liebe.

Die Ethik des Spürbewußtseins beruht nicht auf Normen und Regeln. Deshalb verbindet sie auf natürliche Weise zwei für ein gelungenes Leben unerläßliche Faktoren, die sich auszuschließen scheinen, nämlich *Ekstase und Struktur*. Im Zustand der wachen Versunkenheit, an dem wir den spürbewußten Menschen erkennen, tritt immer wieder der ekstatische Moment ein, wenn eine Grenze

überschritten wird. Spürbewußte Ekstase ist jedoch nie Selbstzweck, nie losgelöst von Strukturierung und Gestaltung. Spürbewußtsein bewahrheitet sich im Ausdruck. Deshalb folgt aus der spürbewußten Ekstase von allein die veränderte Lebensordnung. Dies nehmen wir besonders deutlich im Spontanritual wahr: Sobald der ekstatische Moment fragloser Versunkenheit und ungehinderten Flusses da ist, melden sich spontane Strukturierungsimpulse, sei es in der Partnerschaft, sei es in der persönlichen Lebensgestaltung oder im Beruf. Ekstase und Strukturierung sind eineiige Zwillinge: Sie haben einen verbindenden Ursprung, nämlich den Drang nach Leben und Wachstum.

Das Thema »Aggression zwischen Liebenden« weist über sich selbst hinaus, nämlich auf die Einstellung, mit der wir Konflikte auf allen Ebenen angehen können, ohne in Polarisierungen zu erstarren. Diese Einstellung habe ich als Spürbewußtsein beschrieben. Bei allen Verschiedenheiten weckt sie Liebe. Spürbewußtsein ist die Ethik, durch die das Wort Liebe aus der unerreichbaren Sphäre einer Sehnsucht in die Unmittelbarkeit bezogenen, verantwortlichen Handelns geholt wird.

BIBLIOGRAPHIE

A. ADLER, Der Sinn des Lebens, Frankfurt a. M. 1973.

W. BARLOW, Die Alexander-Technik, München 1984.

H. BLÜHER, Die Rolle der Erotik in der männlichen Gesellschaft, Stuttgart 1962.

D. BOADELLA, Befreite Lebensenergie, München 1991.

D. BONHOEFFER, Widerstand und Ergebung, Hamburg 1971.

G. BOYESEN, Über den Körper die Seele heilen, München 1987.

F. BRIGGS/F. D. PEAT, Die Entdeckung des Chaos, München/Wien 1990.

M. BUBER, Der Weg des Menschen nach der chassidischen Lehre, Heidelberg 1981.

K. DÜRCKHEIM, Vom doppelten Ursprung des Menschen, Freiburg/Basel/Wien 1974.

H. ELIADE, Schamanismus und archaische Ekstasetechnik, Frankfurt a. M. 1975.

M. FELDENKRAIS, Bewußtheit durch Bewegung, Frankfurt a. M. 1978.

F. F. FLACH, Depression als Lebenschance, Hamburg 1978.

V. F. FRANKL, Das Leiden am sinnlosen Leben, Freiburg 1991.

M. L. v. FRANZ, Der ewige Jüngling, München 1987.

DIES., Zeit, Frankfurt a. M. 1981.

S. FREUD, Gesammelte Werke, London 1940−1952.

E. FROMM, Anatomie der menschlichen Destruktivität, Stuttgart 1974.

T. Gordon, Familienkonferenz, Hamburg 1980.

S. Grof, Geburt, Tod und Transzendenz, München 1985.

P. Handke, Aber ich lebe nur von den Zwischenräumen,
Zürich 1990.

Handwörterbuch des deutschen Aberglaubens, herausgegeben
von Eduard Hoffmann-Krayer und Hanns Bächthold-
Stäubli, Berlin 1927–1942.

E. Harrigel, Zen in der Kunst des Bogenschießens,
Weilheim/Obb. 1965.

H. Holländer, Hieronymus Bosch, Köln 1976.

C. G. Jung, Gesammelte Werke, Olten 1971–1981.

O. Keel, Die Welt der altorientalischen Bildsymbolik und das
Alte Testament, Zürich 1972.

K. Kerenyi, Die Mythologie der Griechen, Band I, München
1977.

O. F. Kernberg, Borderline Störungen und pathologischer
Narzißmus, Frankfurt a. M. 1987.

H. Kohut, Die Heilung des Selbst, Frankfurt a. M. 1979.

J. Krishnamurti, Einbruch in die Freiheit, Berlin 1990.

Lao Tse, Tao Te King, Zürich 1959.

A. Lowen, Bio-Energetik, Hamburg 1979.

I. Middendorf, Der erfahrbare Atem, Paderborn 1991.

E. Monick, Die Wurzeln der Männlichkeit, München 1990.

E. Neumann, Tiefenpsychologie und neue Ethik, München
1973.

F. Nietzsche, Also sprach Zarathustra, Frankfurt a. M. 1978.

R. Otto, Das Heilige, München 1971.

F. Perls, Gestalt, Wachstum, Integration, Paderborn 1980.

ders., Gestalt-Therapie, Zürich 1985.

H. G. Petzold, Die neuen Körpertherapien, München 1992.

R. v. Ranke-Graves, Griechische Mythologie, Band II,
Hamburg 1980.

ders., Griechische Mythologie, Band I, Hamburg 1981.

W. Reich, Charakteranalyse, Frankfurt a. M. 1985.

ders., Die Entdeckung des Orgons, Köln 1987.

C. Riemer, Masken und andere Gesichter, Kiel 1992.

P. Schellenbaum, Das Nein in der Liebe, Stuttgart 1984.

ders., Abschied von der Selbstzerstörung, Stuttgart 1987.

ders., Die Wunde der Ungeliebten, München 1988.

ders., Gottesbilder, München 1989.

ders., Tanz der Freundschaft, München 1990.

ders., Homosexualität im Mann, München 1990.

ders., Nimm deine Couch und geh, München 1992.

R. Sheldrake, Das schöpferische Universum, München 1984.

H. Siuts, Bann und Acht und ihre Grundlagen im Totenglauben, Berlin 1959.

P. Sloterdijk, Zur Welt kommen – Zur Sprache kommen, Frankfurt a. M. 1988.

ders., Eurotaoismus, Frankfurt a. M. 1989.

V. Spierling (Hrsg.), Die Philosophie des 20. Jahrhunderts, München 1986.

D. Steindl-Rast, Fülle und Nichts, Augsburg 1985.

H. J. Störig, Kleine Weltgeschichte der Philosophie, Frankfurt a. M. 1987.

P. Teilhard de Chardin, Der göttliche Bereich, Freiburg i. Br. 1962.

V. Turner, Das Ritual – Struktur und Antistruktur, Frankfurt a. M. 1989.

W. Welsch, Ästhetisches Denken, Stuttgart 1991.

H. Zimmer, Abenteuer und Fahrten der Seele, Köln 1987.

Institut für Psychoenergetik
Gruppentherapie und Ausbildung
Salita al Mött 5
CH-6644 Orselina-Locarno

*Anfragen mit adressiertem und frankiertem Rückumschlag bzw.
internationalem Antwortschein.*

REGISTER